中证中小投资者服务中心系列丛书
China Securities Investor Services Center

KANGMEI CASE

First Securities Group Litigation with Chinese Characteristics

康美药业案

首例中国特色证券集体诉讼

夏建亭 | 主编

法律出版社
LAW PRESS·CHINA
北京

图书在版编目(CIP)数据

康美药业案：首例中国特色证券集体诉讼 / 夏建亭主编. -- 北京：法律出版社，2022
ISBN 978-7-5197-7125-6

Ⅰ. ①康… Ⅱ. ①夏… Ⅲ. ①证券法—民事诉讼—案例—中国 Ⅳ. ①D922.287.5

中国版本图书馆 CIP 数据核字(2022)第 173651 号

康美药业案
——首例中国特色证券集体诉讼
KANGMEI YAOYE AN
—SHOULI ZHONGGUO TESE ZHENGQUAN JITI SUSONG

夏建亭 主编

策划编辑 陈 妮
责任编辑 陈 妮 黄 筝
装帧设计 李 瞻

出版发行 法律出版社
编辑统筹 法治与经济出版分社
责任校对 王晓萍
责任印制 吕亚莉
经　　销 新华书店

开本 710 毫米×1000 毫米 1/16
印张 25.25 字数 433 千
版本 2022 年 11 月第 1 版
印次 2022 年 11 月第 1 次印刷
印刷 天津嘉恒印务有限公司

地址：北京市丰台区莲花池西里 7 号(100073)
网址：www.lawpress.com.cn
投稿邮箱：info@lawpress.com.cn
举报盗版邮箱：jbwq@lawpress.com.cn

销售电话：010-83938349
客服电话：010-83938350
咨询电话：010-63939796

书号：ISBN 978-7-5197-7125-6
定价：138.00 元

凡购买本社图书，如有印装错误，我社负责退换。电话：010-83938349

加强证券监管与司法协同 共同营造良好资本市场生态*

党的十八大以来，习近平总书记高度重视资本市场改革发展，明确提出要打造一个规范、透明、开放、有活力、有韧性的资本市场，为新时代资本市场改革发展指明了方向、提供了遵循。中国证监会坚持以习近平新时代中国特色社会主义思想为指导，完整准确全面贯彻新发展理念，坚持以人民为中心的发展思想，扎实推进服务实体经济，防范化解金融风险，深化资本市场改革等工作，我国资本市场已经成为具有世界影响力的市场，投资者数量规模超过2亿，居世界首位，上市公司市值和家数分别位居全球第二位和第三位。

坚持依法治市、依法监管，积极在法治轨道上深入推进包括注册制改革在内的全面深化资本市场改革以及各项监管工作，不断提升资本市场法治建设水平，依法维护投资者合法权益，始终是中国证监会的工作重心，这些工作都离不开立法司法部门的支持。

资本市场法律制度建设取得突破性进展。2019年《中华人民共和国证券法》全面修订，为资本市场改革提供了坚实的法律保障。《中华人民共和国期货和衍生品法》出台，补齐了我国期货和衍生品领域的法律"短板"。《中华人民共和国刑法修正案（十一）》大幅提高了对欺诈发行、信息披露造假等证券期货犯罪的刑罚力度。《证券期货行政执法当事人承诺制度实施办法》及其配套规则落地实施，证券期货市场行政执法能力和水平进一步提升。总的看，具有中国特色的资本市场法律体系正日趋完善。同时，司法机关围绕科创板、创业板试点注册制的关键领域和重点

* 摘自中国证监会李超副主席2022年5月在第一届厦门金融司法协同论坛上的致辞。

环节制定发布司法解释等文件，有力保障了注册制改革顺利推进。

落实“零容忍”要求，依法全面从严治市的震慑进一步强化。中共中央办公厅、国务院办公厅联合印发《关于依法从严打击证券违法活动的意见》，完善了中国特色证券执法司法体制机制的顶层设计。司法部门修订出台《关于审理证券市场虚假陈述侵权民事赔偿案件的若干规定》等，进一步推动形成行政执法、民事追偿和刑事惩戒相互衔接、相互支持的立体追责体系。中国证监会认真贯彻落实上述两办意见要求，成立打击资本市场违法活动协调工作小组，加强大案要案惩治和重点领域执法，从严打击证券违法活动。2021 年共办理案件 609 起，作出处罚决定 371 项，罚没款金额 45.53 亿元，向公安机关移送和通报涉嫌证券期货犯罪案件线索 177 起。

多元化的投资者保护机制日益健全。首单证券纠纷特别代表人诉讼成功落地，为投资者开辟“默示加入”的诉讼救济途径。在司法机关的大力指导支持下，康美药业案从普通代表人诉讼顺利启动，不到 1 年时间即完成特别代表人诉讼的转化、判决、赔付，5.2 万名投资者获赔 24.59 亿元，其中，损失金额 50 万元以下的中小投资者人数占比超过 99.4%，均通过破产重整程序获得一次性全额现金清偿。此外，投资者保护机构积极参与五洋债案、飞乐音响案、中创环保案等普通代表人诉讼实践，接受法院委托，为投资者提供损失测算等服务，已判决的普通代表人诉讼中，有千余名投资者共获赔近 10 亿元。厦门辖区已有 2 起案件适用了普通代表人诉讼程序。

党的十八大以来，习近平总书记就加强创新社会治理、矛盾预防化解等工作作出一系列重要指示。中国证监会坚持和发展新时代“枫桥经验”，为投资者提供权威专业、高效便民、成本低廉的多元化纠纷解决机制。2021 年 7 月中国证监会办公厅与最高人民法院办公厅联合印发《关于建立“总对总”证券期货纠纷在线诉调对接机制的通知》，投资者足不出户，即可实现多元调解、司法确认、登记立案等一站式、全流程在线解纷服务。这是贯彻落实习近平法治思想的具体实践，是坚持以人民为中心发展理念、为投资者办实事的重要举措，已成为展示资本市场投保工作成效的一张“名片”。现 37 家证券期货调解组织已成功调解 2 万多件案件，投资者获赔金额 81 亿余元。

面对新形势新要求，证券监管要不断加强与司法的协同，共同营造良好的资本市场生态。中国证监会将始终坚持以人民为中心的发展思想,持续健全投资者维权救济机制,建立健全证券纠纷特别代表人诉讼常态化机制,推动行政罚没款优先用于投资者赔偿制度落地,提高多元纠纷化解能力和效率,持续释放大幅提高证券违法成本、坚决保护投资者合法权益的强烈信号,积极构建公开、公平、公正的市场环境,切实增强投资者的获得感、安全感、幸福感。让我们共同携手,认真贯彻落实党中央、国务院决策部署,坚持市场化、法治化、国际化方向,坚定不移深化资本市场改革开放,为广大投资者提供更加有效的监管保护和救济渠道,更好服务经济社会高质量发展,以实际行动迎接党的二十大胜利召开!

目　　录

第一部分　案件判决书

第二部分　案 件 梗 概

第三部分　热 点 舆 情

第四部分 专家评论

第五部分 专 题 研 究

第六部分 案 例 研 讨

第七部分 案 件 评 价

附 录

第一部分　案件判决书

广东省广州市中级人民法院
民事判决书

（2020）粤01民初2171号

原告：顾某某、黄某1等55,326名投资者。

代表人：中证中小投资者服务中心有限责任公司。住所地：上海市虹口区沽源路110弄15号。

法定代表人：郭文英，中证中小投资者服务中心有限责任公司董事长。

委托诉讼代理人：秦政，上海锦天城（广州）律师事务所律师。

委托诉讼代理人：朱夏嬅，上海华尊律师事务所律师。

被告：康美药业股份有限公司。住所地：广东省普宁市流沙揭神路东侧。

诉讼代表人：康美药业股份有限公司破产管理人北京市金杜（深圳）律师事务所。

负责人：辛志奇。

委托诉讼代理人：郑磊，康美药业股份有限公司破产管理人工作人员。

委托诉讼代理人：应飞彪，北京市炜衡律师事务所律师。

被告：马某1，男。

委托诉讼代理人：宋福信，广东宋氏律师事务所律师。

被告：许某某，女。

委托诉讼代理人：李晓月，广东宋氏律师事务所律师。

被告：邱某某，男。

委托诉讼代理人：邓敏敏，北京市浩天信和（深圳）律师事务所律师。

委托诉讼代理人：向文驰，北京市浩天信和（深圳）律师事务所实习律师。

被告：庄某某，女。

委托诉讼代理人：王洁娴，广东宋氏律师事务所律师。

被告：温某某，男。

委托诉讼代理人:赖建东,广东宋氏律师事务所律师。

被告:马某2,男。

委托诉讼代理人:罗凯翀,广东连越律师事务所律师。

委托诉讼代理人:陈丹丹,广东宋氏律师事务所律师。

被告:马某3,男。

委托诉讼代理人:李阿敏,北京市通商律师事务所上海分所律师。

委托诉讼代理人:孙丽娟,北京市通商律师事务所上海分所律师。

被告:林某1,男。

委托诉讼代理人:李阿敏,北京市通商律师事务所上海分所律师。

委托诉讼代理人:盛伟荣,北京市通商律师事务所上海分所律师。

被告:李某1,男。

委托诉讼代理人:马莉,广东大篆律师事务所律师。

委托诉讼代理人:陈雅雪,广东大篆律师事务所律师。

被告:江某某,男。

委托诉讼代理人:姚忠平,广东合盛律师事务所律师。

委托诉讼代理人:任杰,广东合盛律师事务所律师。

被告:李某2,男。

委托诉讼代理人:姚忠平,广东合盛律师事务所律师。

委托诉讼代理人:任杰,广东合盛律师事务所律师。

被告:罗某某,男。

委托诉讼代理人:李阿敏,北京市通商律师事务所上海分所律师。

委托诉讼代理人:孙丽娟,北京市通商律师事务所上海分所律师。

被告:林某2,男。

委托诉讼代理人:李阿敏,北京市通商律师事务所上海分所律师。

委托诉讼代理人:孙丽娟,北京市通商律师事务所上海分所律师。

被告:李某3,男。

委托诉讼代理人:李阿敏,北京市通商律师事务所上海分所律师。

委托诉讼代理人:盛伟荣,北京市通商律师事务所上海分所律师。

被告:韩某某,男。

委托诉讼代理人:李阿敏,北京市通商律师事务所上海分所律师。

委托诉讼代理人:盛伟荣,北京市通商律师事务所上海分所律师。

被告:王某,男。

委托诉讼代理人:陆玮斌,上海上正恒泰律师事务所律师。

委托诉讼代理人:唐佳瑜,上海上正恒泰律师事务所律师。

被告:张某1,男。

委托诉讼代理人:姚忠平,广东合盛律师事务所律师。

委托诉讼代理人:任杰,广东合盛律师事务所律师。

被告:郭某某,男。

委托诉讼代理人:姚忠平,广东合盛律师事务所律师。

委托诉讼代理人:任杰,广东合盛律师事务所律师。

被告:张某2,男。

委托诉讼代理人:姚忠平,广东合盛律师事务所律师。

委托诉讼代理人:任杰,广东合盛律师事务所律师。

被告:唐某,男。

委托诉讼代理人:李阿敏,北京市通商律师事务所上海分所律师。

委托诉讼代理人:孙丽娟,北京市通商律师事务所上海分所律师。

被告:陈某1,男。

委托诉讼代理人:李阿敏,北京市通商律师事务所上海分所律师。

委托诉讼代理人:孙丽娟,北京市通商律师事务所上海分所律师。

被告:广东正中珠江会计师事务所(特殊普通合伙)。住所地:广东省广州市越秀区东风东路555号1001—1008房。

执行事务合伙人:蒋洪峰。

委托诉讼代理人:高艳岚,广东明思律师事务所律师。

委托诉讼代理人:周小龙,广东明思律师事务所律师。

被告:杨某某,男。

委托诉讼代理人:姚忠平,广东合盛律师事务所律师。

委托诉讼代理人:任杰,广东合盛律师事务所律师。

被告:张某3,女。

委托诉讼代理人:姚忠平,广东合盛律师事务所律师。

委托诉讼代理人:任杰,广东合盛律师事务所律师。

被告:刘某1,男。

委托诉讼代理人:姚忠平,广东合盛律师事务所律师。

委托诉讼代理人:任杰,广东合盛律师事务所律师。

被告:苏某某,男。

委托诉讼代理人:叶竹盛,广东思为律师事务所律师。

委托诉讼代理人:谢子仟,广东思为律师事务所律师。

原告顾某某、刘某2等11名投资者与被告康美药业股份有限公司(以下简称康美药业)、马某1、许某某、邱某某、庄某某、温某某、马某2、马某3、林某1、李某1、江某某、李某2、罗某某、林某2、李某3、韩某某、王某、张某1、郭某某、张某2、唐某、陈某1证券虚假陈述责任纠纷一案,顾某某、刘某2经11名原告共同推选为拟任代表人,同时请求诉讼请求相同并申请加入本案诉讼的其他投资者,一并提起普通代表人诉讼。本院于2020年12月31日依法受理,并经审查决定适用普通代表人诉讼程序审理本案。2021年3月30日,原告顾某某、刘某2等11名投资者向本院申请追加广东正中珠江会计师事务所(特殊普通合伙)(以下简称正中珠江)、杨某某、张某3、刘某1、苏某某为本案被告。2021年4月8日,中证中小投资者服务中心有限责任公司(以下简称投服中心)称接受了黄某1等56名权利人的特别授权,向本院申请作为代表人参加诉讼。经最高人民法院指定管辖,本院适用特别代表人诉讼程序审理本案,并于2021年7月27日公开开庭进行了审理。原告顾某某、黄某1等投资者代表人投服中心的委托诉讼代理人秦政、朱夏嫜,被告康美药业的委托诉讼代理人郑磊、应飞彪,被告马某1的委托诉讼代理人宋福信,被告许某某的委托诉讼代理人李晓月,被告邱某某的委托诉讼代理人邓敏敏、向文驰,被告庄某某的委托诉讼代理人王洁娴,被告温某某的委托诉讼代理人赖建东,被告马某2的委托诉讼代理人罗凯柳、陈丹丹,被告李某1的委托诉讼代理人马莉、陈雅雪,被告马某3、罗某某、林某2、唐某、陈某1的共同委托诉讼代理人李阿敏,被告林某1、李某3、韩某某的共同委托诉讼代理人李阿敏、盛伟荣,被告王某的委托诉讼代理人陆玮斌、唐佳瑜,被告江某某、李某2、张某1、郭某某、张某2、杨某某、张某3、刘某1的共同委托诉讼代理人姚忠平、任杰,被告正中珠江的委托诉讼代理人高艳岚、周小龙，被告苏某某的委托诉讼代理人叶竹盛、谢子仟到庭参加诉讼。本案现已审理终结。

投服中心代表原告顾某某、黄某1等55，326名投资者向本院提出诉讼请求：(1)判令马某1、许某某赔偿案涉投资者的投资差额损失；(2)判令马某1、许某某赔偿案涉投资者的佣金、印花税、利息，佣金标准统一为万分之三，印花税标准统一为千分之一，利息按照同期银行存款利率计算；(3)判令其他被告对案涉投资者的上述损失承担全部的连带责任。

事实和理由：一、所有被告应对投资者损失承担全部连带责任。(一)本案各被告均系《行政处罚决定书》被处罚对象，依法均应对投资者损失承担连带赔偿责任。(二)没有必要区分有关独立董事(江某某、李某2、张某1、郭某某、张某2)、副总经理(李某3)和总经理助理(唐某、陈某1)等责任人员的参与及过错程度。《行政处罚决定书》已经认定现有证据不足以证明上述高管已尽勤勉尽责义务，应承担连带赔偿责任。(三)正中珠江及责任人员应对投资者损失承担全部连带责任。《行政处罚决定书》足以认定正中珠江在对康美药业年度财务报表审计时违反审计准则及职业道德守则，实质性审计程序存在重大缺陷，正中珠江及责任人员应承担连带赔偿责任。二、关于投资者的损失核算方法。本案中，虚假陈述日为《2016年年度报告》的公告日即2017年4月20日，揭露日为自媒体上有文章质疑康美药业存在财务造假的2018年10月16日，基准日为2018年12月4日，基准价为12.7元，采用移动加权平均法计算所有投资者损失。由于本案涉及众多投资者，恳请法院委托专业机构对所有投资者的损失进行核算。三、案涉投资者的损失不包含系统性风险。系统性风险是否存在及具体构成的举证责任在被告，被告并未提出证据证明系统性风险存在，故应推定风险不存在。如果将“是否存在系统性风险”列为争议焦点，同意由法院委托专业机构核定。四、虚假陈述案件已经取消行政前置程序，本案的审理结果无须以刑事案件或行政诉讼的审理结果为依据。

康美药业辩称，一、本案(包括所有康美药业证券虚假陈述责任纠纷案)揭露日为2018年10月16日，基准日为2018年12月4日，基准价为12.7元。二、行业风险、系统性风险等其他因素导致的股价下跌，应当从赔偿金额中予以扣除。(一)扣除依据为《最高人民法院关于审理证券市场因虚假陈述引发的民事赔偿案件的若干规定》[①]第 19 条[②]的规定和《最高人民法院关于审理证券市场虚假陈述案件司法解释的理解与适用》关于系统风险的论述。(二)实施日 2017 年 4 月 20 日至揭露日 2018 年 10 月 16 日期间,康美药业涨跌幅为 4.96%;股价最高日 2018 年 5 月 28 日至揭露日 2018 年 10 月 16 日期间,康美药业涨跌幅为 -28.21%。(三)康美药业股价最高日至揭露日的股价走势与大盘指数、行业指数高度一致,呈明显下跌走势。本案投资者损失与证券市场的系统风险呈现出紧密关联性。(四)如果综合考察涉案期间上证指数、深成指、中证医药指数三股指的平均跌幅为 26.91%,则系统风险扣除比例为 95.39%。(五)涉案期间存在明显的系统性风险诱因及系统风险。2018 年,全球经济发展形势严峻,全球股市系统性暴跌,上证综指连续跌破了 3200、3000、2800、2700 的整数关口。(六)涉案期间存在明显的行业风险诱因及行业风险。2018 年,受宏观经济下行、金融去杠杆造成融资紧缩以及产业政策调整影响,医药行业的经营风险急剧累积,康美药业及其同类上市公司股价均因行业风险而遭受不同程度的下跌。三、投资者关于投资差额损失、佣金、印花税、利息损失等的计算亦存在错误。

马某 1 辩称,一、从 2018 年开始,全球经济发展形势严峻,证券市场对此反应非常强烈,整体下跌幅度较大,康美药业股价下跌的部分原因系由证券市场系统风险导致,应当扣除由证券市场系统风险引起的损失。二、涉案期间,受宏观经济形势、政策变化等因素影响,医药行业股价整体呈现下跌趋势,下跌幅度普遍较大。医药行业风险这种系统风险无疑也对康美药业股价的下跌造成一定影响,亦应当扣除相应比例的损失。三、在实施日至揭露日期间,康美药业的股价从 2018 年 5 月 28 日最高值 27.95 元一路下跌到 2018 年 10 月 16 日 19.99 元,跌幅超过 28.48%。此时,康美药业的虚假陈述尚未揭露,股价下跌与案涉虚假陈述不存在因果关系,充分证实康美药业股价下跌遭受证券市场系统风险的重大影响,应当扣除证券市场系统风险波动导致的股价下跌比例。综上,康美药业股价下跌系多种因素共同导致的,投资者由系统风险遭受的投资损失与案涉信息披露行为之间没有因果关系,

---

① 《最高人民法院关于审理证券市场虚假陈述侵权民事赔偿案件的若干规定》于 2021 年 12 月 30 日由最高人民法院审判委员会第 1860 次会议通过,自 2022 年 1 月 22 日起施行。《最高人民法院关于审理证券市场因虚假陈述引发的民事赔偿案件的若干规定》同时废止。

② 《最高人民法院关于审理证券市场因虚假陈述引发的民事赔偿案件的若干规定》第 19 条对应《最高人民法院关于审理证券市场虚假陈述侵权民事赔偿案件的若干规定》第 12 条、第 31 条。

应当予以扣除。

许某某的答辩意见与马某1一致。

邱某某辩称,《行政处罚决定书》对邱某某作出的事实认定错误且证据不足。并未组织、策划相关人员转移上市公司资金及实施涉案财务造假行为,仅基于董秘职务签署了《2016年年度报告》《2017年年度报告》《2018年半年度报告》,对该职务过失行为,自愿承担该期间的法律责任。2018年10月19日提出辞职后已离开康美药业,不应对之后投资者买入康美药业股票的损失承担任何责任。

庄某某辩称,一、涉案期间,康美药业受到大盘系统风险和医药行业系统风险因素影响下跌的特征显著,本案应当扣除证券市场系统风险导致的相应比例的损失。二、没有参与涉案造假活动,不应当以《行政处罚决定书》认定的责任主体以及责任大小直接认定行为人需要承担相应的民事侵权责任,对公司的财务工作已尽到一定的勤勉尽责义务,不具有民事侵权责任的过错。三、如果需承担民事赔偿责任,应在工作收入范围内承担赔偿责任,而非承担连带责任。

温某某辩称,一、康美药业股价下跌系由多种因素共同导致的,应当扣除相应损失。二、因不掌握公司的整体经营管理情况,也不是年度报告、半年度报告中虚假财务资料的提供者和撰写者,以监事身份签字已经尽到一定的勤勉义务。三、过失轻微且未从案涉虚假陈述中获益,不应承担连带责任。

马某2辩称,一、康美药业股价下跌,主要是受证券市场系统风险的影响,投资者诉请的投资损失不应被支持。二、《行政处罚决定书》认定的行政责任不能作为马某2承担民事赔偿责任的依据。未参与案涉康美药业公司年报的制作,也没有对年报提出异议的能力,已勤勉尽责履行监事义务,不应承担连带赔偿责任。三、不是虚假陈述信息的策划者、决定者,并未从公司虚假陈述的行为中获得利益,这类较轻微过失应承担补充赔偿责任,以获得工作收入范围为限。

李某1辩称,对案涉违法行为不知情、未参与,不存在过错。投资者主张的损失差额应当剔除受证券市场系统性风险影响部分。

林某1辩称,一、不能因受到行政处罚而推定承担相应的民事赔偿责任。二、主观上不存在故意或过失从事信息披露违法行为的任何动机。客观上无介入涉案信息披露违法事宜的可能,已尽力避免案涉定期报告存在虚假记载或重大遗漏的情形,防止因信息披露不实导致康美药业股东及中小投资者的损失。三、在核查涉案虚假陈述行为的过程中勤勉尽责。

李某3、韩某某、马某3的答辩意见与林某1相同。

罗某某辩称，一、不能因受到行政处罚而推定承担相应的民事赔偿责任。二、对案涉虚假陈述行为不存在主观过错，也从未主动参与实施任何虚假陈述行为。

林某2的答辩意见与罗某某基本一致。另辩称，2016年因身体原因已逐步减轻和退出康美药业的工作。

唐某、陈某1辩称，一、2019年1月28日起才担任高级管理人员，并未签字确认《2016年年度报告》《2017年年度报告》《2018年半年度报告》，未参与实施案涉虚假陈述行为。二、中国证券监督管理委员会（以下简称中国证监会）依据《2018年年度报告》对唐某、陈某1作出行政处罚，与投资者主张的损失之间不存在因果关系，不应承担民事责任。

王某辩称，一、上市公司的董事、监事、高级管理人员等责任人员被中国证监会行政处罚，并不等同于具有证券虚假陈述民事侵权责任的过错。二、康美药业的违法行为较为隐蔽，难以察觉。三、未参与涉案违法行为，在本案中并无不当行为或工作过失。在职责范围内已经履行勤勉尽责义务，不应承担民事法律责任。

江某某、李某2、张某1、郭某某、张某2辩称，一、作为独立董事在履职期间认真审阅公司报告，依据个人专业独立形成并明确表达意见。虽然客观上未能识别和发现康美药业案涉年度报告中存在虚假，但已尽到勤勉尽责义务和对上市公司投资者权利合理关注的审慎注意义务。二、被中国证监会行政处罚并不等同于具有证券虚假陈述民事侵权责任的过错。对于康美药业各类违法行为事前、事后均不知情，更未从中获益。三、应将受证券市场系统性风险影响的部分损失予以扣除。四、结合独立董事的职能及本案的实际情况，不应承担连带赔偿责任。

正中珠江辩称，一、正中珠江审计的会计资料如存在错误、虚假或者不实，其原因并不在正中珠江。康美药业及其相关管理人员实施了有预谋、有组织的系统造假，正中珠江亦是受害者。二、正中珠江审计人员在审计过程中，已经遵守执业准则、规则确定的工作程序。三、正中珠江已按审计准则要求执行了银行函证程序，仍未能发现金融机构提供了虚假或不实证明文件。四、正中珠江未发现审计的会计资料存在错误、虚假或者不实，不存在过错或重大过失。五、如正中珠江需对康美药业股票投资者投资损失承担责任，也仅应根据权利义务相一致原则担责，而非承担连带责任。

杨某某、张某3、刘某1辩称，一、刘某1签字出具的康美药业2018年审计报告与本案投资者损失之间不存在因果关系，不应由刘某1承担赔偿责任。二、杨某某、张某3在对康美药业2016年、2017年财务报表审计过程中，已按要求执行了恰当的审计程序，获取了充分适当的审计证据，已经尽到了勤勉尽责义务。三、杨某某、张某3、刘某1从未参与康美药业各类违法行为，没有侵害投资者权益的故意和过失，不应认定其具有虚假陈述民事侵权责任的过错。四、应将受证券市场系统性风险影响的部分损失予以扣除。五、杨某某、张某3、刘某1对康美药业财务报表进行审计并出具审计报告的行为，属于职务行为，应由正中珠江承担法律责任。六、结合本案的实际情况，不应由杨某某、张某3、刘某1承担连带赔偿责任。

苏某某辩称，一、如果采信《行政处罚决定书》认定的虚假陈述事实，也应进一步判断虚假陈述与案涉投资者损失有无因果关系。二、康美药业股价暴跌并非仅受虚假陈述的单方影响，其他因素造成的投资者损失应予以排除。三、康美药业在涉嫌虚假陈述的作用明显大于正中珠江，正中珠江及人员不应对超出部分承担责任。四、未在审计报告上签字，也无帮助康美药业虚假陈述的故意，主观上属于错误认识的过失，并非虚假陈述的直接责任人，不应承担赔偿责任。

当事人围绕诉讼请求依法提交了证据，本院向中国证券登记结算有限责任公司深圳分公司调取了有关原告主体资格及康美药业股票交易情况的数据，委托中国证券投资者保护基金有限责任公司（以下简称投保基金）对原告投资损失数额、证券侵权行为以外其他风险因素导致的损失扣除比例等进行测算，并组织当事人进行了证据交换和质证。依据各方当事人提交的证据、测算结果及证券市场公开信息，本院认定事实如下：

一、案涉信息披露行为的相关事实

2001年3月19日，康美药业在上海证券交易所主板上市，证券代码600518，证券简称曾为“康美药业”“ST康美”，现简称“*ST康美”。

2017年4月20日、2018年4月26日、2018年8月29日，康美药业在上海证券交易所网站和巨潮资讯网及中国证监会指定报纸上先后披露了《2016年年度报告》《2017年年度报告》《2018年半年度报告》。

2018 年 10 月 15 日晚开始，网上陆续出现文章，质疑康美药业货币资金真实性，指出可能存在财务造假等问题。主要包括：2018 年 10 月 15 日晚，微信公众号“初善投资”发布标题为《康美药业究竟有没有谎言》的文章，该文认为康美药业货币资金真实性可疑、造假特征明显，建议各位投资者小心。2018 年 10 月 16 日，微信公众号“市值相对论”发布标题为《千亿康美药业闪崩！大存大贷大现金大质押哪个是坑？》的文章，该文指出康美药业存在存贷双高、大股东股票质押比例高和中药材贸易毛利率高等问题，质疑康美药业存在财务造假。前述文章被多家影响范围较大的媒体广泛转载，引起强烈反响。康美药业股票 10 月 16 日盘中一度触及跌停，收盘跌幅 5.97%，此后连续三日以跌停价收盘，而同期（2018 年 10 月 16 日 ~ 19 日）上证指数跌幅为 0.69%，医药生物（申万）指数（801150）跌幅为 4.01%。同时，以“康美药业”为关键词的百度搜索指数、百度资讯指数、各类媒体转载指数在 2018 年 10 月 16 日之后均呈现爆炸性增长。例如百度资讯指数，2018 年 10 月 16 日之前几日康美药业百度资讯指数为 1000 多，但至 2018 年 10 月 16 日猛增至 4620，在 10 月 17 日、18 日分别达到了 8014 和 10792。

二、各被告受到行政处罚的相关事实

2018 年 12 月 29 日，康美药业发布《康美药业股份有限公司关于收到中国证券监督管理委员会立案调查通知的公告》（编号：临 2018－116）称：“2018 年 12 月 28 日，康美药业股份有限公司收到中国证券监督管理委员会《调查通知书》（编号：粤证调查通字 180199 号）：‘因你公司涉嫌信息披露违法违规，根据《中华人民共和国证券法》的有关规定，我会决定对你公司立案调查，请予以配合。’公司将全面配合中国证监会的调查工作，并严格按照监管要求履行信息披露义务。”

2019 年 8 月 17 日，康美药业公告称该公司及相关当事人收到中国证监会《行政处罚及市场禁入事先告知书》（处罚字〔2019〕119 号），该告知书主要内容为：经中国证监会查明，康美药业涉嫌存在以下违法事实：一、《2016 年年度报告》《2017 年年度报告》《2018 年半年度报告》《2018 年年度报告》中存在虚假记载。其中《2016 年年度报告》虚增营业收入 89.99 亿元，多计利息收入 1.51 亿元，虚增营业利润 6.56 亿元，占合并利润表当期披露利润总额的 16.44%。《2017 年年度报告》虚增营业收入 100.32 亿元，多计利息收入 2.28 亿元，虚增营业利润 12.51 亿元，占合并利润表当期披露利润总额的 25.91%。《2018 年半年度报告》虚增营业收入

84.84亿元,多计利息收入1.31亿元,虚增营业利润20.29亿元,占合并利润表当期披露利润总额的65.52%。二、《2016年年度报告》《2017年年度报告》《2018年半年度报告》中存在虚假记载,虚增货币资金。2016年1月1日至2018年6月30日,康美药业通过财务不记账、虚假记账,伪造、变造大额定期存单或银行对账单,配合营业收入造假伪造销售回款等方式,虚增货币资金。通过上述方式,康美药业《2016年年度报告》虚增货币资金22,548,513,485.42元,占公司披露总资产的41.13%和净资产的76.74%;《2017年年度报告》虚增货币资金29,944,309,821.45元,占公司披露总资产的43.57%和净资产的93.18%;《2018年半年度报告》虚增货币资金36,188,038,359.50元,占公司披露总资产的45.96%和净资产的108.24%。三、《2018年年度报告》中存在虚假记载,虚增固定资产、在建工程、投资性房地产。四、《2016年年度报告》《2017年年度报告》《2018年年度报告》中存在重大遗漏,未按规定披露控股股东及其关联方非经营性占用资金的关联交易情况。2016年1月1日至2018年12月31日,康美药业在未经过决策审批或授权程序的情况下,累计向控股股东及其关联方提供非经营性资金11,619,130,802.74元用于购买股票、替控股股东及其关联方偿还融资本息、垫付解质押款或支付收购溢价款等用途。中国证监会认为,康美药业虚增营业收入、利息收入、营业利润,虚增货币资金、固定资产、在建工程、投资性房地产,所披露的《2016年年度报告》《2017年年度报告》《2018年半年度报告》《2018年年度报告》存在虚假记载,康美药业未按规定披露控股股东及其关联方非经营性占用资金的关联交易情况,所披露的《2016年年度报告》《2017年年度报告》《2018年年度报告》存在重大遗漏,上述行为违反了《中华人民共和国证券法》①第63条、第65条、第66条②的规定,构成《中华人民共和国证券法》第193条③第1款所述的行为。康美药业董事、监事、高级管理人员违反《中华人民共和国证券法》第68条④的规定,构成《中华人民共和国证券法》第

① 《中华人民共和国证券法》已由中华人民共和国第十三届全国人民代表大会常务委员会第十五次会议于2019年12月28日修订通过,自2020年3月1日起施行。

② 《中华人民共和国证券法》(2014年修正)第63条对应《中华人民共和国证券法》(2019年修订)第78条,第65条、第66条对应第79条。

③ 《中华人民共和国证券法》(2014年修正)第193条对应《中华人民共和国证券法》(2019年修订)第197条。

④ 《中华人民共和国证券法》(2014年修正)第68条对应《中华人民共和国证券法》(2019年修订)第82条。

193 条第 1 款所述“直接负责的主管人员和其他直接责任人员”。中国证监会拟决定：一、对康美药业责令改正，给予警告，并处以 60 万元的罚款；二、对马某 1、许某某给予警告，并分别处以 90 万元的罚款，其中作为直接负责的主管人员罚款 30 万元，作为实际控制人罚款 60 万元；三、对邱某某给予警告，并处以 30 万元的罚款；四、对庄某某、温某某、马某 2 给予警告，并分别处以 25 万元的罚款；五、对马某 3、林某 1、李某 1、江某某、李某 2、罗某某、林某 2 给予警告，并分别处以 20 万元的罚款；六、对张某 1、郭某某、张某 2、李某 3、韩某某、王某给予警告，并分别处以 15 万元的罚款；七、对唐某、陈某 1 给予警告，并分别处以 10 万元的罚款。中国证监会还认为，马某 1、许某某、邱某某在康美药业信息披露违法行为中居于核心地位，直接组织、策划、领导并实施了涉案违法行为，是最主要的决策者、实施者，其行为直接导致康美药业相关信息披露违法行为的发生，情节特别严重；庄某某、温某某、马某 2，涉案信息披露违法行为的发生与其职责、具体实施行为直接相关，其行为与康美药业信息披露违法行为的发生具有紧密联系，情节较为严重；并拟对马某 1、许某某、邱某某、庄某某、温某某、马某 2 采取证券市场禁入措施。

2020 年 5 月 15 日，康美药业公告称公司收到中国证监会《行政处罚决定书》(〔2020〕24 号)，该行政处罚决定书查明的主要事实与《行政处罚及市场禁入事先告知书》基本一致，作出的行政处罚亦与《行政处罚及市场禁入事先告知书》一致，同时查明以下事实：康美药业《2016 年年度报告》审议中，在董事会投赞成票的董事有马某 1、许某某、邱某某、马某 3、林某 1、李某 1、江某某、张某 1、李某 2；在监事会上投赞成票的监事有罗某某、温某某、马某 2；签署高级管理人员书面确认意见的有林某 2、庄某某、李某 3、韩某某、王某。《2017 年年度报告》审议中，在董事会投赞成票的董事有马某 1、许某某、邱某某、马某 3、林某 1、李某 1、江某某、张某 1、李某 2；在监事会上投赞成票的监事有罗某某、温某某、马某 2；签署高级管理人员书面确认意见的有林某 2、庄某某、李某 3、韩某某、王某。《2018 年半年度报告》审议中，在董事会投赞成票的董事有马某 1、许某某、邱某某、马某 3、林某 1、李某 1、江某某、郭某某、张某 2；在监事会上投赞成票的监事有罗某某、马某 2、李某 2；签署高级管理人员书面确认意见的有林某 2、庄某某、李某 3、韩某某、王某、温某某。

2021 年 2 月 18 日，中国证监会作出《行政处罚决定书》(〔2021〕11 号)，主要内容为：一、正中珠江出具的康美药业 2016 年、2017 年、2018 年年度审计报告存在虚假记载。康美药业 2016 年、2017 年、2018 年年度报告存在虚增收入、虚增货币资金等虚假记载行为,正中珠江对康美药业 2016 年、2017 年财务报表出具了标准无保留的审计意见,对康美药业 2018 年财务报表出具了保留意见,审计报告均存在虚假记载。其中,2016 年、2017 年审计项目的签字注册会计师为杨某某、张某 3,2018 年审计项目的签字注册会计师为杨某某、刘某 1。二、2016 年和 2017 年年报审计期间,正中珠江未对康美药业的业务管理系统实施相应审计程序,未获取充分适当的审计证据。捷科 SCM3.0 新架构供应链系统(以下简称捷科系统)是康美药业的业务管理信息系统,金蝶 EAS 系统是康美药业进行账务处理的信息系统,正中珠江相关审计人员明知康美药业捷科系统的存在,未关注捷科系统与金蝶 EAS 系统是否存在差异,未分析差异形成的原因及造成的影响,未实施必要的审计程序。具体包括:在财务报表层面了解信息技术的运用时,未涵盖业务管理系统;正中珠江了解金蝶 EAS 系统时,未执行审计程序了解金蝶 EAS 系统与科捷系统之间数据的勾稽关系;正中珠江实施风险应对措施时,未从业务管理系统获取审计证据。三、正中珠江对康美药业 2016 年财务报表的审计存在缺陷。(一)风险识别与评估阶段,部分审计底稿存在缺陷,主要为汇总的重大风险领域不包括货币资金和营业收入、认定货币资金和营业收入不存在重大错报风险和不属于特别风险、特别风险领域仅包括货币资金未包括营业收入等。(二)货币资金以及营业收入科目的风险应对措施存在重大缺陷。1. 内部控制测试程序存在重大缺陷,如未识别捷科系统与金蝶 EAS 系统存在的差异及其产生的原因并判断对财务报表的影响。作出的相关内部控制评价结论没有充分、适当的审计证据支持,评价结论不恰当,不符合相应准则规定。2. 实质性程序存在重大缺陷,主要有:审计期间项目经理苏某某从康美药业处取得银行对账单,而不是向银行调取;苏某某伪造发函路径,未对应收账款函证过程保持有效控制;对于获取的银行询证函、银行对账单等存在明显异常或相互矛盾的情况,未执行进一步审计程序消除疑虑;2016 年应收账款回函比例仅为 30.89%,正中珠江未对可靠性存疑的回函执行进一步审计程序;对客户进行走访时,并未向对方函证交易数据,走访记录的附件 2 系"加塞"到审计底稿中,不符合相应会计准则。四、正中珠江对康美药业 2017 年财务报表的审计,存在与 2016 年财务报表审计类似缺陷;对 2018 年财务报表的审计,在风险识别与评估阶段、实质性程序存在重大缺陷,不符合相关会计准则的规定。中国证监会作出以下处罚决定:一、对正中珠江责令改正,没收业务收入 1425 万元,并处以 4275 万元罚款;二、对杨某某、张某 3、苏某某给予警告,并分别处以 10 万元罚款;三、对刘某 1 给予警告,并处以 3 万元罚款。

三、本案诉讼情况

2020 年 12 月 31 日,原告顾某某、刘某 2 等 11 名投资者,向本院提起本案诉讼,请求本院判令被告马某 1、许某某赔偿其投资差额损失共计 410,522 元及投资差额损失的佣金 123.17 元、印花税 410.52 元、利息损失 1172.51 元(合计 412,228.20 元);并请求判令被告康美药业、邱某某、庄某某、温某某、马某 2、马某 3、林某 1、李某 1、江某某、李某 2、罗某某、林某 2、李某 3、韩某某、王某、张某 1、郭某某、张某 2、唐某、陈某 1 对原告的上述损失承担连带责任。前述 11 名投资者共同推选顾某某、刘某 2 为拟任代表人,同时请求诉讼请求相同并申请加入本案诉讼的其他投资者,一并提起普通代表人诉讼。

2021 年 2 月 10 日,本院作出〔2020〕粤 01 民初 2171 号民事裁定,裁定本案权利人范围为自 2017 年 4 月 20 日(含)起至 2018 年 10 月 15 日(含)期间以公开竞价方式买入,并于 2018 年 10 月 15 日闭市后仍持有康美药业股票(证券代码:600518),且与本案具有相同种类诉讼请求的投资者,但具有《最高人民法院关于审理证券市场因虚假陈述引发的民事赔偿案件的若干规定》第 19 条规定的虚假陈述与损害结果之间不存在因果关系情形的除外。裁定作出后,各方当事人均未申请复议,该裁定已发生法律效力。

2021 年 3 月 26 日,本院发布《普通代表人诉讼权利登记公告》,明确自 2017 年 4 月 20 日(含)至 2018 年 10 月 15 日(含)期间以公开竞价方式买入,并于 2018 年 10 月 15 日闭市后仍持有康美药业股票(证券代码:600518),且与本案具有相同诉讼请求的投资者,可以于 2021 年 4 月 25 日之前登记加入本案诉讼。

2021 年 3 月 30 日,原告顾某某、刘某 2 等 11 名投资者根据中国证监会对正中珠江及杨某某、张某 3、刘某 1、苏某某的行政处罚决定,向本院申请追加正中珠江、杨某某、张某 3、刘某 1、苏某某为本案被告,请求判令前述 5 被告与马某 1、许某某等被告承担连带赔偿责任。本院依法对原告追加被告的申请予以准许。

2021 年 4 月 8 日,投服中心接受了黄某 1 等 56 名权利人的特别授权,向本院申请作为代表人参加诉讼。根据《中华人民共和国证券法》(2019 年修订)第 95 条第

3 款和《最高人民法院关于证券纠纷代表人诉讼若干问题的规定》第 32 条第 1 款的规定，经最高人民法院指定管辖，本院适用特别代表人诉讼程序审理本案。

2021 年 4 月 16 日，本院发布《特别代表人诉讼权利登记公告》，明确本案权利人范围为自 2017 年 4 月 20 日(含)起至 2018 年 10 月 15 日(含)期间以公开竞价方式买入，并于 2018 年 10 月 15 日闭市后仍持有康美药业股票(证券代码:600518)，且与本案具有相同种类诉讼请求的投资者，但具有《最高人民法院关于审理证券市场因虚假陈述引发的民事赔偿案件的若干规定》第 19 条规定的虚假陈述与损害结果之间不存在因果关系情形的除外。符合前述权利人范围的投资者如未在公告期间届满(2021 年 5 月 16 日)后 15 日内向本院书面声明退出本特别代表人诉讼的，即视为同意参加本特别代表人诉讼。

在公告期间，梅某某等 9 名投资者向本院提交书面声明，表示退出本特别代表人诉讼。

在本案审理过程中，康美药业等部分被告向本院提出申请，申请本院委托专业机构测算损失金额和系统风险，并主张由上海交通大学中国金融研究院测算；投服中心主张由深圳价值在线信息科技股份有限公司测算。因各方对测算机构的选择未能形成一致意见，本院委托投保基金对权利人范围内的投资者(声明退出本案特别代表人诉讼投资者除外)的损失进行测算。

2021 年 7 月 16 日，投保基金出具《证券投资者损失测算报告》。该报告主要内容为：一、投保基金测算时选定的实施日为 2017 年 4 月 20 日，揭露日为 2018 年 10 月 16 日，基准日为 2018 年 12 月 4 日，并通过计算揭露日起至基准日期间每个交易日收盘价的平均价格确定了基准价为 12.70 元。二、测算投资者实际损失的方法为，先采用移动加权平均法计算投资者买入均价，即投资者每次买入股票后，以新买入的股票成本加上前次的持仓成本，除以本次买入的股票数量加上前次的持仓数。以该方法投资者每次买入股票时测算一次买入成本(持仓成本价)，卖出股票的成本以前一次计算所得买入均价为计价依据。该算法公式为：买入均价 = (本次购入股票金额 + 本次购入前持股总成本)/(本次购入股票数量 + 本次购入前持股数量)；卖出均价 = 揭露日(含)至基准日(含)期间有效卖出总金额/有效卖出总数量。以此方法得到的投资差额损失计算方法为：投资差额损失 = 卖出损失 + 持有损失；卖出损失 = (买入均价 - 卖出均价) × 有效卖出总股数；持有损失 = (买入均价－基准价)×基准日剩余有效股数。此外,佣金费率按万分之三计算,印花税税率按千分之一计算,资金利率为银行同期活期存款利率0.35%(资金利息天数自第一笔有效买入日计算至揭露后最后一笔有效卖出日或基准日)。三、扣除系统风险的方法是,选取医药生物(申万)指数(801150)为系统风险扣除的参考指数,采用"个体相对比例法"测算投资者证券市场系统风险扣除比例。该方法的原理是,从投资者第一笔有效买入开始,假设投资者买卖案涉股票时,同时买入卖出相同数量的指数,每一笔交易均同步对应指数的买入卖出,指数的价格取交易当日的指数数值。揭露后卖出的或持有股票的,假设也同步卖出或持有对应的指数。被测算人可能不同程度受到证券市场系统风险影响。市场系统风险具体计算方法是:将每个投资者持股期间的指数加权平均跌幅与个股加权平均跌幅进行对比,用"相对比例法"扣除证券市场系统风险的影响。指数买入均价、卖出均价、持有损失、卖出损失计算方法同个股的计算方法。具体计算公式为:市场系统风险扣除比例＝证券买入与卖出期间指数加权平均跌幅/证券买入与卖出期间个股加权平均跌幅;指数加权平均跌幅＝(指数卖出损失＋指数持有损失)/(有效索赔股数×指数买入均价);个股加权平均跌幅＝(个股卖出损失＋个股持有损失)/(有效索赔股数×个股买入均价)。四、最终的损失金额计算方法如下:损失金额＝投资差额损失＋佣金＋印花税＋资金利息;投资差额损失＝A×(1－市场系统风险扣除比例)。A为不扣除市场系统风险的投资差额损失;风险系数大于1,则按1计算;风险小于0,则按0计算;佣金＝投资差额损失×佣金费率;印花税＝投资差额损失×印花税税率;资金利息＝(投资差额损失＋佣金＋印花税)×银行同期活期存款利率×实际天数/365。五、经测算,共计55,326名投资者发生约48.66亿元损失,其中损失金额扣除系统风险后为0或者负数投资者的人数为3289名投资者,扣除系统风险后损失金额为正数的投资者人数为52,037名,该52,037名投资者扣除系统风险后损失金额总数为2,458,928,544元。

投服中心认为,康美药业在申万一级行业指数中所占据的权重比例较高,仅选取该指数可能导致系统风险扣除比例过高,不利于最大限度地保护投资者的合法权益。康美药业等被告认为,测算报告系统风险扣除比例过低;买入均价应当依据先进先出加权平均法进行测算;应当剔除通过大宗交易买入的投资者;利息计算方式存在错误。

另查明，被告唐某、陈某1未作为康美药业董事、监事、高级管理人员参与康美药业《2016年年度报告》《2017年年度报告》《2018年半年度报告》审议和保证前述定期报告真实、准确、完整，仅作为高级管理人员保证康美药业《2018年年度报告》真实、准确、完整；刘某1并非康美药业2016年、2017年审计项目的签字注册会计师，仅为康美药业2018年审计项目的签字注册会计师。

2021年9月1日，本院接受投服中心提出的财产保全申请，作出〔2020〕粤01民初2171号之一民事裁定，裁定冻结马某1、许某某、邱某某、庄某某、温某某、马某2、马某3、林某1、李某1、江某某、李某2、罗某某、林某2、李某3、韩某某、王某、张某1、郭某某、张某2、正中珠江、杨某某、张某3、刘某1、苏某某名下价值24.59亿元的银行存款或查封、扣押其他等值财产。

本院认为，本案为证券虚假陈述责任纠纷。投资者保护机构投服中心在权利登记公告期间受50名以上权利人的特别授权，作为代表人参加诉讼。根据《中华人民共和国证券法》(2019年修订)第95条第3款和《最高人民法院关于证券纠纷代表人诉讼若干问题的规定》第32条第1款的规定，本案为特别代表人诉讼案件。

综合原告、被告的诉辩意见，本案的争议焦点在于：一、案涉虚假陈述行为的认定；二、原告投资损失与案涉虚假陈述行为之间有无因果关系；三、各被告赔偿责任的认定。

一、案涉虚假陈述行为的认定

《最高人民法院关于审理证券市场因虚假陈述引发的民事赔偿案件的若干规定》第17条第1款①规定："证券市场虚假陈述，是指信息披露义务人违反证券法律规定，在证券发行或者交易过程中，对重大事件作出违背事实真相的虚假记载、误导性陈述，或者在披露信息时发生重大遗漏、不正当披露信息的行为。"

中国证监会作出的《行政处罚决定书》(〔2020〕24号)查明，康美药业披露的《2016年年度报告》《2017年年度报告》《2018年半年度报告》中，存在虚增营业收入、利息收入及营业利润，虚增货币资金和未按规定披露控股股东及其关联方非经营性占用资金的关联交易情况，属于对重大事件作出违背事实真相的虚假记载和

---

① 《最高人民法院关于审理证券市场因虚假陈述引发的民事赔偿案件的若干规定》第17条第1款对应《最高人民法院关于审理证券市场虚假陈述侵权民事赔偿案件的若干规定》第4条。

披露信息时发生重大遗漏的行为;《行政处罚决定书》(〔2021〕11 号)查明,正中珠江出具的康美药业 2016 年、2017 年财务报表审计报告存在虚假记载。康美药业、正中珠江等被告对上述《行政处罚决定书》查明的事实未予否认,且未提交相反证据,故本院对康美药业披露的《2016 年年度报告》《2017 年年度报告》《2018 年半年度报告》以及正中珠江出具的康美药业 2016 年、2017 年财务报表审计报告存在虚假记载和重大遗漏的事实予以确认,并认定本案存在证券虚假陈述行为。

关于案涉虚假陈述行为的实施日问题。2017 年 4 月 20 日,康美药业披露存在虚假记载和重大遗漏的《2016 年年度报告》,此日期应当被认定为虚假陈述行为的实施日。

关于案涉虚假陈述行为的揭露日问题。虚假陈述的揭露和更正,是指虚假陈述被市场知悉、了解,不要求达到全面、完整、准确的程度,只要交易市场对揭露文章存在明显的反应,即可认定市场知悉虚假陈述行为。本院认为,应以自媒体质疑康美药业财务造假的 2018 年 10 月 16 日为案涉虚假陈述行为的揭露日。理由为:一是自媒体质疑报道的主要内容,与中国证监会行政处罚认定的财务造假性质、类型基本相同。特别是质疑报道中关于康美药业在货币资金等科目存在较大造假的猜测,在之后中国证监会作出的行政处罚决定中得到了证实,满足揭露行为的一致性要件。二是自媒体揭露内容引发了巨大的市场反应。康美药业股价在被自媒体质疑后短期内急速下挫,走势与上证指数、行业指数的走势存在较大背离,可以认定市场对于自媒体的揭露行为作出了强烈反应,说明自媒体揭露行为对市场显现出很强的警示作用,满足揭露行为的警示性要件。三是虽然揭露文章仅是首发在自媒体而非官方媒体,但在移动互联网蓬勃兴起的当今,发表在自媒体的文章亦有可能会迅速引起较多媒体关注和转载。从本案来看,相关文章确实被多家媒体转载,并直接导致康美药业的百度搜索指数和资讯指数暴增,成为舆论关注重心,满足揭露行为的广泛性要求,达到了揭露效果。

关于基准日和基准价问题。根据《最高人民法院关于审理证券市场因虚假陈述引发的民事赔偿案件的若干规定》第 33 条①关于"投资差额损失计算的基准日,

---

① 《最高人民法院关于审理证券市场因虚假陈述引发的民事赔偿案件的若干规定》第 33 条对应《最高人民法院关于审理证券市场虚假陈述侵权民事赔偿案件的若干规定》第 26 条。

是指虚假陈述揭露或者更正后，为将投资人应获赔偿限定在虚假陈述所造成的损失范围内，确定损失计算的合理期间而规定的截止日期。基准日分别按下列情况确定：(一)揭露日或者更正日起，至被虚假陈述影响的证券累计成交量达到其可流通部分100%之日。但通过大宗交易协议转让的证券成交量不予计算"的规定，本案投资差额损失计算的基准日为康美药业上市可流通股票换手率达到100%的2018年12月4日，基准价为12.7元。

二、原告投资损失与案涉虚假陈述行为之间有无因果关系

本争议焦点涉及的因果关系包括原告的交易行为与案涉虚假陈述行为之间是否存在因果关系及原告的投资损失与案涉虚假陈述行为之间是否存在因果关系，即交易因果关系与损失因果关系。

(一)交易因果关系

《最高人民法院关于审理证券市场因虚假陈述引发的民事赔偿案件的若干规定》第18条[①]规定："投资人具有以下情形的，人民法院应当认定虚假陈述与损害结果之间存在因果关系：(一)投资人所投资的是与虚假陈述直接关联的证券；(二)投资人在虚假陈述实施日及以后，至揭露日或者更正日之前买入该证券；(三)投资人在虚假陈述揭露日或者更正日及以后，因卖出该证券发生亏损，或者因持续持有该证券而产生亏损。"按照该司法解释之规定，符合条件的投资者的交易行为与被告虚假陈述行为之间应被推定认为存在交易因果关系。

基于此，根据前述关于实施日、揭露日的分析以及本院2021年2月10日作出的(2020)粤01民初2171号民事裁定，本案权利人范围为自2017年4月20日(含)起至2018年10月15日(含)期间以公开竞价方式买入，并于2018年10月15日闭市后仍持有康美药业股票(证券代码：600518)，且与本案具有相同种类诉讼请求的投资者，但具有《最高人民法院关于审理证券市场因虚假陈述引发的民事赔偿案件的若干规定》第19条规定的虚假陈述与损害结果之间不存在因果关系情形的除外。本院按照前述范围确定投资者名单，调取了相关投资者交易数据，并委托投保基金对投资者的损失情况进行了核算。

---

① 《最高人民法院关于审理证券市场因虚假陈述引发的民事赔偿案件的若干规定》第18条对应《最高人民法院关于审理证券市场虚假陈述侵权民事赔偿案件的若干规定》第11条。

本院调取相关投资者数据时已限定为以公开竞价方式买入的投资者的数据，实质上已将通过大宗交易等非竞价交易方式买入的投资者排除。虽然部分被告对此提出异议，但均未能举证证明仍有此类投资者作为原告，故本院对该异议不予支持。因此，本院认为，本案原告的交易行为均与被告虚假陈述行为之间存在交易因果关系。

（二）损失因果关系

关于原告的损失与被告虚假陈述行为是否具有损失因果关系。首先，原告投资损失金额的认定问题。投保基金计算投资者损失时使用的是移动加权平均法的计算方法，康美药业等部分被告提出异议，认为应当使用先进先出加权平均法。但本院认为，使用移动加权平均法计算时，针对投资者每次买入股票测算一次买入成本，卖出股票的成本以前一次的买入均价为计价依据，即买入均价等于本次购入的股票金额加上本次购入前的持股成本的和，除以本次购入股票的数量加上本次购入前股票的数量的和。这个方法实际上考虑了从实施日到揭露日整个期间，投资者每次买入股票的价格和数量，同时也剔除了因为卖出证券导致的盈亏。因此，该方法更为符合实际情况，对从实施日到揭露日期间多次进行交易的投资者的成本认定更合理，故本院对投保基金采用的移动加权平均法表示认可。

其次，关于本案系统风险扣除的问题。《最高人民法院关于审理证券市场因虚假陈述引发的民事赔偿案件的若干规定》第 19 条规定："被告举证证明原告具有以下情形的，人民法院应当认定虚假陈述与损害结果之间不存在因果关系：（一）在虚假陈述揭露日或者更正日之前已经卖出证券；（二）在虚假陈述揭露日或者更正日及以后进行的投资；（三）明知虚假陈述存在而进行的投资；（四）损失或者部分损失是由证券市场系统风险等其他因素所导致；（五）属于恶意投资、操纵证券价格的。"本案中，案涉虚假陈述行为从实施日到揭露日时间较长，在此期间，证券市场走势波动亦较大。投资者的损失中，部分损失系证券市场系统因素造成，该部分损失应予剔除。至于扣除方式，投保基金选取医药生物（申万）指数作为比对指数，并采用"个体相对比例法"测算投资者证券市场系统风险扣除比例。本院认为申万行业指数编制较早，且在证券市场具有较大影响力，可以被选取作为比对指数。而在测算时，投保基金采用"个体相对比例法"测算投资者证券市场系统风险扣除比例，即从投资者第一笔有效买入开始，假设投资者买卖案涉股票时，同时买入卖出相同数量的医药生物(申万)指数,每一笔交易均同步对应指数的买入卖出,并将每个投资者持股期间的指数加权平均跌幅与个股加权平均跌幅进行对比,扣除证券市场系统风险的影响。投保基金具体所采用的计算公式为:市场系统风险扣除比例 = 证券买入与卖出期间指数加权平均跌幅/证券买入与卖出期间个股加权平均跌幅;指数加权平均跌幅 =(指数卖出损失 + 指数持有损失)/(有效索赔股数 × 指数买入均价);个股加权平均跌幅 =(个股卖出损失 + 个股持有损失)/(有效索赔股数 × 个股买入均价)。本院认为该测算方法可以更合理计算不同时期买入康美药业股票的各投资者因市场系统风险受到的损失,投保基金以此方法测算系统风险扣除比例,并无不妥。根据测算情况,除去损失金额在扣除系统风险后为 0 或者负数的 3289 名投资者后,共计 52,037 名投资者有损失。

最后,关于本案是否还应当扣除非系统风险所导致的投资者损失问题。本院认为,一方面,按照《最高人民法院关于审理证券市场因虚假陈述引发的民事赔偿案件的若干规定》第 19 条之规定,缺乏扣除非系统风险导致的损失的法律依据;另一方面,部分被告提出了诸如经营不善、实际控制人曾行贿等应当扣除非系统风险的理由,但未举证证明何种事件应当作为非系统风险,也未证明该等事件独立于虚假陈述行为对康美药业股价产生消极影响。故本案缺乏扣除非系统风险的依据,本院对于部分被告扣除非系统风险的主张不予支持。

此外,经本院核实,投保基金测算的投资者佣金、印花税及利息损失结果均无误,故应予采信。

综上,经投保基金测算,案涉虚假陈述行为所导致的 52,037 名投资者损失为 2,458,928,544 元,本院对投资者的该部分赔偿主张予以支持。52,037 名投资者所主张的超出上述金额之外的损失,以及损失金额在扣除系统风险后为 0 或者负数的 3289 名投资者所主张的损失,与案涉虚假陈述行为之间不具有因果关系,本院对该赔偿请求不予支持。

三、各被告赔偿责任的认定

(一)康美药业及其实际控制人、董事、监事、高级管理人员的赔偿责任

《中华人民共和国证券法》(2014 年修正)第 69 条[①]规定:“发行人、上市公司公

① 《中华人民共和国证券法》(2014 年修正)第 69 条对应《中华人民共和国证券法》(2019 年修订)第 85 条。

告的招股说明书、公司债券募集办法、财务会计报告、上市报告文件、年度报告、中期报告、临时报告以及其他信息披露资料,有虚假记载、误导性陈述或者重大遗漏,致使投资者在证券交易中遭受损失的,发行人、上市公司应当承担赔偿责任;发行人、上市公司的董事、监事、高级管理人员和其他直接责任人员以及保荐人、承销的证券公司,应当与发行人、上市公司承担连带赔偿责任,但是能够证明自己没有过错的除外;发行人、上市公司的控股股东、实际控制人有过错的,应当与发行人、上市公司承担连带赔偿责任。”

康美药业作为上市公司,披露的《2016 年年度报告》《2017 年年度报告》《2018 年半年度报告》中存在虚假记载,虚增营业收入、利息收入及营业利润,虚增货币资金;披露的《2016 年年度报告》《2017 年度报告》中存在重大遗漏,未按规定披露控股股东及其关联方非经营性占用资金的关联交易情况,依据《中华人民共和国证券法》(2014 年修正)第 69 条之规定,康美药业对案涉投资者损失承担赔偿责任。

马某 1 作为康美药业董事长、总经理和实际控制人,组织安排相关人员将上市公司资金转移到其控制的关联方,且未在定期报告里披露相关情况;为掩盖上市公司资金被关联方长期占用、虚构公司经营业绩等违法事实,组织策划康美药业相关人员通过虚增营业收入、虚增货币资金等方式实施财务造假。许某某作为康美药业副董事长、副总经理和实际控制人,是主管会计工作的负责人,与马某 1 共同组织安排相关人员将上市公司资金转移到其控制的关联方,且知悉马某 1 组织相关人员实施财务造假。此外,马某 1、许某某明知康美药业《2016 年年度报告》《2017 年年度报告》《2018 年半年度报告》披露数据存在虚假,仍然作为董事签字并承诺保证相关文件真实、准确、完整。马某 1、许某某的行为直接导致康美药业披露的定期报告存在虚假陈述,是应当对康美药业信息披露违法行为直接负责的人员。依据《中华人民共和国证券法》(2014 年修正)第 69 条之规定,马某 1、许某某应当承担连带赔偿责任。

邱某某作为康美药业董事、副总经理、董事会秘书,主管公司信息披露事务,对公司定期报告的真实性、完整性、准确性承担主要责任;但却根据马某 1 的授意安排,组织相关人员将上市公司资金转移至控股股东及其关联方,组织策划公司相关人员实施、并亲自参与实施财务造假行为。庄某某为康美药业财务负责人,参与实施财务造假行为。温某某协助董事会秘书和财务负责人分管财务工作,根据马某 1、邱某某的授意安排，组织相关人员将上市公司资金转移至控股股东及其关联方，组织协调公司相关人员实施财务造假及信息披露违法行为。马某2担任财务部总监助理，分管出纳工作，根据马某1等人安排，参与财务造假工作。此外，邱某某、庄某某、温某某、马某2明知康美药业《2016年年度报告》《2017年年度报告》《2018年半年度报告》披露数据存在虚假，仍然作为董事、监事或高级管理人员签字并承诺保证相关文件真实、准确、完整。邱某某、庄某某、温某某、马某2的行为直接导致康美药业披露的定期报告存在虚假陈述，也是应当对康美药业信息披露违法行为直接负责的人员。依据《中华人民共和国证券法》(2014年修正)第69条之规定，邱某某、庄某某、温某某、马某2应当承担连带赔偿责任。

马某3、林某1、李某1、江某某、李某2、罗某某、林某2、李某3、韩某某、王某、张某1、郭某某、张某2等被告，虽然并非具体分管康美药业财务工作，但康美药业公司财务造假持续时间长，涉及会计科目众多，金额巨大，前述被告作为董事、监事或高级管理人员如尽勤勉义务，即使仅分管部分业务，也不可能完全不发现端倪。因此，虽然前述被告作为董事、监事或高级管理人员并未直接参与财务造假，却未勤勉尽责，存在较大过失，且均在案涉定期财务报告中签字，保证财务报告真实、准确、完整，所以前述被告是康美药业信息披露违法行为的其他直接责任人员。故依据《中华人民共和国证券法》(2014年修正)第69条之规定，马某3、林某1等被告应当承担与其过错程度相适应的赔偿责任。其中，马某3、林某1、李某1、罗某某、林某2、李某3、韩某某、王某均非财务工作负责人，过失相对较小，本院酌情判令其在投资者损失的20%范围内承担连带赔偿责任；江某某、李某2、张某1为兼职的独立董事，不参与康美药业日常经营管理，过失相对较小，本院酌情判令其在投资者损失的10%范围内承担连带赔偿责任；郭某某、张某2为兼职的独立董事，过失相对较小，且仅在《2018年半年度报告》中签字，本院酌情判令其在投资者损失的5%范围内承担连带赔偿责任。

唐某、陈某1未以董事、监事、高级管理人员的身份签名确认《2016年年度报告》《2017年年度报告》《2018年半年度报告》内容的真实、准确、完整，不存在虚假记载、误导性陈述或重大遗漏，不属于案涉虚假陈述行为人，不应当对投资者损失承担赔偿责任。

（二）正中珠江及其工作人员的赔偿责任

《中华人民共和国证券法》（2014 年修正）第 173 条①规定："证券服务机构为证券的发行、上市、交易等证券业务活动制作、出具审计报告、资产评估报告、财务顾问报告、资信评级报告或者法律意见书等文件，应当勤勉尽责，对所依据的文件资料内容的真实性、准确性、完整性进行核查和验证。其制作、出具的文件有虚假记载、误导性陈述或者重大遗漏，给他人造成损失的，应当与发行人、上市公司承担连带赔偿责任，但是能够证明自己没有过错的除外。"

根据中国证监会《行政处罚决定书》（〔2021〕11 号）认定的事实，康美药业 2016 年、2017 年、2018 年年度报告存在虚增收入、虚增货币资金等虚假记载行为。正中珠江为上述年度报告提供审计服务，其中 2016 年、2017 年财务报表出具了标准无保留意见的审计意见，2018 年财务报表出具了保留意见。在 2016 年和 2017 年年报审计期间，正中珠江相关审计人员了解捷科系统为康美药业的业务管理信息系统，金蝶 EAS 系统为康美药业的财务处理信息系统，但未关注两套系统是否存在差异，未实施必要的审计程序。正中珠江对于货币资金科目和营业收入科目的风险应对措施方面存在重大缺陷，包括未对现金对账执行内部控制测试程序、未关注明显异常或相互矛盾的审计证据、函证回函率较低时未实施替代性程序、审计底稿"加塞"函证交易数据以及项目经理苏某某严重违反独立性要求等。正中珠江上述未实施基本的审计程序行为，严重违反《中国注册会计师审计准则》和《中国注册会计师职业道德守则》等规定，导致康美药业严重财务造假未被审计发现，影响极其恶劣，故本院认为正中珠江应当承担连带赔偿责任。

杨某某作为正中珠江合伙人和 2016 年、2017 年康美药业审计项目的签字注册会计师，在执业活动中因重大过失造成正中珠江需承担赔偿责任。根据《中华人民共和国合伙企业法》第 57 条第 1 款关于"一个合伙人或者数个合伙人在执业活动中因故意或者重大过失造成合伙企业债务的，应当承担无限责任或者无限连带责任，其他合伙人以其在合伙企业中的财产份额为限承担责任"之规定，杨某某应当在正中珠江承责范围内承担连带赔偿责任。

① 《中华人民共和国证券法》（2014 年修正）第 173 条对应《中华人民共和国证券法》（2019 年修订）第 163 条。

刘某1并非康美药业2016年、2017年审计项目的签字注册会计师，不是案涉虚假陈述行为人，故不应对投资者损失承担赔偿责任。

虽然张某3作为案涉审计报告签字注册会计师，苏某某作为审计项目经理，均存在过错，但规定中介机构直接责任人承担赔偿责任的《最高人民法院关于审理证券市场因虚假陈述引发的民事赔偿案件的若干规定》第24条[①]所依据的《中华人民共和国证券法》(1999年施行)第161条已经被修正，而行为发生时施行的《中华人民共和国证券法》(2014年修正)第173条已无中介机构直接责任人承担赔偿责任的规定。根据新法优于旧法的法律适用原则，张某3、苏某某作为正中珠江的员工，不应因其职务行为直接对投资者承担赔偿责任。

综上，本院认为，康美药业应对投资者损失共计2,458,928,544元承担赔偿责任；马某1、许某某、邱某某、庄某某、温某某、马某2与康美药业承担连带赔偿责任；马某3、林某1、李某1、罗某某、林某2、李某3、韩某某、王某在康美药业赔偿责任20%范围内承担连带赔偿责任；江某某、李某2、张某在10%范围内承担连带赔偿责任；郭某某、张某2在5%范围内承担连带赔偿责任；正中珠江与康美药业承担连带赔偿责任；杨某某在正中珠江承责范围内承担连带赔偿责任；唐某、陈某1、张某3、刘某1、苏某某在本案中不承担民事赔偿责任。

本案诉讼裁判的范围为各被告应当向原告承担的责任问题，至于各承担连带责任的被告之间的责任分担与追偿，不在本案裁判范围之内，各方如承担实际赔付责任后可另行解决。

综上所述，依据《中华人民共和国证券法》(2014年修正)第63条、第69条、第173条，《中华人民共和国合伙企业法》第57条第1款，《最高人民法院关于审理证券市场因虚假陈述引发的民事赔偿案件的若干规定》第7条、第17条、第18条、第19条、第20条、第21条、第33条，[②]《中华人民共和国民事诉讼法》第53条、第54

① 《最高人民法院关于审理证券市场因虚假陈述引发的民事赔偿案件的若干规定》第24条对应《最高人民法院关于审理证券市场虚假陈述侵权民事赔偿案件的若干规定》第18条、第19条。

② 《最高人民法院关于审理证券市场因虚假陈述引发的民事赔偿案件的若干规定》第7条在《最高人民法院关于审理证券市场虚假陈述侵权民事赔偿案件的若干规定》中未进行专门规定，第20条对应第7条、第8条、第9条，第21条在新司法解释中未进行专门规定。

条、第64条,[①]《最高人民法院关于证券纠纷代表人诉讼若干问题的规定》第24条、第26条、第32条、第34条、第39条、第41条之规定,判决如下:

一、被告康美药业股份有限公司于本判决生效之日起15日内,向原告顾某某、黄某1等52,037名投资者赔偿投资损失2,458,928,544元。原告所获赔偿金额的计算方法为投资差额损失与相应的佣金、印花税、利息损失之和。其中投资差额损失=(买入均价-卖出均价或基准价)×持股数量×(1-证券市场风险因素的影响比例),买入均价采用第一笔有效买入后的移动加权平均法计算,多个账户应合并计算,证券市场风险因素采用个股涨跌幅与生物医药(申万)指数涨跌幅进行同步对比的方法扣除。佣金损失=投资差额损失×0.03%。印花税损失=投资差额损失×0.1%。利息损失=(投资差额损失+佣金损失+印花税损失)×0.35%×第一笔有效买入日至最后一笔卖出日或者基准日的实际天数/365天(各原告应获赔偿金额详见本判决附表,或登录微信小程序"广州微法院"查询)。

二、被告马某1、许某某、邱某某、庄某某、温某某、马某2对本判决第一项确定的被告康美药业股份有限公司债务承担连带清偿责任。

三、被告马某3、林某1、李某1、罗某某、林某2、李某3、韩某某、王某在本判决第一项确定的被告康美药业股份有限公司债务的20%范围内承担连带清偿责任。

四、被告江某某、李某2、张某1在本判决第一项确定的被告康美药业股份有限公司债务的10%范围内承担连带清偿责任。

五、被告郭某某、张某2在本判决第一项确定的被告康美药业股份有限公司债务的5%范围内承担连带清偿责任。

六、被告广东正中珠江会计师事务所(特殊普通合伙)、杨某某对本判决第1项确定的被告康美药业股份有限公司债务承担连带清偿责任。

七、驳回原告顾某某、黄某1等55,326名投资者的其他诉讼请求。

如果未按本判决指定的期间履行给付金钱义务,应当依照《中华人民共和国民事诉讼法》第253条规定,[②]加倍支付迟延履行期间的债务利息。

---

① 《中华人民共和国民事诉讼法》已由中华人民共和国第十三届全国人民代表大会常务委员会第三十二次会议于2021年12月24日修正通过,自2022年1月1日起施行。《中华人民共和国民事诉讼法》(2017年修正)第53条对应《中华人民共和国民事诉讼法》(2021年修正)第56条,第54条对应第57条,第64条对应第67条。

② 《中华人民共和国民事诉讼法》(2017年修正)第253条对应《中华人民共和国民事诉讼法》(2021年修正)第260条。

本案案件受理费12,336,442.72元、保全费5000元,由被告康美药业股份有限公司、马某1、许某某、邱某某、庄某某、温某某、马某2、马某3、林某1、李某1、罗某某、林某2、李某3、韩某某、王某、江某某、李某2、张某1、郭某某、张某2、广东正中珠江会计师事务所(特殊普通合伙)、杨某某共同负担。

双方当事人对计算方法、赔偿金额等有异议的,可以向本院申请复核。

原告代表人中证中小投资者服务中心有限责任公司不服本判决的,可以在本判决书送达之日起15日内向本院递交上诉状,并按对方当事人的人数提出副本,上诉于广东省高级人民法院;同时,原告代表人中证中小投资者服务中心有限责任公司应当在上诉期间届满前通知全体原告,原告决定放弃上诉的,应当在收到通知之日起15日内通知本院。

原告代表人中证中小投资者服务中心有限责任公司决定放弃上诉的,可以在本判决书送达之日起15日内通知全体原告;原告决定上诉的,应当在收到通知之日起15日内向本院递交上诉状,并按对方当事人的人数提出副本,上诉于广东省高级人民法院。

各被告不服本判决的,可以在本判决书送达之日起15日内向本院递交上诉状,并按原告代表人中证中小投资者服务中心有限责任公司和其他被告的人数提出副本,上诉于广东省高级人民法院。

审　判　长　陈舒舒
审　判　员　王泳涌
审　判　员　李　杰
二〇二一年十一月十二日
法官助理　叶汉杰
书　记　员　李小兵

第二部分　案 件 梗 概

一、违法行为揭露

康美药业股份有限公司关于媒体报道的澄清说明

本公司董事会及全体董事保证本公告内容不存在任何虚假记载、误导性陈述或者重大遗漏，并对其内容的真实性、准确性和完整性承担个别及连带责任。

一、报道简述

近日，康美药业股份有限公司(以下简称公司或康美药业)关注到相关媒体的文章，文章报道了公司的货币现金高、存贷双高、大股东股票质押比例高和中药材贸易毛利率高等相关内容。

二、澄清说明

公司就相关内容进行了核实，现作澄清说明如下：

(一)关于账面货币资金余额较大的情况说明

公司作为中医药全产业链企业，业务涵盖中药饮片、中药材贸易、药品生产销售、保健品及保健食品、中药材市场经营、医药电商和医疗服务等，目前已形成较完整的大健康产业版图布局和产业体系。公司的货币资金余额较大的原因如下：

(1)经过多年的业务扩张及近年来的企业并购，截至2018年6月30日，康美药业合并范围公司已达124家。根据公司发展战略规划，新增的项目投资、产业并购和中药材贸易等对货币资金和融资规模的需求都非常大。根据已公告的项目投资计划，公司未来几年预计的项目投资资金需求为443.91亿元，公司2018年6月30日账面货币资金为398.85亿元，加上公司日常的业务经营和中药材贸易，公司需要保持较高的货币资金余额。具体项目如表1所示：

表1　投资项目表

单位:万元

项目	预算投入	截至2018年6月末已投资金额	预计未来投资计划					进展	备注
			合计	2018年7~12月	2019年	2020年	2021年		
中国—东盟康美玉林中药材(香料)交易中心及现代物流仓储项目	300,000	3305	296,695	10,000	100,000	100,000	86,695	目前项目已进入建设施工阶段	在建工程
甘肃定西中药材现代仓储物流及交易中心项目	110,000	90,451	19,549	2000	15,000	2549	—	目前项目已进入建设施工阶段	在建工程
康美(亳州)华佗国际中药城项目二期工程项目	100,000	133,508	—	—	—	—	—	目前项目已基本完工	在建工程
普宁中药材专业市场项目	100,000	186,297	—	—	—	—	—	目前项目已基本完工	在建工程
青海国际中药城项目	85,000	119,542	—	—	—	—	—	目前项目已基本完工	在建工程
上海中药饮片生产基地项目	30,000	22,446	7554	7554	—	—	—	目前项目已进入建设施工阶段	在建工程
青海玉树虫草交易市场及加工中心项目	15,000	9671	5329	3078	2251	—	—	目前项目已进入建设施工阶段	在建工程

续表

项目	预算投入	截至2018年6月末已投资金额	预计未来投资计划					进展	备注
			合计	2018年7~12月	2019年	2020年	2021年		
中国—东盟康美玉林中药产业园	100,000	5806	94,194	4999	30,000	30,000	29,195	目前项目已进入建设施工阶段	在建工程
甘肃定西中药饮片及药材提取生产基地项目	40,000	—	40,000	—	20,000	10,000	10,000	—	拟建工程
康美普宁中药产业园项目	160,000	—	160,000	30,000	45,000	45,000	40,000	—	拟建工程
康美昆明大健康产业园项目	140,000	—	140,000	30,000	40,000	40,000	30,000	—	拟建工程
康美智慧药房项目	770,000	—	770,000	200,000	300,000	200,000	70,000	—	拟建工程
康美智慧药柜项目	280,000	—	280,000	40,000	100,000	100,000	40,000	—	拟建工程
康美药业华南总部	89,700	1203	88,497	10,797	28,000	32,000	17,700	—	拟建工程
康美通辽新医院项目	250,000	—	250,000	30,000	90,000	70,000	60,000	—	拟建工程
康美通城新医院项目	108,000	—	108,000	5000	45,000	30,000	28,000	—	拟建工程
柳河医院并购项目	19,300	—	19,300	19,300	—	—	—	—	拟建工程
深圳市宝安区人民政府战略合作项目	300,000	—	300,000	30,000	120,000	80,000	70,000	—	拟建工程

续表

项目	预算投入	截至2018年6月末已投资金额	预计未来投资计划					进展	备注
			合计	2018年7～12月	2019年	2020年	2021年		
广东省肇庆市怀集县人民政府战略合作项目	60,000	—	60,000	5000	20,000	20,000	15,000	—	拟建工程
重庆市人民政府战略合作项目	500,000	—	500,000	10,000	200,000	150,000	140,000	—	拟建工程
云南省人民政府战略合作项目	800,000	—	800,000	30,000	300,000	250,000	220,000	—	拟建工程
贵州省人民政府战略合作项目	500,000	—	500,000	30,000	200,000	150,000	120,000	—	拟建工程
合计	4,857,000	572,229	4,439,118	497,728	1,655,251	1,309,549	976,590		

(2)公司是一家民营企业,传统的融资渠道比较单一、银行长期资金的融资难度极大,而公司部分投资项目规模较大、回收期较长,为保障未来业务拓展的需要,公司必须不断地保持融资节奏,并维持与金融机构长期稳定的战略合作关系。

(3)公司的产业链一体化运营模式为自身带来产业链各个环节的拓展机会和较高的投资收益,最近3年公司的加权平均净资产收益率分别为18.54%、14.88%和14.02%,而产业链一体化运营模式中商业机会的捕捉和业务规模的扩展需要公司不断地做大资产规模和保持资金的流动性。根据公司的业务发展战略,在业务拓展的边际收益高于理财投资回报的情况下,公司会有计划地保持融资的规模并且保持资金的流动性,而不会将货币资金用于理财投资。

(二)关于存货的情况说明

1. 关于消耗性生物资产有关情况的说明

(1)公司的消耗性生物资产主要为林下参和种植园参,其中,林下参的产权属于康美药业股份有限公司(母公司),截至2017年12月31日账面价值为28.48亿元;种植园参的产权属于康美新开河(吉林)药业有限公司(以下简称康美新开河)及集安大地参业有限公司(以下简称集安大地参),截至2017年12月31日账目价值为4.04亿元。2018年,公司审计机构广东正中珠江会计师事务所(特殊普通合伙)(以下简称正中珠江)对公司进行年度审计时,聘请了通化中远资产评估有限责任公司(以下简称中远资产评估)对公司林下参进行了评估(评估范围为位于吉林省集安市和辽宁省桓仁满族自治县城内各乡镇的种植林下参共15,034亩,1408万株),2018年4月13日,中远资产评估出具了《康美药业股份有限公司核实种植林下参价值资产评估报告》[通中远评报字(2018)第025号],评估结论为:上述林下参评估价值为人民币361,851.00万元,评估增值77,057.12万元,增值率为27.06%,增值的主要原因是林下参自然生长增值。

(2)康美新开河2017年净利润同比大幅减少主要为新开河红参产品销售毛利下降,加上新建吉林人参产业园基地投产,增加了厂房、机械设备增加了折旧费用。另外,自2016年起,康美新开河红参产品主要销售至母公司康美药业,由母公司最终实现对外销售,因此康美新开河的收入并不能真实反映新开河红参产品的销售情况。

(3)公司消耗性生物资产不计提存货跌价的原因:①目前林下参尚未开始采收及对外销售,公司每年聘请具有林下参评估资质的评估机构对林下参价值进行评估,未发现减值迹象;②集安大地参种植园参截至2017年12月31日账面金额约4.04亿元,其中达到可起收年限的约1.1亿元,起收前单位成本30~50元/斤,成本低于市场销售价格,不存在减值的情况。

(4)公司种植园参采用的管理模式为“公司+农户”,但农户并不是公司的员工。另外,人参生长需要生长周期,康美人参一般为5年以上,不能立即反映在收入上,因此种植面积和营业收入并不存在直接联系。

综上所述,公司对相关消耗性生物资产进行评估和减值测试,均未出现减值迹象,相关会计处理符合企业会计准则的要求。

2.关于开发成本及开发产品有关情况的说明

公司作为中医药全产业链企业,业务涵盖中药饮片、中药材贸易、药品生产销售、保健品及保健食品、中药材市场经营、医药电商和医疗服务等。公司系国内首家制定中药饮片标准的企业,在全国中药材产地建设中药城,一方面集中各地优质药商,集中管理,稳定市场价格,保证中药饮片原料货源供应充足;另一方面建设康美中药城,进一步响应国家政策推广中药品牌和公司企业文化。

一个大型建设项目,从开始设计到完工投入使用,周期一般为4~5年,部分偏远区域因当地气候、交通等其他因素影响则需要更多时间,公司目前建设和收购了安徽亳州、广东普宁、青海玉树、广西玉林、青海西宁、甘肃陇西等中药材专业市场和中药城,建设完成后,将一部分物业销售给市场商户,一部分物业用于租赁,一部分用于自持投资,一部分用于市场公共配套服务及办公场地建设,为公司提供了稳定的物业租售收入,提升公司在中药材交易市场的影响力。

截至2018年6月30日,公司开发成本项目情况如表2所示:

表2 开发成本项目表

单位:万元

项目	预计完工时间	期初余额	本期增加	本期减少	期末余额
康美(亳州)华佗国际中药城项目	第一期已完工、第二期已完工、第三期预计2018年8月完工	73,086.02	8187.88	—	81,273.89
甘肃定西中药材现代仓储物流及交易中心工程项目	第一期已完工、第二期预计2018年10月底完工	28,969.01	18,886.24	—	47,855.25
青海国际中药城项目	第一期已完工、第二期预计2018年10月底完工	39,008.76	4738.27	—	43,747.02
青海玉树虫草交易市场及加工中心项目	预计2018年12月底完工	6781.55	2845.69	—	9627.24
中国—东盟康美玉林中药材(香料)交易中心及现代物流仓储项目	—	3153.98	11.68	—	3165.66
普宁中药材专业市场工程项目	本期已完工	—	791.18	791.18	—
康美医院管理服务中心及配套后勤保障楼	本期已完工	—	68.62	68.62	—

续表

项目	预计完工时间	期初余额	本期增加	本期减少	期末余额
普宁中药材专业市场工程项目(康莱酒店)	本期已完工	—	769.11	769.11	—
合计		150,999.31	36,298.66	1628.91	185,669.06

截至2018年6月30日,公司开发产品项目情况如表3所示:

表3　开发产品项目表

单位:万元

项目	期初余额	本期增加	本期减少	期末余额
康美(亳州)华佗国际中药城项目	13,430.63	—	1870.53	11,560.09
甘肃定西中药材现代仓储物流及交易中心工程项目	24,781.25	—	—	24,781.25
青海国际中药城项目	58,171.67	—	—	58,171.67
普宁中药材专业市场工程项目	137,981.98	791.18	29,665.54	109,107.62
康美医院管理服务中心及配套后勤保障楼	23,385.51	68.62	12,542.03	10,912.10
康莱酒店项目(普宁中药材专业市场工程配套项目)	—	769.11	769.11	—
合计	257,751.03	1628.91	44,847.21	214,532.73

公司按照统一规划、分步进行、滚动建设中药城项目,并根据商铺交付情况分步确认收入,中药城物业租售效益情况如表4所示:

表4　中药城物业租售效益情况表

单位:万元

物业管理及其他	合计	2018年中报	2017年报	2016年报	2015年报	2014年报	2013年报
收入	416,377.57	80,131.30	78,185.33	94,316.77	64,465.11	63,548.00	35,731.06
成本	235,996.41	51,081.49	36,670.43	51,914.55	30,461.35	45,617.14	20,251.45
毛利	180,381.16	29,049.81	41,514.90	42,402.22	34,003.76	17,930.86	15,479.61

综上所述,公司已完成投资建设的中药城项目取得了较好的经济效益,获得稳

定的现金回流,提升了公司利润水平,不存在减值的情形。

(三)关于公司大股东股权质押的情况说明

公司大股东康美实业投资控股有限公司(以下简称康美实业),成立于1997年1月,注册资本31亿元,业务涵盖实业投资开发、金融服务及大健康产业等领域。在医药行业,康美实业持有公司32.98%股份,为公司第一大股东;在金融行业,康美实业为广东民营投资股份有限公司的主要发起股东和浙商产融投资控股公司的主要股东之一。康美实业主要投资方向包括一级市场及参与二级市场定增,目前持有上市公司蓝盾股份、普邦股份等公司股权,投资回报率较高。

截至2018年6月30日,康美实业持有公司股票164,038.10万股,占比32.98%,其中已质押股票150,771.41万股,质押比例为91.91%,主要用途为日常业务经营、参与配股、增持、认购公司非公开发行股票、参与企业长期股权投资等业务,符合政策导向,不存在脱实向虚等情况。大股东预计未来将逐步降低质押比例。

(四)关于中药材贸易毛利率的情况说明

公司中药材贸易毛利率较高的原因:

1. 中医药全产业链布局优势

(1)近年来,公司在全国范围内重点区域不断布局和完善中药材专业市场,自主建设和战略收购安徽亳州、广东普宁、青海玉树、广西玉林、青海西宁、甘肃陇西等中药材专业市场,搭建了康美中药材大宗交易平台(康美e药谷)线上中药材大宗交易平台,从而形成了公司在中药材交易市场的领先地位和资源优势。

(2)公司通过充分整合物流、仓储基地资源,在全国范围内围绕主要的中药材生产、流通和交易市场,铺展物流网络,构建现代医药物流系统,目前已设立了包括北京、东北、上海、普宁、四川在内的30多处分布全国的现代化医药仓储物流中心。

2. 增加中药材附加值。公司利用检测技术、仓储设施、物流网络、交易平台等方面的资源,缩短了从采购、加工、仓储、配送到交割的整个交易时间,增加中药材的附加值,成为品牌中药材提供商,获取中药材的溢价收入。

3. 中药材采购时点的把控。中药材市场和中药材价格指数的信息资源,为公司精准把握中药材采购时点和采购价格提供支持,公司具备较强的市场敏锐度和价格把控能力。

公司郑重提醒广大投资者：公司指定信息披露媒体为上海证券交易所网站（www. sse. com. cn）、《中国证券报》、《上海证券报》、《证券时报》、《证券日报》，公司发布的信息以在上述指定媒体刊登的公告为准，敬请广大投资者理性投资，注意风险。对于近期媒体未经核实的不实报道，公司将保留法律追究的权利。

特此公告。

康美药业股份有限公司

董事会

二〇一八年十月十八日

康美药业股份有限公司关于媒体报道的澄清说明

本公司董事会及全体董事保证本公告内容不存在任何虚假记载、误导性陈述或者重大遗漏，并对其内容的真实性、准确性和完整性承担个别及连带责任。

一、报道简述

近日，康美药业股份有限公司（以下简称公司或康美药业）关注到相关媒体的文章，文章报道了因涉嫌操纵股价、内幕交易，深圳市博益投资发展有限公司法定代表人王某某，已于大约两周之前被公安经侦部门采取强制措施，操纵标的可能涉及康美药业等相关内容。

二、澄清说明

公司就相关媒体报道的内容进行了核实，现作澄清说明如下：

（一）深圳市博益投资发展有限公司（以下简称博益投资），于 2007 年 5 月 14 日设立，注册资本为 2000 万元，系由公司控股股东康美实业投资控股有限公司（以下简称康美实业）持有 90% 股权，公司控股股东之一致行动人许某某女士持有 10% 股权。

（二）经博益投资书面声明，确认博益投资自设立以来不存在买卖康美药业股票的情况。

（三）经本公司查询公开信息，2017 年 11 月 9 日四川证监局《中国证券监督管理委员会四川监管局行政处罚决定书》(川〔2017〕9 号)文书显示:四川证监局依法对王某某内幕交易广州普邦园林股份有限公司行为进行了立案调查、审理,并作出了行政处罚。

经公司委托律师向王某某本人及其近亲属了解相关情况,王某某本人表明:王某某于 2018 年 9 月 21 日被采取强制措施,系因涉嫌内幕交易广州普邦园林股份有限公司。

(四)公司控股股东康美实业、实际控制人马某 1 先生和一致行动人许某某女士及其控制的企业声明与承诺:其严格按照有关法律法规持有、增减持康美药业股票,并已严格按照有关法律法规履行了信息披露义务。

公司控股股东康美实业、实际控制人马某 1 先生和一致行动人许某某女士及其控制的企业声明与承诺:不存在利用其他账户买卖康美药业股票,不存在利用其他账户从事康美药业股票内幕交易和操纵康美药业股价的情况。

(五)本公司严格按照《内幕信息知情人管理制度》,及时向监管机构报备《内幕信息知情人报备表》。王某某从 2010 年 6 月起即不在公司担任职务,亦未参与公司的任何重大决策,不属于公司的内幕知情人。

经联系王某某家属查询其交易康美药业股票情况,情况如表 1 所示:

表 1　王某某股票交易情况

单位:万股

年份	累计买入	累计卖出
2018	0	0
2017	20	60
2016	288	248
2015	473	488
2014	15	0

经本公司委托律师向王某某本人确认,王某某声明不涉及康美药业股票内幕交易,不存在操纵康美药业股价的情况。

公司控股股东康美实业、实际控制人马某 1 先生和一致行动人许某某女士及其控制的企业声明与承诺:公司控股股东康美实业、实际控制人马某 1 先生和一致行动人许某某女士及其控制的企业与王某某买卖公司股票的事项无关,也未曾与王某某讨论过其交易康美药业股票的相关决策信息或任何其他相关信息或相关事项。

（六）目前,上市公司生产经营稳定、正常,资金使用规范,管理团队稳定。

公司郑重提醒广大投资者:公司指定信息披露媒体为上海证券交易所网站（www. sse. com. cn）、《中国证券报》、《上海证券报》、《证券时报》、《证券日报》,公司发布的信息以在上述指定媒体刊登的公告为准,敬请广大投资者理性投资,注意风险。对于相关媒体未经核实的不实报道,公司将保留法律追究的权利。

特此公告。

康美药业股份有限公司

董事会

二〇一八年十月二十六日

康美药业股份有限公司关于收到中国证券监督管理委员会立案调查通知的公告

本公司董事会及全体董事保证本公告内容不存在任何虚假记载、误导性陈述或者重大遗漏,并对其内容的真实性、准确性和完整性承担个别及连带责任。

2018 年 12 月 28 日,康美药业股份有限公司（以下简称公司）收到中国证券监督管理委员会（以下简称中国证监会）《调查通知书》（编号:粤证调查通字 180199 号）:“因你公司涉嫌信息披露违法违规,根据《中华人民共和国证券法》的有关规定,我会决定对你公司立案调查,请予以配合。”

公司将全面配合中国证监会的调查工作,并严格按照监管要求履行信息披露义务。

本公司指定信息披露报纸为《上海证券报》《中国证券报》《证券时报》《证券日报》,信息披露网站为上海证券交易所网站（www. sse. com. cn）,本公司发布的信息以上述指定报刊和网站刊登的公告信息为准,公司将严格按照有关法律法规的规定和要求,及时做好信息披露工作,敬请广大投资者注意投资风险。

特此公告。

康美药业股份有限公司
董事会
二〇一八年十二月二十九日

康美药业股份有限公司关于前期会计差错更正的公告

本公司董事会及全体董事保证本公告内容不存在任何虚假记载、误导性陈述或者重大遗漏,并对其内容的真实性、准确性和完整性承担个别及连带责任。

康美药业股份有限公司(以下简称公司)聘请的审计机构广东正中珠江会计师事务所(特殊普通合伙)出具了《关于康美药业股份有限公司2018年度前期会计差错更正专项说明的审核报告》,2019年4月28日,公司第八届董事会第二次会议审议通过了《关于前期会计差错更正的议案》。会计差错更正情况如下:

一、会计差错更正的原因及说明

2018年12月28日本公司收到中国证券监督管理委员会(以下简称中国证监会)《调查通知书》(编号:粤证调查通字180199号),被立案调查。公司对此进行自查以及必要的核查,2018年之前,康美药业营业收入,营业成本,费用及款项收付方面存在账实不符的情况。通过企业自查后,对2017年财务报表进行重述,结果如下:

(一)由于公司采购付款、工程款支付以及确认业务款项时的会计处理存在错误,造成公司应收账款少计641,073,222.34元;存货少计19,546,349,940.99元;在建工程少计631,600,108.35元;由于公司核算账户资金时存在错误,造成货币资金多计29,944,309,821.45元。

(二)公司在确认营业收入和营业成本时存在错误,造成公司营业收入多计8,898,352,337.51元;营业成本多计7,662,129,445.53元;公司在核算销售费用和财务费用存在错误,造成公司销售费用少计497,164,407.18元;财务费用少计228,239,962.83元。

（三）由于公司采购付款、工程款支付以及确认业务款项时的会计处理存在错误，造成公司合并现金流量表销售商品、提供劳务收到的现金项目多计10,299,860,158.51元；收到其他与经营活动有关的现金项目少计137,667,804.27元；购买商品、接受劳务支付的现金项目多计7,301,340,657.76元；支付其他与经营活动有关的现金项目少计3,821,995,147.82元；购建固定资产、无形资产和其他长期资产支付的现金项目少计352,392,491.73元；收到其他与筹资活动有关的现金项目多计360,457,000.00元。

二、对受影响期间财务状况和经营成果的影响

本公司对上述前期差错采用追溯重述法进行更正，相应对2017年度合并财务报表进行了追溯调整，追溯调整对合并财务报表相关科目的影响具体如下：

（一）对2017年财务报表的影响

追溯调整对合并财务报表相关科目的影响如表1所示：

表1　合并财务报表更正

单位：元

受影响的期间 报表项目名称	2017年12月31日/2017年度		
	更正前金额	差错更正累计影响金额	更正后金额
货币资金	34,151,434,208.68	-29,944,309,821.45	4,207,124,387.23
应收账款	4,351,011,323.40	641,073,222.34	4,992,084,545.74
应收利息	47,190,356.13	-47,190,356.13	—
其他应收款	180,323,027.94	5,713,820,971.90	5,894,143,999.84
存货	15,700,188,439.34	19,546,349,940.99	35,246,538,380.33
在建工程	1,084,519,812.47	631,600,108.35	1,716,119,920.82
递延所得税资产	261,001,505.68	29,586,632.91	290,588,138.59
其他应付款	1,603,455,877.02	190,545,991.67	1,794,001,868.69
盈余公积	1,882,478,621.90	-361,961,529.28	1,520,517,092.62
未分配利润	10,985,258,959.65	-3,257,653,763.48	7,727,605,196.17
营业收入	26,476,970,977.57	-8,898,352,337.51	17,578,618,640.06
营业成本	18,450,146,871.00	-7,662,129,445.53	10,788,017,425.47
销售费用	740,581,081.08	497,164,407.18	1,237,745,488.26

续表

受影响的期间报表项目名称	2017 年 12 月 31 日/2017 年度		
	更正前金额	差错更正累计影响金额	更正后金额
财务费用	969, 264, 876. 00	228, 239, 962. 83	1, 197, 504, 838. 83
资产减值损失	92, 280, 215. 15	–12, 396, 935. 10	79, 883, 280. 05
所得税费用	732, 053, 848. 25	1, 859, 540. 27	733, 913, 388. 52
销售商品、提供劳务收到的现金	28, 766, 131, 827. 76	–10, 299, 860, 158. 51	18, 466, 271, 669. 25
收到其他与经营活动有关的现金	943, 030, 295. 93	137, 667, 804. 27	1, 080, 698, 100. 20
购买商品、接受劳务支付的现金	24, 324, 394, 786. 49	–7, 301, 340, 657. 76	17, 023, 054, 128. 73
支付其他与经营活动有关的现金	924, 659, 143. 70	3, 821, 995, 147. 82	4, 746, 654, 291. 52
购建固定资产、无形资产和其他长期资产支付的现金	1, 795, 351, 236. 12	352, 392, 491. 73	2, 147, 743, 727. 85
收到其他与筹资活动有关的现金	361, 587, 400. 00	–360, 457, 000. 00	1, 130, 400. 00

（二）对净资产收益率以及每股收益的影响

2017 年更正前披露的净资产收益率及每股收益如表 2 所示：

表 2　更正前净资产收益率及每股收益

报告期利润	加权平均净资产收益率（%）	每股收益	
		基本每股收益（元）	稀释每股收益（元）
归属于公司普通股股东的净利润	14. 02	0. 784	0. 783
扣除非经常性损益后归属于公司普通股股东的净利润	13. 76	0. 769	0. 768

2017 年更正后披露的净资产收益率及每股收益如表 3 所示：

表3　更正后净资产收益率及每股收益

报告期利润	加权平均净资产收益率(%)	每股收益	
		基本每股收益(元)	稀释每股收益(元)
归属于公司普通股股东的净利润	7.20	0.388	0.389
扣除非经常性损益后归属于公司普通股股东的净利润	6.92	0.374	0.374

三、独立董事、监事会和会计师事务所的结论性意见

（一）董事会意见

董事会认为：本次会计差错更正符合《企业会计准则第28号——会计政策、会计估计变更和差错更正》和《公开发行证券的公司信息披露编报规则第19号——财务信息的更正及相关披露》的规定，真实、客观、公允地反映了公司的财务状况，董事会同意本次会计差错更正事项。董事会将督促公司继续规范财务核算，切实提高财务信息质量，杜绝类似情况的发生。

（二）独立董事意见

根据中国证监会《关于在上市公司建立独立董事制度的指导意见》、《上市公司治理准则》及《康美药业股份有限公司董事会独立董事工作细则》等的相关规定，现对公司董事会通过的《关于前期会计差错更正的议案》发表独立意见如下：

本次涉及的前期会计差错更正及追溯调整事项，符合《会计准则第28号——会计政策、会计估计变更和差错更正》和《公开发行证券的公司信息披露编报规则第19号——财务信息的更正及相关披露》的要求，有助于客观公允地反映公司相关会计期间的财务状况和经营业绩，董事会关于该差错更正事项的审议和表决程序符合法律、法规规定，追溯调整过程合法合规。我们同意上述会计差错更正事项。

（三）监事会意见

根据《公司章程》及相关法律法规、规章制度的有关规定，作为公司监事，本着认真、负责的态度，对公司前期会计差错更正事项进行了审议，现发表意见如下：

本次涉及的前期会计差错更正及追溯调整事项，符合《会计准则第28号——会计政策、会计估计变更和差错更正》和《公开发行证券的公司信息披露编报规则

第 19 号——财务信息的更正及相关披露》的要求,有助于客观公允地反映公司相关会计期间的财务状况和经营业绩。公司监事会同意上述会计差错更正事项。

(四)会计师事务所意见

公司聘请的会计师事务所广东正中珠江会计师事务所(特殊普通合伙)就本次会计差错更正出具了编号为广会专字〔2019〕G18029861609 号的《关于康美药业股份有限公司 2018 年度前期会计差错更正专项说明的审核报告》。

特此公告。

康美药业股份有限公司

董事会

二〇一九年四月三十日

中国证监会通报康美案调查进展

2018 年年底中国证监会日常监管发现,康美药业股份有限公司(以下简称康美药业)财务报告真实性存疑,涉嫌虚假陈述等违法违规,我会当即立案调查。12 月 29 日,康美药业披露有关信息。现已初步查明,康美药业披露的 2016 至 2018 年财务报告存在重大虚假,涉嫌违反《证券法》(2014 年修正)第 63 条等相关规定。一是使用虚假银行单据虚增存款,二是通过伪造业务凭证进行收入造假,三是部分资金转入关联方账户买卖本公司股票。近日,我会已对公司审计机构正中珠江会计师事务所涉嫌未勤勉尽责立案调查。有关案件进展情况,我会将及时向社会公布。

中国证券监督管理委员会

2019 年 5 月 17 日

康美药业股份有限公司
关于收到中国证券监督管理委员会
《行政处罚及市场禁入事先告知书》的公告

本公司董事会及全体董事保证本公告内容不存在任何虚假记载、误导性陈述或者重大遗漏,并对其内容的真实性、准确性和完整性承担个别及连带责任。

2018 年 12 月 28 日,康美药业股份有限公司(以下简称公司或康美药业)收到中国证券监督管理委员会(以下简称中国证监会)《调查通知书》(编号:粤证调查通字 180199 号):“因你公司涉嫌信息披露违法违规,根据《中华人民共和国证券法》的有关规定,我会决定对你公司立案调查,请予以配合。”详见公司于 2018 年 12 月 29 日在《上海证券报》《中国证券报》《证券时报》《证券日报》及上海证券交易所网站披露的《康美药业关于收到中国证券监督管理委员会立案调查通知书的公告》(公告编号:临 2018 – 116)。

2019 年 8 月 16 日,公司及相关当事人收到中国证监会《行政处罚及市场禁入事先告知书》(处罚字〔2019〕119 号),主要内容如下。

康美药业股份有限公司、马某 1 先生、许某某女士、邱某某先生、庄某某女士、温某某先生、马某 2 先生、马某 3 先生、林某 1 先生、李某 1 先生、江某某先生、李某 2 先生、罗某某先生、林某 2 先生、李某 3 先生、韩某某先生、王某先生、张某 1 先生、郭某某先生、张某 2 先生、唐某先生、陈某 1 先生:

康美药业涉嫌信息披露违法违规一案,已由我会调查完毕,我会依法拟对你们作出行政处罚及采取市场禁入措施。现将我会拟对你们作出行政处罚及采取市场禁入措施所根据的违法事实、理由、依据及你们享有的相关权利予以告知。

经查明,康美药业涉嫌存在以下违法事实:

一、《2016 年年度报告》《2017 年年度报告》《2018 年半年度报告》《2018 年年度报告》中存在虚假记载,虚增营业收入、利息收入及营业利润

《2016 年年度报告》虚增营业收入 89.99 亿元,多计利息收入 1.51 亿元,虚增

营业利润6.56亿元,占合并利润表当期披露利润总额的16.44%。《2017年年度报告》虚增营业收入100.32亿元,多计利息收入2.28亿元,虚增营业利润12.51亿元,占合并利润表当期披露利润总额的25.91%。《2018年半年度报告》虚增营业收入84.84亿元,多计利息收入1.31亿元,虚增营业利润20.29亿元,占合并利润表当期披露利润总额的65.52%。《2018年年度报告》虚增营业收入16.13亿元,虚增营业利润1.65亿元,占合并利润表当期披露利润总额的12.11%。

二、《2016年年度报告》《2017年年度报告》《2018年半年度报告》中存在虚假记载,虚增货币资金

2016年1月1日至2018年6月30日,康美药业通过财务不记账、虚假记账,伪造、变造大额定期存单或银行对账单,配合营业收入造假伪造销售回款等方式,虚增货币资金。通过上述方式,康美药业《2016年年度报告》虚增货币资金22,548,513,485.42元,占公司披露总资产的41.13%和净资产的76.74%;《2017年年度报告》虚增货币资金29,944,309,821.45元,占公司披露总资产的43.57%和净资产的93.18%;《2018年半年度报告》虚增货币资金36,188,038,359.50元,占公司披露总资产的45.96%和净资产的108.24%。

三、《2018年年度报告》中存在虚假记载,虚增固定资产、在建工程、投资性房地产

康美药业在《2018年年度报告》中将前期未纳入报表的亳州华佗国际中药城、普宁中药城、普宁中药城中医馆、亳州新世界、甘肃陇西中药城、玉林中药产业园等6个工程项目纳入表内,分别调增固定资产11.89亿元,调增在建工程4.01亿元,调增投资性房地产20.15亿元,合计调增资产总额36.05亿元。经查,《2018年年度报告》调整纳入表内的6个工程项目不满足会计确认和计量条件,虚增固定资产11.89亿元,虚增在建工程4.01亿元,虚增投资性房地产20.15亿元。

四、《2016年年度报告》《2017年年度报告》《2018年年度报告》中存在重大遗漏,未按规定披露控股股东及其关联方非经营性占用资金的关联交易情况

2016年1月1日至2018年12月31日,康美药业在未经过决策审批或授权程序的情况下,累计向控股股东及其关联方提供非经营性资金11,619,130,802.74元用于购买股票、替控股股东及其关联方偿还融资本息、垫付解质押款或支付收购溢价款等。

根据《证券法》(2014 年修正)第 66 条第 6 项和《公开发行证券的公司信息披露内容与格式准则第 2 号——年度报告的内容与格式》(证监会公告〔2016〕31 号、证监会公告〔2017〕17 号)第 31 条、第 40 条的规定,[①]康美药业应当在相关年度报告中披露控股股东及其关联方非经营性占用资金的关联交易情况,康美药业未在《2016 年年度报告》《2017 年年度报告》《2018 年年度报告》中披露前述情况,存在重大遗漏。

我会认为,康美药业虚增营业收入、利息收入、营业利润,虚增货币资金、固定资产、在建工程、投资性房地产,所披露的《2016 年年度报告》《2017 年年度报告》《2018 年半年度报告》《2018 年年度报告》存在虚假记载,康美药业未按规定披露控股股东及其关联方非经营性占用资金的关联交易情况,所披露的《2016 年年度报告》《2017 年年度报告》《2018 年年度报告》存在重大遗漏,上述行为违反了《证券法》(2014 年修正)第 63 条有关"发行人、上市公司依法披露的信息,必须真实、准确、完整,不得有虚假记载、误导性陈述或者重大遗漏"及第 65 条、第 66 条(2014 年修正)有关半年度报告、年度报告的规定,构成《证券法》第 193 条第 1 款(2014 年修正)所述"发行人、上市公司或者其他信息披露义务人未按照规定披露信息,或者披露的信息有虚假记载、误导性陈述或者重大遗漏"的行为。康美药业董事、监事、高级管理人员违反《证券法》第 68 条第 3 款(2014 年修正)关于"上市公司董事、监事、高级管理人员应当保证上市公司所披露的信息真实、准确、完整"的规定,构成《证券法》(2014 年修正)第 193 条第 1 款所述"直接负责的主管人员和其他直接责任人员"根据当事人违法行为的事实、性质、情节与社会危害程度,依据《证券法》(2014 年修正)第 193 条第 1 款、第 3 款的规定,我会拟决定:

一、对康美药业股份有限公司责令改正,给予警告,并处以 60 万元的罚款;

二、对马某 1、许某某给予警告,并分别处以 90 万元的罚款,其中作为直接负责的主管人员罚款 30 万元,作为实际控制人罚款 60 万元;

三、对邱某某给予警告,并处以 30 万元的罚款;

---

① 中国证监会于 2021 年 6 月 28 日公布并施行《公开发行证券的公司信息披露内容与格式准则第 2 号——年度报告的内容与格式(2021)年修订》(证监会公告〔2021〕15 号)。《公开发行证券的公司信息披露内容与格式准则第 2 号——年度报告的内容与格式》(证监会公告〔2016〕31 号、证监会公告〔2017〕17 号)第 31 条对应中国证监会于 2021 年 6 月 28 日公布并施行的《公开发行证券的公司信息披露内容与格式准则第 2 号——年度报告的内容与格式(2021)年修订)》(证监会公告〔2021〕15 号)第 45 条,第 40 条对应第 54 条。

四、对庄某某、温某某、马某2给予警告，并分别处以25万元的罚款；

五、对马某3、林某1、李某1、江某某、李某2、罗某某、林某2给予警告，并分别处以20万元的罚款；

六、对张某1、郭某某、张某2、李某3、韩某某、王某给予警告，并分别处以15万元的罚款；

七、对唐某、陈某1给予警告，并分别处以10万元的罚款。

此外，马某1、许某某、邱某某在康美药业信息披露违法行为中居于核心地位，直接组织、策划、领导并实施了涉案违法行为，是最主要的决策者、实施者，其行为直接导致康美药业相关信息披露违法行为的发生，情节特别严重，依据《证券法》（2014年修正）第233条[①]和《证券市场禁入规定》（证监会令第115号，下同）第3条第1项、第5条第7项的规定，我会拟决定：对马某1、许某某、邱某某采取终身证券市场禁入措施，自我会宣布决定之日起，在禁入期间内，除不得继续在原机构从事证券业务或者担任原上市公司、非上市公众公司董事、监事、高级管理人员职务外，也不得在其他任何机构中从事证券业务或者担任其他上市公司、非上市公众公司董事、监事、高级管理人员职务。

庄某某、温某某、马某2，涉案信息披露违法行为的发生与其职责、具体实施行为直接相关，其行为与康美药业信息披露违法行为的发生具有紧密联系，情节较为严重，依据《证券法》（2014年修正）第233条和《证券市场禁入规定》第3条第1项、第5条的规定，我会拟决定：对庄某某、温某某、马某2采取10年证券市场禁入措施，自我会宣布决定之日起，在禁入期间内，除不得继续在原机构从事证券业务或者担任原上市公司、非上市公众公司董事、监事、高级管理人员职务外，也不得在其他任何机构中从事证券业务或者担任其他上市公司、非上市公众公司董事、监事、高级管理人员职务。

根据《中华人民共和国行政处罚法》（2017年修正）第32条、第42条[②]及《中国证券监督管理委员会行政处罚听证规则》相关规定，就我会拟对你们实施的行政处

① 《证券法》（2014年修正）第233条对应《证券法》（2019年修订）第221条。

② 《中华人民共和国行政处罚法》已由中华人民共和国第十三届全国人民代表大会常务委员会第二十五次会议于2021年1月22日修订通过，自2021年7月15日起施行。《中华人民共和国行政处罚法》（2017年修正）第32条对应《中华人民共和国行政处罚法》（2021年修订）第45条，第42条对应第63条、第64条。

罚及市场禁入,你们享有陈述、申辩和要求听证的权利。你们提出的事实、理由和证据,经我会复核成立的,我会将予以采纳。如果你们放弃陈述、申辩和听证的权利,我会将按照上述事实、理由和依据作出正式的行政处罚及市场禁入决定。

公司对上述问题带来的影响,向广大投资者致以最诚恳的歉意。公司将提高规范运作及信息披露水平,严格规范信息披露的相关管理制度,针对查实的相关问题进行认真切实整改,努力提升公司治理水平。

公司及相关当事人将根据相关法律法规的规定,行使陈述、申辩和要求听证的权利,公司将就上述事项进展情况及时履行信息披露义务。

公司目前生产经营情况正常,未发生重大变化,公司将根据该事项的进展情况履行信息披露义务。本公司指定信息披露报纸为《上海证券报》《中国证券报》《证券时报》《证券日报》,信息披露网站为上海证券交易所网站(www. sse. com. cn),本公司发布的信息以上述指定报刊和网站刊登的公告信息为准,公司将严格按照有关法律法规的规定和要求,及时做好信息披露工作,敬请广大投资者注意投资风险。

联系电话:0755－33185805

传真号码:0755－86275777

电子邮箱:kangmei@ kangmei. com. cn

办公地址:深圳市福田区下梅林泰科路 3 号

特此公告。

康美药业股份有限公司

董事会

二〇一九年八月十七日

康美药业股份有限公司
关于收到中国证券监督管理委员会
《行政处罚决定书》及《市场禁入决定书》的公告

本公司董事会及全体董事保证本公告内容不存在任何虚假记载、误导性陈述或者重大遗漏,并对其内容的真实性、准确性和完整性承担个别及连带责任。

2018 年 12 月 28 日,康美药业股份有限公司(以下简称公司或康美药业)收到中国证券监督管理委员会(以下简称中国证监会)《调查通知书》(编号:粤证调查通字 180199 号):“因你公司涉嫌信息披露违法违规,根据《中华人民共和国证券法》的有关规定,我会决定对你公司立案调查,请予以配合。”详见公司于 2018 年 12 月 29 日披露的《康美药业关于收到中国证券监督管理委员会立案调查通知书的公告》(公告编号:临 2018 - 116)。

2019 年 8 月 16 日,公司及相关当事人收到中国证监会《行政处罚及市场禁入事先告知书》(处罚字〔2019〕119 号),详见公司于 2019 年 8 月 17 日披露的《康美药业关于收到中国证券监督管理委员会〈行政处罚及市场禁入事先告知书〉的公告》(公告编号:临 2019 - 065)。

2020 年 5 月 14 日,公司收到中国证监会《行政处罚决定书》(〔2020〕24 号)及《市场禁入决定书》(〔2020〕6 号),主要内容如下:

一、《行政处罚决定书》

当事人:康美药业股份有限公司(以下简称康美药业),住所:广东省普宁市揭神路东侧。

马某 1,男,时任康美药业董事长、总经理。

许某某,女,时任康美药业副董事长、副总经理。

邱某某,男,时任康美药业董事、副总经理、董事会秘书。

庄某某，女，时任康美药业财务总监。

温某某，男，时任康美药业职工监事、总经理助理、副总经理。

马某2，男，时任康美药业监事。

马某3，男，时任康美药业董事。

林某1，男，时任康美药业董事。

李某1，男，时任康美药业董事。

江某某，男，时任康美药业独立董事。

李某2，男，时任康美药业独立董事、监事。

罗某某，男，时任康美药业监事会主席。

林某2，男，时任康美药业副总经理。

李某3，男，时任康美药业副总经理。

韩某某，男，时任康美药业副总经理。

王某，男，时任康美药业总经理助理、副总经理。

张某1，男，时任康美药业独立董事。

郭某某，男，时任康美药业独立董事。

张某2，男，时任康美药业独立董事。

唐某，男，时任康美药业总经理助理。

陈某1，男，时任康美药业总经理助理。

依据《证券法》（2014年修正）的有关规定，我会对康美药业信息披露违法违规行为进行了立案调查、审理，并依法向当事人告知了作出行政处罚的事实、理由、依据及当事人依法享有的权利。应当事人邱某某要求，我会于2020年4月22日举行听证会，听取了邱某某及其代理人的陈述和申辩，其他当事人提出陈述申辩和听证要求，后均放弃权利。本案现已调查、审理终结。

经查明，康美药业存在以下违法事实：

一、《2016年年度报告》《2017年年度报告》《2018年半年度报告》《2018年年度报告》中存在虚假记载，虚增营业收入、利息收入及营业利润

《2016年年度报告》虚增营业收入89.99亿元，多计利息收入1.51亿元，虚增营业利润6.56亿元，占合并利润表当期披露利润总额的16.44%。《2017年年度报告》虚增营业收入100.32亿元，多计利息收入2.28亿元，虚增营业利润12.51亿

元,占合并利润表当期披露利润总额的25.91%。《2018年半年度报告》虚增营业收入84.84亿元,多计利息收入1.31亿元,虚增营业利润20.29亿元,占合并利润表当期披露利润总额的65.52%。《2018年年度报告》虚增营业收入16.13亿元,虚增营业利润1.65亿元,占合并利润表当期披露利润总额的12.11%。

上述违法事实,有康美药业《2016年年度报告》、《2017年年度报告》、《2018年半年度报告》、《2018年年度报告》、营业收入明细账、各类业务收入汇总表、录入发票明细、《应收账款余额明细表》、《关于经营业务收入的情况说明》、金税记录、捷科系统数据、税务信息查询结果、会计凭证、相关银行账户资金流水、记账凭证及原始凭证、情况说明、询问笔录等证据证明,足以认定。

二、《2016年年度报告》《2017年年度报告》《2018年半年度报告》中存在虚假记载,虚增货币资金

2016年1月1日至2018年6月30日,康美药业通过财务不记账、虚假记账,伪造、变造大额定期存单或银行对账单,配合营业收入造假伪造销售回款等方式,虚增货币资金。通过上述方式,康美药业《2016年年度报告》虚增货币资金22,548,513,485.42元,占公司披露总资产的41.13%和净资产的76.74%;《2017年年度报告》虚增货币资金29,944,309,821.45元,占公司披露总资产的43.57%和净资产的93.18%;《2018年半年度报告》虚增货币资金36,188,038,359.50元,占公司披露总资产的45.96%和净资产的108.24%。

上述违法事实,有康美药业《2016年年度报告》、《2017年年度报告》、《2018年半年度报告》、账银差异余额确认表、银行流水、银行对账单、银行存款日记账、余额差异调节表、资金划转明细、询问笔录等证据证明,足以认定。

三、《2018年年度报告》中存在虚假记载,虚增固定资产、在建工程、投资性房地产

康美药业在《2018年年度报告》中将前期未纳入报表的亳州华佗国际中药城、普宁中药城、普宁中药城中医馆、亳州新世界、甘肃陇西中药城、玉林中药产业园等6个工程项目纳入表内,分别调增固定资产11.89亿元,调增在建工程4.01亿元,调增投资性房地产20.15亿元,合计调增资产总额36.05亿元。经查,《2018年年度报告》调整纳入表内的6个工程项目不满足会计确认和计量条件,虚增固定资产11.89亿元,虚增在建工程4.01亿元,虚增投资性房地产20.15亿元。

上述违法事实，有康美药业《2018 年年度报告》、《2018 年审计报告》、设计图纸、合规性证明、《竣工验收监理评估报告》、《国有土地使用证》、规划建筑设计方案、工程质量竣工验收监督记录表、《国有建设用地使用权出让合同》、补充协议、施工总承包工程合同、装修工程合同、工程结算报告、营业执照、情况说明、委托支付函、记账凭证、银行流水、询问笔录等证据证明，足以认定。

四、《2016 年年度报告》《2017 年年度报告》《2018 年年度报告》中存在重大遗漏，未按规定披露控股股东及其关联方非经营性占用资金的关联交易情况

2016 年 1 月 1 日至 2018 年 12 月 31 日，康美药业在未经过决策审批或授权程序的情况下，累计向控股股东及其关联方提供非经营性资金 11,619,130,802.74 元用于购买股票、替控股股东及其关联方偿还融资本息、垫付解质押款或支付收购溢价款等。

根据《证券法》(2014 年修正)第 66 条第 6 项和《公开发行证券的公司信息披露内容与格式准则第 2 号——年度报告的内容与格式》(证监会公告〔2016〕31 号、证监会公告〔2017〕17 号)第 31 条、第 40 条的规定，康美药业应当在相关年度报告中披露控股股东及其关联方非经营性占用资金的关联交易情况，康美药业未在《2016 年年度报告》《2017 年年度报告》《2018 年年度报告》中披露前述情况，存在重大遗漏。

上述违法事实，有康美药业《2016 年年度报告》、《2017 年年度报告》、《2018 年年度报告》、银行流水、银行对账单、银行存款日记账、资金划转明细证明，足以认定。

五、董事、监事和高级管理人员履职相关情况

2017 年 4 月 20 日，康美药业披露《2016 年年度报告》，全体董事、监事、高级管理人员保证年度报告内容的真实、准确、完整。康美药业《2016 年年度报告》审议中，在董事会上投赞成票的董事有马某 1、许某某、邱某某、马某 3、林某 1、李某 1、江某某、张某 1、李某 2；在监事会上投赞成票的监事有罗某某、温某某、马某 2；董事和高级管理人员书面确认意见，签字的董事为董事会投赞成票的 9 位董事，签字的高级管理人员有林某 2、庄某某、李某 3、韩某某、王某。

2018 年 4 月 26 日，康美药业披露《2017 年年度报告》，全体董事、监事、高级管理人员保证年度报告内容的真实、准确、完整。康美药业《2017 年年度报告》审议

中，在董事会上投赞成票的董事有马某1、许某某、邱某某、马某3、林某1、李某1、江某某、张某1、李某2；在监事会上投赞成票的监事有罗某某、温某某、马某2；董事和高级管理人员书面确认意见，签字的董事为董事会投赞成票的9位董事，签字的高级管理人员有林某2、庄某某、李某3、韩某某、王某。

2018年8月29日，康美药业披露《2018年半年度报告》，全体董事、监事、高级管理人员保证年度报告内容的真实、准确、完整。康美药业《2018年半年度报告》审议中，在董事会上投赞成票的董事有马某1、许某某、邱某某、马某3、林某1、李某1、江某某、郭某某、张某2；在监事会上投赞成票的监事有罗某某、马某2、李某2；董事和高级管理人员书面确认意见，签字的董事为董事会投赞成票的9位董事，签字的高级管理人员有林某2、庄某某、李某3、韩某某、王某、温某某。

2019年4月30日，康美药业披露《2018年年度报告》，全体董事、监事、高级管理人员保证年度报告内容的真实、准确、完整。康美药业《2018年年度报告》审议中，在董事会上投赞成票的董事有马某1、许某某、马某3、林某1、李某1、江某某、郭某某、张某2；在监事会上投赞成票的监事有罗某某、马某2、李某2；董事和高级管理人员书面确认意见，签字的董事为董事会投赞成票的8位董事，签字的高级管理人员有林某2、庄某某、李某3、韩某某、王某、温某某、唐某、陈某1。

在2016年、2017年、2018年年度报告中，马某1、许某某及庄某某均声明：保证年度报告中财务报告的真实、准确、完整。

上述违法事实，有康美药业《2016年年度报告》、《2017年年度报告》、《2018年半年度报告》、《2018年年度报告》、任职公告、董事会决议公告、书面确认意见表、询问笔录等证据证明，足以认定。

康美药业虚增营业收入、利息收入、营业利润，虚增货币资金、固定资产、在建工程、投资性房地产，所披露的《2016年年度报告》《2017年年度报告》《2018年半年度报告》《2018年年度报告》存在虚假记载，康美药业未按规定披露控股股东及其关联方非经营性占用资金的关联交易情况，所披露的《2016年年度报告》《2017年年度报告》《2018年年度报告》存在重大遗漏，上述行为违反了《证券法》（2014年修正）第63条有关“发行人、上市公司依法披露的信息，必须真实、准确、完整，不得有虚假记载、误导性陈述或者重大遗漏”及第65条、第66条有关半年度报告、年度报告的规定，构成《证券法》（2014年修正）第193条第1款所述“发行人、上市公司或者其他信息披露义务人未按照规定披露信息，或者所披露的信息有虚假记载、误导性陈述或者重大遗漏”的行为。

康美药业董事、监事、高级管理人员违反《证券法》（2014 年修正）第 68 条第 3 款关于“上市公司董事、监事、高级管理人员应当保证上市公司所披露的信息真实、准确、完整”的规定，构成《证券法》（2014 年修正）第 193 条第 1 款所述“直接负责的主管人员和其他直接责任人员”。

马某 1，担任康美药业董事长、总经理，全面管理公司事务，组织安排相关人员将上市公司资金转移到其控制的关联方，且未在定期报告里披露相关情况；同时为掩盖上市公司资金被关联方长期占用、虚构公司经营业绩等违法事实，组织策划康美药业相关人员通过虚增营业收入、虚增货币资金等方式实施财务造假行为，明知康美药业《2016 年年度报告》《2017 年年度报告》《2018 年半年度报告》《2018 年年度报告》披露数据存在虚假，仍然签字并承诺保证相关文件真实、准确、完整，直接导致康美药业披露的定期报告存在虚假陈述，是康美药业信息披露违法行为直接负责的主管人员。马某 1 除依据上述身份实施违法行为外，同时作为实际控制人指使了信息披露违法行为。

许某某，作为康美药业实际控制人，担任康美药业副董事长副总经理以及主管会计工作的负责人，协助马某 1 管理公司事务，与马某 1 共同组织安排相关人员将上市公司资金转移到其控制的关联方，知悉马某 1 组织相关人员实施财务造假行为；明知康美药业《2016 年年度报告》《2017 年年度报告》《2018 年半年度报告》《2018 年年度报告》披露数据存在虚假，仍然签字并承诺保证相关文件真实、准确、完整，直接导致康美药业披露的定期报告存在虚假陈述，是康美药业信息披露违法行为直接负责的主管人员。许某某除依据上述身份实施违法行为外，同时作为实际控制人指使信息披露违法行为。

邱某某，作为时任康美药业董事、副总经理和董事会秘书，主管公司信息披露事务，对公司定期报告的真实性、完整性、准确性承担主要责任，并在《2016 年年度报告》《2017 年年度报告》《2018 年半年度报告》上签字；根据马某 1 的授意安排，组织相关人员将上市公司资金转移至控股股东及其关联方，组织策划公司相关人员实施，并亲自参与实施财务造假行为，直接导致康美药业披露的定期报告存在虚假陈述，是康美药业信息披露违法行为直接负责的主管人员。

庄某某，作为康美药业财务总监，组织财务会计部门按规定进行会计核算和编制财务报告。其作为财务负责人，在《2016 年年度报告》《2017 年年度报告》《2018 年半年度报告》《2018 年年度报告》上签字和声明，承诺保证相关文件真实、准确、完整，应当对康美药业披露的定期报告存在虚假陈述承担法律责任，是康美药业信息披露违法行为的其他直接责任人员。

温某某，先后担任康美药业职工监事、总经理助理、副总经理，协助董事会秘书和财务负责人分管财务工作，并在《2016 年年度报告》《2017 年年度报告》《2018 年半年度报告》《2018 年年度报告》上投赞成票或签字；根据马某 1、邱某某的授意安排，组织相关人员将上市公司资金转移至控股股东及其关联方，组织协调公司相关人员实施财务造假及信息披露违法行为，应当对康美药业披露的定期报告存在虚假陈述承担法律责任，是康美药业信息披露违法行为的其他直接责任人员。

马某 2，作为康美药业监事和财务部总监助理，分管出纳工作，在《2016 年年度报告》《2017 年年度报告》《2018 年半年度报告》《2018 年年度报告》审议中投赞成票；根据马某 1 等人安排，参与财务造假，应当对康美药业披露的定期报告存在虚假陈述承担法律责任，是康美药业信息披露违法行为的其他直接责任人员。

马某 3、林某 1、李某 1、江某某、李某 2、张某 1、郭某某、张某 2、罗某某、林某 2、李某 3、韩某某、王某、唐某、陈某 1 等其他董事、监事和高级管理人员，在《2016 年年度报告》《2017 年年度报告》《2018 年半年度报告》《2018 年年度报告》审议中投赞成票或签字，保证财务报告真实、准确、完整，现有证据不足以证明上述人员已尽勤勉义务，应当对康美药业披露的定期报告存在虚假陈述承担法律责任，是康美药业信息披露违法行为的其他直接责任人员。

在听证过程中，邱某某及其代理人提出如下申辩意见：其一，当事人 2012 年后基本未参与康美药业日常经营管理。其虽为董事会秘书，但相关实质工作均由其他人负责，除信息披露及部分对外公文外，其未审批过任何其他文件资料。其二，当事人非财务管理人员，无财务审批权及资金调配权，亦非财务专业出身，不具备组织他人或亲自实施财务造假行为的条件及能力。其三，没有证据可证明当事人组织、策划并亲自实施财务造假行为，没有证据可证明当事人组织相关人员将上市公司资金转移至体外账户。其四，康美药业在当事人递交辞职报告近半年后才披露其离职信息，其间，公司发布的临时公告文件涉及的当事人签名均为伪造。其五,部分人员存在栽赃、转移责任的行为动机,不排除相关人员恶意串通栽赃当事人的可能。其六,除领取正常工资外,当事人未从康美药业获得额外利益,自掏腰包组织策划公司相关人员实施并亲自参与实施财务造假行为明显不符常理,当事人亦无转移资金的动机。其七,将当事人定性为直接负责的主管人员,在违法行为中居于核心地位,是最主要的决策者、实施者系事实认定错误。综上,邱某某认可其应承担责任,但请求我会依法查明并撤销其为最主要决策者、实施者的认定结论,请求从轻或减轻处罚。

我会认为,第一,康美药业办公记录及项目收购审批表等证据均能证明当事人邱某某2012年后基本未参与公司日常经营管理的申辩理由与事实不符。第二,当事人长期担任康美药业董事、副总经理和董事会秘书,对康美药业的日常经营、金融活动具有重大职权,且从相关项目中的审核意见看,当事人具备相应金融、财务技能。康美药业实施资金转移、财务造假等违法行为,本身就在公司合法的日常经营活动之外。申辩意见以日常经营管理活动的相关权限来论证当事人无条件实施违法行为的逻辑不成立。第三,本案证据收集程序合法有效、内容真实有效、内容与当事人所涉违法事实直接关联。询问笔录中,多人指认当事人实施组织转移资金行为。主要参与人员逐级指认当事人组织策划并亲自参与财务造假的行为,指认环环相扣。当事人所涉违法行为事实清楚,证据充分。第四,我会认定当事人签署《2016年年度报告》《2017年年度报告》《2018年半年度报告》,当事人自称的离职时间与公告离职时间的差异,对认定其所应承担的责任不存在影响。第五,本案系通过系统调查、取证综合判断得出认定结论。绝大部分被询问人指认当事人的同时亦指认其他责任人员,无证据显示相关人员与当事人存在重大个人恩怨或利害关系,从而存在栽赃动机、行为。第六,是否存在额外收益与是否参与财务造假不存在因果关系,且有证据证明部分上市公司资金被直接转移至当事人名下银行账户。第七,调查及听证期间,当事人始终未接受询问谈话,未提供其已尽勤勉义务的证据。我会认定当事人是违法行为直接负责的主管人员,事实清楚,证据充分。综上,我会对当事人邱某某的陈述和申辩意见不予采纳。

根据当事人违法行为的事实、性质、情节与社会危害程度,依据《证券法》(2014年修正)第193条第1款、第3款的规定,我会决定:

一、对康美药业股份有限公司责令改正,给予警告,并处以60万元的罚款;

二、对马某1、许某某给予警告,并分别处以90万元的罚款,其中作为直接负责的主管人员罚款30万元,作为实际控制人罚款60万元;

三、对邱某某给予警告,并处以30万元的罚款;

四、对庄某某、温某某、马某2给予警告,并分别处以25万元的罚款;

五、对马某3、林某1、李某1、江某某、李某2、罗某某、林某2给予警告,并分别处以20万元的罚款;

六、对张某1、郭某某、张某2、李某3、韩某某、王某给予警告,并分别处以15万元的罚款;

七、对唐某、陈某1给予警告,并分别处以10万元的罚款。

上述当事人应自收到本处罚决定书之日起15日内,将罚款汇交中国证券监督管理委员会,开户银行:中信银行总行营业部,账号:7111010189800000162,由该行直接上缴国库,并将注有当事人名称的付款凭证复印件送中国证券监督管理委员会稽查局备案。当事人如果对本处罚决定不服,可在收到本处罚决定书之日起60日内向中国证券监督管理委员会申请行政复议,也可在收到本处罚决定书之日起6个月内直接向有管辖权的人民法院提起行政诉讼。复议和诉讼期间,上述决定不停止执行。

二、《市场禁入决定书》

当事人:马某1,男,时任康美药业股份有限公司(以下简称康美药业)董事长、总经理。

许某某,女,时任康美药业副董事长、副总经理。

邱某某,男,时任康美药业董事、副总经理、董事会秘书。

庄某某,女,时任康美药业财务总监。

温某某,男,时任康美药业职工监事、总经理助理、副总经理。

马某2,男,时任康美药业监事。

依据《证券法》(2014年修正)的有关规定,我会对康美药业信息披露违法违规行为进行了立案调查、审理,并依法向当事人告知了作出市场禁入的事实、理由、依据及当事人依法享有的权利。

应当事人邱某某要求,我会于2020年4月22日举行听证会,听取了邱某某及其代理人的陈述和申辩,其他当事人提出陈述申辩和听证要求,后均放弃权利。本案现已调查、审理终结。

经查明,康美药业存在以下违法事实:

一、《2016年年度报告》《2017年年度报告》《2018年半年度报告》《2018年年度报告》中存在虚假记载,虚增营业收入、利息收入及营业利润

《2016年年度报告》虚增营业收入89.99亿元,多计利息收入1.51亿元,虚增营业利润6.56亿元,占合并利润表当期披露利润总额的16.44%。《2017年年度报告》虚增营业收入100.32亿元,多计利息收入2.28亿元,虚增营业利润12.51亿元,占合并利润表当期披露利润总额的25.91%。《2018年半年度报告》虚增营业收入84.84亿元,多计利息收入1.31亿元,虚增营业利润20.29亿元,占合并利润表当期披露利润总额的65.52%。《2018年年度报告》虚增营业收入16.13亿元,虚增营业利润1.65亿元,占合并利润表当期披露利润总额的12.11%。

上述违法事实,有康美药业《2016年年度报告》、《2017年年度报告》、《2018年半年度报告》、《2018年年度报告》、营业收入明细账、各类业务收入汇总表、录入发票明细、《应收账款余额明细表》、《关于经营业务收入的情况说明》、金税记录、捷科系统数据、税务信息查询结果、会计凭证、相关银行账户资金流水、记账凭证及原始凭证、情况说明、询问笔录等证据证明,足以认定。

二、《2016年年度报告》《2017年年度报告》《2018年半年度报告》中存在虚假记载,虚增货币资金

2016年1月1日至2018年6月30日,康美药业通过财务不记账、虚假记账,伪造、变造大额定期存单或银行对账单,配合营业收入造假伪造销售回款等方式,虚增货币资金。通过上述方式,康美药业《2016年年度报告》虚增货币资金22,548,513,485.42元,占公司披露总资产的41.13%和净资产的76.74%;《2017年年度报告》虚增货币资金29,944,309,821.45元,占公司披露总资产的43.57%和净资产的93.18%;《2018年半年度报告》虚增货币资金36,188,038,359.50元,占公司披露总资产的45.96%和净资产的108.24%。

上述违法事实,有康美药业《2016年年度报告》、《2017年年度报告》、《2018年半年度报告》、账银差异余额确认表、银行流水、银行对账单、银行存款日记账、余额差异调节表、资金划转明细、询问笔录等证据证明,足以认定。

三、《2018年年度报告》中存在虚假记载，虚增固定资产、在建工程、投资性房地产

康美药业在《2018年年度报告》中将前期未纳入报表的亳州华佗国际中药城、普宁中药城、普宁中药城中医馆、亳州新世界、甘肃陇西中药城、玉林中药产业园等6个工程项目纳入表内，分别调增固定资产11.89亿元，调增在建工程4.01亿元，调增投资性房地产20.15亿元，合计调增资产总额36.05亿元。经查，《2018年年度报告》调整纳入表内的6个工程项目不满足会计确认和计量条件，虚增固定资产11.89亿元，虚增在建工程4.01亿元，虚增投资性房地产20.15亿元。

上述违法事实，有康美药业《2018年年度报告》、《2018年审计报告》、设计图纸、合规性证明、《竣工验收监理评估报告》、《国有土地使用证》、规划建筑设计方案、工程质量竣工验收监督记录表、《国有建设用地使用权出让合同》、补充协议、施工总承包工程合同、装修工程合同、工程结算报告、营业执照、情况说明、委托支付函、记账凭证、银行流水、询问笔录等证据证明，足以认定。

四、《2016年年度报告》《2017年年度报告》《2018年年度报告》中存在重大遗漏，未按规定披露控股股东及其关联方非经营性占用资金的关联交易情况

2016年1月1日至2018年12月31日，康美药业在未经过决策审批或授权程序的情况下，累计向控股股东及其关联方提供非经营性资金11,619,130,802.74元用于购买股票、替控股股东及其关联方偿还融资本息、垫付解质押款或支付收购溢价款等。

根据《证券法》(2014年修正)第66条第6项和《公开发行证券的公司信息披露内容与格式准则第2号——年度报告的内容与格式》(证监会公告〔2016〕31号、证监会公告〔2017〕17号)第31条、第40条的规定，康美药业应当在相关年度报告中披露控股股东及其关联方非经营性占用资金的关联交易情况，康美药业未在《2016年年度报告》《2017年年度报告》《2018年年度报告》中披露前述情况，存在重大遗漏。

上述违法事实，有康美药业《2016年年度报告》、《2017年年度报告》、《2018年年度报告》、银行流水、银行对账单、银行存款日记账、资金划转明细证明，足以认定。

五、董事、监事和高级管理人员履职相关情况

2017年4月20日，康美药业披露《2016年年度报告》，全体董事、监事、高级管

理人员保证年度报告内容的真实、准确、完整。康美药业《2016 年年度报告》审议中，在董事会上投赞成票的董事有马某 1、许某某、邱某某、马某 3、林某 1、李某 1、江某某、张某 1、李某 2；在监事会上投赞成票的监事有罗某某、温某某、马某 2；董事和高级管理人员书面确认意见，签字的董事为董事会投赞成票的 9 位董事，签字的高级管理人员有林某 2、庄某某、李某 3、韩某某、王某。

2018 年 4 月 26 日，康美药业披露《2017 年年度报告》，全体董事、监事、高级管理人员保证年度报告内容的真实、准确、完整。康美药业《2017 年年度报告》审议中，在董事会上投赞成票的董事有马某 1、许某某、邱某某、马某 3、林某 1、李某 1、江某某、张某 1、李某 2；在监事会上投赞成票的监事有罗某某、温某某、马某 2；董事和高级管理人员书面确认意见，签字的董事为董事会投赞成票的 9 位董事，签字的高级管理人员有林某 2、庄某某、李某 3、韩某某、王某。

2018 年 8 月 29 日，康美药业披露《2018 年半年度报告》，全体董事、监事、高级管理人员保证年度报告内容的真实、准确、完整。康美药业《2018 年半年度报告》审议中，在董事会上投赞成票的董事有马某 1、许某某、邱某某、马某 3、林某 1、李某 1、江某某、郭某某、张某 2；在监事会上投赞成票的监事有罗某某、马某 2、李某 2；董事和高级管理人员书面确认意见，签字的董事为董事会投赞成票的 9 位董事，签字的高级管理人员有林某 2、庄某某、李某 3、韩某某、王某、温某某。

2019 年 4 月 30 日，康美药业披露《2018 年年度报告》，全体董事、监事、高级管理人员保证年度报告内容的真实、准确、完整。康美药业《2018 年年度报告》审议中，在董事会上投赞成票的董事有马某 1、许某某、马某 3、林某 1、李某 1、江某某、郭某某、张某 2；在监事会上投赞成票的监事有罗某某、马某 2、李某 2；董事和高级管理人员书面确认意见，签字的董事为董事会投赞成票的 8 位董事，签字的高级管理人员有林某 2、庄某某、李某 3、韩某某、王某、温某某、唐某、陈某 1。

在 2016 年、2017 年、2018 年年度报告中，马某 1、许某某及庄某某均声明：保证年度报告中财务报告的真实、准确、完整。

上述违法事实，有康美药业《2016 年年度报告》、《2017 年年变报告》、《2018 年半年度报告》、《2018 年年度报告》、任职公告、董事会决议公告、书面确认意见表、询问笔录等证据证明，足以认定。

康美药业虚增营业收入、利息收入、营业利润，虚增货币资金、固定资产、在建工程、投资性房地产，所披露的《2016 年年度报告》《2017 年年度报告》《2018 年半年度报告》《2018 年年度报告》存在虚假记载，康美药业未按规定披露控股股东及其关联方非经营性占用资金的关联交易情况，所披露的《2016 年年度报告》《2017 年年度报告》《2018 年年度报告》存在重大遗漏，上述行为违反了《证券法》(2014 年修正)第 63 条有关“发行人、上市公司依法披露的信息，必须真实、准确、完整，不得有虚假记载、误导性陈述或者重大遗漏”及第 65 条、第 66 条有关半年度报告、年度报告的规定，构成《证券法》(2014 年修正)第 193 条第 1 款所述“发行人、上市公司或者其他信息披露义务人未按照规定披露信息，或者所披露的信息有虚假记载、误导性陈述或者重大遗漏”的行为。

康美药业董事、监事、高级管理人员违反《证券法》(2014 年修正)第 68 条第 3 款关于“上市公司董事、监事、高级管理人员应当保证上市公司所披露的信息真实、准确、完整”的规定，构成《证券法》(2014 年修正)第 193 条第 1 款所述“直接负责的主管人员和其他直接责任人员”。

马某 1，担任康美药业董事长、总经理，全面管理公司事务，组织安排相关人员将上市公司资金转移到其控制的关联方，且未在定期报告里披露相关情况；同时为掩盖上市公司资金被关联方长期占用、虚构公司经营业绩等违法事实，组织策划康美药业相关人员通过虚增营业收入、虚增货币资金等方式实施财务造假行为，明知康美药业《2016 年年度报告》《2017 年年度报告》《2018 年半年度报告》《2018 年年度报告》披露数据存在虚假，仍然签字并承诺保证相关文件真实、准确、完整，直接导致康美药业披露的定期报告存在虚假陈述，是康美药业信息披露违法行为直接负责的主管人员。马某 1 除依据上述身份实施违法行为外，同时作为实际控制人指使了信息披露违法行为。

许某某，作为康美药业实际控制人，担任康美药业副董事长副总经理以及主管会计工作的负责人，协助马某 1 管理公司事务，与马某 1 共同组织安排相关人员将上市公司资金转移到其控制的关联方，知悉马某 1 组织相关人员实施财务造假行为；明知康美药业《2016 年年度报告》《2017 年年度报告》《2018 年半年度报告》《2018 年年度报告》披露的数据存在虚假，仍然签字并承诺保证相关文件真实、准确、完整，直接导致康美药业披露的定期报告存在虚假陈述，是康美药业信息披露违法行为直接负责的主管人员。许某某除依据上述身份实施违法行为外，同时作为实际控制人存在指使信息披露违法行为。

邱某某,作为时任康美药业董事、副总经理和董事会秘书,主管公司信息披露事务,对公司定期报告的真实性、完整性、准确性承担主要责任,并在《2016 年年度报告》《2017 年年度报告》《2018 年半年度报告》上签字;根据马某 1 的授意,组织相关人员将上市公司资金转移至控股股东及其关联方,组织策划公司相关人员实施、并亲自参与实施财务造假行为,直接导致康美药业披露的定期报告存在虚假陈述,是康美药业信息披露违法行为直接负责的主管人员。

庄某某,作为康美药业财务总监,组织财务会计部门按规定进行会计核算和编制财务报告。其作为财务负责人,在《2016 年年度报告》《2017 年年度报告》《2018 年半年度报告》《2018 年年度报告》上签字和声明,承诺保证相关文件真实、准确、完整,应当对康美药业披露的定期报告存在虚假陈述承担法律责任,是康美药业信息披露违法行为的其他直接责任人员。

温某某,先后担任康美药业职工监事、总经理助理、副总经理,协助董事会秘书和财务负责人分管财务工作,并在《2016 年年度报告》《2017 年年度报告》《2018 年半年度报告》《2018 年年度报告》审议中投赞成票或签字;根据马某 1、邱某某的授意,组织相关人员将上市公司资金转移至控股股东及其关联方,组织协调公司相关人员实施财务造假及信息披露违法行为,应当对康美药业披露的定期报告存在虚假陈述承担法律责任,是康美药业信息披露违法行为的其他直接责任人员。

马某 2,作为康美药业监事和财务部总监助理,分管出纳工作,在《2016 年年度报告》《2017 年年度报告》《2018 年半年度报告》《2018 年年度报告》审议中投赞成票;根据马某 1 等人的安排,参与财务造假,应当对康美药业披露的定期报告存在虚假陈述承担法律责任,是康美药业信息披露违法行为的其他直接责任人员。

马某 3、林某 1、李某 1、江某某、李某 2、张某 1、郭某某、张某 2、罗某某、林某 2、李某 3、韩某某、王某、唐某、陈某 1 等其他董事、监事和高级管理人员,在《2016 年年度报告》《2017 年年度报告》《2018 年半年度报告》《2018 年年度报告》审议中投赞成票或签字,保证财务报告真实、准确、完整,现有证据不足以证明上述人员已尽勤勉义务,应当对康美药业披露的定期报告存在虚假陈述承担法律责任,是康美药业信息披露违法行为的其他直接责任人员。

在听证过程中,邱某某及其代理人提出如下申辩意见:其一,当事人 2012 年后基本未参与康美药业日常经营管理。其虽为董事会秘书,但相关实质工作均由其他人负责,除信息披露及部分对外公文外,其未审批过任何其他文件资料。其二,当事人非财务管理人员,无财务审批权及资金调配权,亦非财务专业出身,不具备组织他人或亲自实施财务造假行为的条件及能力。其三,没有证据可证明当事人组织、策划并亲自实施财务造假行为,没有证据可证明当事人组织相关人员将上市公司资金转移至体外账户。其四,康美药业在当事人递交辞职报告近半年后才披露其离职信息,其间,公司发布的临时公告文件涉及当事人签名均为伪造。其五,部分人员存在栽赃、转移责任的行为动机,不排除相关人员恶意串通栽赃当事人的可能。其六,除领取正常工资外,当事人未从康美药业获得额外利益,自掏腰包组织策划公司相关人员实施、并亲自参与实施财务造假行为明显不符常理,当事人亦无转移资金的动机。其七,将当事人定性为直接负责的主管人员,在违法行为中居于核心地位,是最主要的决策者、实施者系事实认定错误。综上,邱某某认可其应承担责任,但请求我会依法查明并撤销其为最主要决策者、实施者的认定结论,请求从轻或减轻处罚。

我会认为,第一,康美药业办公记录及项目收购审批表等证据均能证明当事人邱某某 2012 年后基本未参与公司日常经营管理的申辩理由与事实不符。第二,当事人长期担任康美药业董事、副总经理和董事会秘书,对康美药业的日常经营、金融活动具有重大职权,且从相关项目中的审核意见看,当事人具备相应金融、财务技能。康美药业实施资金转移、财务造假等违法行为,本身就在公司合法的日常经营活动之外。申辩意见以日常经营管理活动的相关权限来论证当事人无条件实施违法行为的逻辑不成立。第三,本案证据收集程序合法有效、内容真实有效、内容与当事人所涉违法事实直接关联。询问笔录中,多人指认当事人实施组织转移资金行为。主要参与人员逐级指认当事人组织策划并亲自参与财务造假行为,指认环环相扣。当事人所涉违法行为事实清楚,证据充分。第四,我会认定当事人签署《2016 年年度报告》《2017 年年度报告》《2018 年半年度报告》,当事人自称的离职时间与公告离职时间的差异,对认定其所应承担的责任不存在影响。第五,本案系通过系统调查、取证综合判断得出认定结论。绝大部分被询问人指认当事人的同时指认其他责任人员,无证据显示相关人员与当事人存在重大个人恩怨或利害关系,从而存在栽赃动机、行为。第六,是否存在额外收益与是否参与财务造假不存在因果关系，且有证据证明部分上市公司资金被直接转移至当事人名下银行账户。第七，调查及听证期间，当事人始终未接受询问谈话，未提供其已尽勤勉义务的证据。我会认定当事人是违法行为直接负责的主管人员，事实清楚，证据充分。综上，我会对当事人邱某某的陈述和申辩意见不予采纳。

马某1、许某某、邱某某在康美药业信息披露违法行为中居于核心地位，直接组织、策划、领导并实施了涉案违法行为，是最主要的决策者、实施者，其行为直接导致康美药业相关信息披露违法行为的发生，情节特别严重，依据《证券法》(2014年修正)第233条①和《证券市场禁入规定》(证监会令第115号，下同)第3条第1项、第5条第7项的规定，我会决定：对马某1、许某某、邱某某采取终身证券市场禁入措施，自我会宣布决定之日起，在禁入期间内，除不得继续在原机构从事证券业务或者担任原上市公司、非上市公众公司董事、监事、高级管理人员职务外，也不得在其他任何机构中从事证券业务或者担任其他上市公司、非上市公众公司董事、监事、高级管理人员职务。

庄某某、温某某、马某2，涉案信息披露违法行为的发生与其职责、具体实施行为直接相关，其行为与康美药业信息披露违法行为的发生具有紧密联系，情节较为严重，依据《证券法》(2014年修正)第233条和《证券市场禁入规定》第3条第1项、第5条的规定，我会决定：对庄某某、温某某、马某2采取10年证券市场禁入措施，自我会宣布决定之日起，在禁入期间内，除不得继续在原机构从事证券业务或者担任原上市公司、非上市公众公司董事、监事、高级管理人员职务外，也不得在其他任何机构中从事证券业务或者担任其他上市公司、非上市公众公司董事、监事、高级管理人员职务。

当事人如果对本市场禁入决定不服，可在收到本决定书之日起60日内向中国证券监督管理委员会申请行政复议，也可在收到本决定书之日起6个月内直接向有管辖权的人民法院提起行政诉讼。复议和诉讼期间，上述决定不停止执行。

本公司指定信息披露报纸为《上海证券报》《中国证券报》《证券时报》《证券日

① 《中华人民共和国证券法》(2014年修正)第233条对应《中华人民共和国证券法》(2019年修订)第221条。

报》,信息披露网站为上海证券交易所网站(www.sse.com.cn),本公司发布的信息以上述指定报刊和网站刊登的公告信息为准,公司将严格按照有关法律法规的规定和要求,及时做好信息披露工作,敬请广大投资者注意投资风险。

特此公告。

康美药业股份有限公司
董事会
二〇二〇年五月十五日

中国证监会行政处罚决定书
(广东正中珠江会计师事务所、杨某某、张某3、刘某1、苏某某)

当事人:广东正中珠江会计师事务所(特殊普通合伙)(以下简称正中珠江),系康美药业股份有限公司(以下简称康美药业)2016年至2018年年度财务报表审计机构,住所:广东省广州市越秀区。

杨某某,男,系康美药业2016年至2018年年度财务报表审计报告签字注册会计师。

张某3,女,系康美药业2016年和2017年年度财务报表审计报告签字注册会计师。

刘某1,男,系康美药业2018年年度财务报表审计报告签字注册会计师。

苏某某,男,系康美药业2016年和2017年年度审计的项目经理。

依据《中华人民共和国证券法》[以下简称《证券法》(2014年修正)]有关规定,我会对正中珠江对康美药业审计未勤勉尽责案进行了立案调查、审理,并依法向当事人告知了作出行政处罚的事实、理由、依据及当事人依法享有的权利,应当事人正中珠江、杨某某、张某3、刘某1、苏某某的要求,我会举行听证会听取了当事人及其代理人的陈述和申辩。本案现已调查、审理终结。

经查明,正中珠江存在以下违法事实:

一、正中珠江出具的康美药业 2016 年至 2018 年年度审计报告存在虚假记载

经我会另案查明,康美药业 2016 年、2017 年、2018 年年度报告存在虚增收入、虚增货币资金等虚假记载。正中珠江为康美药业 2016 年、2017 年、2018 年年度报告提供审计服务。2017 年 4 月 18 日、2018 年 4 月 24 日,正中珠江分别为康美药业 2016 年、2017 年财务报表出具了标准无保留的审计意见;2019 年 4 月 28 日,正中珠江为康美药业 2018 年财务报表出具了保留意见。经查,正中珠江出具的前述审计报告存在虚假记载。

2016 年审计项目的签字注册会计师为杨某某、张某 3,财务报表审计服务收费 430 万元;2017 年审计项目的签字注册会计师为杨某某、张某 3,财务报表审计服务收费 495 万元;2018 年审计项目的签字注册会计师为杨某某、刘某 1,财务报表审计服务收费 500 万元。

二、2016 年和 2017 年年报审计期间,正中珠江未对康美药业的业务管理系统实施相应审计程序,未获取充分适当的审计证据

捷科 SCM3.0 新架构供应链系统(以下简称捷科系统)为康美药业的业务管理信息系统,金蝶 EAS 系统是康美药业进行账务处理的信息系统。正中珠江相关审计人员明知康美药业捷科系统的存在,未关注捷科系统与金蝶 EAS 系统是否存在差异,未分析差异形成的原因及造成的影响,未实施必要的审计程序。具体包括:一是在财务报表层面了解信息技术的运用时,未涵盖业务管理系统。根据审计底稿的记载,康美药业的销售业务流程是基于捷科系统开展,从捷科系统发起销售订单,并经过一系列流程,最终通过系统配送货物。在知悉康美药业存在捷科系统的情况下,正中珠江仅了解了金蝶 EAS 系统,未涵盖捷科系统。二是正中珠江了解金蝶 EAS 系统时,未执行审计程序了解金蝶 EAS 系统与捷科系统之间数据的勾稽关系。金蝶 EAS 系统与捷科系统的销售数据存在明显差异,正中珠江却未执行审计程序了解捷科系统的数据如何结转至金蝶 EAS 系统。三是正中珠江实施风险应对措施时,未从业务管理系统获取审计证据。正中珠江在内控测试、实质性程序中计划获取销售出库单等业务单据,但仅从金蝶 EAS 系统获取审计证据,没有追溯至捷科系统,也没有说明未追溯至捷科系统的理由,获取的审计证据不具有充分性和适当性。正中珠江的行为不符合《中国注册会计师审计准则第 1211 号——通过了解被审计单位及其环境识别和评估重大错报风险》第 21 条和《中国注册会计师审计

准则第1301号——审计证据》第10条的规定。

三、正中珠江对康美药业2016年财务报表的审计存在缺陷

(一)风险识别与评估阶段,部分审计底稿存在缺陷

正中珠江认定康美药业公司整体层面的风险等级为中等。货币资金由于期末余额大、“存贷双高”明显、外部媒体质疑较多等,存在舞弊风险。营业收入由于规模大、业务复杂、涉及关联公司多等,也存在舞弊风险。正中珠江部分审计底稿中,对货币资金、营业收入的风险评估的结果错误,审计工作存在缺陷:一是汇总的重大风险领域不包括货币资金和营业收入;二是在对重要账户和交易制订进一步审计程序计划时,认定货币资金和营业收入不存在重大错报风险,不属于特别风险;三是汇总的特别风险领域仅包括货币资金,未包括营业收入。正中珠江上述行为不符合《中国注册会计师审计准则第1141号——财务报表审计中与舞弊相关的责任》第25条和《中国注册会计师审计准则第1211号——通过了解被审计单位及其环境识别和评估重大错报风险》第31条的规定。

(二)货币资金科目的风险应对措施存在重大缺陷

1. 内部控制测试程序存在重大缺陷

一是未识别捷科系统与金蝶EAS系统存在的差异,未分析差异产生的原因并判断对财务报表的影响,也未在审计底稿中说明未追溯至捷科系统的理由及证据,获取的审计证据不具有充分性和适当性。二是控制点之一“往来对账的控制”,主要内容为客户、供应商、销售部门、采购部门、财务部门以捷科系统数据为基础,相互进行对账。内部控制测试审计底稿记载,审计人员现场查阅了《销售回款统计表》《采购付款统计表》,实际并未执行,审计底稿也未见对应的审计证据。控制点之一“定期存款的审批”,主要内容是康美药业内部对定期存款的审批流程。内部控制有效性评价的审计底稿记载,审计人员抽取了一个样本,实际并未执行,审计底稿也未见对应的审计证据。三是控制点之一“资金对账”,包括现金对账和银行存款对账,正中珠江仅针对银行存款对账执行内部控制测试程序,未针对现金对账执行内部控制测试程序,无法实现整个控制点的审计目标。正中珠江对康美药业货币资金活动内部控制评价结论为“控制活动运行有效且得到执行”,该评价没有充分、适当的审计证据支持,评价结论不恰当,不符合《中国注册会计师职业道德守则第1号——职业道德基本原则》第7条和《中国注册会计师审计准则第1231

号——针对评估的重大错报风险采取的应对措施》第 8 条的规定。

2. 实质性程序存在重大缺陷

(1)针对货币资金存在的舞弊风险,正中珠江计划的风险应对措施为直接从银行索取康美药业交通银行基本户全年度的银行对账单,并进行重点审核。经查,康美药业提前制作了虚假的银行对账单,审计时,审计项目经理苏某某从康美药业黄某2 处取得该银行对账单,并未直接从银行索取,不足以应对货币资金的舞弊风险。正中珠江的行为不符合《中国注册会计师审计准则第 1231 号——针对评估的重大错报风险采取的应对措施》第 6 条、第 21 条及《中国注册会计师审计准则第 1141 号——财务报表审计中与舞弊相关的责任》第 31 条的规定。

(2)康美药业 2016 年度货币资金余额账实差异主要集中在 3 家银行 4 个银行账户。正中珠江对 3 家银行均执行现场函证程序,跟函人员均为苏某某,康美药业陪同人员均为黄某 2。经查,康美药业提前以内审名义、使用正中珠江的询证函模板向银行进行函证,苏某某和黄某 2 现场函证时,黄某 2 再将询证函需要银行盖章回复的确认页替换为原先以内审名义函证的确认页,伪造正中珠江收到银行确认无误的询证函回函;建设银行的询证函回函不是在会计师的询证函上盖章,而是采用银行固定格式的资信证明,康美药业提前安排人员伪造银行资信证明,再由黄某 2 交给苏某某。正中珠江未对银行账户函证过程保持有效控制,不符合《中国注册会计师审计准则第 1312 号——函证》第 14 条、第 17 条的规定。

(3)正中珠江针对货币资金科目获取的银行询证函、银行对账单等资料中,存在明显异常或相互矛盾的情况。一是康美药业交通银行基本户的询证函上所盖银行印章为“业务受理章”,与商业银行常规做法不一致;二是康美药业在工商银行询证函上仅加盖公司公章,未加盖财务章及法人私章,却能得到银行回函;三是康美药业与子公司广东康美之恋大药房有限公司(以下简称康美之恋)均在工商银行开立有银行账户,康美之恋的询证函回函是银行固定格式的资信证明,而康美药业的询证函回函是直接在正中珠江的询证函上盖章;四是建设银行的询证函回函自身内容前后矛盾:函件要求定期存款应当列明存款日期、到期日期、存款利率等信息,但回函中关于定期存款的信息,“存款日期”“到期日期”“存款利率”栏均为空白;五是正中珠江获取的交通银行基本户的对账单部分有银行印章,部分没有银行印章。正中珠江未关注上述明显异常或相互矛盾的审计证据,未保持应有的职业怀疑，未执行进一步审计程序消除疑虑，不符合《中国注册会计师审计准则第1101号——注册会计师的总体目标和审计工作的基本要求》第28条和《中国注册会计师审计准则第1301号——审计证据》第15条的规定。

（三）营业收入科目的风险应对措施存在重大缺陷

1. 内部控制测试程序存在重大缺陷

一是未识别金蝶EAS系统与捷科系统存在的差异，未分析差异产生的原因并判断对财务报表的影响，也未在审计底稿中说明未追溯至捷科系统的理由及证据，获取的审计证据不具有充分性和适当性。二是控制点之一"销售出库单"，抽取了49个样本，有5个样本记录的内容与实际会计记账凭证内容不符，正中珠江实际抽样时未核查对应的样本凭证。三是执行"重新执行"程序时，审计计划包括检查随货同行单，抽取的50个样本中，仅4个样本包含有随货同行单，2个样本存在出库单、销售合同签署日期晚于随货同行单（客户签收单）日期的情况；控制点之一"订立销售合同"，抽取了58个样本，有35个样本的合同不存在编号且主要合同条款均为空白，正中珠江未对明显异常或相互矛盾的审计证据保持应有的职业怀疑，未执行进一步审计程序消除疑虑。正中珠江对康美药业销售业务内部控制评价结论为"控制活动运行有效且得到执行"，该评价没有充分、适当的审计证据支持，评价结论不恰当，不符合《中国注册会计师审计准则第1231号——针对评估的重大错报风险采取的应对措施》第8条的规定。

2. 实质性程序存在重大缺陷

（1）正中珠江未对营业收入执行函证程序，而是通过对应收账款余额的函证为营业收入认定提供相互印证的审计证据。正中珠江以应收账款期末余额超过100万元，或者期末余额未超过100万元但借方发生额超过3000万元的客户作为应收账款的函证对象，抽取的样本总金额为24.14亿元，占应收账款年末总额的86.88%。苏某某常年担任康美药业年报审计项目经理，知悉康美药业实际经营业绩与账面经营业绩存在差别。经查，2016年年报审计期间，苏某某或其他项目组成员准备好询证函后，将信封交由康美药业公司前台联系快递公司上门取件。随后，苏某某告知黄某2，让其抢先于快递人员从公司前台取回信封，将信封上的快递单撕下并贴到另外装有康美药业宣传材料的信封中再交寄，伪造发函路径。随后，康美药业组织人员联系供应商及客户，若有愿意配合回函的，黄某2才将询证函寄出；

若不愿意配合回函的,正中珠江就无法收到回函,只能执行替代性程序。正中珠江每年函证的回函比例都较低,2016 年应收账款回函比例仅为 30.89%。正中珠江违反独立性要求且未对应收账款函证过程保持有效控制,不符合《中国注册会计师审计准则第 1101 号——注册会计师的总体目标和审计工作的基本要求》第 27 条和《中国注册会计师审计准则第 1312 号——函证》第 14 条的规定。应收账款回函时,正中珠江未发现不同公司同一寄件人的情况,如广东信东医药有限公司、四川积步医药有限公司、广东恒林源药业有限公司(应付)3 家公司询证函回函的寄件人均为刘某 3,未对可靠性存疑的回函执行进一步审计程序,不符合《中国注册会计师审计准则第 1312 号——函证》第 17 条的规定。针对应收账款函证未回函的情况,正中珠江计划实施替代性程序,但实际上对 102 个客户未执行替代性程序,不符合《中国注册会计师审计准则第 1312 号——函证》第 19 条的规定。

(2)针对营业收入的风险评估结果,正中珠江计划"增加对销售前 20 大客户的走访问卷,同时函证全年度发生额及相应余额"。实际执行时,正中珠江并未向销售前 20 大客户函证全年度的发生额。据审计底稿记载,2016 年财务报表审计期间,正中珠江走访了 25 个客户,函证了 2016 年 1 ~ 9 月的发生额,交易数据作为附件 2 附在走访记录后。经查,正中珠江对上述客户进行走访时,并未向对方函证交易数据,走访记录的附件 2 系"加塞"到审计底稿中。正中珠江的行为不符合《中国注册会计师职业道德守则第 1 号——职业道德基本原则》第 7 条、《中国注册会计师审计准则第 1231 号——针对评估的重大错报风险采取的应对措施》第 6 条的规定。

(3)针对营业收入的舞弊风险,正中珠江实施的风险应对措施为穿行测试,但获取的内部业务单据均来自金蝶 EAS 系统;针对营业收入执行细节测试时,2016 年财务报表审计期间抽取了 574 个样本,包含的内部业务单据也都来自金蝶 EAS 系统,审计证据不具有充分性、适当性。正中珠江的行为不符合《中国注册会计师审计准则第 1231 号——针对评估的重大错报风险采取的应对措施》第 6 条、第 21 条和《中国注册会计师审计准则第 1141 号——财务报表审计中与舞弊相关的责任》第 31 条的规定。

(4)正中珠江进行销售合同检查及针对应交税费科目执行审计程序获取的审计证据中,存在明显异常或相互矛盾的审计证据。一是检查销售合同时,大量合同金额低于账务确认金额。正中珠江抽取了康美药业2016年的115个客户样本,76个客户的合同金额远低于账务确认金额;二是印花税和增值税申报表列示的全年计税基础存在明显差异。对此,正中珠江未保持应有的职业怀疑,未执行进一步审计程序消除疑虑,不符合《中国注册会计师审计准则第1101号——注册会计师的总体目标和审计工作的基本要求》第28条和《中国注册会计师审计准则第1301号——审计证据》第15条的规定。

综上,2016年年度,康美药业的货币资金、营业收入均存在舞弊风险,正中珠江在进行审计时,在风险识别与评估阶段部分认定结论存在错误;在实施风险应对措施时,未严格执行舞弊风险应对措施等审计计划,执行审计程序违反诚信原则,未对函证保持有效控制,未保持应有的职业怀疑,未执行进一步审计程序消除疑虑,导致未获取充分、适当的审计证据,甚至出现审计项目经理配合康美药业财务人员拦截询证函、将伪造的走访记录作为审计证据的行为。最终,正中珠江出具的康美药业2016年财务报表审计报告存在虚假记载。此外,项目经理苏某某严重违反独立性要求,正中珠江对内部员工管理监控不到位,实施的内部质量控制不符合《质量控制准则第5101号——会计师事务所对执行财务报表审计和审阅、其他鉴证和相关服务业务实施的质量控制》第35条、第38条、第47条的规定。

四、正中珠江对康美药业2017年财务报表的审计存在缺陷

(一)风险识别与评估阶段,部分审计底稿存在缺陷

正中珠江认定康美药业2017年整体层面的风险等级为中等。货币资金由于期末余额大、"存贷双高"明显、外部媒体质疑较多等,存在舞弊风险。营业收入由于规模大、业务复杂、涉及关联主体多等,也存在舞弊风险。正中珠江部分审计底稿中,对货币资金、营业收入的风险评估结果存在错误,审计工作存在缺陷:一是汇总的重大风险领域不包括货币资金和营业收入;二是识别的财务报表层次的重大风险中,仅认定货币资金存在舞弊风险,未认定营业收入存在舞弊风险;三是评估的认定层次的重大风险中,未认定货币资金、营业收入存在舞弊风险。正中珠江的行为不符合《中国注册会计师审计准则第1141号——财务报表审计中与舞弊相关的责任》第25条和《中国注册会计师审计准则第1211号——通过了解被审计单位及其环境识别和评估重大错报风险》第31条的规定。

（二）货币资金科目的风险应对措施存在重大缺陷

1. 内部控制测试程序存在重大缺陷

一是未识别捷科系统与金蝶 EAS 系统存在的差异，未分析差异产生的原因并判断对财务报表的影响，也未在审计底稿中说明未追溯至捷科系统的理由及证据，获取的审计证据不具有充分性和适当性。二是控制点之一"往来对账的控制"，主要内容为客户、供应商、销售部门、采购部门、财务部门以捷科系统数据为基础，相互进行对账。内部控制测试审计底稿记载，审计人员现场查阅了《销售回款统计表》《采购付款统计表》，但实际并未执行，审计底稿也未见对应的审计证据。控制点之一"定期存款的审批"，主要内容是康美药业内部对定期存款的审批流程。内部控制有效性评价的审计底稿记载，审计人员抽取了 1 个样本，但实际并未执行，审计底稿也未见对应的审计证据。三是控制点之一"资金对账"，包括现金对账和银行存款对账，正中珠江仅针对银行存款对账执行内部控制测试程序，未针对现金对账执行内部控制测试程序，无法实现整个控制点的审计目标。正中珠江对康美药业货币资金活动内部控制评价结论为"控制活动运行有效且得到执行"，该评价没有充分、适当的审计证据支持，评价结论不恰当，不符合《中国注册会计师职业道德守则第 1 号——职业道德基本原则》第 7 条和《中国注册会计师审计准则第 1231 号——针对评估的重大错报风险采取的应对措施》第 8 条的规定。

2. 实质性程序存在重大缺陷

（1）未按照审计计划直接从银行获取银行账户流水资料，舞弊风险应对不足。针对货币资金存在的舞弊风险，正中珠江计划的风险应对措施为直接从银行索取康美药业交通银行基本户全年度的银行流水资料，并进行重点审核。实际执行时，正中珠江并未直接从银行索取相关资料，不足以应对货币资金的舞弊风险。正中珠江的行为不符合《中国注册会计师审计准则第 1231 号——针对评估的重大错报风险采取的应对措施》第 6 条、第 21 条和《中国注册会计师审计准则第 1141 号——财务报表审计中与舞弊相关的责任》第 31 条的规定。

（2）康美药业 2017 年度货币资金余额账实差异主要集中在交通银行和工商银行 2 家银行的 3 个银行账户上，正中珠江对 2 家银行执行邮寄函证程序。经查，两份询证函回函的寄件人为康美药业财务人员黄某 3 和马某 4。正中珠江未对回函路径进行有效核对，导致未发现回函人员与被询证者不符，其行为不符合《中国注册会计师审计准则第 1312 号——函证》第 14 条、第 17 条的规定。

(3)正中珠江针对康美药业货币资金科目获取的银行询证函、银行对账单、银行流水等资料中,存在明显异常或相互矛盾的情况。一是康美药业与子公司康美时代(广东)发展有限公司(以下简称康美时代)均在交通银行开立有银行账户,康美时代的询证函上银行所盖印章为“会计业务章”,且银行盖有骑缝章,银行经办人之一陈某 2 所盖私章为四方章;而康美药业询证函上银行所盖印章为“业务受理章”,无骑缝章,经办人之一陈某 2 所盖私章为长方形印章。二是正中珠江获取的康美药业交通银行基本户对账单无银行印章,而康美时代交通银行银行账户对账单均有银行印章,二者存在明显差异。三是康美药业与康美之恋均在工商银行开立有银行账户,康美之恋的询证函上银行复核人印章为“纪某阳”四方章,康美药业的询证函上银行复核人印章为“现场审核纪某阳(3)”长方形印章。正中珠江未关注上述明显异常或相互矛盾的审计证据,未保持应有的职业怀疑,未执行进一步审计程序消除疑虑,不符合《中国注册会计师审计准则第 1101 号——注册会计师的总体目标和审计工作的基本要求》第 28 条和《中国注册会计师审计准则第 1301 号——审计证据》第 15 条的规定。

(三)营业收入科目的风险应对措施存在重大缺陷

1. 内部控制测试程序存在重大缺陷

一是未识别捷科系统与金蝶 EAS 系统存在的差异,未分析差异产生的原因并判断对财务报表的影响,也未在审计底稿中说明未追溯至捷科系统的理由及证据,获取的审计证据不具有充分性和适当性。二是控制点之一“销售出库单”,抽取了 49 个样本,有 5 个样本记录的内容与实际会计记账凭证内容不符。正中珠江实际抽样时,未核查对应的样本凭证。三是执行“重新执行”穿行测试程序时,审计计划包括检查随货同行单,抽取的 30 个样本中,仅 4 个样本包含有随货同行单。控制点之一“订立销售合同”,保留审计证据的 12 个样本中,有 10 个样本的合同不存在编号且主要合同条款均为空白。正中珠江对康美药业销售业务内部控制评价结论为“控制活动运行有效且得到执行”,该评价没有充分、适当的审计证据支持,评价结论不恰当,不符合《中国注册会计师审计准则第 1231 号——针对评估的重大错报风险采取的应对措施》第 8 条的规定。

2. 实质性程序存在重大缺陷

(1)正中珠江未对营业收入执行函证程序，而是通过对应收账款余额的函证为营业收入认定提供相互印证的审计证据。正中珠江以应收账款期末余额超过300万元的客户作为应收账款函证对象，抽取的样本总金额为32.89亿元，占应收账款年末总额的87.79%。苏某某与康美药业黄某2串通，致使应收账款函证不独立。2017年应收账款的回函比例仅为42.31%。正中珠江违反独立性要求且未对应收账款函证过程保持有效控制，违反了《中国注册会计师审计准则第1101号——注册会计师的总体目标和审计工作的基本要求》第27条和《中国注册会计师审计准则第1312号——函证》第14条的规定。应收账款回函时，正中珠江未发现不同公司同一寄件人的情况，如惠来县人民医院、揭阳市人民医院、普宁市中医院、普宁市慢性病防治中心4家医院询证函回函的寄件人均为黄某4，正中珠江未对可靠性存疑的回函执行进一步审计程序，不符合《中国注册会计师审计准则第1312号——函证》第17条的规定。针对应收账款函证未回函的情况，正中珠江计划实施替代性程序，但实际并未严格执行审计计划，对41个客户未执行替代性程序，不符合《中国注册会计师审计准则第1312号——函证》第19条的规定。

(2)针对营业收入的风险评估结果，正中珠江计划"增加对销售前20大客户的走访问卷，同时函证全年度发生额及相应余额"。实际执行时，正中珠江并未向销售前20大客户函证全年度的发生额。据审计底稿记载，2017年财务报表审计期间，正中珠江走访了24个客户，函证了2017年1~9月的发生额，交易数据作为附件2附在走访记录后。经查，正中珠江对上述客户进行走访时，并未向对方函证交易数据，走访记录的附件2系"加塞"到审计底稿中。正中珠江的行为不符合《中国注册会计师职业道德守则第1号——职业道德基本原则》第7条和《中国注册会计师审计准则第1231号——针对评估的重大错报风险采取的应对措施》第6条的规定。

(3)针对营业收入的舞弊风险，正中珠江实施的风险应对措施为穿行测试，但获取的内部业务单据均来自金蝶EAS系统，针对营业收入执行细节测试时，抽取了584个样本，内部业务单据也都来自金蝶EAS系统，审计证据不具有充分性和适当性，无法应对舞弊风险。正中珠江的行为不符合《中国注册会计师审计准则第1231号——针对评估的重大错报风险采取的应对措施》第6条、第21条和《中国注册会计师审计准则第 1141 号——财务报表审计中与舞弊相关的责任》第 31 条的规定。

(4)正中珠江进行销售合同检查、针对应交税费科目执行审计程序获取的审计证据中,存在明显异常或相互矛盾的审计证据:一是大量销售合同显示的金额低于账务确认金额;二是印花税和增值税申报表列示的全年计税基础存在明显差异。对此,正中珠江未保持应有的职业怀疑,未执行进一步审计程序消除疑虑,不符合《中国注册会计师审计准则第 1101 号——注册会计师的总体目标和审计工作的基本要求》第 28 条、《中国注册会计师审计准则第 1301 号——审计证据》第 15 条的规定。

综上,2017 年度,康美药业的货币资金、营业收入均存在舞弊风险,正中珠江在审计过程中,在风险识别与评估阶段部分认定结论存在错误;实施风险应对措施时,未严格执行舞弊风险应对措施等审计计划,执行审计程序违反诚信原则,未对银行、往来款函证保持有效控制,未保持应有的职业怀疑,未执行进一步审计程序消除疑虑,导致未获取充分、适当的审计证据,甚至出现项目经理配合康美药业财务人员拦截询证函、将伪造走访记录作为审计证据的行为。最终,正中珠江出具的康美药业 2017 年财务报表审计报告存在虚假记载。此外,项目经理苏某某严重违反独立性要求,正中珠江对内部员工管理监控不到位,实施的内部质量控制违反了《质量控制准则第 5101 号——会计师事务所对执行财务报表审计和审阅、其他鉴证和相关服务业务实施的质量控制》第 35 条、第 38 条和第 47 条的规定。

五、正中珠江对康美药业 2018 年财务报表的审计存在缺陷

(一)风险识别与评估阶段,部分审计底稿未认定营业收入科目存在舞弊风险或特别风险,未就由于舞弊导致的财务报表重大错报的可能性执行相关的审计程序,存在缺陷。

正中珠江认定 2018 年康美药业公司整体层面的风险等级为“存在重大风险”。由于康美药业以前存在财务造假行为,当期营业收入存在舞弊风险。由于康美药业一直强调其在中药材行业的龙头地位,中药材贸易未记录在捷科系统中,也未开具发票,管理不规范,存在较高的舞弊风险。

正中珠江部分审计底稿中,对康美药业营业收入或中药材贸易的风险评估结果存在错误,审计工作存在缺陷:一是汇总的重大风险领域中,认定中药材贸易收入不存在特别风险;二是在针对特别风险采取的应对措施汇总表中,未认定营业收

入存在特别风险。正中珠江的行为不符合《中国注册会计师审计准则第1141号——财务报表审计中与舞弊相关的责任》第25条、《中国注册会计师审计准则第1211号——通过了解被审计单位及其环境识别和评估重大错报风险》第31条的规定。审计底稿未记录正中珠江项目组内部就舞弊事项进行讨论,或者分析舞弊存在的压力、机会和借口等情况,不符合《中国注册会计师审计准则第1141号——财务报表审计中与舞弊相关的责任》第48条的规定。

(二)实质性程序存在重大缺陷

1. 正中珠江在对中药材贸易收入审计的过程中,获取的审计证据包括现金日记账、进销存明细、情况说明、花名册、社保缴纳记录、委托授权书、访谈记录等资料,由于访谈对象与康美药业存在重要利益往来,除社保缴纳记录为外部证据外,其余证据均属于内部证据。鉴于康美药业的内部控制系统存在重大缺陷,正中珠江对康美药业的内部控制系统不予信赖,直接从康美药业内部获取的审计证据的说服力极弱。而社保缴纳记录无法直接证明中药材贸易业务与康美药业存在关联,且与相关人员的访谈笔录存在相互矛盾之处,另外,该社保记录系从康美药业取得,并非直接从独立第三方获取。正中珠江未获取充分、适当的审计证据,不符合《中国注册会计师审计准则第1231号——针对评估的重大错报风险采取的应对措施》第7条和《中国注册会计师审计准则第1301号——审计证据》第3条、第10条的规定。

2. 针对中药材贸易的风险评估结果,正中珠江计划的风险应对方案包括:一是加强对公司中药材贸易业务的穿行测试及业务流程核查,包括采购合同、采购入库、采购发票、付款、销售合同、销售出库、销售发票、回款;二是加强对该业务供应商和客户的发函核查情况;三是加强该业务销售情况、销售毛利率等合理性分析。实际执行时,正中珠江仅执行了第3个审计程序,前2个审计程序均未执行。正中珠江未严格执行审计计划,舞弊风险应对不足,不符合《中国注册会计师审计准则第1231号——针对评估的重大错报风险采取的应对措施》第6条、第21条和《中国注册会计师审计准则第1141号——财务报表审计中与舞弊相关的责任》第31条的规定,未能有效应对舞弊风险。

3. 正中珠江获取的多份审计证据存在明显异常或相互矛盾之处。一是获取的关于中药材贸易的业务单据没有经客户签收,也没有客观证据表明康美药业收到中药材销售货款，康美药业的收入确认缺乏依据。二是获取的康美药业与田某某签署的《授权委托书》，主要内容是康美药业委托田某某统筹负责冬虫夏草贸易业务，授权期限自 2008 年 1 月 1 日至业务终止。《授权委托书》所盖公章为“康美药业股份有限公司”，而康美药业前身为“广东康美药业股份有限公司”，2009 年 1 月 14 日才公告变更名称为“康美药业股份有限公司”。三是审计底稿记载，康美药业授权陈某 3 负责管理西洋参业务，双方签署了《授权委托书》。但陈某 3 在访谈中表示，康美药业不对其进行管理和监督，其仅向康美药业实际控制人许某某提供财务数据，未提供给康美药业。四是陈某 3 在访谈中表示，其公司有员工 40 名，没有缴纳社保，但康美药业却提供了陈某 3 等 7 名员工的社保缴纳记录，参保单位为康美药业。针对前述情况，正中珠江未保持应有的职业怀疑，未对上述明显异常或相互矛盾的审计证据执行进一步审计程序消除疑虑，不符合《中国注册会计师审计准则第 1101 号——注册会计师的总体目标和审计工作的基本要求》第 28 条和《中国注册会计师审计准则第 1301 号——审计证据》第 15 条的规定。

综上，2018 年年度，康美药业的营业收入存在舞弊风险，中药材贸易属于当期营业收入异常且重要的组成部分，正中珠江对其单独执行实质性审计程序以应对存在的舞弊风险。实际执行过程中，正中珠江在风险识别与评估阶段部分认定结论存在错误；在实施风险应对措施时，未严格执行审计计划，未保持应有的职业怀疑，未执行进一步审计程序消除疑虑，导致未获取充分、适当的审计证据。虽然正中珠江出具的康美药业 2018 年财务报表审计报告带有保留意见的事项，但其并未对营业收入事项发表保留意见，不符合《中国注册会计师审计准则第 1231 号——针对评估的重大错报风险采取的应对措施》第 27 条的规定。

上述违法事实，有相关审计报告、收费凭证及发票、审计工作底稿、康美药业出具的情况说明、当事人和相关人员询问笔录等证据证明，足以认定。

我会认为，正中珠江在对康美药业 2016 年、2017 年、2018 年财务报表审计过程中，未按照《中国注册会计师审计准则》《中国注册会计师职业道德守则第 1 号——职业道德基本原则》等相关要求，执行恰当的审计程序，获取充分适当的审计证据，形成真实客观的审计结论，发表正确的审计意见，出具的财务报表审计报告存在虚假，该行为违反了 2005 年《证券法》第 173 条有关规定，构成 2005 年《证券法》第

223 条[①]所述“证券服务机构未勤勉尽责,所制作、出具的文件有虚假记载、误导性陈述或者重大遗漏”的行为。

杨某某、张某 3 作为康美药业 2016 年和 2017 年审计项目的签字注册会计师,是对正中珠江出具 2016 年和 2017 年虚假财务报表审计报告直接负责的主管人员;苏某某作为康美药业 2016 年和 2017 年年报审计的项目经理,曾连续多年担任康美药业年报审计的项目经理,与康美药业财务人员串通拦截询证函,将伪造的走访记录、虚假的询证函和银行流水等作为审计证据,应当认定为其他直接责任人员。杨某某、刘某 1 作为康美药业 2018 年审计项目的签字注册会计师,是对正中珠江出具 2018 年虚假财务报表审计报告直接负责的主管人员。

听证过程中,正中珠江、杨某某、张某 3、刘某 1、苏某某提出以下申辩意见并请求减轻或免予处罚:

第一,2016 年及 2017 年,正中珠江已通过执行相关审计程序判断金蝶 EAS 系统的准确性,包括取得了来自捷科系统的出入库单据,因此不需要针对捷科系统实施单独审计程序并判断是否会对财务报表产生影响。

第二,正中珠江 2016 年及 2017 年风险识别与评估阶段底稿虽然存在笔误导致描述不一致的情况发生,但结合底稿实际执行情况,其在执行收入和货币资金控制测试和实质程序时已采取了综合应对方案,在常规程序的基础上,增加了亲自去银行取得流水检查银行余额真实性的特别措施。

第三,货币资金的内部控制测试与捷科系统和金蝶 EAS 系统的差异问题没有关系,2016 年及 2017 年正中珠江已通过现场查阅执行了往来款对账程序,对于“定期存款的审批”测试,后续实施了函证和利息测算等实质性程序,执行的“现金盘点”测试本质与功能相当于“现金对账”测试,因此不存在重大缺陷。

第四,货币资金的实质性程序中,针对重点账户,项目经理苏某某 2016 年已按照审计计划直接从银行获取了银行账户对账单并执行了现场函证;2017 年直接从银行获取了银行流水并执行了邮寄函证,正中珠江经核查发现不存在明显异常,不需要执行进一步审计程序消除疑虑。

第五,营业收入内部控制程序中,未识别捷科系统与金蝶 EAS 系统存在的差异

① 《证券法》(2014 年修正)第 223 条对应《证券法》(2019 年修订)第 213 条。

不属于内部控制测试过程中存在的重大缺陷,“销售出库单”控制点测试5个样本的凭证被康美药业进行了删改,正式年报审计时未同步更新5个样本对应的凭证号。

第六,营业收入的实质性程序中,项目经理苏某某负责应收账款函证发出工作,仅2016年拦截了12份询证函;回函检查程序不需要检查回函的寄件人;2016年、2017年未执行替代程序仅涉及102个、41个客户,分别对应应收账款余额仅为母公司应收账款发函比例的11.57%、6.55%;由于康美药业有预谋系统性造假,而正中珠江获取的销售合同、纳税申报表等审计证据并无明显异常,无须进一步执行审计程序消除疑虑。此外,在审计底稿中“加塞”走访记录附件2,系康美药业而非正中珠江所为。

第七,中药材贸易收入是康美药业营业收入的一部分,已对营业收入按照特别风险和重大错报风险应对,2018年风险识别与评估阶段底稿存在表述不准确,但后续已实施审计程序,判断中药材贸易业务确实存在、属于公司控制的业务,可以纳入合并范围。

第八,正中珠江已按照《质量控制准则第5101号——会计师事务所对执行财务报表审计和审阅、其他鉴证和相关服务业务实施的质量控制》及《中国注册会计师职业道德守则》的要求制定并执行了所内制度。

苏某某还提出以下申辩意见:第一,康美药业黄某2的陈述前后矛盾,不能作为定案证据。第二,其已按审计程序邮寄函证或者亲自到银行进行现场函证,并在银行领取了银行流水,对康美药业伪造银行函证和银行流水的行为不知情。第三,其仅出于配合康美药业隐藏部分利润用以支付医院等额外费用的目的协助拦截12份询证函,没有伪造发函路径及回函,拦截、替换询证函系黄某2所为。

经复核,我会采纳当事人部分申辩意见,但认为其主要申辩意见不成立。理由如下:

第一,注册会计师应当保持应有的关注,遵守执业准则和职业道德规范的要求,勤勉尽责,依法依规认真、全面、及时地完成工作任务。

第二,捷科系统是康美药业的药品供应链系统即业务管理系统,且对接行业监督管理部门,正中珠江应当按照《中国注册会计师审计准则第1211号——通过了解被审计单位及其环境识别和评估重大错报风险》第21条规定和已制定的审计计划，对该系统执行审计程序，核实捷科系统数据如何结转至金蝶 EAS 系统，查验捷科系统与金蝶 EAS 系统是否存在差异，获取审计证据，形成审计结论。

第三，内部控制测试程序的侧重点是检查公司是否建立了完善的内部控制来发现、纠正舞弊行为，内部控制是否得到有效执行；实质性程序的侧重点是检查余额、发生额是否准确完整，二者的目标不完全一致，执行实质性程序并不足以替代已计划的内部控制测试程序。

第四，现金盘点控制点是出纳与财务核算人员进行对账，属于财务部门内部控制节点；现金对账控制点是财务人员与业务人员进行对账，属于跨部门控制节点。正中珠江"资金对账"测试未针对现金对账设计和执行控制测试程序，设计的审计计划不恰当，无法实现整个控制点测试的目标。

第五，苏某某常年担任康美药业年报审计项目经理，负责直接从银行获取重点银行账户 2016 年和 2017 年对账单或流水、2016 年现场函证及 2017 年邮寄函证的发出等工作。相关银行对账单、流水、书面回复、快递记录、有关人员询问笔录、QQ 聊天记录等证据足以证明，正中珠江未直接获取银行对账单或流水，未对银行函证实施有效的控制。正中珠江提供的银行行长访谈笔录、合影以及审计人员亲自前往询证工作记录等，不足以证明正中珠江按照审计准则及相关问答的要求执行了银行函证程序及直接获取了银行对账单或流水。

第六，针对营业收入执行内部控制测试程序时，正中珠江评价"控制活动运行有效且得到执行"，但未获取充分、适当的审计证据。其辩称康美药业在正中珠江预审抽样后对凭证进行了删改从而导致抽样样本与凭证号不匹配，但未提供证据；也没有提供已按照审计准则要求获取相关控制在剩余期间发生重大变化的审计证据。

第七，苏某某常年担任康美药业年报审计项目经理，知悉康美药业实际经营业绩与账面经营业绩存在差别，且具体负责应收账款询证函的发出工作，无论出于何种目的、拦截多少应收账款询证函，均违反了注册会计师行业基本的职业道德、独立性和函证控制要求。

第八，正中珠江针对营业收入制定的审计计划包括"增加对销售前 20 大客户的走访问卷，同时函证全年度发生额及相应余额"，但并未按计划函证发生额，也未在审计底稿中说明未执行该程序的理由，而相关附件却作为审计证据出现在审计底稿中。无论“加塞”行为是谁所为，正中珠江无正当理由不执行既定审计计划，发表审计意见所依据的审计底稿存在虚假，应当对此承担责任。

第九，正中珠江实施应收账款函证，未对函证保持有效控制，包括未选择适当的被询证者、未检查回函是否来自预期被询证者，也未进一步获取审计证据消除不可靠因素等；对未回函的情况，正中珠江未实施替代程序，在案证据足以认定函证程序存在重大缺陷。

第十，正中珠江 2018 年部分审计底稿风险评估结果存在错误，未按照准则要求记录对舞弊的讨论情况及结论；在无法信赖康美药业内部控制的情形下，未严格执行计划的风险应对方案以获取必要的外部审计证据，也未对已取得的明显异常或相互矛盾的证据保持合理怀疑、采取进一步审计程序消除疑虑，发表的审计意见不恰当，应当承担审计责任。

第十一，正中珠江提交了已按照《质量控制准则第 5101 号——会计师事务所对执行财务报表审计和审阅、其他鉴证和相关服务业务实施质量控制》有关规定制定政策和程序的证据材料，但实际执行过程中，正中珠江未能对工作人员实施有效监督、未能合理保证审计人员遵守相关职业道德和独立性要求，应当承担责任。

根据当事人违法行为的事实、性质、情节与社会危害程度，依据 2005 年《证券法》第 223 条，我会决定：

一、对广东正中珠江会计师事务所（特殊普通合伙）责令改正，没收业务收入 1425 万元，并处以 4275 万元罚款；

二、对杨某某、张某 3、苏某某给予警告，并分别处以 10 万元罚款；

三、对刘某 1 给予警告，并处以 3 万元罚款。

中国证监会

2021 年 2 月 18 日

二、普通代表人诉讼

康美药业股份有限公司关于涉及诉讼的公告

本公司董事会及全体董事保证本公告内容不存在任何虚假记载、误导性陈述或者重大遗漏，并对其内容的真实性、准确性和完整性承担个别及连带责任。

重要内容提示：

案件所处的诉讼阶段：立案受理。

上市公司所处的当事人地位：被告。

是否会对上市公司损益产生负面影响：上述案件尚处于立案受理阶段，预计将对公司业绩产生负面影响。公司将根据法律法规的规定及时履行信息披露义务，敬请广大投资者注意投资风险。

2020年12月31日，康美药业股份有限公司（以下简称公司）收到广东省广州市中级人民法院发来的《应诉通知书》[（2020）粤01民初2171号]，顾某某、刘某2等11名自然人就公司证券虚假陈述责任纠纷一案，向广东省广州市中级人民法院提起诉讼，具体情况如下：

一、本次诉讼的基本情况

（一）诉讼各方当事人

1. 原告：顾某某、刘某2等11名自然人。

2. 被告：公司及马某1、许某某、邱某某、庄某某、温某某、马某2等21名时任董监高。

（二）诉讼请求

1. 请求确认原告顾某某、刘某2为本起诉书各原告的诉讼代表人，并请求法院发起普通代表人诉讼；

2. 请求依法判决马某1、许某某赔偿原告投资差额损失410,522元；

3. 请求依法判决马某1、许某某赔偿原告投资差额损失的佣金123.17元、印花税410.52元、利息损失1172.51元；

4. 请求依法判决各被告对原告的上述损失承担连带责任。

（三）事实与理由

2018年10月开始，媒体对公司的货币资金真实性发出质疑，相关媒体报道被大量转载，随后公司股价大幅下跌。

2018年12月29日，公司及公司董事、监事和高级管理人员被中国证券监督管理委员会（以下简称中国证监会）立案调查并于2020年5月13日被中国证监会作出行政处罚决定，行政处罚认定的违法事实包括：公司2016年、2017年、2018年年度报告和2018年半年度报告中，存在虚假记载，虚增营业收入、利息收入、营业利润、货币资金，虚增固定资产、在建工程、投资性房地产，未按规定披露控股股东及其关联方非经营性占用资金的关联交易情况。公司董事、监事、高级管理人员未勤勉尽责。原告基于对信息披露的信赖，在实施日至揭露日期间买入涉案股票，由此遭受重大损失。

二、本次诉讼对公司本期或期后利润的影响

截至本公告披露日，上述案件尚处于立案受理阶段，预计将对公司业绩产生负面影响。公司将依法积极应诉，继续维持公司生产经营稳定，同时根据诉讼进展情况依法维护投资者利益，公司将密切关注上述诉讼进展情况并及时履行信息披露义务，敬请投资者注意投资风险。

特此公告。

康美药业股份有限公司

董事会

二〇二〇年十二月三十一日

广东省广州市中级人民法院
普通代表人诉讼权利登记公告

（2020）粤01民初2171号

2020年12月31日，本院受理了原告顾某某、刘某2等11名投资者共同起诉被告马某1、许某某、邱某某、庄某某、温某某、马某2、马某3、林某1、李某1、江某某、李某2、罗某某、林某2、李某3、韩某某、王某、张某1、郭某某、张某2、唐某、陈某1、康美药业股份有限公司证券虚假陈述责任纠纷一案。经本案原告共同推选，顾某某、刘某2拟为诉讼代表人，同时请求诉讼请求相同并申请加入本案诉讼的其他投资者，一并提起普通代表人诉讼。2021年2月10日，本院经依法审查作出（2020）粤01民初2171号民事裁定，决定适用普通代表人诉讼程序审理本案，确定本案权利人范围。裁定书送达后，双方当事人均未在法定期间内申请复议。据此，本院发布权利登记公告如下：

一、本案基本情况

原告：顾某某、刘某2等11名投资者。

被告：马某1，男。

委托诉讼代理人：宋福信，广东宋氏律师事务所律师。

被告：许某某，女。

委托诉讼代理人：李晓月，广东宋氏律师事务所律师。

被告：邱某某，男。

委托诉讼代理人：邓敏敏，北京市浩天信和（深圳）律师事务所律师。

被告：庄某某，女。

委托诉讼代理人：王洁娴，广东宋氏律师事务所律师。

被告：温某某，男。

被告：马某2，男。

被告：马某3，男。

委托诉讼代理人:李阿敏,北京市通商律师事务所上海分所律师。

委托诉讼代理人:孙丽娟,北京市通商律师事务所上海分所律师。

被告:林某1,男。

被告:李某1,男。

被告:江某某,男。

被告:李某2,男。

被告:罗某某,男。

委托诉讼代理人:李阿敏,北京市通商律师事务所上海分所律师。

委托诉讼代理人:孙丽娟,北京市通商律师事务所上海分所律师。

被告:林某2,男。

被告:李某3,男。

委托诉讼代理人:李阿敏,北京市通商律师事务所上海分所律师。

委托诉讼代理人:孙丽娟,北京市通商律师事务所上海分所律师。

被告:韩某某,男。

委托诉讼代理人:李阿敏,北京市通商律师事务所上海分所律师。

委托诉讼代理人:孙丽娟,北京市通商律师事务所上海分所律师。

被告:王某,男。

被告:张某1,男。

被告:郭某某,男。

被告:张某2,男。

被告:唐某,男。

委托诉讼代理人:李阿敏,北京市通商律师事务所上海分所律师。

委托诉讼代理人:孙丽娟,北京市通商律师事务所上海分所律师。

被告:陈某1,男。

委托诉讼代理人:李阿敏,北京市通商律师事务所上海分所律师。

委托诉讼代理人:孙丽娟,北京市通商律师事务所上海分所律师。

被告:康美药业股份有限公司。住所地:广东省普宁市流沙揭神路。

法定代表人:马某5,该公司董事长。

委托诉讼代理人:应飞彪,北京市炜衡律师事务所律师。

委托诉讼代理人：姜炘怡，北京市炜衡律师事务所律师。

原告顾某某、刘某2等11名投资者诉称，根据中国证券监督管理委员会（以下简称中国证监会）对康美药业股份有限公司（以下简称康美药业）及马某1等人的处罚决定，康美药业在2016年年度报告、2017年年度报告、2018年半年度报告中存在虚假陈述行为，本案被告应对虚假陈述造成股市投资者损失承担赔偿责任。请求以康美药业公告《2016年年度报告》的2017年4月20日为虚假陈述实施日，以网络媒体披露康美药业虚假陈述的2018年10月16日为揭露日，以康美药业流通股票累计换手率达100%的2018年12月4日为基准日，判令马某1、许某某赔偿投资损失共计412,228.20元，其他被告承担连带责任。

二、权利登记事项

（一）权利人范围及登记期间

自2017年4月20日（含）起至2018年10月15日（含），其间以公开竞价方式买入并于2018年10月15日闭市后仍持有康美药业股票（现简称为ST康美，证券代码：600518），且与本案具有相同诉讼请求的投资者，可以于2021年4月25日之前登记加入本案诉讼，但根据《最高人民法院关于审理证券市场因虚假陈述引发的民事赔偿案件的若干规定》第19条规定，虚假陈述与损害结果之间不存在因果关系的投资者，不符合前述权利登记范围，本院不予登记。

投资者通过微信小程序搜索“广州微法院”进入广州微法院，点选页面下方“微诉讼”栏目，选择“代表人诉讼”入口进入代表人诉讼平台申请登记。

（二）诉讼代表人选任

拟任代表人顾某某，男。

拟任代表人刘某2，女。

代表人权限：符合前述权利登记范围的投资者参加权利登记的，代表人可以代表其参加开庭审理，变更、放弃诉讼请求或者承认对方当事人的诉讼请求，与被告达成调解协议，提起或放弃上诉，申请执行，委托诉讼代理人等，即参加登记视为对代表人进行特别授权。

对本案共同原告自行推选的拟任代表人的人选如有异议，可以于2021年4月25日之前向本院提出书面异议。

申请加入本案诉讼并自愿担任本案代表人的，可以于2021年4月25日之前向本院提交书面申请,并提交能证明自身符合代表人条件的相关材料。

(三)案件受理费

权利登记无须预交案件受理费,本案结案后由败诉方按照诉讼标的额交纳。

特此公告。

二〇二一年三月二十六日

三、特别代表人诉讼

投服中心接受康美药业虚假陈述民事赔偿案投资者委托的说明

《中华人民共和国证券法》[以下简称《证券法》(2019 年修订)]第 95 条第 3 款规定,投资者保护机构受 50 名以上投资者委托,可以作为代表人参加诉讼,并为经证券登记结算机构确认的权利人依照规定向人民法院登记,但投资者明确表示不愿意参加该诉讼并向人民法院声明退出的除外。2021 年 3 月 26 日,广东省广州市中级人民法院发布(2020)粤 01 民初 2171 号案普通代表人诉讼权利登记公告(以下简称普通代表人诉讼权利登记公告)。中证中小投资者服务中心有限责任公司(以下简称投服中心)是依照国务院证券监督管理机构的规定设立的投资者保护机构。现就接受康美药业虚假陈述民事赔偿案投资者委托说明如下:

一、参加诉讼依据

2020 年 5 月 15 日,康美药业股份有限公司(以下简称康美药业)公告收到中国证券监督管理委员会(以下简称中国证监会)《行政处罚决定书》(〔2020〕24 号)及《市场禁入决定书》(〔2020〕6 号),社会各界特别是投资者对该案的关注度极高。根据《证券法》(2019 年修订)、《最高人民法院关于证券纠纷代表人诉讼若干问题的规定》(法释〔2020〕5 号,以下简称最高人民法院司法解释)、中国证监会《关于做好投资者保护机构参加证券纠纷特别代表人诉讼相关工作的通知》(证监发〔2020〕67 号)、《中证中小投资者服务中心特别代表人诉讼业务规则(试行)》的规定,投服中心综合考虑案件重大、典型,社会高度关注且具有较强示范性,违法行为人已被行政处罚且具有一定偿付能力等因素,遵循公开、公平、公正、效率的原则,经内部研究、外部专家评估等流程,充分响应社会各方呼声,针对广东省广州市中级人民法院已于2021年3月26日发布普通代表人诉讼权利登记公告的(2020)粤01民初2171号案,投服中心公开接受投资者委托。

二、索赔对象

根据普通代表人诉讼权利登记公告,被告为马某1、许某某、邱某某、庄某某、温某某、马某2、马某3、林某1、李某1、江某某、李某2、罗某某、林某2、李某3、韩某某、王某、张某1、郭某某、张某2、唐某、陈某1、康美药业股份有限公司。

三、投资者范围

根据普通代表人诉讼权利登记公告,自2017年4月20日(含)起至2018年10月15日(含),其间以公开竞价方式买入,并于2018年10月15日闭市后仍持有康美药业(现简称为ST康美)股票(证券代码:600518),且与本案具有相同诉讼请求的投资者。根据《最高人民法院关于审理证券市场因虚假陈述引发的民事赔偿案件的若干规定》第19条的规定,虚假陈述与损害结果之间不存在因果关系的投资者,不符合前述权利登记范围,法院不予登记。

因身份识别系统技术所限,本次参与对象仅限于持有二代居民身份证的自然人投资者。

四、参与期限及方式

共7个工作日,自2021年3月26日至4月7日24:00前(本说明发布当日不计入,自3月27日开始计算)。

投资者在中国投资者网(www. investor. org. cn)提交申请材料。

五、证据材料

投资者应按附件1要求提供材料,并对所提供证据材料的真实性和合法性承担责任。

六、费用承担

最高人民法院司法解释第39条规定,特别代表人诉讼案件不预交案件受理费。如败诉或者部分败诉,人民法院将依照《诉讼费用交纳办法》的规定,视原告的经济状况和案件的审理情况决定是否准许减交或者免交诉讼费。

七、特别提示

(一)网上操作须知

网上申请请使用火狐(Firefox)、Chrome 浏览器登录,因需进行身份识别,请投资者使用带有摄像头的电脑进行操作,不支持手机端。

投资者网上申请过程中如遇技术问题,请至中国投资者网首页—投资者互动—意见建议板块反馈。

(二)接受投资者委托原则

投服中心将在材料齐备的适格投资者中按申请时间先后排序,接受前 50 名投资者委托。

50 名投资者应在投服中心指定期限内(以邮戳寄出时间为准)向投服中心寄送相关材料原件(除网上申请材料原件外,还包括纸质对账单等,具体要求详见附件1)。如投服中心无法通过投资者提供的手机号码和电子邮箱取得联系,或投资者未按要求提交完整的材料原件,依次递补。

投资者可关注中国投资者网(www. investor. org. cn)及投服中心官网(www. isc. com. cn),了解相关进展。

投服中心从未授权任何单位、组织或个人以投服中心名义发布任何声明。

附件:

1. 申请证据材料
2. 授权委托书
3. 电子送达地址确认书

中证中小投资者服务中心有限责任公司

2021 年 3 月 26 日

特别代表人诉讼申请书

申请人:中证中小投资者服务中心有限责任公司,统一社会信用代码:91310109324690714C,法定代表人:郭文英。

委托诉讼代理人1:上海锦天城(广州)律师事务所,秦政律师。

委托诉讼代理人2:上海华尊律师事务所,朱夏嬅律师。

《中华人民共和国证券法》(2019年修订)第95条第3款规定,投资者保护机构受50名以上投资者委托,可以作为代表人参加诉讼,并为经证券登记结算机构确认的权利人依照规定向人民法院登记,但投资者明确表示不愿意参加该诉讼并向人民法院声明退出的除外。2021年3月26日,广东省广州市中级人民法院发布(2020)粤01民初2171号案普通代表人诉讼权利登记公告。中证中小投资者服务中心有限责任公司作为依照国务院证券监督管理机构的规定设立的投资者保护机构,已受50名以上投资者(名单、授权委托书等证据材料如附)委托,现申请参加(2020)粤01民初2171号案普通代表人诉讼并转换为特别代表人诉讼。

恳请贵院批准!

此致

广东省广州市中级人民法院

申请人:中证中小投资者服务中心有限责任公司

2021年4月2日

广东省广州市中级人民法院特别代表人诉讼权利登记公告

(2020)粤01民初2171号

2020年12月31日,本院受理了顾某某、刘某2等11名原告共同起诉被告马某1、许某某、邱某某、庄某某、温某某、马某2、马某3、林某1、李某1、江某某、李某2、罗某某、林某2、李某3、韩某某、王某、张某1、郭某某、张某2、唐某、陈某1、康美药业股份有限公司证券虚假陈述责任纠纷一案。顾某某、刘某2经11名原告共同推选为拟任代表人,同时请求代表具有相同种类诉讼请求并申请加入本案诉讼的其他投资者,提起普通代表人诉讼。2021年2月10日,本院经审查决定适用普通代表人诉讼程序审理本案,确定了本案权利人范围。2021年3月26日,本院发出了《普通代表人诉讼权利登记公告》。

2021年3月30日,原告顾某某、刘某2等11名投资者根据中国证券监督管理委员会对广东正中珠江会计师事务所及杨某某、张某3、刘某1、苏某某的行政处罚决定,向本院申请追加广东正中珠江会计师事务所、杨某某、张某3、刘某1、苏某某为本案被告,请求判令前述5被告与马某1、许某某等被告承担连带赔偿责任。本院依法对原告追加被告的申请予以准许。

2021年4月8日,中证中小投资者服务中心有限责任公司称接受了黄某1等56名权利人的特别授权,向本院申请作为代表人参加诉讼。根据《中华人民共和国证券法》(2019年修订)第95条第3款和《最高人民法院关于证券纠纷代表人诉讼若干问题的规定》第32条第1款的规定,经最高人民法院指定管辖,本院将适用特别代表人诉讼程序审理本案。据此,特发布特别代表人诉讼权利登记公告如下:

一、案件基本情况

原告:顾某某、黄某1等67名投资者。

代表人:中证中小投资者服务中心有限责任公司。住所地:上海市虹口区沽源路。

法定代表人:郭文英,该公司董事长。

委托诉讼代理人:秦政,上海锦天城(广州)律师事务所律师。

委托诉讼代理人:朱夏嬅,上海华尊律师事务所律师。

被告:马某1,男。

委托诉讼代理人:宋福信,广东宋氏律师事务所律师。

被告:许某某,女。

委托诉讼代理人:李晓月,广东宋氏律师事务所律师。

被告:邱某某,男。

委托诉讼代理人:邓敏敏,北京市浩天信和(深圳)律师事务所律师。

被告:庄某某,女。

委托诉讼代理人:王洁娴,广东宋氏律师事务所律师。

被告:温某某,男。

被告:马某2,男。

被告:马某3,男。

委托诉讼代理人:李阿敏,北京市通商律师事务所上海分所律师。

委托诉讼代理人:孙丽娟,北京市通商律师事务所上海分所律师。

被告:林某1,男。

被告:李某1,男。

委托诉讼代理人:马莉,广东大篆律师事务所律师。

委托诉讼代理人:陈雅雪,广东大篆律师事务所律师。

被告:江某某,男。

委托诉讼代理人:姚忠平,广东合盛律师事务所律师。

委托诉讼代理人:任杰,广东合盛律师事务所律师。

被告:李某2,男。

委托诉讼代理人:姚忠平,广东合盛律师事务所律师。

委托诉讼代理人:任杰,广东合盛律师事务所律师。

被告:罗某某,男。

委托诉讼代理人:李阿敏,北京市通商律师事务所上海分所律师。

委托诉讼代理人:孙丽娟,北京市通商律师事务所上海分所律师。

被告:林某2,男。

委托诉讼代理人:李阿敏,北京市通商律师事务所上海分所律师。

委托诉讼代理人:孙丽娟,北京市通商律师事务所上海分所律师。

被告:李某3,男。

委托诉讼代理人:李阿敏,北京市通商律师事务所上海分所律师。

委托诉讼代理人:孙丽娟,北京市通商律师事务所上海分所律师。

被告:韩某某,男。

委托诉讼代理人:李阿敏,北京市通商律师事务所上海分所律师。

委托诉讼代理人:孙丽娟,北京市通商律师事务所上海分所律师。

被告:王某,男。

委托诉讼代理人:陆玮斌,上海上正恒泰律师事务所律师。

被告:张某1,男。

委托诉讼代理人:姚忠平,广东合盛律师事务所律师。

委托诉讼代理人:任杰,广东合盛律师事务所律师。

被告:郭某某,男。

委托诉讼代理人:姚忠平,广东合盛律师事务所律师。

委托诉讼代理人:任杰,广东合盛律师事务所律师。

被告:张某2,男。

委托诉讼代理人:姚忠平,广东合盛律师事务所律师。

委托诉讼代理人:任杰,广东合盛律师事务所律师。

被告:唐某,男。

委托诉讼代理人:李阿敏,北京市通商律师事务所上海分所律师。

委托诉讼代理人:孙丽娟,北京市通商律师事务所上海分所律师。

被告:陈某1,男。

委托诉讼代理人:李阿敏,北京市通商律师事务所上海分所律师。

委托诉讼代理人:孙丽娟,北京市通商律师事务所上海分所律师。

被告:康美药业股份有限公司。住所地:广东省普宁市流沙揭神路。

法定代表人:马某5,该公司董事长。

委托诉讼代理人:应飞彪,北京市炜衡律师事务所律师。

委托诉讼代理人:姜炘怡,北京市炜衡律师事务所律师。

被告:广东正中珠江会计师事务所。住所地:广东省广州市越秀区东风东路。

执行事务合伙人:蒋洪峰。

被告:杨某某,男。

被告:张某3,女。

被告:刘某1,男。

被告:苏某某,男。

原告顾某某、黄某1等67名投资者诉称,根据中国证券监督管理委员会对康美药业股份有限公司(以下简称康美药业)及马某1等人、对广东正中珠江会计师事务所及杨某某等人的处罚决定,康美药业在2016年年度报告、2017年年度报告、2018年半年度报告中存在虚假陈述行为;广东正中珠江会计师事务所在对康美药业2016年等年度财务报表审计过程中未勤勉尽责,所出具的审计报告存在虚假记载等。因此,应对虚假陈述造成股市投资者损失承担赔偿责任。请求以康美药业公告2016年年度报告的2017年4月20日为虚假陈述实施日,以网络媒体披露康美药业虚假陈述的2018年10月16日为揭露日，以康美药业流通股票累计换手率达100%的2018年12月4日为基准日，判令马某1、许某某赔偿投资损失，其他被告承担连带责任。

二、权利登记相关事项

（一）权利人范围

自2017年4月20日（含）起至2018年10月15日（含）期间以公开竞价方式买入并于2018年10月15日闭市后仍持有康美药业股票（现简称为ST康美，证券代码：600518），且与本案具有相同种类诉讼请求的投资者，但具有《最高人民法院关于审理证券市场因虚假陈述引发的民事赔偿案件的若干规定》第19条规定的虚假陈述与损害结果之间不存在因果关系情形的除外。

（二）投资者保护机构基本情况

中证中小投资者服务中心有限责任公司是依照《中华人民共和国证券法》规定，经中国证券监督管理委员会批准设立并直接管理的证券金融类公益机构。该公司于2014年12月5日在上海注册成立，注册资本30亿元人民币，统一社会信用代码91310109324690714C。

中证中小投资者服务中心有限责任公司主要职责包括：面向投资者开展公益性宣传和教育；公益性持有证券等品种，以股东身份或证券持有人身份行权；受投资者委托，提供调解等纠纷解决服务；为投资者提供公益性诉讼支持及其相关工作；中国投资者网站的建设、管理和运行维护；调查、监测投资者意愿和诉求，开展战略研究与规划；代表投资者，向政府机构、监管部门反映诉求；中国证券监督管理委员会委托的其他业务。

（三）投资者参加本特别代表人诉讼的方式与法律后果

依据《最高人民法院关于证券纠纷代表人诉讼若干问题的规定》第34条的规定，符合前述权利人范围的投资者未按期向本院书面声明退出本特别代表人诉讼的，即视为同意参加本特别代表人诉讼。

参加本特别代表人诉讼的投资者视为对中证中小投资者服务中心有限责任公司进行特别授权，即同意中证中小投资者服务中心有限责任公司代表其参加开庭审理，变更、放弃诉讼请求或者承认对方当事人的诉讼请求，与被告达成调解协议，提起或者放弃上诉，申请执行，委托诉讼代理人等。

（四）投资者声明退出的权利及期间

符合前述权利人范围的投资者如不愿意参加本特别代表人诉讼，应当在本公告期间届满（2021 年 5 月 16 日）后 15 日内向本院提交书面声明退出诉讼。声明退出的投资者可以另行起诉，依法不视为特别代表人诉讼的原告。

接受权利人提交退出诉讼声明的地址：广东省广州市白云区启德路 66 号广州市中级人民法院立案庭；联系人：林法官；联系电话：020－83210310。

三、案件受理费

本案不预交案件受理费。案件受理费结案后由败诉方按照诉讼标的额交纳。

特此公告。

二〇二一年四月十六日

关于协助提供康美药业特别代表人诉讼权利人名单的函

中国证券登记结算有限责任公司：

根据《中华人民共和国证券法》、《最高人民法院关于证券纠纷代表人诉讼若干问题的规定》（法释〔2020〕5 号）、《中国证监会关于做好投资者保护机构参加证券纠纷特别代表人诉讼相关工作的通知》（证监发〔2020〕67 号）相关规定，依据广东省广州市中级人民法院发布的《特别代表人诉讼权利登记公告》[（2020）粤 01 民初 2171 号]，现申请查询康美药业（证券代码：600518）案证券持有人名单，案件相关信息如下，具体查询要求以所附电子文件为准：

实施日：2017 年 4 月 20 日（含）

揭露日：2018 年 10 月 16 日

基准日：2018 年 12 月 4 日

请予以支持。

中证中小投资者服务中心有限责任公司

2021 年 4 月 23 日

投服中心向法院提交康美药业案权利人名单的公告

根据《中华人民共和国证券法》、《最高人民法院关于证券纠纷代表人诉讼若干问题的规定》(法释〔2020〕5 号)等规定,依据广东省广州市中级人民法院(以下简称广州中院)(2020)粤 01 民初 2171 号案《特别代表人诉讼权利登记公告》确定的权利人范围,投服中心于 2021 年 4 月 23 日向中国证券登记结算有限责任公司调取康美药业(现简称为 ST 康美,证券代码:600518)案权利人名单,于 4 月 30 日向广州中院提交。

依据特别代表人诉讼权利登记公告,权利人范围为自 2017 年 4 月 20 日(含)起至 2018 年 10 月 15 日(含)期间,以公开竞价方式买入并于 2018 年 10 月 15 日闭市后仍持有康美药业股票,且与本案具有相同种类诉讼请求的投资者,但具有《最高人民法院关于审理证券市场因虚假陈述引发的民事赔偿案件的若干规定》第 19 条规定的虚假陈述与损害结果之间不存在因果关系情形的除外。

前述权利人范围的投资者如不愿意参加本特别代表人诉讼,应当在特别代表人诉讼权利登记公告期间届满(2021 年 5 月 16 日)后 15 日内向广州中院提交书面声明退出诉讼。声明退出的投资者可以另行起诉,依法不视为特别代表人诉讼的原告。

中证中小投资者服务中心有限责任公司

2021 年 5 月 14 日

康美药业证券虚假陈述集体诉讼案召开庭前会议

2021 年 5 月 28 日,广东省广州市中级人民法院(以下简称广州中院)召开康美药业证券虚假陈述责任纠纷案庭前会议。法庭主持原告、被告双方交换了证据,听取了双方诉辩意见,明确了案件争议焦点。

2020 年 12 月 31 日,广州中院受理了康美药业股份有限公司(以下简称康美药业)证券投资者顾某某等11人诉康美药业股份有限公司、马某1等证券虚假陈述责任纠纷一案后,中证中小投资者服务中心有限责任公司受黄某1等56名康美药业证券投资者的特别授权,向广州中院申请作为代表人参加诉讼。根据《中华人民共和国证券法》及有关司法解释,经最高人民法院指定管辖,广州中院于2021年4月16日发布公告,适用特别代表人诉讼程序审理本案。

参加集体诉讼庭前会议的有:原告方中证中小投资者服务中心有限责任公司的代表及委托律师、被告方康美药业股份有限公司的代表及委托律师、广东正中珠江会计师事务所及本案其他被告的委托律师。

庭前会议共计约7小时,顺利完成了全部议程。庭前会议结束时审判长宣布,集体诉讼开庭时间将另行通知。

广东省广州市中级人民法院特别代表人诉讼原告资格查询公告

(2020)粤01民初2171号

2020年12月31日,本院受理了顾某某、刘某2等11名原告共同起诉被告马某1、许某某、邱某某、庄某某、温某某、马某2、马某3、林某1、李某1、江某某、李某2、罗某某、林某2、李某3、韩某某、王某、张某1、郭某某、张某2、唐某、陈某1、康美药业股份有限公司证券虚假陈述责任纠纷一案。顾某某、刘某2经11名原告共同推选为拟任代表人,同时请求代表具有相同种类诉讼请求并申请加入本案诉讼的其他投资者,提起普通代表人诉讼。2021年2月10日,本院经审查决定适用普通代表人诉讼程序审理本案,确定了本案权利人范围。2021年3月26日,本院发出了《普通代表人诉讼权利登记公告》。

2021年3月30日,原告顾某某、刘某2等11名投资者根据中国证券监督管理委员会对广东正中珠江会计师事务所(特殊普通合伙)及杨某某、张某3、刘某1、苏某某的行政处罚决定,向本院申请追加广东正中珠江会计师事务所(特殊普通合伙)、杨某某、张某3、刘某1、苏某某为本案被告,请求判令前述5被告与马某1、许某某等被告承担连带赔偿责任。本院依法对原告追加被告的申请予以准许。

2021 年 4 月 8 日，中证中小投资者服务中心有限责任公司称接受了黄某 1 等 56 名权利人的特别授权，向本院申请作为代表人参加诉讼。根据《中华人民共和国证券法》（2019 年修订）第 95 条第 3 款和《最高人民法院关于证券纠纷代表人诉讼若干问题的规定》第 32 条第 1 款的规定，经最高人民法院指定管辖，本院适用特别代表人诉讼程序审理本案。

2021 年 4 月 16 日，本院发布《特别代表人诉讼权利登记公告》，公告明确本案权利人范围为自 2017 年 4 月 20 日（含）起至 2018 年 10 月 15 日（含）期间以公开竞价方式买入并于 2018 年 10 月 15 日闭市后仍持有康美药业股票（现简称为 * ST 康美，证券代码：600518），且与本案具有相同种类诉讼请求的投资者，但具有《最高人民法院关于审理证券市场因虚假陈述引发的民事赔偿案件的若干规定》第 19 条规定的虚假陈述与损害结果之间不存在因果关系情形的除外。符合前述权利人范围的投资者如未在公告期间届满（2021 年 5 月 16 日）后 15 日内向本院提交书面声明退出本特别代表人诉讼，即视为同意参加本特别代表人诉讼。

现投资者退出期限已于 2021 年 5 月 31 日届满，本院根据中证中小投资者服务中心有限责任公司提交的权利人名单，依法审查确定了本案的原告名单，并提供以下查询方式供投资者查询。

查询方式：投资者通过微信小程序搜索“广州微法院”进入广州微法院，点选页面下方“微诉讼”栏目，选择“代表人诉讼”入口进入代表人诉讼平台查询。

特此公告。

二〇二一年六月十二日

原告律师庭审辩论代理意见

尊敬的审判长、审判员：

上海锦天城（广州）律师事务所秦政律师、上海华尊律师事务所朱夏嫜律师作为（2020）粤 01 民初 2171 号案原告代表人之特别授权代理人，结合法庭调查情况，就本案争议焦点陈述以下辩论意见。

一、案涉虚假陈述行为证据确凿、事实清楚

1. 中国证券监督管理委员会(以下简称中国证监会)已作出〔2020〕24 号行政处罚决定书①(2020 年 5 月 13 日)认定被告 22 披露的《2016 年年度报告》《2017 年年度报告》《2018 年半年度报告》《2018 年年度报告》分别存在虚假记载,虚增营业收入、利息收入、货币资金、营业利润、重大遗漏等违法情形。如表 1 所示,2016 年~2018 年年度报告 3 个年度累计虚增货币资金达 886.8 亿元;累计虚增营业收入达 291.28 亿元。据此,中国证监会认定康美药业股份有限公司(以下简称康美药业)违反了《证券法》(2014 年修正)第 63 条、第 65 条、第 66 条规定,构成虚假陈述。

表 1 年报虚增情况

单位:亿元

项目	虚增营业收入	多计利息	虚增营业利润	虚增货币资金
2016 年年度报告	89.99	1.51	6.56	225.4
2017 年年度报告	100.32	2.28	12.51	299.4
2018 年年度报告	16.13	—	1.65	—
2018 年半年度报告	84.84	1.31	16.13	361.8
累计	291.28	5.1	36.85	886.6

2. 被告 1 至被告 21 作为实控人及董监高均在案涉报告上签字作保,违反《证券法》(2014 年修正)第 68 条第 3 款关于"上市公司董事、监事、高级管理人员应当保证上市公司所披露的信息真实、准确、完整。"的规定,构成《证券法》(2014 年修正)第 193 条第 1 款所述"直接负责的主管人员和其他直接责任人员"。其中,被告 1 马某 1、被告 2 许某某作为实际控制人及董事存在指使行为、被告 3 邱某某亲自参与财务造假,3 人系直接负责的主管人员;被告 4 至被告 21 是其他直接责任人员,经

① 被告 1 至被告 22 等人具有信息披露违法行为,主要有:

被告 22 披露的《2016 年年度报告》《2017 年年度报告》《2018 年半年度报告》《2018 年年度报告》存在虚假记载,虚增营业收入、利息收入及营业利润。

《2016 年年度报告》《2017 年年度报告》《2018 年年度报告》存在重大遗漏,虚增货币资金。

《2018 年年度报告》存在虚假记载,虚增固定资产、在建工程、投资性房产。

《2016 年年度报告》《2017 年年度报告》《2018 年年度报告》存在重大遗漏,未按规定披露控股股东及其关联方非经营性占用资金的关联交易情况等。

查，被告 5 温某某、被告 6 马某 2 积极参与造假。

据此，代理人认为被告 22 康美药业存在证券市场虚假陈述行为，违法事实清楚，证据确凿；被告 1 至被告 21 与被告 22 构成共同虚假陈述。[①]

二、投资者的投资损失与案涉虚假陈述行为之间有因果关系

1. 根据《最高人民法院关于审理证券市场因虚假陈述引发的民事赔偿案件的若干规定》（以下简称《虚假陈述若干规定》）第 18 条[②]，证券虚假陈述民事赔偿纠纷适用因果关系推定原则，投资人只需举证证明在虚假陈述实施期间买卖案涉股票并受到损失即可认定其损失与虚假陈述行为具有因果关系。代理人认可法庭确认的虚假陈述实施期间，并据此调取符合前述交易条件的权利人名单，已经完成了举证责任。

2. 就众被告提出的投资者损失系由虚假陈述侵权行为以外其他风险因素造成的答辩意见，代理人认为：《虚假陈述若干规定》未对系统风险、非系统风险的计算提供具体标准，而且，康美药业在案发前是为数不多的"千亿市值的行业龙头股"，权重很高，其造假的新闻被爆出后，在证券市场造成极为恶劣的影响，引起中小股民强烈质疑，股市及行业板块极有可能受造假事件影响大跌。在这种情况下，即使大盘、行业指数与康美药业股票变化趋势一致，也极有可能是个股影响整个市场。此时，综指、行业指数未必能作为衡量风险因素的参考数据并精确计算风险比例。

三、关于投资者投资损失的认定问题

1. 代理人认可法院指定的投保基金公司采用其计算方式对投资者损失进行核定。同时，特别代表人特别关注本案的赔付情况及速度。

2. 就部分被告提出部分投资者不享有索赔资格的问题，代理人认为：被告可通

① 《虚假陈述若干规定》第 17 条规定："证券市场虚假陈述，是指信息披露义务人违反证券法律规定，在证券发行或者交易过程中，对重大事件作出违背事实真相的虚假记载、误导性陈述，或者在披露信息时发生重大遗漏、不正当披露信息的行为。"

《虚假陈述若干规定》第 28 条规定："发行人、上市公司、证券承销商、证券上市推荐人负有责任的董事、监事和经理等高级管理人员有下列情形之一的，应当认定为共同虚假陈述，分别与发行人、上市公司、证券承销商、证券上市推荐人对投资人的损失承担连带责任：（一）参与虚假陈述的；（二）知道或者应当知道虚假陈述而未明确表示反对的；（三）其他应当负有责任的情形。"

② 《虚假陈述若干规定》第 18 条规定："投资人具有以下情形的，人民法院应当认定虚假陈述与损害结果之间存在因果关系：（一）投资人所投资的是与虚假陈述直接关联的证券；（二）投资人在虚假陈述实施日及以后，至揭露日或者更正日之前买入该证券；（三）投资人在虚假陈述揭露日或者更正日及以后，因卖出该证券发生亏损，或者因持续持有该证券而产生亏损。"

过另案起诉、执行异议、听证等多项措施行使异议权，但不能以“可能存在问题为由”导致特别代表人诉讼保护的绝大部分投资者的维权进程被拉长。特别代表人诉讼与普通诉讼最大的不同是，它保护的是一个“集体”，它所体现的法律价值以及要解决的关键问题是“提供便利、低成本的维权渠道，对证券违法犯罪行为形成强大的威慑力”①，所以不能用“一对一”的普通诉讼来进行横向比较。同时，代理人尊重法院对投资人范围作出的最终认定。

四、本案所有被告应对投资者损失承担全部连带赔偿责任

（一）被告1至被告22应依法承担全部连带赔偿责任②，理由如下：

1. 被告1至被告22均为行政处罚对象；其中被告22是上市公司，被告1至被告21均是康美药业的实际控制人、董事、监事或高级管理人员，他们对康美药业的财务造假行为不仅是“应知、明知”的故意，甚至是直接参与人和指使者，应依法与康美药业承担连带责任。

马某1是直接负责的主管人员和其他责任人员，利用董事长、总经理的身份，组织、安排、策划实施财务造假行为，明知年度报告披露数据存在虚假，却依然签字保证，且存在指使造假的违法行为。

许某某作为副董事长、副总经理以及主管会计工作的负责人，与马某1共同组织安排转移资金，知悉马某1组织相关人员造假，依然安排、策划财务造假，明知年度报告披露的数据存在虚假，依然签字，是直接负责的主管人员，而且存在指使造假的违法行为。

邱某某主管公司信息披露事务，是时任董秘，他根据马某1的授意安排，积极地

---

① 《〈关于证券纠纷代表人诉讼若干问题的规定〉的理解与适用》集体诉讼制度为权利受损的中小投资者提供了便利、低成本的维权渠道，其“聚沙成塔、集腋成裘”的赔偿效应能够对证券违法犯罪行为形成强大的威慑力和高压态势。

② 参见《虚假陈述若干规定》第22条规定：“实际控制人操纵发行人或者上市公司违反证券法律规定，以发行人或者上市公司名义虚假陈述并给投资人造成损失的，可以由发行人或者上市公司承担赔偿责任。发行人或者上市公司承担赔偿责任后，可以向实际控制人追偿。实际控制人违反证券法第四条、第五条以及第一百八十八条规定虚假陈述，给投资人造成损失的，由实际控制人承担赔偿责任。”

《证券法》(2014年修正)第69条规定：“发行人、上市公司公告的招股说明书、公司债券募集办法、财务会计报告、上市报告文件、年度报告、中期报告、临时报告以及其他信息披露资料，有虚假记载、误导性陈述或者重大遗漏，致使投资者在证券交易中遭受损失的，发行人、上市公司应当承担赔偿责任；发行人、上市公司的董事、监事、高级管理人员和其他直接责任人员以及保荐人、承销的证券公司，应当与发行人、上市公司承担连带赔偿责任，但是能够证明自己没有过错的除外；发行人、上市公司的控股股东、实际控制人有过错的，应当与发行人、上市公司承担连带赔偿责任。”

组织人员转移资金，策划人员实施并且亲自参与了财务造假，是直接负责的主管人员。

温某某协助分管财务工作，其根据马某1、邱某某授意安排组织相关人员转移资金，组织协调人员实施财务造假及信息披露违法行为。

马某2分管的是出纳工作，也是监事和财务部总监助理，根据马某1等人的安排，参与财务造假行为。

马某3、林某1、李某1、江某某、李某2、罗某某、林某2、李某3、韩某某、王某、张某1、郭某某、张某2、唐某、陈某1在含有虚假记载的年度报告、半年度报告上签字或在审议中投赞成票，保证财务报告真实、准确、完整，而且经证监会查明，上述人员均无证据证明已勤勉尽责，是其他的责任人员。

上述事实均有中国证监会的《行政处罚决定书》予以认定。根据《全国法院民商事审判工作会议纪要》第85条的规定，虚假陈述已经被监管部门行政处罚的，应当认为是具有重大性的违法行为，任何一名被行政处罚的董监高均不能以自己已勤勉尽责、对虚假陈述不知情等理由逃避应承担的民事责任。

2. 被告1至被告22对财务造假行为主观上具有意思联络的共同故意，依法应承担连带责任。

如上所述，各被告间对虚假陈述行为主观上是“应知、明知”的共同故意，他们有的是虚假陈述的直接参与人，有的是指使造假的人，有的是“应知、明知”案涉年度报告、半年度报告存在虚假记载依然签字或投赞成票的人。他们作为上市公司的实际控制人、董事、监事、高级管理人员和其他直接责任人员，根据《证券法》（2014年修正）第69条的规定，依法应当与上市公司承担连带赔偿责任。这种连带赔偿责任的依据源于2010年《中华人民共和国侵权责任法》（以下简称2010年《侵权责任法》）第8条规定的具有意思联络的共同侵权行为，且各被告主观上均是积极追求虚假陈述行为的直接故意，依法应当承担连带责任，这种连带责任对外是不分份额的，各被告均应当对投资者的全部损失承担赔偿责任，这是《证券法》（2014年修正）和2010年《侵权责任法》的直接规定，部分被告以自己从上市公司领取的工资微薄、获利较少、赔偿能力不足等为理由的抗辩是不能成立的。至于各被告之间内部份额问题，应当通过另案解决或自行协商解决。

3. 被告1至被告21均无法证明自己不存在过错，不能免责。

根据《证券法》(2014年修正)第69条的规定，上市公司的董事、监事、高级管理人员和其他直接责任人员应当承担连带赔偿责任，除非其能证明自身没有过错。

中国证监会《行政处罚决定书》所认定的相关事实均足以说明被告1至被告21对虚假陈述事实存在主观过错，且各被告均未能提供证据证明自己不存在过错。同时，各被告作为上市公司的董事、监事、高级管理人员，其对于公司自身的经营及财务情况更为熟悉，因此对于披露公司自身信息负有的谨慎注意义务是最高的，其忠实、勤勉义务更侧重于保证信息实体内容本身的真实、准确和完整。虚假陈述的追责机制与董监高是否亲自实施了具体造假行为无关，作为一种特殊的侵权责任，其侧重于确保上市公司信息披露的真实性、最大限度保护投资者的利益、要求董监高积极履行勤勉义务，无论其是积极参与还是消极放任财务造假行为，均应承担责任。各被告以自己能力不足、专业不够、对公司情况不了解等理由的抗辩不仅不能成立，相反更说明其未尽到董事、监事、高级管理人员的勤勉尽责义务，不能以此免责。

(二)会计师事务所、审计团队人员与上市公司应依法对投资者损失承担全部连带赔偿责任①，理由如下：

1. 会计师事务所、审计团队人员均是行政处罚对象，他们对康美药业的财务报表造假行为“应知、明知”，应依法承担审计责任

正中珠江为康美药业服务约20年，对康美药业的经营情况、财务情况非常熟悉，康美药业在2016年年报中虚增货币资金高达225.4亿元(如表2所示)，基于财务数据连续性的特点，审计机构不可能对这种异常的数据不引起警觉。依据审计准则，审计人员应核对货币资金与账面记录的一致性并达成审计目标，但审计人员并未进行现金对账；他们明知康美药业有2套不同系统(捷科SCM系统和金蝶财

① 参见《虚假陈述若干规定》第24条规定：“专业中介服务机构及其直接责任人违反证券法第一百六十一条和第二百零二条的规定虚假陈述，给投资人造成损失的，就其负有责任的部分承担赔偿责任。但有证据证明无过错的，应予免责。”

《证券法》(2014年修正)第173条规定：“证券服务机构为证券的发行、上市、交易等证券业务活动制作、出具审计报告、资产评估报告、财务顾问报告、资信评级报告或者法律意见书等文件，应当勤勉尽责，对所依据的文件资料内容的真实性、准确性、完整性进行核查和验证。其制作、出具的文件有虚假记载、误导性陈述或者重大遗漏，给他人造成损失的，应当与发行人、上市公司承担连带赔偿责任，但是能够证明自己没有过错的除外。”

务系统),且 2 套系统的数据存在巨大差异,却只针对 1 套系统做审计,未穿透到真实系统获取可靠的审计依据。审计人员明知情况异常却依然违反审计准则出具审计报告,是康美药业造假金额如此巨大的根本原因之一,这起几百亿元的系统性造假大案,没有专业人员的纵容与默认,从常理上而言是不可行的。注册会计师法及司法解释均要求①,注册会计师必须举证证明已按照执业准则规定的工作程序出具报告,这是业界评判注册会计师是否有过错的重大标准。因此,4 位审计人员违反审计准则的行为完全符合“过错”标准,其主观上是“明知以及应知”,应适用“连带责任”,不能适用“补充责任”。补充责任只有在“一般过失、未能及时发现财务舞弊且未造成严重后果”的情况下才能考虑适用,本案从涉案金额、造假情节及所造成恶劣影响上来看,都不是一般过失。

表 2　2016 年年报虚增情况

单位:亿元

项目	虚增营业收入	多计利息	虚增营业利润	虚增货币资金
2016 年年度报告	89.99	1.51	6.56	225.4

2. 本案无法区分及细化上市公司与会计师事务所及会计师事务所责任人员之间的对外责任比例,应适用全部连带责任

康美药业承担的会计责任与会计师事务所、审计团队的审计责任是并存的,两者无法互相取代,也无法细分。从案情来看,审计过程中,康美药业提供过虚假的财务资料;审计团队明知、应知存在财务舞弊,却放弃执行原定审计计划,至今审计团队人员还在和康美药业的员工互相推诿责任,所以法院事实上难以分清他们的作用力大小、对外责任比例,判决对外承担全部连带责任为宜。至于他们的内部责

① 2014 年《注册会计师法》第 21 条规定:“注册会计师执行审计业务,必须按照执业准则、规则确定的工作程序出具报告。注册会计师执行审计业务出具报告时,不得有下列行为:(一)明知委托人对重要事项的财务会计处理与国家有关规定相抵触,而不予指明;(二)明知委托人的财务会计处理会直接损害报告使用人或者其他利害关系人的利益,而予以隐瞒或者作不实的报告;(三)明知委托人的财务会计处理会导致报告使用人或者其他利害关系人产生重大误解,而不予指明;(四)明知委托人的会计报表的重要事项有其他不实的内容,而不予指明。对委托人有前款所列行为,注册会计师按照执业准则、规则应当知道的,适用前款规定。”

2007 年《最高人民法院关于审理涉及会计师事务所在审计业务活动中民事侵权赔偿案件的若干规定》第 4 条规定:“会计师事务所因在审计业务活动中对外出具不实报告给利害关系人造成损失的,应当承担侵权赔偿责任,但其能够证明自己没有过错的除外。会计师事务所在证明自己没有过错时,可以向人民法院提交与该案件相关的执业准则、规则以及审计工作底稿等。”

任比例，应另案解决或自行协商解决。

3. 审计团队人员作为虚假陈述的责任人之一承担赔偿责任，是适用法律的结果，审计团队人员无权以职务行为为由拒绝承担赔偿责任

审计团队是具体违法行为的实施人员，他们根据法律规定与会计师事务所共同承担责任，正如董监高与上市公司捆绑在一起。审计团队作为中介服务机构的专业人员，有极高的社会地位和信用，老百姓在上市公司和审计机构之间，更信任后者。实践中，有不少中介机构，为了争取客户，“睁一只眼睛闭一只眼”，审计之初发现的种种问题，开过几次会之后就不再提起，或者无人跟进。签字合伙人可能也不参与全部工作，抱着侥幸心理签下大名。代理人相信各位被告也深知这种风气所带来的恶果，所以，对“违反勤勉尽责”的个人施以刚性的连带责任，是确保信息披露责任主体互相监督、互相负责的唯一的、最有利的办法，如果个人的违法责任，都可以被单位吸收或者替代，互相监督的效力就会大打折扣。而且，如果实施违法行为的自然人，都可以由上市公司为其违法行为买单，对于持续持股的投资者而言，无异于责任循环、自我负责，用右口袋的钱去赔左口袋的钱。

最后，从保护中小投资者的角度而言，代理人认为，考虑审计团队的个人责任时，不能仅考虑中介服务机构行业的整体利益，若本案其他被告的财力不足以支付投资者损失，为了确保中小投资者能顺利获得赔偿，判决全部连带对于保护集体利益非常有益。

综上，本案是A股史上规模最大的、情节最为恶劣的系统性造假大案。上市公司实际控制人、董事、监事、高级管理人员亲自实施并参与金额巨大的财务造假行为，会计师事务所和审计团队人员对舞弊风险视而不见，违反独立审慎原则。令人发指的是，康美药业被中国证监会立案调查之后，造假活动仍未停歇，众被告为了利益敢于践踏一切法律和规则，本案给中国资本市场带来的恶劣影响罄竹难书、至今难以消除。在庭审过程中，27名被告互相推诿责任，至今没有1名被告向投资者表示过歉意，或者提出过可行的赔付方案。代理人恳请法庭严格适用法律规定判决上述27名被告对投资者损失承担连带赔偿责任，以维护法治尊严、保护投资者合法权益。

五、第 2 轮辩论补充代理意见

结合被告的辩论意见,就争议焦点 4 补充意见:

上市公司作为法人,其行为能力必须要通过法人机关的成员或者代理人加以具体实现,因此,以法人名义作出的虚假陈述,在本质上就是董事、监事、高级管理人员这些自然人所做出的,或者说至少他们是应当知道的。本案各个自然人被告、会计师事务所、审计人员均认为自己尽忠职守、没有造假,那么虚假陈述违法行为是谁实施的呢?难道是虚拟人格实施了造假?

本案被行政处罚的董事、监事和高级管理人员均在案涉年度报告上签字确认,其未勤勉尽责义务,也不是仅有一般过失,所以,无论董事、监事、高级管理人员主观上处于何种心态,是积极共谋、还是“装糊涂或者躺平”,每一位被告的签字保证行为,都是虚假年度报告得以持续发布的重要原因之一,足以给投资者造成全部损害,根据 2010 年《侵权责任法》第 8 条、第 11 条规定,他们均要承担连带责任。

有被告提到获益与赔偿要公平,也有被告将投资者的损失金额称为天价索赔。我方认为:财产侵权案件的赔偿原则是填平原则,与获益多少无关;投资者索赔金额与本案财务造假金额相比,只是一个零头,本案许多投资者同样面临倾家荡产、身患重疾、家庭破裂的困境。所以,公平正义的天平应该向守法的投资者适当倾斜。

法条:

2010 年《侵权责任法》第 8 条:二人以上共同实施侵权行为,造成他人损害的,应当承担连带责任。

2010 年《侵权责任法》第 11 条:二人以上分别实施侵权行为造成同一损害,每个人的侵权行为都足以造成全部损害的,行为人承担连带责任。

特别授权代理人　秦政律师、朱夏嬅律师

2021 年 7 月 27 日

投服中心关于首单特别代表人诉讼开庭审理的公告

2021 年 7 月 27 日,康美药业证券虚假陈述特别代表人诉讼案在广东省广州市中级人民法院(以下简称广州中院)一审开庭,原告代表人中证中小投资者服务中心有限责任公司(以下简称投服中心)委托律师朱夏嬅、秦政出庭参与诉讼。

除原告方外,27 名被告马某 1、许某某、邱某某、庄某某、温某某、马某 2、马某 3、林某 1、李某 1、江某某、李某 2、罗某某、林某 2、李某 3、韩某某、王某、张某 1、郭某某、张某 2、唐某、陈某 1、康美药业股份有限公司、广东正中珠江会计师事务所及杨某某、张某 3、刘某 1、苏某某的委托律师参加了庭审活动。受法庭委托,有关专业机构人员出庭解答了相关问题。投服中心工作人员、部分人大代表、政协委员及新闻记者旁听了庭审。

在 2021 年 5 月 28 日庭前会议双方已交换证据的基础上,本次庭审分为法庭调查、法庭辩论、最后陈述和法庭调解 4 个环节。原被告双方针对专业机构损失测算报告中的系统性风险扣除问题发表了不同意见,并围绕如何认定案涉虚假陈述行为、原告投资者损失、原告损失与虚假陈述行为的因果关系及各被告的赔偿责任展开了激烈讨论。法庭听取了双方当事人的诉辩意见和调解意愿后,宣布择期宣判。

投服中心作为《证券法》(2019 年修订)第 90 条规定的投资者保护机构,将秉承最大程度保护投资者合法权益的原则,严格依法追究上市公司及其实际控制人、负有责任的董监高、会计师事务所及其责任人等被告的连带赔偿责任,依法依规参与各项诉讼活动。

中证中小投资者服务中心有限责任公司

2021 年 7 月 28 日

投服中心首单特别代表人诉讼一审胜诉的公告

2021年11月12日，首单特别代表人诉讼（康美药业案）获广东省广州市中级人民法院一审判决，投服中心代表的投资者获赔24.59亿元。

投资者可通过微信小程序搜索“广州微法院”进入广州微法院，点选页面下方“微诉讼”栏目，选择“代表人诉讼”入口进入代表人诉讼平台，查询个人获赔信息。

中证中小投资者服务中心

2021年11月12日

投服中心关于对康美药业特别代表人诉讼一审判决不予上诉的公告

2021年11月12日，广东省广州市中级人民法院（以下简称广州中院）作出特别代表人诉讼一审判决，中证中小投资者服务中心（以下简称投服中心）代表原告方胜诉，52,037名投资者共获赔约24.59亿元。根据《中华人民共和国民事诉讼法》《最高人民法院关于证券纠纷代表人诉讼若干问题的规定》等规定，投服中心经研究决定对康美药业特别代表人诉讼一审判决不予上诉。

一、特别提示

如投资者同意投服中心意见，请持续关注后续案件进展公告即可，无须采取任何行动。

投服中心不上诉，并不影响个别投资者行使提起上诉的权利。如投资者决定自行上诉，应在收到本公告通知15日内（本公告首次于2021年11月19日发布），向广州中院提交上诉状。投服中心将不再代表上诉投资者。根据相关法律规定，投资者提起上诉应当向法院交纳上诉费。

二、投服中心不上诉的理由

一审判决支持了投服中心作为原告代表人的主要诉请，包括实施日、揭露日、基准日和交易因果关系等。

一审判决与原告诉请的差异主要体现在原告投资者损失金额认定和各被告责任承担比例。关于原告投资者损失金额认定，广州中院向中国证券登记结算有限责任公司深圳分公司调取了数据，委托中国证券投资者保护基金有限责任公司测算，经法庭质证后予以采信。关于各被告赔偿责任认定，虽与投服中心主张的所有被告应对投资者损失承担全部连带责任有差异，但法院判决中分类分析了康美药业及其实际控制人、董监高和广东正中珠江会计师事务所及其工作人员的赔偿责任，说理论证较为充分。

三、法律后果

根据《最高人民法院关于证券纠纷代表人诉讼若干问题的规定》和最高人民法院法官《〈关于证券纠纷代表人诉讼若干问题的规定〉的理解与适用》，基于投服中心不上诉、被告及原告投资者是否上诉未确定的现状，可能发生的情形及法律后果如表1所示：

表1　法律后果分析

序号	原告投资者	被告	法律后果
1	全体原告投资者未上诉	全体被告不上诉	一审判决在全体原告与被告之间生效
2	部分原告投资者上诉的，应向广州中院提交上诉状；部分投资者未上诉	全体被告不上诉	(1)自行上诉的原告参与二审，投服中心不参与二审，也不再是这些投资者的代表人。 (2)一审判决在未上诉的原告与被告之间生效，二审裁判的效力不及于未上诉的原告
3	全体原告投资者未上诉	全部或部分被告上诉	投服中心作为代表人参与二审应诉，一审判决未生效
4	部分原告投资者上诉的，应向广州中院提交上诉状；部分投资者未上诉	全部或部分被告上诉	(1)投服中心作为未上诉投资者的代表人参与二审应诉，一审判决未生效。 (2)自行上诉的原告在二审中主张自己的上诉请求，投服中心不再是这些投资者的代表人

四、与破产重整程序的关系

康美药业破产重整案第2次债权人会议已于11月15日召开，本次会议就《重整计划（草案）》进行表决。《重整计划（草案）》中已包含关于特别代表人诉讼债权的偿付方案。待同时满足以下条件时，特别代表人诉讼原告投资者可通过执行重整计划获偿：

（一）重整计划经债权人会议通过；

（二）重整计划经广东省揭阳市中级人民法院批准；

（三）特别代表人诉讼判决生效。

投服中心将持续跟进康美药业特别代表人诉讼和破产重整程序，尽力维护投资者合法权益。

特此公告。

中证中小投资者服务中心有限责任公司

2021年11月19日

广东省广州市中级人民法院关于特别代表人诉讼原告应获赔偿金额查询方式的公告

（2020）粤01民初2171号

2021年11月12日，本院依法对顾某某、黄某1等55,326名原告诉被告康美药业股份有限公司、马某1、许某某、广东正中珠江会计师事务所（特殊普通合伙）等证券虚假陈述责任纠纷一案作出判决。

为便于原告查询具体应获赔偿金额，现本院提供以下查询方式：投资者通过微信小程序搜索“广州微法院”进入广州微法院，点选页面下方“微诉讼”栏目，选择“代表人诉讼”入口进入代表人诉讼平台查询。

特此公告。

二〇二一年十一月十二日

四、破产重整

康美药业股份有限公司
关于债权人向法院申请公司破产重整的公告

本公司董事会及全体董事保证本公告内容不存在任何虚假记载、误导性陈述或者重大遗漏，并对其内容的真实性、准确性和完整性承担个别及连带责任。

重要内容提示：

截至本公告日，公司尚未收到法院对申请人申请公司重整事项的裁定书，申请人的申请是否被法院受理，公司是否进入重整程序尚存在重大不确定性。

如果法院正式受理申请人对公司的重整申请，公司将存在因重整失败而被宣告破产的风险。如果公司被宣告破产，公司将被实施破产清算，根据《上海证券交易所股票上市规则》（2020 年 12 月修订）第 13.4.14 条①的规定，公司股票将面临被终止上市的风险。

根据《上海证券交易所股票上市规则》（2020 年 12 月修订）第 13.3.2 条②规定，若公司 2020 年年度经审计的期末净资产为负值，公司股票将在 2020 年年度报告披露后被实施退市风险警示（在公司股票简称前冠以"*ST"字样）。如果公司被受理破产重整，公司股票也将被实施退市风险警示。

---

① 《上海证券交易所股票上市规则》（2022 年 1 月修订）已由上海证券交易所理事会审议通过并报经中国证监会批准，自 2022 年 1 月 7 日起施行。《上海证券交易所股票上市规则》（2020 年 12 月修订）第 13.4.14 条对应《上海证券交易所股票上市规则》（2022 年 1 月修订）9.4.13 条。

② 《上海证券交易所股票上市规则》（2020 年 12 月修订）第 13.3.2 条对应《上海证券交易所股票上市规则》（2022 年 1 月修订）9.3.2 条。

一、申请人向法院提出重整申请的情况

2021年4月22日，康美药业股份有限公司（以下简称公司）收到广东省揭阳市中级人民法院（以下简称法院）送达的（2021）粤52破申1号《通知书》，广东揭东农村商业银行股份有限公司（以下简称揭东农商行）以公司不能清偿到期债务为由，向法院提出破产重整申请。

（一）申请人基本情况

申请人：广东揭东农村商业银行股份有限公司

住所地：广东省揭东县曲溪镇金溪大道×××号

法定代表人：陈某4

经营范围：吸收人民币公众存款；发放人民币短期、中期和长期贷款；办理国内结算；代理发行、代理兑付政府债券；买卖政府债券、金融债券；从事同业拆借；从事银行卡（借记卡）业务；代理收付款项；办理经银行业监督管理机构批准的其他业务；法律、法规、规章允许代理的各类财产保险及人身保险（凭有效许可证经营）。

（二）申请人对公司的债权情况

2019年4月19日，揭东农商行与公司签署编号为农商银高抵借字第10020199912784448号《最高额抵押担保借款合同》（以下简称《借款合同》），合同约定揭东农商行向公司发放借款4900万元，借款期限自2019年4月19日起至2020年4月17日止，年利率6.9%，利息支付方式为按月还息，到期还本。马某1、许某某与揭东农商行签署了编号为农商银保借字第2019020号的《保证担保合同》，约定由马某1、许某某为上述借款提供连带责任保证。

2020年4月16日，公司因资金周转及债务兑付压力较大，与揭东农商行就上述借款展期事宜签订了编号为借展协字2020第001号《展期还款协议书》，将原《借款合同》约定的借款期限展期至2021年4月12日。截至目前，公司尚未偿还揭东农商行借款本金4900万元及利息505,730.94元。

二、破产重整的影响

根据《中华人民共和国企业破产法》的相关规定，如果法院受理申请人提出的对公司进行重整的申请，法院将指定管理人，债权人依法向管理人申报债权。

管理人或公司依法在规定期限内制定重整计划草案并提交会议审议表决。公司债权人根据经法院裁定批准的重整计划获得清偿。如果重整计划草案不能获得法院裁定批准,法院将裁定终止公司的重整程序,并宣告公司破产。

三、董事会意见

根据《中华人民共和国企业破产法》的相关规定,在债务人不能清偿到期债务,且明显缺乏清偿能力时,债权人有权依法向法院提出对债务人进行重整的申请。重整不同于破产清算,是以挽救债务人企业,恢复公司持续盈利能力为目标的司法程序。

在法院受理审查案件期间,公司将依法配合法院对公司的重整可行性进行研究和论证,确保生产经营稳定进行,稳定客户资源,以避免重整对公司的日常生产经营产生重大影响。若法院裁定公司进入重整程序,公司将依法主动配合法院及管理人的重整工作,依法履行债务人的法定义务,积极与各方共同论证解决债务问题的方案,实现重整工作的顺利推进。

四、风险提示

(一)公司是否进入重整程序尚存在重大不确定性

截至本公告日,公司尚未收到法院对申请人申请公司重整事项的裁定书,申请人的申请是否被法院受理,公司是否进入重整程序尚存在重大不确定性。

(二)公司股票存在终止上市风险

如果法院正式受理对公司的重整申请,公司将存在因重整失败而被宣告破产的风险。如果公司被宣告破产,公司将被实施破产清算,根据《上海证券交易所股票上市规则》(2020 年 12 月修订)第 13.4.14 条的规定,公司股票将面临被终止上市的风险。

(三)公司股票存在被实施退市风险警示的风险

根据《上海证券交易所股票上市规则》(2020 年 12 月修订)第 13.3.2 条规定,若公司 2020 年年度经审计的期末净资产为负值,公司股票将在 2020 年年度报告披露后被实施退市风险警示(在公司股票简称前冠以“*ST”字样)。

鉴于该事项存在重大不确定性,公司董事会提醒广大投资者:公司指定的信息披露媒体为《中国证券报》《上海证券报》《证券时报》《证券日报》以及上海证券交易所网站(www.sse.com.cn),公司所有信息均以在上述指定媒体披露的内容为准。

敬请广大投资者关注公司公告,注意投资风险。

特此公告。

康美药业股份有限公司

董事会

二〇二一年四月二十三日

广东省揭阳市中级人民法院公告

(2021)粤52破1号

本院根据债权人广东揭东农村商业银行股份有限公司的申请,于2021年6月4日裁定受理康美药业股份有限公司破产重整一案,同时指定北京市金杜(深圳)律师事务所担任康美药业股份有限公司管理人。

根据法律规定,破产重整期间由破产重整管理人代表康美药业股份有限公司清偿债务或接收财产。有关康美药业股份有限公司财产的诉讼保全措施应当解除,执行程序应当中止,涉诉讼活动债权人应依法向破产重整管理人申报债权;其他债权人也应在规定时间内向破产重整管理人申报债权。债权人申报债权应当书面说明债权数额、有无财产担保以及是否属于连带债权,并提供相关证据材料;同时应提供参加债权人会议的法定代表人证明书及身份证复印件(自然人债权人提交身份证复印件)。债权人授权代理人参加的,还需提交授权委托书。债权人未在规定期限内申报债权的,可以在重整计划草案提交债权人会议讨论前补充申报,但要承担为审查和确认补充申报债权所产生的费用。债权人未依法申报债权的,在重整计划执行期间不得行使权利,在重整计划执行完毕后可以按照重整计划规定的同类债权的清偿条件行使权利。

康美药业股份有限公司破产重整案申报债权时间为45天,即2021年6月11日至2021年7月25日。破产重整管理人受理申报债权地址是:广东省普宁市普宁大道中药材专业市场东大门15栋101号;联系人:王律师、汤律师;联系电话:××××-×××××××,××××-×××××××。申报债权的网址是:https://www.casecloud.com.cn;申报债权的通讯地址是广东省普宁市×××号,邮政编码:515300。

本院定于2021年8月10日上午10时通过全国企业破产重整案件信息网(http://pccz.court.gov.cn)召开康美药业股份有限公司第一次债权人会议。依法申报债权的债权人为债权人会议成员,有权参加债权人会议。依法申报债权的债权人可以根据短信通知的用户名和密码登录全国企业破产重整案件信息网(http://pccz.court.gov.cn)参加会议。

特此公告。

二〇二一年六月十一日

康美药业股份有限公司
关于法院裁定受理公司重整暨股票继续
被实施退市风险警示的公告

本公司董事会及全体董事保证本公告内容不存在任何虚假记载、误导性陈述或者重大遗漏,并对其内容的真实性、准确性和完整性承担个别及连带责任。

重要内容提示:

康美药业股份有限公司(以下简称公司)于2021年6月4日收到广东省揭阳市中级人民法院(以下简称揭阳中院)送达的(2021)粤52破申1号《民事裁定书》,裁定受理债权人广东揭东农村商业银行股份有限公司(以下简称揭东农商行)对公司的重整申请。

公司2020年度经审计的期末净资产为负值,且2020年度财务会计报告被出具无法表示意见,根据《上海证券交易所股票上市规则》(2020年12月修订)第13.3.2条规定,公司股票已于2021年4月29日被实施退市风险警示;公司因被法院裁定受理重整,根据《上海证券交易所股票上市规则》第13.4.1条规定,[①]公司股票将被继续实施退市风险警示,股票简称为"*ST康美",股票价格的日涨跌幅限制

① 《上海证券交易所股票上市规则》(2020年12月修订)第13.4.1条对应《上海证券交易所股票上市规则》(2022年1月修订)第9.4.1条。

为5%。

法院已裁定公司进入重整程序,但公司尚存在因重整失败而被宣告破产的风险。如果公司被宣告破产,公司将被实施破产清算,根据《上海证券交易所股票上市规则》(2020年12月修订)第13.4.14条的规定,公司股票将面临被终止上市的风险。

法院裁定的类型:重整。

2021年4月23日,公司债权人揭东农商行因公司不能清偿到期债务,向法院提出破产重整申请,具体内容见公司披露的《康美药业关于债权人向法院申请公司破产重整的公告》(公告编号:临2021－025)。2021年6月4日,公司收到揭阳中院送达的(2021)粤52破申1号《民事裁定书》,法院裁定受理揭东农商行对公司的重整申请,根据《上海证券交易所股票上市规则》相关规定,现就公司被裁定进行重整的有关事宜公告如下:

一、法院裁定受理重整申请概述

(一)当事人基本情况

申请人:广东揭东农村商业银行股份有限公司

住所地:广东省揭东县×××号

法定代表人:陈某4

被申请人:康美药业股份有限公司

住所地:广东省普宁市×××路

法定代表人:马某5

申请事由:2021年4月22日,申请人揭东农商行以被申请人康美药业股份有限公司不能清偿到期债务,且已资不抵债,但仍具有重整价值为由,向揭阳中院申请对被申请人进行重整。

(二)法院作出裁定时间

裁定的时间:2021年6月4日

(三)裁定书主要内容

2021年4月22日,申请人广东揭东农村商业银行股份有限公司以被申请人康美药业股份有限公司不能清偿到期债务,且已资不抵债,但仍具有重整价值为由,向揭阳中院申请对被申请人进行重整。被申请人对申请人提起的重整申请不持异议。

揭阳中院认为,被申请人的住所地为广东省普宁市流沙揭神路东侧,依照《中华人民共和国企业破产法》第 3 条"破产案件由债务人住所地人民法院管辖。"的规定,被申请人的住所地位于揭阳中院辖区;被申请人系上市公司,根据上市公司破产重整案件由中级人民法院管辖的有关规定,揭阳中院对本案有管辖权。申请人对被申请人享有合法到期债权,有权申请被申请人重整。

被申请人的资产不足以清偿全部债务,具备重整原因。同时被申请人具有重整可能,符合重整条件。

综上,依照《中华人民共和国企业破产法》第 2 条第 2 款、第 3 条、第 7 条第 2 款、第 70 条第 1 款、第 71 条及《最高人民法院关于适用〈中华人民共和国企业破产法〉若干问题的规定(一)》第 6 条第 1 款之规定,裁定如下:受理申请人广东揭东农村商业银行股份有限公司对被申请人康美药业股份有限公司提出的重整申请。本裁定自即日起生效。

二、本次事项对公司的影响及相关说明

(一)股票交易

公司 2020 年度经审计的期末净资产为负值,且 2020 年度财务会计报告被出具无法表示意见,根据《上海证券交易所股票上市规则》(2020 年 12 月修订)第 13.3.2 条规定,公司股票已于 2021 年 4 月 29 日被实施退市风险警示;公司因被法院裁定受理重整,根据《上海证券交易所股票上市规则》(2020 年 12 月修订)第 13.4.1 条规定,公司股票将被继续实施退市风险警示,股票简称为"*ST 康美",股票价格的日涨跌幅限制为 5%。

(二)停复牌事项安排

根据《上海证券交易所上市公司筹划重大事项停复牌业务指引》(以下简称《停复牌指引》)的相关规定,上市公司重整期间原则上股票不停牌。公司将分阶段披露重整事项的进展,确需申请停牌的,公司将按《停复牌指引》规定办理,并履行相应披露义务。

(三)其他事项

根据《上海证券交易所股票上市规则》(2020 年 12 月修订)第 11.11.1 条[①]的规定,公司应当每月披露 1 次重整程序的进展情况,提示终止上市风险。

三、风险提示

(一)法院已裁定公司进入重整程序,但公司尚存在因重整失败而被宣告破产的风险。如果公司被宣告破产,公司将被实施破产清算,根据《上海证券交易所股票上市规则》(2020 年 12 月修订)第 13.4.14 条的规定,公司股票将面临被终止上市的风险。

(二)如果公司实施重整并执行完毕,重整计划将有利于改善公司的资产负债结构,提高公司的盈利能力。但公司后续经营和财务指标如果不符合《上海证券交易所股票上市规则》(2020 年 12 月修订)等相关监管法规要求,公司股票仍存在被实施终止上市的风险。

鉴于该事项存在重大不确定性,公司董事会提醒广大投资者:公司指定的信息披露媒体为《中国证券报》《上海证券报》《证券时报》《证券日报》以及上海证券交易所网站(www. sse. com. cn),公司所有信息均以在上述指定媒体披露的内容为准。

敬请广大投资者关注公司公告,注意投资风险。

特此公告。

康美药业股份有限公司

董事会

二〇二一年六月五日

① 《上海证券交易所股票上市规则》(2020 年 12 月修订)第 11.11.1 条对应《上海证券交易所股票上市规则》(2022 年 1 月修订)第 7.5.4 条、第 7.5.5 条。

康美药业股份有限公司
关于公司破产重整债权申报及召开
第一次债权人会议的公告

本公司董事会及全体董事保证本公告内容不存在任何虚假记载、误导性陈述或者重大遗漏,并对其内容的真实性、准确性和完整性承担个别及连带责任。

重要内容提示:

广东省揭阳市中级人民法院(以下简称法院或揭阳中院)于2021年6月11日发布(2021)粤52破1号《公告》。公告载明,康美药业股份有限公司(以下简称公司)的债权人应当于2021年7月25日前申报债权;公司第一次债权人会议定于2021年8月10日上午10时通过网络方式召开。

揭阳中院已于2021年6月4日裁定受理公司破产重整申请,并于同日指定管理人,公司已经对相关事项做出公告,具体内容见《康美药业关于法院裁定受理公司重整暨股票继续被实施退市风险警示的公告》(公告编号:临2021－048)和《康美药业关于收到法院指定管理人决定书的公告》(公告编号:临2021－049)。2021年6月11日,揭阳中院发布(2021)粤52破1号《公告》,其中关于债权申报和召开第一次债权人会议的具体内容如下:

一、《公告》的主要内容

(一)债权申报

康美药业股份有限公司债权人应于2021年7月25日前,向康美药业股份有限公司管理人(联系地址:广东省普宁市×××号,联系人:王律师、汤律师,联系电话:××××－××××××××、××××－××××××××,申报网址:https://www.casecloud.com.cn,邮政编码:515300)申报债权,书面说明债权数额、有无财产担保以及是否属于连带债权,并提供相关证据材料。债权人未在规定期限内申报债权的,可以在重整计划草案提交债权人会议讨论前补充申报,但要承担为审查和确认补充申报债权所产生的费用。债权人未依法申报债权的,在重整计划执行期间不得行使权利,在重整计划执行完毕后可以按照重整计划规定的同类债权的清偿条件行使权利。破产重整期间由破产重整管理人代表康美药业股份有限公司清偿债务或接收财产。有关康美药业股份有限公司财产的诉讼保全措施应当解除,执行程序应当中止,涉诉讼活动债权人应依法向破产重整管理人申报债权;其他债权人也应在规定时间内向破产重整管理人申报债权。

(二)召开第一次债权人会议

揭阳中院定于2021年8月10日上午10时通过网络方式召开康美药业股份有限公司第一次债权人会议,依法申报债权的债权人为债权人会议成员,有权参加债权人会议。依法申报债权的债权人可以根据短信通知的用户名和密码登录全国企业破产重整案件信息网(http://pccz.court.gov.cn)参加会议。

二、关于债权申报的提示

根据揭阳中院的公告,债权申报期限截至2021年7月25日,公司在此提示债权人及时向管理人申报债权。因公司债权人众多,且债权申报截止日期与第一次债权人会议日期间隔时间短,如债权人未及时申报,可能造成大量债权于申报截至日前的数日内集中申报,以致债权审查工作难以及时完成,进而影响债权人债权的审查、确定及自身权利的行使。

另外,债权申报现场将采取疫情防控措施。为保障债权人权益及提高效率,公司鼓励采用邮寄申报和网络申报等非现场申报的方式申报债权。

三、风险提示

(一)法院已裁定公司进入重整程序,但公司尚存在因重整失败而被宣告破产的风险。如果公司被宣告破产,公司将被实施破产清算,根据《上海证券交易所股票上市规则》(2020年12月修订)第13.4.14条的规定,公司股票将面临被终止上市的风险。

(二)如果公司实施重整并执行完毕,重整计划将有利于改善公司的资产负债结构,提高公司的盈利能力。但公司后续经营和财务指标如果不符合《上海证券交易所股票上市规则》(2020年12月修订)等相关监管法规要求,公司股票仍存在被实施终止上市的风险。

鉴于该事项存在重大不确定性,公司董事会提醒广大投资者:公司指定的信息披露媒体为《中国证券报》《上海证券报》《证券时报》《证券日报》以及上海证券交易所网站(www. sse. com. cn),公司所有信息均以在上述指定媒体披露的内容为准。

敬请广大投资者关注公司公告,注意投资风险。

特此公告。

康美药业股份有限公司
董事会
二〇二一年六月十六日

投服中心向康美药业破产管理人申报债权的公告

2021 年 7 月 22 日,投服中心代表康美药业特别代表人诉讼全体原告债权人,向破产管理人申报债权。

广东省揭阳市中级人民法院发布破产重整债权申报公告(2021)粤 52 破 1 号,裁定受理康美药业股份有限公司(以下简称康美药业)破产重整一案,指定北京市金杜(深圳)律师事务所担任康美药业管理人,债权申报时间为2021 年6 月11 日至2021 年7 月25 日。

2021 年6 月12 日,广东省广州市中级人民法院(以下简称广州中院)发布特别代表人诉讼原告资格查询公告(2020)粤01 民初2171 号,广州中院委托专业损失核定机构测算本案全体适格原告损失数额。

依据损失核定机构测算结果,投服中心代表的债权人范围为有损失的全体适格原告,申报金额为全体适格投资者损失数额(包含投资差额损失、佣金、印花税、资金利息,未扣除证券侵权行为以外其他风险因素导致的损失)。

特别代表人诉讼案件将于2021 年7 月27 日开庭审理,本次申报的债权属诉讼未决债权,具体金额或根据法院审理及案件进展情况予以调整。

中证中小投资者服务中心有限责任公司
2021 年7 月23 日

投服中心关于参加康美药业破产重整案第一次债权人会议的公告

2021 年 8 月 10 日上午 10 时，康美药业股份有限公司（以下简称康美药业）破产重整案第一次债权人会议在揭阳市中级人民法院（以下简称揭阳中院）召开，管理人北京市金杜（深圳）律师事务所、债务人康美药业代表现场参会。中证中小投资者服务中心有限责任公司（以下简称投服中心）代表康美药业特别代表人诉讼全体原告债权人通过网络方式参会。

本次会议议程包括：(1)揭阳中院介绍债权人参会情况，宣读受理裁定书、指定破产管理人决定书、债权人会议职权、指定债权人会议主席决定书；(2)破产管理人作阶段性重整工作报告、财产状况调查报告、管理人报酬收取方案报告，报告债权申报和审查情况，提请债权人会议核查《债权表》，作设立债权人委员会和债权人委员会成员人选的建议和说明。

本次会议仅就选任和设立债权人委员会进行表决。投服中心被提名为 9 家债权人委员会候选成员之一，债权人委员会将由出席会议的、有表决权的债权人于 2021 年 8 月 17 日 17:30 前采用网络方式表决。因特别代表人诉讼属于未决诉讼，相关债权被列为暂缓确认债权，揭阳中院为投服中心行使表决权而临时确定了债权金额。选定的债权人委员会将行使监督债务人财产的管理和处分、监督管理人执行职务、提议召开债权人会议等职权，保障重整程序的有序合法进行。

投服中心作为康美药业特别代表人诉讼全体原告债权人代表人，将秉承最大程度保护投资者合法权益的原则，积极履行自身职责，依法依规参与破产重整，推动特别代表人诉讼程序与破产重整程序的有机衔接。

中证中小投资者服务中心有限责任公司

2021 年 8 月 10 日

康美药业股份有限公司关于重整进展暨第一次债权人会议召开情况的公告

本公司董事会及全体董事保证本公告内容不存在任何虚假记载、误导性陈述或者重大遗漏,并对其内容的真实性、准确性和完整性承担个别及连带责任。

重要内容提示:

康美药业股份有限公司(以下简称公司)被揭阳市中级人民法院(以下简称法院或揭阳中院)裁定受理重整,存在因重整失败而被宣告破产的风险。如果公司被宣告破产,公司将被实施破产清算,根据《上海证券交易所股票上市规则》(2020年12月修订)(以下简称《股票上市规则》)第13.4.14条的规定,公司股票将面临被终止上市的风险。

公司重整案第一次债权人会议已于2021年8月10日10时通过网络方式召开。

若公司实施重整并执行完毕,将有利于改善公司的资产负债结构,提高公司的盈利能力,但公司后续经营和财务指标如果不符合《股票上市规则》等相关监管法规要求,公司股票仍存在被实施退市风险警示或终止上市的风险。

2021年6月4日,揭阳中院裁定受理公司破产重整申请,并于同日指定管理人。具体内容详见公司于2021年6月5日披露于指定信息披露媒体的《康美药业股份有限公司关于法院裁定受理公司重整暨股票继续被实施退市风险警示的公告》(公告编号:临2021-048)、《康美药业股份有限公司关于收到法院指定管理人决定书的公告》(公告编号:临2021-049)。

现就公司重整进展暨第一次债权人会议召开情况公告如下:

一、重整进展暨第一次债权人会议召开情况

(一)公司第一次债权人会议已于2021年8月10日上午10时通过网络方式召开。本次会议主要议程包括:(1)法院介绍债权人参会情况;(2)法院宣读受理裁定书、指定管理人决定书;(3)法院宣读债权人会议职权;(4)法院宣读指定债权人会议主席决定书;(5)管理人作阶段性重整工作报告;(6)管理人作财产状况调查报告;(7)管理人作管理人报酬收取方案报告;(8)管理人报告债权申报和审查情况,提请债权人会议核查《债权表》;(9)管理人作设立债权人委员会和债权人委员会成员人选的建议和说明,并对选任和设立债权人委员会事项进行表决。表决通道将于2021年8月17日下午5时30分关闭。

(二)公司债权申报截止日期为2021年7月25日,债权人未在前述申报期限内申报债权的,可以在重整计划草案提交债权人会议讨论前补充申报。截至2021年7月25日,共计57,330家债权人向管理人申报债权,申报金额总计43,523,680,718.06元。

二、风险提示

(一)法院已裁定公司进入重整程序,但公司尚存在因重整失败而被宣告破产的风险。如果公司被宣告破产,公司将被实施破产清算,根据《股票上市规则》第13.4.14条的规定,公司股票将面临被终止上市的风险。

(二)如果公司实施重整并执行完毕,重整计划将有利于改善公司的资产负债结构,提高公司的盈利能力。但公司后续经营和财务指标如果不符合《股票上市规则》等相关监管法规要求,公司股票仍存在被实施终止上市的风险。

公司将全力配合法院、管理人推进重整相关工作,公司指定的信息披露媒体为《中国证券报》《上海证券报》《证券时报》《证券日报》以及上海证券交易所网站(www.sse.com.cn),公司所有信息均以在上述指定媒体披露的内容为准。

敬请广大投资者关注公司公告,注意投资风险。

特此公告。

康美药业股份有限公司

董事会

二〇二一年八月十一日

康美药业股份有限公司
关于第一次债权人会议表决结果的公告

本公司董事会及全体董事保证本公告内容不存在任何虚假记载、误导性陈述或者重大遗漏,并对其内容的真实性、准确性和完整性承担个别及连带责任。

重要内容提示:

康美药业股份有限公司(以下简称公司)被揭阳市中级人民法院(以下简称法院或揭阳中院)裁定受理重整,存在因重整失败而被宣告破产的风险。如果公司被宣告破产,公司将被实施破产清算,根据《上海证券交易所股票上市规则》(2020 年 12 月修订)(以下简称《股票上市规则》)第 13.4.14 条的规定,公司股票将面临被终止上市的风险。

公司重整案第一次债权人会议已于 2021 年 8 月 10 日 10 时通过网络方式召开。

若公司实施重整并执行完毕,将有利于改善公司的资产负债结构,提高公司的盈利能力,但公司后续经营和财务指标如果不符合《股票上市规则》等相关监管法规要求,公司股票仍存在被实施退市风险警示或终止上市的风险。

2021 年 6 月 4 日,揭阳中院裁定受理公司破产重整申请,并于同日指定管理人。具体内容详见公司于 2021 年 6 月 5 日披露于指定信息披露媒体的《康美药业股份有限公司关于法院裁定受理公司重整暨股票继续被实施退市风险警示的公告》(公告编号:临 2021-048)、《康美药业股份有限公司关于收到法院指定管理人决定书的公告》(公告编号:临 2021-049)。公司第一次债权人会议已于 2021 年 8 月 10 日上午 10 时通过网络方式召开,具体内容详见公司于 2021 年 8 月 11 日披露于指定信息披露媒体的《康美药业股份有限公司关于重整进展暨第一次债权人会议召开情况的公告》(公告编号:临 2021-058)。

现就公司第一次债权人会议表决情况公告如下:

一、第一次债权人会议表决情况

根据公司第一次债权人会议表决方式的说明,本次会议的表决截止时间为

2021 年 8 月 17 日 17 时 30 分。根据网络表决情况的统计,表决情况如下:第一次债权人会议表决通过选任和设立债权人委员会表决事项。

二、风险提示

(一)法院已裁定公司进入重整程序,但公司尚存在因重整失败而被宣告破产的风险。如果公司被宣告破产,公司将被实施破产清算,根据《股票上市规则》第 13.4.14 条的规定,公司股票将面临被终止上市的风险。

(二)如果公司实施重整并执行完毕,重整计划将有利于改善公司的资产负债结构,提高公司的盈利能力。但公司后续经营和财务指标如果不符合《股票上市规则》等相关监管法规要求,公司股票仍存在被实施终止上市的风险。

公司将全力配合法院、管理人推进重整相关工作,公司指定的信息披露媒体为《中国证券报》《上海证券报》《证券时报》《证券日报》以及上海证券交易所网站(www. sse. com. cn),公司所有信息均以在上述指定媒体披露的信息为准。

敬请广大投资者关注公司公告,注意投资风险。

特此公告。

康美药业股份有限公司

董事会

二〇二一年八月十九日

康美药业股份有限公司
关于召开第二次债权人会议的公告

2021 年 6 月 4 日,揭阳市中级人民法院(以下简称揭阳中院或法院)裁定受理康美药业股份有限公司(以下简称公司)破产重整申请,并于同日指定管理人。具体内容见公司于 2021 年 6 月 5 日披露的《康美药业股份有限公司关于法院裁定受理公司重整暨股票继续被实施退市风险警示的公告》(公告编号:临 2021 - 048)、《康美药业股份有限公司关于收到法院指定管理人决定书的公告》(公告编号:临 2021 - 049)。

经揭阳中院同意,公司重整案第二次债权人会议将于 2021 年 11 月 15 日上午 10 时采取网络会议方式召开。现将有关情况公告如下:

一、会议时间

2021 年 11 月 15 日(星期一)上午 10 时。

二、会议主要内容

本次会议主要包括管理人作第一次债权人会议后工作报告、债权人会议补充核查债权表、债权人表决重整计划草案等议题。

三、会议形式

本次会议采取网络会议的方式召开,有权参加本次会议的债权人可根据用户名账号和密码登录全国企业破产重整案件信息网(网址:http://pccz. court. gov. cn),查看并下载会议相关文档、参加会议并进行投票。为便于债权人行使表决权,本次会议表决将采用线上表决的方式进行。

四、风险提示

(一)法院已裁定公司进入重整程序,但公司尚存在因重整失败而被宣告破产的风险。如果公司被宣告破产,公司将被实施破产清算,根据《上海证券交易所股票上市规则》第 13.4.14 条的规定,公司股票将面临被终止上市的风险。

(二)如果公司实施重整并执行完毕,重整计划将有利于改善公司的资产负债结构,提高公司的盈利能力。但公司后续经营和财务指标如果不符合《上海证券交易所股票上市规则》等相关监管法规要求,公司股票仍存在被实施终止上市的风险。

公司将全力配合法院、管理人推进重整相关工作,公司指定的信息披露媒体为《中国证券报》《上海证券报》《证券时报》《证券日报》以及上海证券交易所网站(www. sse. com. cn),公司所有信息均以在上述指定媒体披露的信息为准。

敬请广大投资者关注公司公告,注意投资风险。

特此公告。

康美药业股份有限公司

董事会

二〇二一年十月三十日

投服中心关于参加康美药业破产重整案第二次债权人会议的公告

本公司董事会及全体董事保证本公告内容不存在任何虚假记载、误导性陈述或者重大遗漏,并对其内容的真实性、准确性和完整性承担个别及连带责任。

2021 年 11 月 15 日上午 10 时,康美药业股份有限公司(以下简称康美药业)破产重整案第二次债权人会议(以下简称二债会)在广东省普宁市科技工业园康美药业股份有限公司召开,会议由康美药业债权人委员会(以下简称债委会)主席建设银行揭阳分行代表主持,揭阳市中级人民法院(以下简称揭阳中院)合议庭法官、破产管理人代表、康美药业职工代表、康美药业法定代表人及托管团队代表、审计评估及财务顾问代表现场参会。中证中小投资者服务中心有限责任公司(以下简称投服中心)代表康美药业特别代表人诉讼全体原告债权人通过网络方式参会。

本次会议议程包括:(1)债权人会议主席介绍债权人参会情况;(2)揭阳中院宣读债权人会议职权;(3)管理人作阶段性重整工作报告;(4)管理人作第一次债权人会议后的债权申报及审查情况说明;(5)管理人提请债权人会议核查《债权表(二)》;(6)管理人作《康美药业股份有限公司重整计划(草案)》[以下简称《重整计划(草案)》]说明;(7)布置债权人分组表决事项。

本次会议就《重整计划(草案)》进行表决,本次会议设有财产担保债权组和普通债权组两组进行表决,投服中心所代表的特别代表人诉讼全体原告债权人列在普通债权组。表决采用网络投票方式,投票截止时间为 2021 年 11 月 19 日。

因特别代表人诉讼判决目前尚未生效,属于未决债权,揭阳中院将该判决金额 24.59 亿元列为暂缓确认债权。根据《中华人民共和国企业破产法》第 84 条、第 86 条的规定,出席会议的同一表决组的债权人过半数同意《重整计划(草案)》,并且其代表的债权额占该组债权总额的 2/3 以上的,即该组通过《重整计划(草案)》。各表决组均通过《重整计划(草案)》时,《重整计划(草案)》即通过。

投服中心作为康美药业特别代表人诉讼全体原告债权人代表人,将秉承最大程度保护投资者合法权益的原则，积极履行自身职责，依法依规参与破产重整，力争将特别代表人诉讼判决金额在破产重整计划草案执行中得到有效实现。

投资者可通过中国投资者网（http://www.investor.org.cn）、投服中心官网（http://www.isc.com.cn/）、康美药业公司公告、揭阳中院、广州市中级人民法院相关公告情况及权威媒体报道了解案件进展。

中证中小投资者服务中心有限责任公司

2021年11月15日

康美药业股份有限公司关于召开第二次债权人会议暨出资人组会议情况的公告

重要内容提示：

康美药业股份有限公司（以下简称公司）第二次债权人会议于2021年11月15日上午10时于揭阳采取线上和线下方式召开。第二次债权人会议审议《康美药业股份有限公司重整计划（草案）》（以下简称重整计划草案）等内容。根据重整计划草案，拟调整出资人权益并引入广州医药集团有限公司、广东粤财投资控股有限公司、广东恒健投资控股有限公司等知名国有企业作为战略投资者。为充分保障债权人的投票权，本次投票截止时间为2021年11月19日17时。

公司出资人组会议于2021年11月15日下午14时采取现场投票与网络投票相结合的方式召开，表决通过了《康美药业股份有限公司出资人权益调整方案》（以下简称《出资人权益调整方案》）。根据该方案，公司在积极引入战投的同时将采取多种形式减轻或消除历史负担，包括实施资本公积金转增股本。有关转增股本所涉及的除权（息）事宜确定后将及时公告，敬请广大投资者注意投资风险。

2021年6月4日，揭阳市中级人民法院（以下简称法院）裁定受理公司破产重整申请，并于同日指定管理人。具体内容见公司于2021年6月5日披露的《康美药业股份有限公司关于法院裁定受理公司重整暨股票继续被实施退市风险警示的公告》（公告编号：临2021－048）、《康美药业股份有限公司关于收到法院指定管理人决定书的公告》(公告编号:临 2021－049)。

公司于 2021 年 11 月 15 日上午 10 时召开第二次债权人会议,对重整计划草案进行表决。根据《中华人民共和国企业破产法》(以下简称《企业破产法》)的有关规定,重整计划草案涉及出资人权益调整事项的,应当设出资人组,对该事项进行表决。鉴于重整计划草案涉及出资人权益调整事项,公司于 2021 年 11 月 15 日下午 14 时召开出资人组会议,对《出资人权益调整方案》进行表决。本次会议完成了既定议程,现将会议相关情况公告如下:

一、第二次债权人会议召开情况

公司第二次债权人会议于 2021 年 11 月 15 日上午 10 时采取网络会议方式召开。

本次债权人会议议程主要包括管理人作第一次债权人会议后工作报告、债权人会议补充核查债权表、债权人表决重整计划草案等。为充分保障债权人的投票权,本次投票截止时间为 2021 年 11 月 19 日 17 时,请债权人在上述时间内尽快投票。

二、出资人组会议召开与出席情况

(一)召开方式

本次会议采取现场投票与网络投票相结合的方式召开。

(二)会议召开及表决时间

1. 现场会议召开时间:2021 年 11 月 15 日 14 时。

2. 网络投票时间:采用上海证券交易所网络投票系统,通过交易系统平台的投票时间为出资人组会议召开当日(2021 年 11 月 15 日)的交易时段,即 9:15～9:25、9:30～11:30、13:00～15:00;通过互联网投票平台投票时间为出资人组会议召开当日的 9:15～15:00。

(三)现场会议召开地点

广东省普宁市科技工业园康美药业股份有限公司中药生产基地二期综合楼会议室。

(四)会议出席情况

出席本次出资人组会议的出资人或其代理人共计 1351 人,所持表决权的股份总数为 3,080,434,587 股,占公司有表决权股份总数的 61.9325%。

三、出资人组会议表决情况

本次出资人组会议以现场投票与网络投票相结合的方式对《出资人权益调整方案》进行了表决，表决情况为：同意 2,605,583,139 股，占出席会议所有出资人所持股份的 84.5849%，反对 474,851,448 股，占出席会议所有出资人所持股份的 15.4151%，弃权 0 股。根据《中华人民共和国公司法》（以下简称《公司法》）与《中华人民共和国企业破产法》（以下简称《破产法》）的相关规定，公司出资人组会议表决通过了《出资人权益调整方案》。

四、出资人组会议律师见证法律意见

本次出资人组会议由广东信达律师事务所出席并见证。广东信达律师事务所出具了《关于康美药业股份有限公司出资人组会议的法律意见书》，信达律所认为：本次会议的召集、召开程序符合《公司法》《企业破产法》及相关法律、法规、规章及规范性文件的有关规定；本次会议出席会议人员的资格合法有效；本次会议的表决程序及表决结果合法有效。

五、风险提示

（一）法院已裁定公司进入重整程序，但公司尚存在因重整失败而被宣告破产的风险。如果公司被宣告破产，公司将被实施破产清算，根据《上海证券交易所股票上市规则》第 13.4.14 条的规定，公司股票将面临被终止上市的风险。

（二）如果公司实施重整并执行完毕，重整计划将有利于改善公司的资产负债结构，提高公司的盈利能力。但公司后续经营和财务指标如果不符合《上海证券交易所股票上市规则》等相关监管法规要求，公司股票仍存在被实施终止上市的风险。

公司将全力配合法院、管理人推进重整相关工作，公司指定的信息披露媒体为《中国证券报》《上海证券报》《证券时报》《证券日报》以及上海证券交易所网站（www.sse.com.cn），公司所有信息均以在上述指定媒体披露的信息为准。

敬请广大投资者关注公司公告，注意投资风险。

特此公告。

康美药业股份有限公司

董事会

二〇二一年十一月十六日

康美药业股份有限公司
关于第二次债权人会议表决结果的公告

本公司董事会及全体董事保证本公告内容不存在任何虚假记载、误导性陈述或者重大遗漏,并对其内容的真实性、准确性和完整性承担个别及连带责任。

重要内容提示:

康美药业股份有限公司(以下简称公司)本月重整进展为表决通过《康美药业股份有限公司重整计划(草案)》(以下简称重整计划草案),收到意向重整投资人提交的《重整投资方案》。目前,公司重整各项工作正在有序推进。

公司重整案第二次债权人会议及出资人组会议于2021年11月15日召开。为充分保障债权人的投票权,第二次债权人会议投票截止时间为2021年11月19日17时。有财产担保债权组、普通债权组与出资人组均表决通过重整计划草案以及相应出资人权益调整方案。

由广药集团有限公司、广州神农氏中医药发展有限责任公司、广东粤财产业投资基金合伙企业、广东恒健资产管理有限公司、揭阳市金叶发展有限公司等国有企业共同组成的神农氏合伙企业及部分社会资本,将参加康美药业的公司重整。公司在积极引入重整投资人的同时,将采取多种形式减轻或消除历史负担,包括实施资本公积金转增股本。有关转增股本所涉及的除权(息)事宜确定后将及时公告,敬请广大投资者注意投资风险。

2021年6月4日,揭阳中院裁定受理公司破产重整,并于同日指定管理人。具体内容详见公司于2021年6月5日披露的《康美药业股份有限公司关于法院裁定受理公司重整暨股票继续被实施退市风险警示的公告》(公告编号:临2021-048)、《康美药业股份有限公司关于收到法院指定管理人决定书的公告》(公告编号:临2021-049)。

现就公司重整进展暨第二次债权人会议表决情况公告如下:

一、重整进展暨第二次债权人会议表决情况

（一）第二次债权人会议表决情况

为充分保障债权人的投票权，第二次债权人会议投票截止时间为 2021 年 11 月 19 日 17 时。根据网络表决情况的统计，表决情况如下：

1. 有财产担保债权组

表决同意的债权人占出席会议的该组债权人的 100%，其所代表的债权金额为 419,789,700.12 元，占该组债权总额的 100%。该组已通过重整计划草案。

2. 普通债权组

表决同意的债权人占出席会议的该组债权人的 99.85%，其所代表的债权金额为 33,919,056,504.47 元，占该组债权总额的 86.43%。该组已通过重整计划草案。

公司出资人组会议于 2021 年 11 月 15 日下午 14 时采取现场投票与网络投票相结合的方式召开，表决通过了出资人权益调整方案，具体内容详见公司于 2021 年 11 月 16 日披露的《康美药业关于第二次债权人会议暨出资人组会议召开情况的公告》（公告编号：临 2021－094）。

根据《中华人民共和国企业破产法》第 84 条、第 86 条的规定，有财产担保债权组、普通债权组与出资人组均表决通过重整计划草案以及相应出资人权益调整方案。

（二）2021 年 10 月 20 日，意向重整投资人报名时间截止。截至 2021 年 10 月 31 日，广州医药集团有限公司代表广东神农氏企业管理合伙企业（有限合伙）（以下简称神农氏）向公司重整管理人提交了《重整投资方案》。神农氏的构成如下：广州神农氏中医药发展有限责任公司、广东粤财产业投资基金合伙企业（有限合伙）、广东恒健资产管理有限公司、揭阳市金叶发展有限公司与广州医药集团有限公司。根据《重整投资方案》，参与本次重整的投资人拟向公司投入的资金总额不超过 65 亿元。后续将与投资人谈判签订《重整投资协议》。

（三）公司重整各项工作正在有序推进，公司将严格按照《上海证券交易所股票上市规则》的相关规定认真履行信息披露义务，及时披露相关事项的进展。目前，管理人、公司以及其他利益相关方正密切沟通协商，积极推进公司重整进程。公司将根据重整工作进展及时披露相关信息，保护各方合法利益。

二、风险提示

（一）法院已裁定公司进入重整程序，但公司尚存在因重整失败而被宣告破产的风险。如果公司被宣告破产，公司将被实施破产清算，根据《上海证券交易所股票上市规则》第13.4.14条的规定，公司股票将面临被终止上市的风险。

（二）如果公司实施重整并执行完毕，重整计划将有利于改善公司的资产负债结构，提高公司的盈利能力。但公司后续经营和财务指标如果不符合《上海证券交易所股票上市规则》等相关监管法规要求，公司股票仍存在被实施终止上市的风险。

公司将全力配合法院、管理人推进重整相关工作，公司指定的信息披露媒体为《中国证券报》《上海证券报》《证券时报》《证券日报》以及上海证券交易所网站（www.sse.com.cn），公司所有信息均以在上述指定媒体披露的信息为准。

敬请广大投资者关注公司公告，注意投资风险。

特此公告。

康美药业股份有限公司

董事会

二〇二一年十一月二十日

康美药业股份有限公司
关于法院裁定批准公司重整计划的公告

本公司董事会及全体董事保证本公告内容不存在任何虚假记载、误导性陈述或者重大遗漏，并对其内容的真实性、准确性和完整性承担个别及连带责任。

重要内容提示：

揭阳市中级人民法院（以下简称揭阳中院或法院）于2021年11月26日裁定批准《康美药业股份有限公司重整计划》（以下简称《重整计划》），并终止康美药业股份有限公司（以下简称康美药业或公司）重整程序。

2021年11月26日，揭阳中院裁定批准《康美药业股份有限公司重整计划》，现就法院裁定批准公司《重整计划》事宜公告如下：

一、法院裁定批准重整计划概述

2021 年 6 月 4 日,揭阳中院裁定受理公司破产重整,并于同日指定管理人。具体内容详见公司于 2021 年 6 月 5 日披露的《康美药业股份有限公司关于法院裁定受理公司重整暨股票继续被实施退市风险警示的公告》(公告编号:临 2021 - 048)、《康美药业股份有限公司关于收到法院指定管理人决定书的公告》(公告编号:临 2021 - 049)。

康美药业第二次债权人会议、出资人组会议于 2021 年 11 月 15 日召开,有财产担保债权组、普通债权组与出资人组均表决通过《康美药业股份有限公司重整计划(草案)》(以下简称重整计划草案)以及相应出资人权益调整方案。

具体内容详见公司于 2021 年 11 月 20 日披露的《康美药业股份有限公司关于第二次债权人会议表决结果的公告》(公告编号:临 2021 - 100)。

根据《中华人民共和国企业破产法》第 84 条、第 86 条的规定,管理人向法院提交了裁定批准《重整计划》的申请。

2021 年 11 月 26 日,公司收到了法院送达的(2021)粤 52 破 1 号之 1《民事裁定书》,裁定批准《重整计划》,并终止公司重整程序。

二、《民事裁定书》的主要内容

揭阳中院认为:康美药业在法律规定的期限内依法制订重整计划草案。因重整计划草案涉及出资人权益调整事项,故本案设出资人组就重整计划草案中涉及出资人权益调整的事项进行表决。康美药业依法向第二次债权人会议提交重整计划草案,并向出资人组提交重整计划草案所涉的出资人权益调整事项进行表决。

经表决,第二次债权人会议各表决组和出资人组分别表决通过重整计划草案和出资人权益调整方案。康美药业提请各表决组的表决程序合法,各表决组通过情况均符合法律规定的通过条件,重整计划草案通过,依法可予批准。综上,康美药业的申请符合法律规定,本院予以批准。依照《中华人民共和国企业破产法》第 82 条、第 84 条、第 85 条、第 86 条之规定,裁定如下:一、批准康美药业股份有限公司重整计划;二、终止康美药业股份有限公司重整程序。本裁定自作出之日起生效。

三、裁定批准重整计划对公司的影响

法院裁定批准《重整计划》后,公司进入《重整计划》执行阶段。公司负责执行《重整计划》,管理人负责监督《重整计划》的执行。

根据公司《重整计划》的债权分类、调整及清偿方案,出资人权益调整方案及经营方案,公司清偿债务等执行《重整计划》的行为将对公司2021年度净资产和净利润产生积极影响,具体数据以经审计的财务报表数据为准。

四、风险提示

(一)法院已裁定批准公司《重整计划》,公司进入《重整计划》执行期间,如公司不执行或不能执行《重整计划》,公司将被宣告破产。如果公司被宣告破产,公司将被实施破产清算,根据《上海证券交易所股票上市规则》第13.4.14条的规定,公司股票将面临被终止上市的风险。

(二)如果公司实施重整并执行完毕,重整计划将有利于改善公司的资产负债结构,提高公司的盈利能力。但公司后续经营和财务指标如果不符合《上海证券交易所股票上市规则》等相关监管法规要求,公司股票仍将存在被实施终止上市的风险。

公司将全力配合法院、管理人推进重整相关工作,公司指定的信息披露媒体为《中国证券报》《上海证券报》《证券时报》《证券日报》以及上海证券交易所网站(www.sse.com.cn),公司所有信息均以在上述指定媒体披露的信息为准。

敬请广大投资者关注公司公告,注意投资风险。

特此公告。

康美药业股份有限公司

董事会

二〇二一年十一月二十七日

康美药业股份有限公司重整计划(节选)

目　　录

正文

一、康美药业基本情况

(一)设立情况(略)

(二)股权结构(略)

(三)面临退市风险(略)

(四)重整受理情况

(五)资产情况(略)

(六)负债情况

(七)偿债能力分析(略)

(八)关联方康都药业、康淳药业资金占用情况(略)

(九)因虚假陈述导致的证券集体诉讼情况

二、出资人权益调整方案

(一)出资人权益调整的必要性(略)

(二)出资人权益调整的范围(略)

(三)出资人权益调整的内容(略)

三、债权分类及调整方案

(一)有财产担保债权组

(二)职工债权组

(三)税款债权组

(四)普通债权组

四、债权受偿方案

(一)有财产担保债权

(二)职工债权

(三)税款债权

(四)普通债权

(五)预计债权

(六)偿债资源的来源

五、经营方案

(一)公开招募遴选重整投资人(略)

（二）资产剥离及信托方案（略）

（三）完善上市公司治理结构（略）

六、重整计划的执行及执行完毕的标准

（一）执行主体（略）

（二）执行期限（略）

（三）执行期限的延长（略）

（四）执行完毕的标准（略）

（五）协助执行事项（略）

七、重整计划执行的监督

（一）监督主体（略）

（二）监督期限（略）

（三）监督期限的延长（略）

（四）监督期限内管理人及康美药业的职责（略）

八、执行重整计划的其他事宜

（一）关于重整计划的生效条件（略）

（二）关于重整计划的效力（略）

（三）偿债资源的分配（略）

（四）偿债资源的提存及处理（略）

（五）剩余抵债股票的处置安排（略）

（六）转让债权的清偿（略）

（七）破产费用的清偿（略）

（八）共益债务的清偿（略）

（九）财产限制措施的解除（略）

（十）优先股和限制性股票的处置安排（略）

（十一）信用修复（略）

释义(略)

前言(略)

摘　　要

根据本重整计划,康美药业股份有限公司(以下简称康美药业)如能成功实施重整:

一、康美药业的法人主体资格、企业性质及证券市场主体资格不变,仍是一家在上海证券交易所上市的股份公司。

二、康美药业现有总股本4,973,861,675股,其中涉及员工股权激励需回购注销的股票34,970,000股,本重整计划以康美药业扣除上述股票后的4,938,891,675股为基数,按照每10股转增18股的比例实施资本公积金转增股票,共计转增股票数8,890,005,015股,转增后康美药业总股本将由4,973,861,675股增加至13,863,866,690股。前述转增股票中,1,265,822,785股用于解决资金占用问题;1,113,309,515股向中小股东进行分配;2,879,473,356股由重整投资人有条件受让,重整投资人作为受让股票条件之一所支付的现金对价,专项用于根据本重整计划支付重整费用、清偿债务、补充公司流动资金;3,631,399,359股将通过以股抵债的形式用于清偿康美药业的债务。

三、通过本次重整,将引进重整投资人有条件受让总计4,145,296,141股的股票;以康美药业重整后的总股本为基数,重整投资人持股比例约为29.90%。

四、有财产担保债权可以按照担保财产评估价值优先受偿,也可以处置担保财产以变现收入优先受偿,其中:

(一)有财产担保债权对应的担保财产未处置变现的,有财产担保债权在担保财产的评估价值范围内优先受偿,由康美药业在本重整计划执行期限内以现金方式一次性清偿。

(二)有财产担保债权对应的担保财产公开处置变现的,以担保财产处置变现收入受偿。

（三）超过财产评估价值部分或者按照处置变现收入未能受偿部分作为普通债权，按照普通债权组的受偿方案获得清偿。

五、职工债权、税款债权在本重整计划执行期限内以现金方式一次性全额清偿。

六、普通债权以债权人为单位，每家债权人普通债权金额50万元以下（含50万元）的部分，由康美药业在本重整计划执行期限内以现金方式一次性清偿完毕。超过50万元的债权部分，将按照以下方式进行清偿：

（一）每家普通债权人按照每100元普通债权分得约8.829股股票[分配的股票的最终数量以中国证券登记结算有限责任公司（以下简称中证登）上海分公司实际登记确认的数量为准，若股数出现小数位，则去掉拟分配股票数小数点右侧的数字，并在个位数上加"1"]，股票的抵债价格为10元/股；

（二）每家普通债权人按照每100元普通债权分得约7.29元现金；

（三）每家普通债权人按照每100元债权分得4.42份信托受益权份额。

本重整计划执行完毕后，全体债权人的债权将得到有效清偿，公司的财务状况将得到根本改善，在减轻债务负担的同时，公司可以有效提升经营效率和盈利能力；在最大限度保护债权人合法权益的同时，公司可以最大限度化解退市的风险，全体投资者的利益可以得到有效保护。

正　　文

一、康美药业基本情况

（一）设立情况（略）

（二）股权结构（略）

（三）面临退市风险（略）

（四）重整受理情况

2021年4月22日，申请人广东揭东农村商业银行股份有限公司以康美药业不能清偿到期债务，且已资不抵债，但仍具有重整价值为由，向揭阳中院申请对康美药业进行重整。2021年6月4日，揭阳市中级人民法院（以下简称揭阳中院）作出（2021）粤52破申1号民事裁定书，裁定受理康美药业重整一案。同日，揭阳中院作出(2021)粤52破1号决定书,指定北京市金杜(深圳)律师事务所担任管理人,负责开展各项重整工作。2021年6月23日,揭阳中院作出(2021)粤52破1号之1决定书,准许公司在管理人的监督下自行管理财产和营业事务。

(五)资产情况(略)

(六)负债情况

1. 债权申报情况

截至2021年11月11日,共57,854家债权人申报了债权,债权申报总额为49,682,031,646.60元,其中:有财产担保债权5家,申报金额为4,229,783,357.50元;税款债权1家,申报金额为52,176,804.33元;普通债权57,850家,申报金额为45,400,071,484.77元。1家债权人同时申报有财产担保债权与普通债权,1家债权人同时申报税款债权与普通债权。

2. 债权审查情况

(1)确认债权

已申报债权中,经第一次债权人会议核查并已由揭阳中院裁定确认的债权1218家,合计总额为23,271,452,811.29元。其中:有财产担保债权5家,合计金额为4,229,550,467.74元;税款债权1家,金额为52,176,804.33元;普通债权1214家,合计金额为18,989,725,539.22元。1家债权人同时享有有财产担保债权与普通债权,1家债权人同时享有税款债权与普通债权。

(2)初步审查确认债权

已申报债权中,经管理人初步审查,尚需经债权人会议核查及揭阳中院裁定确认的债权177家,债权总额为10,532,804,908.28元,性质均为普通债权。

上述债权的金额及性质以债权人会议核查且经揭阳中院裁定确认的结果为准。

(3)不予确认债权

已申报债权中,共有452家债权人,合计申报金额为1,604,939,044.51元的债权不予确认。

(4)暂缓确认债权

因诉讼未决等原因,债权人已申报但管理人尚无法确定其金额而暂缓确认的债权共计56,007家,涉及申报金额为13,343,882,010.01元。上述债权性质全部为普通债权。

3. 职工债权调查情况

经管理人调查,截至重整受理日,康美药业职工债权金额为 847,014.61 元,涉及 4 家债权人。另有 1,728,000.00 元的职工债权涉及劳动仲裁,将于仲裁裁决作出并生效后根据仲裁结果确定。

(七)偿债能力分析(略)

(八)关联方康都药业、康淳药业资金占用情况(略)

(九)因虚假陈述导致的证券集体诉讼情况

1. 虚假陈述行为的实施情况

2020 年 5 月 14 日,公司收到中国证监会《行政处罚决定书》(〔2020〕24 号)及《市场禁入决定书》(〔2020〕6 号)。根据前述决定书认定的事实,康美药业 2016 至 2018 年年报、2018 年半年报存在虚假记载,虚增营业收入、利息收入及营业利润的情况;2016 至 2018 年年报存在重大遗漏,未按规定披露控股股东及其关联方康都药业、康淳药业非经营性占用资金的关联交易情况等。

2. 证券集体诉讼情况

2021 年 2 月 10 日,公司收到广东省广州市中级人民法院(以下简称广州中院)关于该诉讼案件的《民事裁定书》,广州中院认为,本案符合适用普通代表人诉讼程序的情形,自 2017 年 4 月 20 日(含)至 2018 年 10 月 15 日(含)期间,以公开竞价方式买入并于 2018 年 10 月 15 日闭市后仍持有康美药业股票,且与本案具有相同种类诉讼请求的投资者,可以申请登记,参加本案诉讼。2021 年 3 月 26 日,广州中院发布了普通代表人诉讼权利登记公告;同日,中证中小投资者服务中心(以下简称投服中心)开始公开接受投资者的委托,作为代表人参加诉讼。

2021 年 4 月 8 日,投服中心接受了黄某 1 等 56 名权利人的特别授权,向广州中院申请作为代表人参加诉讼。根据相关规定,经最高人民法院指定管辖,广州中院适用特别代表人诉讼程序审理本案。2021 年 4 月 16 日,广州中院发布《特别代表人诉讼权利登记公告》,属于权利人范围内的投资者未按期向广州中院书面声明退出特别代表人诉讼的,即视为同意参加特别代表人诉讼;参加特别代表人诉讼的投资者视为对投服中心进行特别授权。

2021 年 5 月 28 日,广州中院召开本案庭前会议;2021 年 7 月 27 日,广州中院公开开庭审理康美药业虚假陈述集体诉讼案;2021 年 9 月 29 日,广州中院召集诉讼当事人进行现场调解。目前尚未作出生效判决或达成调解协议。根据广州中院委托中国证券投资者保护基金有限责任公司作出的《损失测算报告》,以医药生物(申万)指数扣除系统风险后损失总金额 24.59 亿元。本重整计划按照 24.59 亿元的债权金额予以预留。

二、出资人权益调整方案

(一)出资人权益调整的必要性(略)

(二)出资人权益调整的范围(略)

(三)出资人权益调整的内容(略)

三、债权分类及调整方案

(一)有财产担保债权组

经管理人审查,康美药业的有财产担保债权金额 4,229,550,467.74 元,涉及 5 家债权人。

按照《中华人民共和国企业破产法》的规定,有财产担保债权人就担保财产享有优先受偿的权利。有财产担保债权可以按照担保财产评估价值优先受偿,也可以处置担保财产以变现收入优先受偿。超过财产评估价值的部分或者按照处置变现收入未能受偿的部分作为普通债权,按照普通债权组的受偿方案获得清偿。

根据担保财产的评估价值及担保范围,有财产担保债权中 419,789,700.12 元可以就担保财产获得优先清偿,其余 3,809,760,767.62 元债权由于无法就担保财产优先受偿,则列入普通债权组,按照普通债权组的受偿方案获得清偿。具体调整情况如表 1 所示:

表 1　调整情况

单位:元

有财产担保债权人	有财产担保债权金额	就担保财产优先受偿金额	转入普通债权金额
中国民生银行股份有限公司深圳分行	2,160,926,452.11	83,317,829.50	2,077,608,622.61
浙商银行股份有限公司深圳分行	1,850,410,305.25	152,380,800.00	1,698,029,505.25

续表

有财产担保债权人	有财产担保债权金额	就担保财产优先受偿金额	转入普通债权金额
广东揭西农村商业银行股份有限公司	76,847,250.62	76,847,250.62	0.00
广东揭东农村商业银行股份有限公司	76,684,320.00	76,684,320.00	0.00
广东揭阳农村商业银行股份有限公司榕东支行	64,682,139.76	30,559,500.00	34,122,639.76
合计	4,229,550,467.74	419,789,700.12	3,809,760,767.62

(二)职工债权组

经管理人调查公示,康美药业职工债权金额847,014.61元。另有1,728,000.00元的职工债权涉及劳动仲裁,将根据生效仲裁裁决确定该部分职工债权金额。

职工债权不作调整,以现金方式全额清偿。

(三)税款债权组

经管理人审查,康美药业欠付税务机关的税款债权金额52,176,804.33元。

税款债权不作调整,以现金方式全额清偿。

(四)普通债权组

康美药业重整案中,已经揭阳中院裁定确认的债权18,989,725,539.22元;已经管理人初步审查确定但尚未经揭阳中院裁定确认的债权10,532,804,908.28元;暂缓确认的债权涉及申报金额13,343,882,010.01元,其中包括涉及证券虚假陈述集体诉讼的债权;根据担保财产的评估价值,无法就担保财产优先受偿的需列入普通债权组的债权3,809,760,767.62元。

根据偿债能力分析,康美药业在破产清算状态下的普通债权清偿比例为21.93%。为最大限度地保护债权人的合法权益,根据康美药业的实际情况,重整计划将对普通债权的清偿比例作较大幅度的提高,具体调整如下:

1.对每家普通债权人50万元以下(含50万元)的债权部分,按照100%的比例进行现金清偿。

2.对每家普通债权人超过50万元的债权部分,通过以股抵债、一定比例现金清偿、信托受益权抵债的方式予以清偿。

四、债权受偿方案

（一）有财产担保债权

有财产担保债权按照担保财产评估价值或者处置变现收入优先受偿。其中：

1. 有财产担保债权对应的担保财产未处置变现的，在担保财产的评估价值范围内优先受偿。就有财产担保债权优先受偿部分，将由康美药业在本重整计划执行期限内以现金方式一次性清偿。

2. 有财产担保债权对应的担保财产公开处置变现的，以担保财产处置变现收入受偿。

（二）职工债权

职工债权在经管理人公示确认后，将由康美药业在本重整计划执行期限内以现金方式一次性清偿完毕。

（三）税款债权

税款债权在经法院裁定确认后，将由康美药业在本重整计划执行期限内以现金方式一次性清偿完毕。

（四）普通债权

1. 50万元（含50万元）以下部分现金清偿

普通债权以债权人为单位，每家债权人50万元以下（含50万元）的债权部分，由康美药业在本重整计划执行期限内以现金方式清偿完毕。

2. 50万元以上部分采用以股抵债、现金清偿、信托受益权方式清偿

每家普通债权人超过50万元的债权部分，将按照以下方式进行清偿：

（1）每家普通债权人按照每100元普通债权分得约8.829股股票（分配的股票的最终数量以中证登上海分公司实际登记确认的数量为准，若股数出现小数位，则去掉拟分配股票数小数点右侧的数字，并在个位数上加“1”），股票的抵债价格为10元/股。

（2）每家普通债权人按照每100元普通债权分得约7.29元现金。

（3）每家普通债权人按照每100元债权分得4.42份信托受益权份额。

此外，为使康美药业可以集中偿债资源清偿非关联债权，在康美药业此次重整过程中，关联债权的清偿安排劣后于非关联债权，在非关联债权按照本重整计划的规定予以清偿完毕之前，不对该等关联债权进行清偿。在本重整计划执行完毕公

告之日起满3年后，根据重整计划中预留偿债资源届时的执行情况，由康美药业与关联方协商确定该等债权的清偿安排。

（五）预计债权

1.暂缓确认债权

因诉讼未决等原因，债权人已申报但管理人尚无法确定其金额而暂缓确认的债权，本次重整中将预留相应的偿债资源，待其债权经揭阳中院裁定确定之后，可以按照本重整计划规定的同类债权清偿条件受偿。

2.未申报债权

针对在本重整计划提交债权人会议表决前未进行申报但在康美药业账面记载的债权，在本重整计划执行期间不得行使权利；在重整计划执行完毕后申报的，由康美药业负责审查，并按照重整计划规定的同类债权清偿方案进行清偿。

（六）偿债资源的来源

根据本重整计划，康美药业支付破产费用并清偿各类债权所需的偿债资源，将通过如下方式筹集：

1.执行本重整计划所需资金将通过重整投资人受让转增股票所投入的资金等筹集；

2.执行本重整计划所需的股票将通过实施出资人权益调整方案所转增的股票筹集；

3.执行本重整计划所需的信托受益权通过发行信托产品，以设定信托产品受益权的方式筹集。

五、经营方案

（一）公开招募遴选重整投资人（略）

（二）资产剥离及信托方案（略）

（三）完善上市公司治理结构（略）

六、重整计划的执行及执行完毕的标准

（一）执行主体（略）

（二）执行期限（略）

（三）执行期限的延长（略）

（四）执行完毕的标准（略）

(五)协助执行事项(略)

七、重整计划执行的监督

(一)监督主体(略)

(二)监督期限(略)

(三)监督期限的延长(略)

(四)监督期限内管理人及康美药业的职责(略)

八、执行重整计划的其他事宜

(一)关于重整计划的生效条件(略)

(二)关于重整计划的效力(略)

(三)偿债资源的分配(略)

(四)偿债资源的提存及处理(略)

(五)剩余抵债股票的处置安排(略)

(六)转让债权的清偿(略)

(七)破产费用的清偿(略)

(八)共益债务的清偿(略)

(九)财产限制措施的解除(略)

(十)优先股和限制性股票的处置安排(略)

(十一)信用修复(略)

附件一:关于领受偿债资金的账户信息告知书(债权金额50万元及以下的普通债权人使用)(略)

附件二:关于领受偿债资金及抵债股票的账户信息告知书(债权金额50万元以上的普通债权人使用)(略)

康美药业股份有限公司

二〇二一年十一月

康美药业股份有限公司关于重整计划执行完毕的公告

本公司董事会及全体董事保证本公告内容不存在任何虚假记载、误导性陈述或者重大遗漏,并对其内容的真实性、准确性和完整性承担个别及连带责任。

重要内容提示:

揭阳市中级人民法院(以下简称法院)于2021年12月29日作出(2021)粤52破1号之4《民事裁定书》,裁定确认《康美药业股份有限公司重整计划》(以下简称重整计划)已执行完毕。

康美药业股份有限公司(以下简称康美药业或公司)于近日收到法院(2021)粤52破1号之4《民事裁定书》,裁定确认重整计划已执行完毕,具体情况如下:

一、公司重整情况概述

2021年6月4日,法院裁定受理公司破产重整申请,并于同日指定管理人。具体内容详见公司于2021年6月5日披露的《康美药业股份有限公司关于法院裁定受理公司重整暨股票继续被实施退市风险警示的公告》(公告编号:临2021-048)、《康美药业股份有限公司关于收到法院指定管理人决定书的公告》(公告编号:临2021-049)。

2021年11月15日,公司第二次债权人会议、出资人组会议召开,有财产担保债权组、普通债权组与出资人组均表决通过《康美药业股份有限公司重整计划(草案)》以及相应出资人权益调整方案。具体内容详见公司于2021年11月20日披露的《康美药业股份有限公司关于第二次债权人会议表决结果的公告》(公告编号:临2021-100)。

2021年11月26日,公司收到了法院送达的(2021)粤52破1号之1《民事裁定书》,裁定批准重整计划,并终止公司重整程序。具体内容详见公司于2021年11月27日披露的《康美药业关于法院裁定批准公司重整计划的公告》(公告编号:临2021-103)。

二、重整计划执行情况

重整计划执行期间,管理人和公司积极推进重整计划的执行工作,具体如下:

(一)应分配给债权人的现金清偿款项已经分配,因债权人账户异常、或未提供账户等原因未分配的现金已经提存至管理人银行账户,股票已转增完成并已划转给中小股东、投资人、债权人,因债权人账户异常、或未提供账户等原因未划转的股票也已经提存至管理人证券账户。

(二)公司于 2021 年 12 月 6 日成立普宁市康天商贸有限公司(以下简称康天商贸)作为信托平台公司,开展信托底层资产置入工作,注册资本 18.2 亿元。

公司与建信信托有限责任公司(以下简称建信信托)签署了信托合同、关于普宁市康天商贸有限公司之股权转让协议,将康天商贸 100% 股权过户至建信信托名下。

(三)对于发生的破产费用,已根据实际情况随时支付。

2021 年 12 月 27 日,公司向法院提交了重整计划执行情况的报告。同日,公司管理人向法院提交了重整计划执行情况的监督报告,报告了公司管理人执行监督工作的相关情况,并提请法院裁定重整计划执行完毕。

近日,公司收到法院(2021)粤 52 破 1 号之 4《民事裁定书》,裁定确认重整计划已执行完毕。

三、《民事裁定书》的主要内容

法院认为:鉴于重整计划已经执行完毕,重整工作已经完成,康美药业申请确认其重整计划执行完毕符合法律规定,依照《中华人民共和国企业破产法》第 89 条第 1 款、第 90 条、第 91 条第 1 款,2017 年《中华人民共和国民事诉讼法》第 154 条①第 1 款第 11 项之规定,裁定如下:

一、确认《康美药业股份有限公司重整计划》已执行完毕;

二、终结康美药业股份有限公司破产重整程序。

本裁定自作出之日起生效。

四、重整事项对公司的影响

公司通过在重整程序中进行出资人权益调整,引入实力雄厚的投资人提供资金支持,最大限度保障了全体债权人合法权益,化解了公司债务危机,改善了公司

① 《中华人民共和国民事诉讼法》(2017 修正)第 154 条对应《中华人民共和国民事诉讼法》(2021 修正)第 157 条。

资产负债结构。重整计划执行完毕后,随着债务危机的化解以及投资人的支持,公司将逐步恢复持续经营能力和盈利能力,重回良性发展轨道,也将对公司2021年年度的净资产和净利润产生积极影响,公司2021年年度的具体财务数据以经审计的财务报表数据为准。

五、风险提示

(一)公司2020年年度经审计的期末净资产为负值,且公司2020年年度财务会计报告被出具无法表示意见。如公司2021年年度经审计的净资产仍为负值,或公司2021年年度财务会计报告被会计师事务所出具无法表示意见或否定意见,根据《上海证券交易所股票上市规则》第13.1.1条的规定,公司股票将被终止上市。

(二)公司实施重整并执行完毕,将有利于改善公司的资产负债结构,提高公司的盈利能力。但公司后续经营和财务指标如果不符合《上海证券交易所股票上市规则》等相关监管法规要求,公司股票仍存在被实施终止上市的风险。

公司指定的信息披露媒体为《中国证券报》《上海证券报》《证券时报》《证券日报》以及上海证券交易所网站(www. sse. com. cn),公司所有信息均以在上述指定媒体披露的信息为准。

敬请广大投资者关注公司公告,注意投资风险。

特此公告。

康美药业股份有限公司

董事会

二〇二一年十二月三十一日

关于尚未领受现金、股票的虚假陈述集体诉讼债权人提供账户与身份信息的通知

（注：本次公示针对虚假陈述集体诉讼尚未领受现金、股票的债权人，其余类型债权人不在本次公示范围内。）

尊敬的康美药业股份有限公司破产重整案证券虚假陈述集体诉讼债权人：

您好！

康美药业重整计划已经揭阳中院裁定批准，正在进行债权清偿工作。由于部分集体诉讼债权人存在账户注销、状态不正常等情形，影响债权受偿。为了保护您的权益，请您在公告之日起7日内，将您的证券账户一码通信息（可以在中国证券登记结算有限责任公司官网打印）、主体身份证明材料与账户信息告知书（示例见附件）加盖公章/签字捺手印后邮寄给康美药业管理人，并同步发送至管理人邮箱kmxm2021@163.com。

如您是自然人（个人），主体证明材料需提供身份证复印件；如您是法人（机构），主体证明材料需提供营业执照复印件；如您是信托产品，主体证明材料需提供开户确认书。

邮寄信息如下：联系人，张律师；联系电话，××××－××××××××、××××－××××××××，地址，广东省揭阳市普宁康美中药城新康美总部大楼；邮政编码，515300。

如您有任何问题，请随时联系我们。

康美药业股份有限公司管理人

2021年12月24日

关于提请赔偿金额超过 50 万元的虚假陈述集体诉讼债权人填写受益人信息的通知

尊敬的康美药业证券虚假陈述集体诉讼债权人：

您好！

为满足重整计划中债权人通过获得信托受益权份额实现部分普通债权清偿的要求，康美药业已与建信信托有限责任公司（以下简称建信信托）签署信托合同，设立他益财产权信托并确定第一批 1047 家信托受益人名单，其中虚假陈述集体诉讼赔偿金额超过 50 万元的债权人属于信托计划受益人。

为便于后续工作开展及行使受益人权利，请虚假陈述集体诉讼赔偿金额超过 50 万元的债权人登录 https://docs. qq. com/form/page/DRG9WZ3ZweFN0SXFT 填写受益人联系信息，填写截止时间为 2022 年 3 月 7 日 20:00。近期建信信托将召开第一次受益人大会，本次提交的经办人邮箱地址作为受益人指定邮箱，用于参加受益人大会、接收受益人大会通知及反馈受益人意见。

由于本信托类型为他益信托，符合条件的债权人将自动成为信托受益人，无须另行签署信托受益权转让协议。如就本信托计划的相关事项存在疑问，请与建信信托通过邮件或电话联系。建信信托联系方式：邮箱：caidie7hao@ ccbtrust. com. cn；电话：×××－×××××××××（自然人受益人）、×××－×××××××××（机构受益人）。

注：本次公示针对虚假陈述集体诉讼赔偿金额超过 50 万元的债权人，其余类型债权人不在本次公示范围内，且无须填写受益人信息。

建信信托有限责任公司

2022 年 3 月 4 日

第三部分　热 点 舆 情

一、主要新闻报道

投服中心公开发布特别代表人诉讼业务规则（试行）*

《上海证券报》·中国证券网 2020 年 7 月 31 日报道　记者：祁豆豆

7 月 31 日，中证中小投资者服务中心（以下简称投服中心）公开发布《中证中小投资者服务中心特别代表人诉讼业务规则（试行）》（以下简称《特别代表人诉讼业务规则》），自发布之日起实施。

《特别代表人诉讼业务规则》共六章、31 条，明确了参加诉讼的投保机构和投资者的权利义务，对特别代表人诉讼案件选定、投资者特别授权获取、代为登记及参与诉讼活动等进行了规定，并特别涉及了回避、保密、费用、档案管理制度等。

该规则核心内容包括七个方面：一是明晰了投服中心参加特别代表人诉讼的程序。投服中心参加特别代表人诉讼，实施过程包括内部决策和具体实施两个阶段。二是明确了投服中心参加特别代表人诉讼的公益属性原则。特别代表人诉讼中，关于法院依法向原告收取的诉讼费用，投服中心将依据《最高人民法院关于证券纠纷代表人诉讼若干问题的规定》，作为诉讼代表人向法院依法申请减交或免交等，并向法院主张败诉的被告赔偿诉讼过程中发生的公告费、通知费、律师费等合理费用。参考域外投保机构有关费用的相关规定，除为开展特别代表人诉讼的必要支出外，明确投服中心不收取其他费用。三是规定了投服中心参与特别代表人

* 原文链接：https://news.cnstock.com/news,bwkx-202007-4571439.htm。

诉讼案件的范围和标准。四是明确了投服中心作为诉讼代表人的权限。投资者默示参加权利登记即视为赋予代表人特别授权，不同意的可向人民法院声明退出。五是明确了诉讼代表人如何履行通知义务。六是规定了投资者可退出特别代表人诉讼的阶段。在一审判决前，赋予投资者"两次退出"的选择权，实现了诉讼效率与保护投资者合法权益的平衡。七是强化决策科学性及监督管理。

前期，投服中心已召开两次专题座谈会，同时向证监会相关部门和派出机构共13个部门、单位，人民法院，投服中心公益律师、行权专家委员及知名专家学者等共34个外部单位或专家广泛征求意见，并基本予以采纳。

首例中国版证券集体诉讼案有望落地
康美药业虚假陈述案开启投资者保护新篇章*

《证券日报》2021年3月29日报道　记者：吴晓璐

"中国版证券集体诉讼终于来了！"2021年3月26日，记者的朋友圈几乎被《投服中心接受康美药业虚假陈述民事赔偿案投资者委托的说明》（以下简称《委托说明》）一文刷屏，其中一位法学专家做出如上评论。

3月26日，广州市中级人民法院（以下简称广州中院）发布《关于康美药业证券虚假陈述责任纠纷的普通代表人诉讼权利登记公告》（以下简称《诉讼权利登记公告》）显示，2020年年底，广州中院受理了11名投资者作为发起人，共同起诉被告康美药业以及马某1、许某某等21名时任董监高的证券虚假陈述责任纠纷案，并于2021年2月10日决定适用普通代表人诉讼程序审理该案。《诉讼权利登记公告》显示，自当日起至4月25日之前，在权利人范围内的投资者，即"自2017年4月20日（含）起至2018年10月15日（含）期间以公开竞价方式买入，并于2018年10月15日闭市后仍持有康美药业股票"的投资者，均可以向广州中院登记加入该案诉讼。

---

* 原文链接：https://mp.weixin.qq.com/s/LA1b9K2gcHWFa1jXB7tZEg。

同日，中证中小投资者服务中心（以下简称投服中心）发布的《委托说明》显示，自当日起至 4 月 7 日 24 时前，上述范围内的投资者也可以委托投服中心作为代表人进行诉讼。

2019 年《证券法》规定，投保机构接受 50 名以上投资者委托，可以作为代表人参加诉讼，并可以申请转换为“声明退出”的特别代表人诉讼，即中国特色证券集体诉讼。也因此，康美药业虚假陈述案大概率将成为首例中国版证券集体诉讼。

投资者权益保护再迈新台阶

上海市法学会金融法研究会会长、华东政法大学教授吴弘接受《证券日报》记者采访时表示，投服中心启动特别代表人诉讼具有代表性意义，且经实践操作也可检验和完善立法与相关司法解释。

“投服中心启动康美药业的特别代表人诉讼，对于资本市场投资者保护而言意义重大。”国浩律师（上海）事务所律师朱奕奕在接受《证券日报》记者采访时表示，一方面，特别代表人诉讼可以在诉讼成本、举证责任等诸多方面减轻投资者负担，有力保障投资者权益；另一方面，若此次特别代表人诉讼能够启动，也将为我国证券特别代表人诉讼制度的发展积累宝贵的诉讼经验，有利于我国证券代表人诉讼制度的健全与完善。

“这将是特别代表人诉讼制度的第一次实际应用。证券公益机构一次性代表所有遭受损失的投资者提出索赔，对证券市场违法行为将有极大的震慑作用，对投资者保护有极大的促进作用。”德恒上海律师事务所合伙人陈波对《证券日报》记者表示。

2018 年 10 月 15 日，有媒体质疑康美药业货币资金真实性，并指出其可能存在财务造假等问题，2018 年 10 月 17 日晚，康美药业发布关于媒体报道的澄清说明，2018 年 12 月 28 日晚，公司发布收到中国证监会立案调查通知的公告。

2021 年 3 月 26 日晚间，康美药业发布公告称，收到投服中心《关于发布接受康美药业虚假陈述民事赔偿案投资者委托说明的通知》。公告显示，“投服中心如在法定期限内接受 50 名适格投资者委托，将向广州中院申请参加（2020）粤 01 民初 2171 号案普通代表人诉讼，并申请转换为特别代表人诉讼”。

若投服中心成功对康美药业虚假陈述案启动特别代表人诉讼，将是我国资本市场首例“默认加入，明示退出”的中国特色证券集体诉讼。

上海明伦律师事务所律师王智斌告诉《证券日报》记者，其已经接受了200多名康美药业投资者委托索赔，部分诉讼已经向广州中院提交立案申请。王智斌认为，投服中心有较大概率将该案转化为特别代表人诉讼。“如果转为特别代表人诉讼，是默认加入，我们肯定是不会申请退出的。”

北京德恒（宁波）律师事务所合伙人、律师张志旺对《证券日报》记者表示，目前代理的康美药业投资者有100多名，索赔金额合计约几千万元。“康美药业案件影响比较大，涉及投资者众多，投服中心公开征集50名投资者应该不成问题。”

有投资者质疑揭露日　律师认为还可“另行起诉”

“（2018年）10月15日有媒体质疑康美财务造假，但是（2018年）10月17日晚上公司就发布公告澄清了，我大多都是在（2018年）10月18日以后买入的。”3月28日，有十几年股龄的康美药业投资者张元（化名）告诉《证券日报》记者。“媒体质疑上市公司的文章太多了，所以相较于媒体质疑，我更相信公司公告，因此，在看到公司的澄清公告和控股股东增持公告后，加大了对康美药业的投资。”

2019年4月29日晚间，康美药业发布2019年度主要经营业绩报告，2019年亏损36.48亿元。此后，康美药业迎来5个一字跌停板。2019年5月10日，公司股票开板。“我大部分持股是(2019年)5月10日卖的，那时候价格还在6元多，我都已经亏了300多万元。”张元告诉记者。

如果按照广州中院确立的权利人范围，张元并不在法院和投服中心规定的投资者范围中，这让张元颇为不解。“之前上市公司也是以（2018年）12月28日作为揭露日计提的诉讼费用，从投资者角度来看，以（2018年）12月28日为揭露日比较公平。”

吴弘对《证券日报》记者表示，揭露日的确定应根据首次性、获知者广泛性、内容与监管机构查明的事实相似性、对市场有影响性确认。

朱奕奕认为，依据《关于审理证券市场因虚假陈述引发的民事赔偿案件的若干规定》，所谓虚假陈述揭露日，是指虚假陈述在全国范围发行或者播放的报刊、电台、电视台等媒体上,首次被公开揭露之日,但从司法实践中来看,对于虚假陈述揭露日的认定,在很大程度上取决于虚假陈述揭露后是否对市场产生了影响,如新闻报道后对证券市场反应是否激烈、对相关公司的股价是否产生较大影响。此外,鉴于媒体报道的虚假陈述与中国证监会认定的虚假陈述事实可能存在不一致,实务中多以该虚假陈述被中国证监会立案调查或者做出行政处罚之日为标准来确定虚假陈述揭露日。

张志旺表示,根据广州中院披露的信息来看,受理的11名投资者大概率也是普通投资者,其诉讼请求是一样的,都确定以2018年10月15日为虚假陈述揭露日,广州中院认为他们的诉求一样,所以作为一批来受理。不在该范围内的投资者,可以单独另行起诉。

中介机构不在索赔范围? 业内认为后续或增为被告

据《诉讼权利登记公告》显示,康美药业以及马某1、许某某等21名时任董监高被起诉为被告,而已经被证监会行政处罚的广东正中珠江会计师事务所(以下简称正中珠江)等中介机构没有纳入被告索赔对象,这也成为市场关注点之一。

据中国证监会网站,2021年2月20日,中国证监会发布正中珠江、杨某某、张某3、刘某1、苏某某的行政处罚决定书,因对康美药业审计未勤勉尽责,正中珠江被没收业务收入1425万元,并处以4275万元罚款,合计罚没5700万元。

“我代理的100多名投资者,都把中介机构纳入索赔对象了,包括券商和会计师事务所。估计广州中院受理的11名投资者,没有将中介机构作为索赔对象,所以《诉讼权利登记公告》是根据11名投资者的诉讼主张和被告来决定的。不排除后续将中介机构纳入被告范围。”张志旺表示。

“根据广州中院发布的《诉讼权利登记公告》,原告投资者并未对正中珠江等中介机构提起索赔请求,因此被行政处罚的正中珠江等中介没有被法院纳入索赔对象。”朱奕奕认为。

吴弘表示,投资者可以选择部分责任人作被告,也可在诉讼中追加,也可对连带责任人另行起诉且不影响特别代表人诉讼选择被告。

对此,陈波对《证券日报》记者表示,首先,行政处罚的标准并非完全等同于民事诉讼赔偿的标准,达到行政处罚的标准,不一定达到民事赔偿标准。其次,中介机构即使与上市公司等当事人构成共同侵权,原告也有权根据侵权人的过错程度、诉讼请求被支持的可能性、判决执行的可行性、判决的社会影响等因素,决定选择全部或部分侵权人作为被告。作为被告的部分侵权人担责后,认为其他侵权人需要担责的,可以起诉其他侵权人,要求分担责任。

证券投保再迈步 特别代表人诉讼“破冰”在即*

新华网 2021 年 3 月 30 日报道 记者:潘清

作为中国证监会管理的证券金融类公益机构,中证中小投资者服务中心(以下简称投服中心)近日宣布,公开接受康美药业股份有限公司(以下简称康美药业)虚假陈述民事赔偿案投资者委托。若在法定时限内接受 50 名投资者委托,投服中心将向广州市中级人民法院(以下简称广州中院)申请参加普通代表人诉讼并转换为特别代表人诉讼。

特别代表人诉讼“破冰”在即,成为 2019 年《证券法》实施一年后,证券投资者保护迈出的又一重要步伐。

2019 年《证券法》辟出专章强化投资人保护并确立了代表人诉讼制度,规定“投资者提起虚假陈述等证券民事赔偿诉讼时,诉讼标的是同一种类,且当事人一方人数众多的,可以依法推选代表人进行诉讼。”“投资者保护机构受五十名以上投资者委托,可以作为代表人参加诉讼,并为经证券登记结算机构确认的权利人依照前款规定向人民法院登记,但投资者明确表示不愿意参加该诉讼的除外。”

2020 年 7 月末,《中证中小投资者服务中心特别代表人诉讼业务规则(试行)》发布实施,明晰了投服中心参加特别代表人诉讼的程序、公益属性原则,明确了案件范围和标准、投服中心作为诉讼代表人的权限、诉讼代表人如何履行通知义务,并通过赋予投资者“两次退出”选择权,实现诉讼效率与保护投资者合法权益的

* 原文链接:http://www.xinhuanet.com/fortune/2021-03/30/c_1127274040.htm。

平衡。

直面投资者维权难、维权成本高的现状,“默示加入、明示退出”的特别代表人诉讼机制受到市场各方高度关注。

投服中心相关负责人此前表示,将根据相关法律规则,综合考虑案件重大典型、社会高度关注且具有较强示范性,违法行为人已被行政处罚且具有一定偿付能力等因素,遵循公开、公平、公正、效率原则,稳妥推动特别代表人诉讼落地。

2020 年 5 月 15 日,康美药业公告收到中国证监会行政处罚决定书。决定书显示,公司存在虚增营业收入、利息收入及营业利润,虚增货币资金,虚增固定资产、在建工程、投资性房地产,未按规定披露控股股东及其关联方非经营性占用资金的关联交易情况等违法行为。依据《证券法》相关规定,证监会对康美药业及相关责任人作出了行政处罚。

2020 年年末,康美药业收到广州中院发来的应诉通知书,顾某某等 11 名自然人就公司证券虚假陈述责任纠纷一案,向广州中院申请发起普通代表人诉讼。

投服中心相关负责人表示,康美药业案的社会关注度极高。经内部研究、外部专家评估等流程,中心充分响应市场呼声,针对广州中院普通代表人诉讼权利登记公告,公开接受投资者委托。

根据《最高人民法院关于证券纠纷代表人诉讼若干问题的规定》,如案件转换为特别代表人诉讼,投服中心将依据法院公告的权利人范围,向证券登记结算机构调取权利人名单。法院予以登记,并通知全体原告。原告不同意参加诉讼的,可依据法院公告声明退出。

依据广州中院普通代表人诉讼权利登记公告,此次公开受托索赔对象为马某 1 等 21 位责任人员和康美药业。投服中心还将视案件进展情况申请追加会计师事务所及相关责任人为被告。

投服中心相关负责人表示,坚持“追首恶”理念有助于精准打击违法违规行为责任主体,示范引领投资者维权,提高资本市场违法违规成本,促进上市公司提高内部治理水平,打造规范、透明、开放、有活力、有韧性的资本市场。

这位负责人表示,下一步投服中心将继续围绕证券法赋予投保机构的各项职责,依法稳妥推进代表人诉讼工作;丰富支持诉讼案件类型,推广“支持诉讼 + 示范案件”机制;进一步丰富股东诉讼司法实践,切实发挥公益投保机构的示范引领作用。

特别代表人诉讼30问*

1. 特别代表人诉讼的法律依据是什么?

答:2019年12月28日修订通过,自2020年3月1日起施行的《中华人民共和国证券法》第95条第3款规定,投资者保护机构受50名以上投资者委托,可以作为代表人参加诉讼,并为经证券登记结算机构确认的权利人依照前款规定向人民法院登记,但投资者明确表示不愿意参加该诉讼的除外。

2. 为什么要建立特别代表人诉讼制度?

答:建立特别代表人诉讼制度,能进一步强化证券民事责任追究,有效遏制欺诈发行、财务造假等资本市场"毒瘤"。对于防范化解金融风险和促进资本市场改革发展具有重要意义。

3. 特别代表人诉讼制度有什么特色?

答:(1)确定了投保机构可以依据法律规定基于投资者的授权委托取得代表人的法律地位;(2)确立了"默示加入、明示退出"的诉讼参加方式;(3)强调运用信息技术,便捷投资者通过诉讼维权。

4. 什么是"默示加入、明示退出"?

答:启动特别代表人诉讼后,经证券登记结算机构确认的权利人名单中的投资者,除明确向法院表示不参加该诉讼的,都成为案件原告,分享诉讼"成果"。

5. "默示加入、明示退出"机制有什么好处?

答:能够最大限度地增加原告投资者人数,"聚沙成塔、集腋成裘"的赔偿效应能够对证券违法犯罪行为形成强大的威慑力和高压态势;另外,还可以将众多投资者的索赔请求通过一个诉讼程序一揽子解决,极大提升诉讼效率。

6. 特别代表人诉讼具体制度有哪些?

答:最高人民法院发布《最高人民法院关于证券纠纷代表人诉讼若干问题的规

---

* 摘自投服中心微信公众号,2021年4月6日发布。原文链接:https://mp.weixin.qq.com/s/jXYekEW28k_IN5wePHqdgg。

定》，中国证监会发布《关于做好投资者保护机构参加证券纠纷特别代表人诉讼相关工作的通知》，中证中小投资者服务中心（以下简称投服中心）发布《中证中小投资者服务中心特别代表人诉讼业务规则（试行）》《中证中小投资者服务中心证券诉讼案件评估工作管理办法（试行）》。

7. 投保机构在特别代表人诉讼中的作用是什么？

答：投保机构是特别代表人诉讼的唯一代表人，可代表原告参加开庭审理，变更、放弃诉讼请求或者承认对方当事人的诉讼请求，与被告达成调解协议，提起或者放弃上诉，申请执行，委托诉讼代理人等。

8. 参与特别代表人诉讼制度的投保机构包括哪些？

答：目前，中国证监会系统单位中的投保机构是指中证中小投资者服务中心有限责任公司和中国证券投资者保护基金有限责任公司（以下简称投保基金）。

9. 投保机构的各自角色定位是什么？

答：目前，在试点阶段，投服中心作为诉讼主体，接受投资者委托，具体参加特别代表人诉讼，投保基金主要从事数据分析、损失计算、协助分配等工作，与投服中心分工合作，优势互补，形成合力。

10. 什么类型的案件可以进行特别代表人诉讼？

答：符合条件的证券市场虚假陈述、内幕交易、操纵市场等行为引发的民事赔偿纠纷，可启动特别代表人诉讼。

11. 投保机构如何启动特别代表人诉讼？

答：在法院发布普通代表人诉讼权利登记公告之后，投保机构经过预研认为有必要参加的，可以启动重大案件评估机制，经内部决策程序，自主研究，在法院公告期间受50名以上适格权利人的特别授权，可向法院申请转换特别代表人诉讼。

12. 特别代表人诉讼案件的选取条件是什么？

答：（1）有关机关已经作出行政处罚或刑事裁判等；（2）案件典型重大、社会影响恶劣，具有示范意义；（3）被告具有一定偿付能力；（4）投保机构认为必要的其他情形。

13. 投资者能否直接要求投服中心启动特别代表人诉讼？

答：由于特别代表人诉讼是一项新的诉讼制度，目前尚在起步试点阶段，投资者尚不能直接要求投服中心启动。

14. 普通代表人诉讼登记公告发布后，未被确定为特别代表人诉讼的案件，投资者如何进行维权？

答：投资者可在公告期间向法院申请登记，加入普通代表人诉讼。

15. 除特别代表人诉讼外，投资者还可以通过哪些方式维权？

答：目前，我国证券期货纠纷的化解机制非常多元，不仅包括单独诉讼、共同诉讼、支持诉讼、示范判决、代表人诉讼等司法审判机制，也包括当事人和解、行业调解、专业调解、先行赔付等非诉纠纷解决机制。特别代表人诉讼只是证券期货纠纷多元化解机制的一种类型，不影响其他纠纷解决方式积极发挥作用。

16. 投服中心如何确定特别代表人诉讼的被告？

答：行政处罚决定中确定的所有被处罚对象均可作为特别代表人诉讼被告。

17. 符合什么条件的投资者可以向投服中心申请进行权利委托？

答：法院发布普通代表人诉讼权利登记公告后，投服中心决定参加特别代表人诉讼的，会在中国投资者网（http://www.investor.org.cn）和投服中心官网（http://www.isc.com.cn/）上发布《投服中心接受××××虚假陈述民事赔偿案投资者委托的说明》，说明中会依据法院公告列示投资者范围，在列示范围内的投资者可以申请。

18. 投资者的申请条件是如何确定的？

答：投资者范围援引自法院发布的普通代表人诉讼权利登记公告。

19. 符合条件的投资者怎样进行申请？

答：注册登录中国投资者网，在规定时间内提交指定材料，并在网上初步审核通过之后在规定时间内向投服中心寄送证据材料原件。

20. 投资者是否需要承担诉讼律师费用？

答：投资者不需要承担律师费用。

21. 特别代表人诉讼的诉讼费用有什么特殊规定吗？

答：根据《最高人民法院关于证券纠纷代表人诉讼若干问题的规定》第39条规定，特别代表人诉讼不预交案件受理费。如败诉或者部分败诉，人民法院将依照《诉讼费用交纳办法》的规定，视原告的经济状况和案件的审理情况决定是否准许减交或者免交诉讼费。

22. 征集阶段未进入50人的投资者后续如何维权？

答：如适格投资者未在征集阶段成为50人，如特别代表人诉讼成立后，只要未向法院声明退出，即视为参加诉讼，成为原告。

23. 投服中心征集阶段，机构投资者是否可以申请进行权利委托？

答：机构投资者与个人投资者具有同等权利，都可以向投服中心申请进行权利委托，但是目前阶段因身份识别系统技术所限，仅限于自然人投资者申请。特别代表人诉讼成立后，根据“默示加入，明示退出”原则，如适格机构投资者不明示退出，也是案件原告。

24. 如不想参与特别代表人诉讼，投资者应怎么办？

答：适格投资者有“两次退出”选择权，但都需向法院提出：(1)法院特别代表人诉讼权利登记阶段，不同意参加诉讼提交退出申请；(2)诉讼调解阶段，经听证程序后，投资者对调解方案仍不认同的，可提交退出申请。

25. 特别代表人诉讼启动后多长时间能出结果？

答：特别代表人诉讼启动后将经历一系列诉讼活动，多长时间出诉讼结果无法确定，诉讼启动不等于立即判决和投资者获赔。

26. 特别代表人诉讼是否一定会胜诉？

答：任何案件在法院作出最终裁判前，都不能绝对保证必胜无疑，特别代表人诉讼也不例外。

27. 特别代表人诉讼胜诉后投资者是否一定会获得赔偿？

答：投资者实际能拿到的赔偿金额，将依赖于被告履行生效判决或调解及法院执行情况，存在无法获得偿付的风险。

28. 针对赢了官司拿不到钱的问题，投保机构有什么应对措施吗？

答：依照“追首恶”理念，投保机构在启动代表人诉讼时，可以将受处罚的公司实际控制人或者大股东、公司董事、监事、高级管理人员、会计师事务所等中介机构等相关责任人均列为共同被告承担连带责任，并根据行政处罚进展适时对被告进行追加，力争在惩戒“首恶”的同时，也能最大限度保障投资者依法获得赔偿。

29. 投资者怎么获知案件进展？

答：投服中心将在中国投资者网(http://www.investor.org.cn)及投服中心官

网(http://www.isc.com.cn/)发布公告,及时通报案件进展。同时,投服中心将通过接听投资者来电(4001876699)等充分了解被代表投资者的意见,做好沟通协调、解释说明等工作。此外,投资者也可向管辖法院了解案件进展。

30. 特别代表人诉讼制度与美国集团诉讼制度的主要区别是什么?

答:美国证券集团诉讼制度的运行,主要依赖于律师的推动,是市场化运作模式,容易产生滥诉问题。而我国证券集体诉讼是由公益性投保机构主导,且以法院发布普通代表人诉讼权利登记公告为前提,不会产生滥诉问题。

中国证监会有关部门负责人就康美药业特别代表人诉讼问题答记者问*

1. 问:资本市场实施证券纠纷特别代表人诉讼有何重要意义?

答:证券纠纷特别代表人诉讼制度,是加强资本市场基础制度建设的重要成果,也是我国民事诉讼制度的重要创新。在资本市场实施证券纠纷特别代表人诉讼,是深入贯彻落实党中央和国务院关于对资本市场违法犯罪行为"零容忍"的精神和要求的重要举措,也是保护投资者特别是中小投资者合法权益、保障资本市场全面深化改革的有力武器,对于维护市场"三公"秩序、促进资本市场高质量发展具有重要意义。

一是有利于通过司法制度创新带动金融市场生态改善和社会治理效能提升。欺诈发行、财务造假等资本市场"毒瘤",不仅严重损害广大投资者的合法权益,造成恶劣的社会影响,而且严重影响市场秩序和金融安全,甚至可能诱发社会不稳定因素。开展"默示加入、明示退出"的证券纠纷特别代表人诉讼,能够大幅提高违法违规成本,有效遏制和减少资本市场违法犯罪行为的发生,营造良好的金融市场生态,更好服务实体经济高质量发展。同时,通过"一揽子"解决违法行为的民事赔偿,能够高效、妥善化解群体性、涉众型纠纷,大幅提升社会综合治理

* 摘自中国证监会官网,2021年4月16日发布。原文链接:www.csrc.gov.cn/csrc/c100028/c228c4fb55b214f51a54704ffe05a155c/content.shtml。

效能。

二是有利于推进资本市场全面深化改革。注册制改革是这一轮资本市场改革的“牛鼻子”工程。发行端准入方式的市场化改革能否顺利施行，在很大程度上取决于后端的监管执法是否有效。证券纠纷特别代表人诉讼有利于弥补证券民事赔偿救济乏力的基础制度短板，与行政、刑事责任追究机制形成立体化的制度合力，共同为全面深化资本市场改革特别是注册制改革提供强有力的司法保障。

三是有利于受损的中小投资者得到公平、高效的赔偿。我国证券市场以中小投资者为主，当其受到证券违法行为侵害时，由于非常分散、单个投资者索赔金额较小等原因，许多中小投资者往往会放弃权利救济，不想诉、不愿诉、不能诉现象突出。由投资者保护机构参与的证券纠纷代表人诉讼，通过代表人机制、专业力量的支持以及诉讼费用减免等制度，能够大幅降低投资者的维权成本和诉讼风险，有利于解决受害者众多分散情况下的起诉难、维权贵的问题。

四是有利于上市公司、中介机构提高内部治理水平和规范市场运作，打造规范、透明、开放、有活力、有韧性的资本市场。证券纠纷特别代表人诉讼主要适用于证券市场虚假陈述、内幕交易、操纵市场等案件，可以有效督促上市公司及其高管守法经营、依法披露，提高经营透明度，培育良好的公司治理文化，不断提高上市公司质量。同时督促中介机构履职尽责，充分发挥“看门人”作用，共同提升资本市场诚信水平。

2. 问：我国证券纠纷特别代表人诉讼有什么显著特征？

答：《证券法》以及《最高人民法院关于证券纠纷代表人诉讼若干问题的规定》（法释〔2020〕5 号）规定，人民法院发布普通代表人诉讼权利登记公告后，投资者保护机构在公告期间受 50 名以上投资者的特别授权，可以依法作为代表人参加证券民事赔偿诉讼。我国证券纠纷特别代表人诉讼是符合中国国情、具有中国特色的证券民事诉讼制度。

一是赋予旨在保护投资者合法权益的公益机构诉讼代表人资格。上述规定明确了投资者保护机构可以基于投资者的授权取得代表人的法律地位，且必须由投资者保护机构参加才能从普通代表人诉讼转为特别代表人诉讼，而未赋予社会律师等其他主体启动特别代表人诉讼的权利。这是与其他国家诉讼的重要区别之一,能够有效避免其他主体因利益驱动可能导致的滥诉问题。

二是规定了投资者“默示加入、明示退出”的诉讼参加方式。投资者保护机构作为代表人,可以为经证券登记结算机构确认的权利人向法院进行登记,而无须投资者向法院证明自己具有权利人身份并向法院进行登记,这样能够大大减轻投资者在诉讼中的举证负担和成本。

三是坚持公益化、科技化,提高维权效率,降低维权成本。投资者保护机构作为代表人参加诉讼,除为开展特别代表人诉讼的必要支出外,不收取其他费用;不需要预交案件受理费,即便败诉需要承担诉讼费用,也可以根据特定情形申请减免;在诉讼中申请财产保全,可以免于提供担保。同时,我国依托信息化技术手段开展立案登记、诉讼文书送达、公告和通知、权利登记、执行款项发放等工作,为投资者提供更多便利,实现“让数据多跑路、让投资者少跑腿”。

四是注重诉讼程序的可防可控。在程序启动方面,明确投资者保护机构要获得50名以上的权利人授权,才能启动特别代表人诉讼,并明确法院对是否适用代表人诉讼程序等享有裁决权;在代表权运行机制方面,规定了代表人行使特别授权必须在法院监督下进行的制度安排,充分保障投资者的表决权、知情权、异议权和退出权等。

五是加强多元解纷机制的运用,形成投资者权利保护的立体化格局。司法解释规定,人民法院应当充分发挥多元解纷机制的功能,按照自愿、合法原则,引导和鼓励当事人通过行业调解、专业调解等非诉讼方式解决证券纠纷。当事人选择通过诉讼方式解决纠纷的,人民法院应当及时立案,案件审理过程中应当着重调解。

3. 问:4月16日,中小投资者服务中心接受50名以上投资者委托,对康美药业启动特别代表人诉讼。作为监管机构,如何看待这次诉讼?

答:此次康美药业普通代表人诉讼转换为特别代表人诉讼,是我国首单证券纠纷特别代表人诉讼,这是资本市场发展历史上的一个标志性事件,无论是对资本市场健康发展,还是对维护投资者合法权益,都具有重要意义并将产生积极深远影响。这也是落实国务院金融委对违法违规行为“零容忍”要求的具体实践。国务院金融委多次会议指出,上市公司财务造假是证券市场的“毒瘤”,严重损害了广大投资者的合法权益,造成了恶劣的社会影响,危及市场秩序和金融稳定发展,必须从严从快从重打击。

2020 年 5 月，中国证监会对康美药业信息披露违法违规行为作出行政处罚及市场禁入决定，公司及相关人员涉嫌犯罪行为被移送司法机关。康美药业公司 2016 年至 2018 年连续 3 年有预谋、有组织、系统性实施财务造假约 300 亿元，涉案金额巨大，持续时间长，性质特别严重，社会影响恶劣，践踏法治，对市场和投资者毫无敬畏之心，严重损害了投资者的合法权益，严重破坏资本市场健康生态。投资者保护机构充分响应市场呼声，依法接受投资者委托，作为代表人参加康美药业代表人诉讼。中国证监会对此表示支持，并将依法对投资者保护机构参与诉讼工作进行监督，切实保障投资者合法权益。

下一步，中国证监会将持续加强与最高人民法院的沟通协调，不断推动完善特别代表人诉讼各项制度机制，依法推进特别代表人诉讼工作常态化开展。

资本市场标志性事件！今天，中国版集体诉讼第一案来了*

《中国证券报》2021 年 4 月 16 日报道　记者：昝秀丽

2021 年 4 月 16 日，备受市场瞩目的证券纠纷特别代表人诉讼第一案来了！

广州市中级人民法院（以下简称广州中院）16 日发布的一则公告显示，近日，投资者保护机构中小投资者服务中心（以下简称投服中心）接受黄某 1 等 56 名康美药业投资者的委托，申请作为代表人参加康美药业的诉讼。广州中院将适用特别代表人诉讼程序审理本案。

中国证监会有关部门负责人表示，此次康美药业普通代表人诉讼转换为特别代表人诉讼，是我国首单证券纠纷特别代表人诉讼，这是资本市场发展历史上的一个标志性事件，无论是对资本市场健康发展，还是对维护投资者合法权益，都具有重要意义并将产生积极深远影响。

---

* 原文链接：https://mp.weixin.qq.com/s/NQsrNfNouRqb84aG9ivCbQ。

中国证监会:依法推进特别代表人诉讼工作常态化开展

中国证监会有关部门负责人就康美药业特别代表人诉讼问题答记者问时表示,2020年5月,中国证监会对康美药业信息披露违法违规行为作出行政处罚及市场禁入决定,公司及相关人员涉嫌犯罪行为被移送司法机关。康美药业公司2016年至2018年连续3年有预谋、有组织、系统性实施财务造假约300亿元,涉案金额巨大,持续时间长,性质特别严重,社会影响恶劣,践踏法治,对市场和投资者毫无敬畏之心,严重损害了投资者的合法权益,严重破坏资本市场健康生态。投资者保护机构充分响应市场呼声,依法接受投资者委托,作为代表人参加康美药业代表人诉讼。证监会对此表示支持,并将依法对投资者保护机构参与诉讼工作进行监督,切实保障投资者合法权益。

下一步,中国证监会将持续加强与最高人民法院的沟通协调,不断推动完善特别代表人诉讼各项制度机制,依法推进特别代表人诉讼工作常态化开展。

广州中院:将适用特别代表人诉讼程序审理
康美药业证券虚假陈述责任纠纷案

广州中院公告显示,2020年12月31日,广州中院受理了顾某某、刘某2等11名原告共同起诉马某1、许某某、康美药业等22名被告证券虚假陈述责任纠纷一案。

顾某某、刘某2经11名原告共同推选为拟任代表人,同时请求代表具有相同种类诉讼请求并申请加入本案诉讼的其他投资者,提起普通代表人诉讼。2021年2月10日,广州中院经审查决定适用普通代表人诉讼程序审理本案,确定了权利人范围。2021年3月26日,该院发出了《普通代表人诉讼权利登记公告》。

2021年3月30日,原告顾某某、刘某2等11名投资者根据中国证监会对广东正中珠江会计师事务所及杨某某、张某3、刘某1、苏某某的行政处罚决定,向广州中院申请追加广东正中珠江会计师事务所、杨某某、张某3、刘某1、苏某某为本案被告,请求判令前述五被告与马某1、许某某等被告承担连带赔偿责任。广州市中院依法对原告追加被告的申请予以准许。

2021 年 4 月 8 日,投服中心称接受了黄某 1 等 56 名权利人的特别授权,向广州中院申请作为代表人参加诉讼。广州中院将适用特别代表人诉讼程序审理本案。

广州中院明确,此次案件的权利人范围包括:自 2017 年 4 月 20 日(含)起至 2018 年 10 月 15 日(含)期间以公开竞价方式买入,并于 2018 年 10 月 15 日闭市后仍持有康美药业股票(现简称 ST 康美,证券代码:600518),且与本案具有相同种类诉讼请求的投资者,但具有《最高人民法院关于审理证券市场因虚假陈述引发的民事赔偿案件的若干规定》第 19 条规定的虚假陈述与损害结果之间不存在因果关系情形的除外。

广州中院表示,符合前述权利人范围的投资者如不愿意参加此次特别代表人诉讼,应当在本公告期间届满(2021 年 5 月 16 日)后 15 日内向该院提交书面声明退出诉讼。声明退出的投资者可以另行起诉,依法不视为特别代表人诉讼的原告。

帮助受损中小投资者得到公平、高效的赔偿

中国证监会相关部门负责人介绍,中国版集体诉讼制度主要安排是:在代表人资格方面,投资者保护机构可以依法取得代表人的法律地位;在投资者授权方面,投保机构必须在获得 50 名以上的投资者特别授权后才可以启动特别代表人诉讼程序;在参加诉讼方式方面,投资者“默示加入,明示退出”。

上述负责人强调,在资本市场实施证券纠纷特别代表人诉讼,是深入贯彻落实党中央和国务院关于对资本市场违法犯罪行为“零容忍”精神重要举措。此举有利于通过司法制度创新带动金融市场生态改善和社会治理效能提升;有利于弥补证券民事赔偿救济乏力的基础制度短板,与行政、刑事责任追究机制形成立体化的制度合力,共同为全面深化资本市场改革特别是注册制改革提供强有力的司法保障;有利于受损的中小投资者得到公平、高效的赔偿。

上海久诚律师事务所律师许峰说,集体诉讼是成熟证券市场投资者维权的主要手段,由代表人代表众多当事人发起民事诉讼。目前,中国 A 股市场投资者超过 1.8 亿名,集体诉讼将大幅降低投资者的维权成本和诉讼风险,有利于解决受害者

众多分散情况下的起诉难等问题。“康美药业集体诉讼案将成为中国资本市场标志性事件,有利于震慑、遏制欺诈发行、财务造假等资本市场违法犯罪行为。”

中证君了解到,未来投资者保护机构将依法推进特别代表人诉讼工作常态化开展,帮助广大中小投资者得到公平、高效的赔偿。同时,中国证监会将持续加强与最高人民法院的沟通协调,在总结实践经验基础上不断推动完善特别代表人诉讼各项制度机制,持续向资本市场释放保护投资者合法权益、对违法违规行为“零容忍”、加大民事责任追究力度的强烈信号,助力建设规范、透明、开放、有活力、有韧性的资本市场。

康美药业财务造假始末有预谋、有组织、长期、系统财务造假

康美药业财务造假影响恶劣,严重破坏资本市场健康生态。经中国证监会调查认定,2016~2018 年,康美药业股份有限公司实际控制人、董事长等通过虚开和篡改增值税发票、伪造银行单据,累计虚增货币资金 887 亿元,虚增收入 275 亿元,虚增利润 39 亿元。中国证监会已依法对康美药业违法违规案作出行政处罚及市场禁入决定,已将康美药业及相关人员涉嫌犯罪行为移送司法机关。

2019 年 4 月 30 日,康美药业一口气发布了 2018 年报、2019 年一季报、2018 年度财报非标审计意见等 20 多份公告。

在 20 多份公告中,一份标题为“关于前期会计差错更正的公告”具体阐述了公司 2017 年年报中出现的会计错误——通过自查后,决定对 2017 年财报进行重述:其中,2017 年财报中的货币资金多计 299.44 亿元,营业收入多计 88.98 亿元,营业成本多计 76.62 亿元。

随后,交易所不断向公司发出问询和监管函,称公司在财务管理、信息披露、内部控制等方面可能存在重大疑问,予以高度关注。

作为康美药业的审计机构,广东正中珠江会计师事务所也于 2019 年 5 月被中国证监会立案调查。

2019 年 5 月 17 日,中国证监会通报康美药业案调查进展,2018 年年底,中国证监会日常监管发现,康美药业财务报告真实性存疑,涉嫌虚假陈述等违法违规,中

国证监会当即立案调查。当日晚间，康美药业发布关于公司股票交易实施其他风险警示暨公司股票停牌的提示性公告。

2019 年 6 月 28 日，康美药业 2018 年年度股东大会上，公司董事长马某 1 向股东道歉说“对不起”，他承认公司在快速发展中存在一些不规范的问题，并将积极配合中国证监会调查，争取早日有调查结果出来。

2020 年 5 月 14 日，中国证监会发布消息称，已依法对康美药业违法违规案作出行政处罚及市场禁入决定，决定对康美药业责令改正，给予警告，并处以 60 万元罚款，对 21 名责任人员处以 90 万元至 10 万元不等罚款，对 6 名主要责任人采取 10 年至终身证券市场禁入措施。相关中介机构涉嫌违法违规行为正在行政调查审理程序中。同时，中国证监会已将康美药业及相关人员涉嫌犯罪行为移送司法机关。

中国证监会重申，信息披露制度是资本市场健康发展的制度基石，依法诚信经营是最基本的市场纪律。一些上市企业无视法律和规则，实施财务造假等侵害投资者利益的恶劣行为，相关中介机构未履职尽责、勤勉从业，严重阻碍资本市场健康发展。对此，中国证监会将始终保持高压态势，用足用好法律赋予的职责，综合运用行政处罚、刑事追责、民事赔偿及诚信记录等追责体系，对财务造假等行为重拳出击。

2021 年 4 月 16 日，ST 康美发布下修业绩预告，预计 2020 年亏损 244.8 亿～299.2 亿元，此前预计亏损 148.5 亿～178.2 亿元。本次业绩预告修正后，预计公司净资产为负值，根据规定，预计公司股票将在 2020 年年度报告披露后被实施退市风险警示。

巨亏公告刚发布，ST 康美公告就收到了上海证券交易所问询函：要求说明迟至本期才计提相关减值的合理性。上海证券交易所要求公司说明减值迹象出现的具体时点，公司迟至本期才计提相关减值的合理性、审慎性，是否存在前期计提不足的情形，是否存在前期业绩虚假或调节利润的情形。

康美药业虚假陈述民事赔偿案有进展，首单特别代表人诉讼成功转换*

《人民日报》2021 年 4 月 19 日报道　记者：谢卫群

2021 年 4 月 19 日，中证中小投资者服务中心有限责任公司发布消息称：4 月 16 日，广东省广州市中级人民法院（以下简称广州中院）发布特别代表人诉讼权利登记公告，经最高人民法院指定管辖，将适用特别代表人诉讼程序审理（2020）粤 01 民初 2171 号案。中证中小投资者服务中心有限责任公司成功申请将康美药业虚假陈述民事赔偿案普通代表人诉讼转换为特别代表人诉讼。

中证中小投资者服务中心（以下简称投服中心）是经中国证监会批准设立并直接管理的证券金融类公益机构，于 2014 年 12 月在上海注册成立，主要职责是为中小投资者自主维权提供教育、法律、信息、技术等服务。

2021 年 3 月 26 日，广州中院发布（2020）粤 01 民初 2171 号案普通代表人诉讼权利登记公告。投服中心在中国投资者网发布接受康美药业虚假陈述民事赔偿案投资者委托的说明，公开接受投资者委托。系统开放后仅 3 个工作日，投服中心便已收到 50 人以上申请。3 月 26 日至 4 月 7 日接受投资者委托期间，投资者申请总人数 479 人，其中适格投资者 352 人，适格比例 73.5%。申请的适格投资者中，男性 236 人，女性 116 人；年龄最小的 21 岁，年龄最大的 81 岁；所在地域涉及 27 个省、自治区、直辖市。

投服中心集中力量加快审核，在材料齐备的适格投资者中按申请时间先后排序，共接受 56 名网上申请投资者委托。4 月 8 日，投服中心向广州中院提交上述 56 名投资者证据材料，并申请转换为特别代表人诉讼。4 月 16 日，广州中院发布特别代表人诉讼权利登记公告，首单特别代表人诉讼成功转换。

根据《证券法》《最高人民法院关于证券纠纷代表人诉讼若干问题的规定》及法

---

* 原文链接：https://wap.peopleapp.com/article/6181062/6083967。

院公告，投服中心作为代表人的代表权限包括：代表原告参加开庭审理，变更、放弃诉讼请求或者承认对方当事人的诉讼请求，与被告达成调解协议，提起或者放弃上诉，申请执行，委托诉讼代理人等。

据介绍，投服中心将依据法院公告的权利人范围，向证券登记结算机构调取权利人名单；法院予以登记，并通知全体原告。原告不同意参加诉讼的，可依据法院公告声明退出。经证券登记结算机构确认的权利人名单中的投资者，除明确向法院表示不参加该诉讼的，都成为案件原告。

我国首单证券纠纷特别代表人诉讼成功转换*

新华财经 2021 年 4 月 19 日报道　记者：闫鹏

记者 2021 年 4 月 19 日从中证中小投资者服务中心（以下简称投服中心）获悉，投服中心已成功申请将康美药业案普通代表人诉讼转换为特别代表人诉讼，这是我国首单证券纠纷特别代表人诉讼。

2020 年 5 月，中国证监会对康美药业信息披露违法违规行为作出行政处罚及市场禁入决定。康美药业公司 2016 年至 2018 年连续 3 年有预谋、有组织、系统性实施财务造假约 300 亿元，涉案金额巨大，持续时间长，性质特别严重，社会影响恶劣，严重破坏资本市场健康生态。

投服中心充分响应市场呼声，3 月 26 日发布《投服中心接受康美药业虚假陈述民事赔偿案投资者委托的说明》，公开接受投资者委托。3 月 26 日至 4 月 7 日接受投资者委托期间，投资者申请总人数 479 人，其中适格投资者 352 人，地域涉及 27 个省、自治区、直辖市。

最终投服中心在材料齐备的适格投资者中按申请时间先后排序，共接受 56 名网上申请投资者委托。4 月 8 日，投服中心向广州市中级人民法院提交上述 56 名投资者证据材料，并申请转换为特别代表人诉讼。4 月 16 日，广州市中级人民法院

* 原文链接：https://bm.cnfic.com.cn/share/index.html? app = xhcj#/share/articleDetail/2295512/1。

正式发布特别代表人诉讼权利登记公告,首单特别代表人诉讼成功转换。

据了解,下一步投服中心将依据法院公告的权利人范围,向证券登记结算机构调取权利人名单。经证券登记结算机构确认的权利人名单中的投资者,除明确向法院表示不参加该诉讼的,都成为案件原告,分享诉讼“成果”。

首单特别代表人诉讼成功转换*

《中国证券报》·中证网 2021 年 4 月 19 日报道　记者:周松林　林倩

近日广东省广州市中级人民法院(以下简称广州中院)发布特别代表人诉讼权利登记公告,经最高人民法院指定管辖,将适用特别代表人诉讼程序审理(2020)粤 01 民初 2171 号案。中证中小投资者服务中心有限责任公司(以下简称投服中心)成功申请将康美药业案普通代表人诉讼转换为特别代表人诉讼。

2021 年 3 月 26 日,广州中院发布(2020)粤 01 民初 2171 号案普通代表人诉讼权利登记公告。投服中心在中国投资者网公开发布《投服中心接受康美药业虚假陈述民事赔偿案投资者委托的说明》,公开接受投资者委托。系统开放后仅 3 个工作日,投服中心便已收到 50 人以上申请。3 月 26 日至 4 月 7 日接受投资者委托期间,投资者申请总人数 479 人,其中适格投资者 352 人,适格比例 73.5%。申请的适格投资者中,男性 236 人,女性 116 人;年龄最小的 21 岁,年龄最大的 81 岁;所在地域涉及 27 个省、自治区、直辖市。

根据介绍,投服中心集中力量加快审核,在材料齐备的适格投资者中按申请时间先后排序,共接受 56 名网上申请投资者委托。2021 年 4 月 8 日,投服中心向广州中院提交上述 56 名投资者证据材料,并申请转换为特别代表人诉讼。2021 年 4 月 16 日,广州中院正式发布特别代表人诉讼权利登记公告,首单特别代表人诉讼成功转换。

根据《证券法》、《最高人民法院关于证券纠纷代表人诉讼若干问题的规定》及

* 原文链接:https://www.cs.com.cn/tj/02/01/202104/t20210419_6159038.html。

法院公告，投服中心作为代表人的代表权限包括：代表原告参加开庭审理，变更、放弃诉讼请求或者承认对方当事人的诉讼请求，与被告达成调解协议，提起或者放弃上诉，申请执行，委托诉讼代理人等。

本次向投服中心申请委托的投资者薛某表示："有专业的专门机构为个人投资者保驾护航，是中国证券业向前发展的重要里程碑。希望以此为起点，逐步完善起来。"

投服中心表示，将依据法院公告的权利人范围，向证券登记结算机构调取权利人名单；法院予以登记，并通知全体原告。原告不同意参加诉讼的，可依据法院公告声明退出。经证券登记结算机构确认的权利人名单中的投资者，除明确向法院表示不参加该诉讼的，都成为案件原告，分享诉讼"成果"。

集体诉讼首案启动　司法良方祛除沉疴*

《中国证券报》·中证网 2021 年 4 月 19 日报道　记者：昝秀丽

中国版证券集体诉讼迈出第一步。广州市中级人民法院 4 月 16 日公告，康美药业案由普通代表人诉讼转换为特别代表人诉讼。作为资本市场发展史上的标志性事件，证券集体诉讼首案启动意味着中国版证券集体诉讼制度从设计走向实践，也是落实对违法违规行为"零容忍"要求的具体实践。未来集体诉讼有望逐步常态化开展，充当维护投资者权益、震慑证券违法行为的利器。

证券集体诉讼首案正式启动意味着制度从设计走向实践。2020 年 3 月 1 日施行的《证券法》为集体诉讼制度确立提供了法律依据；最高人民法院 2020 年 7 月 30 日发布的《最高人民法院关于证券纠纷代表人诉讼若干问题的规定》进一步解决了集体诉讼中的诸多实践难题。制度的生命力在于执行。具有中国特色的证券集体诉讼制度首案启动，有利于通过司法制度创新带动金融市场生态改善。同时，通过"一揽子"解决违法行为的民事赔偿，群体性、涉众型纠纷将得到高效、妥善化解，社

---

* 原文链接：https://www.cs.com.cn/tj/02/02/202104/t20210419_6158678.html。

会综合治理效能有望大幅提升。首案启动也有利于受损的中小投资者得到公平、高效的赔偿,而通过代表人机制、专业力量的支持以及诉讼费用减免等制度,将大幅降低投资者的维权成本和诉讼风险,有效解决中小投资者起诉难、维权贵的难题。

证券集体诉讼首案正式启动也是落实对违法违规行为"零容忍"要求的具体实践。康美药业有预谋、有组织,长期、系统实施财务造假行为,恶意欺骗投资者,影响极为恶劣,后果特别严重。中国证监会公开表态支持首案落地,释放了对证券违法活动"零容忍"的高压信号。我国证券市场以中小投资者为主,当遭遇证券违法行为侵害时,由于非常分散、单个投资者索赔金额较小等原因,许多投资者无奈沦为"沉默的大多数"。集体诉讼制度的落地,将是医治司法救济沉疴的一剂良方。2019 年《证券法》中明确"明示退出、默示加入"的证券集体诉讼机制,"聚沙成塔"的赔偿效应将大幅提高违法成本。资本市场的违法者今后不仅可能被"罚得倾家荡产",还有可能"赔得倾家荡产"。正如中国证监会主席易会满所言,治理财务造假,行政罚款多少不是最主要的,后续的民事追偿和刑事惩戒构成了立体化的惩治体系,这更为重要。

第一案之后,还会有第二案、第三案……在各项制度机制持续完善的预期下,集体诉讼将逐步常态化开展。

天助自助者。保护投资者利益固然离不开健全的法律体系和制度保障,但更需投资者专业水平的提高。需要注意的是,康美药业案中,不是所有的投资者损失都可通过集体诉讼追回。另外,最终能获赔多少,还要考量被告的赔付能力。因此,投资者要自觉强化"买者自负"的风险意识和理性思维,吸取教训,投资切忌盲目跟风。

首单证券纠纷特别代表人诉讼“落地生根”投资者维权新时代开启*

《上海证券报》·中国证券网2021年4月19日报道 记者:王红

2021年4月16日,中证中小投资者服务中心(以下简称中小投服中心)接受50名以上投资者委托,对康美药业启动特别代表人诉讼,这意味着首单证券纠纷特别代表人诉讼“落地生根”。

针对投资者普遍关心的获赔金额及期限问题,上海证券报记者了解到,损失计算涉及诸多法律事实和计算标准,需要在司法审理程序中,经双方当事人辩论后最终由法院确认。同时,由于特别代表人诉讼从启动到结束需要经历一系列的诉讼活动,诉讼启动不等于立即判决并赔偿投资者。但在法院判决执行后,投资者保护机构将在第一时间,将赔偿金分配给每位原告。

专家学者在接受采访时表示,首单证券纠纷特别代表人诉讼落地意义非凡,它标志着一个投资者维权新时代的开始。康美药业案特别代表人诉讼,不仅是中小投服中心在拓展证券投资者维权领域作出积极探索的典型范例,更是证券监管机构与司法部门大力推动证券市场制度优势转化为治理效能的具有里程碑意义的重大实践。

一审判决前投资者有“两次退出”选择权

特别代表人诉讼将采取“默示加入、明示退出”的原则。根据相关司法解释,在一审判决前,特别代表人诉讼中投资者有“两次退出”的选择权,实现了诉讼效率与尊重投资者个人意愿的平衡:

一是在权利登记阶段。不同意参加诉讼或进行特别授权等的投资者,应依法

---

* 原文链接:https://news.cnstock.com/news,yw-202104-4689352.htm。

向法院提交退出申请。二是在诉讼中的调解阶段。经听证程序后,投资者对代表人与被告达成的调解协议草案仍不认同的,可依法向法院提交退出申请。

根据广州市中级人民法院发布的登记公告,康美药业案的权利人范围包括:自2017年4月20日(含)起,至2018年10月15日(含)期间以公开竞价方式买入、并于2018年10月15日闭市后仍持有康美药业股票,且与本案具有相同种类诉讼请求的投资者。

值得注意的是,原告具有在虚假陈述揭露日或者更正日及以后进行的投资、明知虚假陈述存在而进行的投资等情形则不列入权利人范围之内。

上海久诚律师事务所主任许峰律师认为,据证券法和当前司法解释的规定,在诱多虚假陈述情况下,在揭露日之后买入股票的投资者,即使存在损失也是无法获赔的,主要是因为该等损失与虚假陈述不存在因果关系。因此,投资者在投资时,除了注意常规的投资风险,还应注意可能存在的索赔不能的风险。

南开大学金融研究院院长田利辉认为,此次诉讼主要针对因为康美药业财务造假导致投资者因受骗而出现损失的问题,目的在于寻求受骗损失的补偿。在虚假陈述已被揭露更正后,个别投资者仍然“火中取栗”导致损失的情形将不予纳入。这也提醒投资者,应当及时关注市场公告,建立理性投资理念,不要炒差、炒烂。

诉讼启动不等于立即判决并赔偿投资者

康美药业财务造假案涉及原告众多,获赔金额及期限成为投资者关注的核心内容。许峰律师告诉记者,特别代表人诉讼和普通代表人诉讼在赔偿的人数上差别巨大,特别代表人诉讼背景下,符合条件的投资者都具备平等的胜诉机会和获赔机会。

专家表示,根据相关司法解释,证券虚假陈述案件的民事赔偿责任范围包括:投资者的投资差额损失及相关佣金和印花税。损失计算涉及诸多法律事实和计算标准的确认,需要在司法审理程序中,经双方当事人辩论后最终由法院确认。法院将充分考虑损失扣除因素等情况,依法确定赔偿金额。

关于获赔期限,法学专家表示,由于特别代表人诉讼从启动到结束需要经历一系列的诉讼活动,诉讼启动不等于立即判决并赔偿投资者。但在法院裁决执行后,投资者保护机构将在第一时间通过交易系统等便捷方式，将赔偿金分配给每位原告。

许峰表示，中小投服中心下一步需要代理投资者进入庭审程序，充分维护原告投资者的合法权益，其间是否会引入核算机构、专家证人等也非常值得关注，希望各方保持审慎。

中国证监会将推进特别代表人诉讼常态化开展

中国证监会相关部门负责人表示，投资者保护机构将坚持市场化、法治化、专业化原则，进一步健全制度机制，依法推进特别代表人诉讼工作常态化开展，帮助广大中小投资者得到公平、高效的赔偿。

同时，中国证监会将持续加强与最高人民法院的沟通协调，不断推动完善特别代表人诉讼各项制度机制，持续释放保护投资者合法权益、对违法违规行为“零容忍”、释放加大民事责任追究力度的强烈信号。

许峰律师表示，如果能够长期、持续、规范地推进特别代表人诉讼制度，将对资本市场投资者保护生态和市场秩序起到巨大的捍卫作用，为推进注册制改革提供司法保障。“希望把特别代表人诉讼作为常规动作推进，贵在坚持。”许峰说。

中国人民大学法学院教授刘俊海表示，投保机构要与人民法院、证券监管机构、证券交易所、登记结算机构、地方政府、行业协会等建立起无缝对接、同频共振的协同共治体系。在资本市场法律制度被践踏、投资者的知情权与公平投资权受到侵害时，应依法启动特别代表人诉讼。人民法院对各类证券代表人诉讼要开门立案、凡诉必理，实现对投资者权益的平等保护。

“一个好案例胜过一打文件。”刘俊海说，康美药业证券民事纠纷案的最终判决结果虽然还在路上，但证券代表人诉讼制度已开始显现出制裁失信者、补偿受害者、奖励维权者、警示全行业、教育全社会和抚慰公众心理的六大功能。他表示，希望资本市场各方主体都能胸怀对公众投资者的感恩之心、对法律的信仰之心和对法律风险的敬畏之心，慎独自律、择善而从。

首单证券纠纷特别代表人诉讼启动 推进制度优势向治理效能转化*

《上海证券报》·中国证券网 2021 年 4 月 19 日报道　记者:祁豆豆

党的十九届四中全会提出要把我国的制度优势更好地转化为治理效能。证券法立足中国国情,借鉴国际经验,构建了由投保机构主导的证券集体诉讼制度,这既是我国资本市场投资者保护制度的中国特色,更是具有创新意义的证券民事赔偿的制度优势。

中国社科院法学所商法室主任、研究员陈洁认为,中证中小投资者服务中心(以下简称投服中心)以颇具市场影响的"康美药业虚假陈述民事赔偿案"(以下简称"康美药业案")为契机,迅速启动证券纠纷特别代表人诉讼,标志着中国版的证券集体诉讼扬帆起航。此案有序推进,不仅是投服中心在拓展证券投资者维权领域勇于创新、积极探索的典型范例,更是我国证券监管机构与司法部门大力推动证券市场制度优势转化为治理效能的具有里程碑意义的重大实践。它对引领我国投资者保护制度的创新发展,促进我国证券市场的长远健康发展并向全球资本市场输出中国投资者保护的制度经验都具有重要而深远的影响。

陈洁认为,其一,此案实现了从法条到实践的落地。制度的生命力在于实施。由法条到实践是实现制度优势向治理效能转化的第一步。证券民事救济曾是我国证券投资者保护的制度短板,2019 年《证券法》在借鉴英美证券集团诉讼"明示退出""默示加入"原则的基础上,为克服域外集团诉讼由律师主导而普遍存在的滥诉弊端,创造性地以投保机构为抓手,通过公益维权组织来发动对于证券违法行为的诉讼,实乃我国证券民事赔偿诉讼的创新之举。此次"康美药业案"特别代表人诉讼的启动就是将我国证券法的制度创新从文本落实到实践,以积极回应并充分实现证券法对投资者保护的立法智慧与制度探索。

---

* 原文链接:https://company.cnstock.com/company/scp_gsxw/202104/4689982.htm。

其二，此案大力推动实践完善法治。在陈洁看来，尽管从证券法到最高人民法院司法解释、中国证监会指导性文件已经系统确立了我国证券纠纷集体诉讼制度的整体性运作框架和具体运行规范，投服中心也就此制定了专门性的操作规则，但制度设计的应然效果与制度实施的实然效果之间仍然需要实践加以检验和完善。

此次“康美药业案”特别代表人诉讼从普通代表人诉讼的启动、特别代表人诉讼合格原告的委托征集、法院发布有关特别代表人诉讼权利登记的公告等，这一系列的庭前程序安排以及实体问题的解决，不仅体现了投服中心以及司法部门积极推动顶层设计和实践探索的良性互动，同时也是对我国证券纠纷特别代表人诉讼制度设计以及实施功效的全面检验。而只有经过不断的实践检验，及时总结、提炼并将成熟的经验和做法上升为制度的完善，才能最终形成我国证券市场更为系统完备、科学规范、运行有效的制度规范。

其三，切实推进法治优势向治理效能的转化。陈洁认为，从一定意义上说，制度优势转化为治理效能是一个知行合一的过程，需要作为制度各方主体的全体参与、密切配合。此次“康美药业案”特别代表人诉讼的顺利启动，在主体层面，是证券市场参与者以及监管部门、司法部门以保护投资者合法权益、降低投资者维权成本为核心，努力实现我国证券纠纷解决机制专业化、高效化的结果；在制度层面，则是我国司法制度、资本市场运行特点以及证券民事诉讼实践等诸多因素共同合力的结果。

陈洁表示，“康美药业案”特别代表人诉讼进程的高效启动表明，只有充分发挥证券市场机制的系统效益，增强各种社会组织在规范证券市场秩序方面的角色功能，尤其是审判机关、监管部门以及行业组织等各方力量之间协同有效的制度安排，才能尽快实现我国证券市场积极保护投资者权益的市场态势，切实把我国历经实践检验符合市场需求的制度优势更好地转化为我国资本市场的治理效能。

中国证监会有关部门负责人就康美药业特别代表人诉讼案作出判决答记者问*

1. 问：近日，广州市中级人民法院对康美药业特别代表人诉讼案依法作出一审判决。作为监管机构，如何看待这次诉讼结果？

答：康美药业证券纠纷案是我国首单特别代表人诉讼案件。康美药业公司连续3年财务造假，涉案金额巨大，持续时间长，性质特别严重，社会影响恶劣，严重损害了投资者的合法权益。作为投资者保护机构中证中小投资者服务中心响应市场呼声，依法接受投资者委托，作为代表人参加康美药业代表人诉讼，为投资者争取最大权益。

此次法院依法作出一审判决，示范意义重大，是落实2019年《证券法》和中共中央办公厅、国务院办公厅《关于依法从严打击证券违法活动的意见》的有力举措，也是资本市场史上具有开创意义的标志性案件，对促进我国资本市场深化改革和健康发展，切实维护投资者合法权益具有里程碑意义。中国证监会对此表示支持，并将依法监督投资者保护机构，配合人民法院做好后续相关工作。

下一步，中国证监会将在全面总结首单案件经验的基础上，推动完善代表人诉讼制度机制，支持投资者保护机构进一步优化案件评估、决策、实施流程，依法推进特别代表人诉讼常态化开展。

2. 问：此次康美药业案如何实现"惩首恶"的目标？

答：相关各方坚决贯彻落实党中央国务院对资本市场违法犯罪行为"零容忍"的精神和要求，通过多种手段并举，构建了民事、行政、刑事立体化的责任追究体系，让康美药业案幕后实际操纵上市公司的为恶者付出沉重代价，实现了"惩首恶"的目标，有利于强化惩恶扬善、扶优限劣的鲜明导向，不断增强市场各方的敬畏之心，共同营造良好市场生态。

---

* 摘自证监会官网，2021年11月12日发布，原文链接：http://www.csrc.gov.cn/csrc/c100028/c1556048/content.shtml。

一是巨额民事赔偿让“首恶”承担应有责任。此次康美药业特别代表人诉讼，法院综合考虑案件基本事实、相关被告在虚假陈述行为中的主观过错等因素，判决马某1夫妇及邱某某等4名原高管人员组织策划实施财务造假，属故意行为，依法承担100%的连带赔偿责任（24.59亿元），有利于强化对资本市场违法作恶者的惩罚和震慑。

二是上市公司积极追收原大股东、实际控制人占款。在广东省及各方的协调努力下，10月30日，康美药业公告披露，经揭阳市中级人民法院对公司控股股东关联方资产进行强制执行，所得款项共计16.41亿元已支付至公司管理人账户，用于冲抵关联方占用公司资金。通过追收原大股东、实际控制人占用资金，有利于更好地保护广大中小投资者的合法权益，也让上市公司重新轻装上阵。

三是司法机关同步追究原大股东、实际控制人刑事责任。经侦查终结，佛山市人民检察院已于10月27日向佛山市中级人民法院提起公诉，指控马某1犯相关刑事证券犯罪。佛山市中级人民法院于当日立案受理相关案件，并与前期受理的康美药业、马某1单位行贿案合并审理，切实追究相关行为人的刑事责任。

3. 问：什么是中国特色的集团诉讼或特别代表人诉讼，与普通代表人诉讼有什么区别？

答：按照2019年《证券法》以及《最高人民法院关于证券纠纷代表人诉讼若干问题的规定》（法释〔2020〕5号）的相关规定，人民法院启动普通代表人诉讼，发布权利登记公告，投资者保护机构在公告期间受50名以上投资者的特别授权，可以依法作为代表人参加特别代表人诉讼。其与普通代表人诉讼的区别为：

一是诉讼代表人不同。普通代表人诉讼的代表人是投资者，特别代表人诉讼的代表人是投资者保护机构。二是诉讼加入原则不同。相较普通代表人诉讼的“明示加入”，特别代表人诉讼是“默示加入”，能够扩大投资者保护的范围，更好发挥对违法行为的震慑作用。三是诉讼效果不同。相较普通代表人诉讼，特别代表人诉讼能够一次性解决纠纷，但也意味着相关责任人短期内面临巨额赔偿，增大了破产风险，增加获得赔偿的不确定性。两种诉讼方式各有优劣，无论哪种方式都是落实2019年《证券法》保护投资者、威慑违法行为人的重要举措。在具体个案中采用哪种诉讼方式更有利，需要结合个案情况具体分析。

我国首单证券集体诉讼案判决　传递鲜明信号*

新华社 2021 年 11 月 12 日报道　记者：刘慧

2021 年 11 月 12 日，广州市中级人民法院对全国首例证券集体诉讼案作出一审判决。该案件判决示范意义重大，是资本市场史上标志性事件，对促进资本市场改革发展、切实维护投资者合法权益具有重要意义。

透过康美药业案的判决结果，"惩首恶"的导向鲜明，大幅提升资本市场违法犯罪成本，又一次向市场各方传递出清晰有力的"零容忍"信号。

巨额赔偿让"首恶"付出应有代价

中国证监会信息显示，康美药业 2016 年至 2018 年连续 3 年有预谋、有组织、系统性实施财务造假约 300 亿元，涉案金额巨大，持续时间长，性质特别严重，社会影响恶劣，严重损害了投资者的合法权益，严重破坏资本市场健康生态。

此次广州市中级人民法院作出一审判决，责令康美药业因年报等虚假陈述侵权赔偿证券投资者损失 24.59 亿元，原董事长、总经理马某 1 及 5 名直接责任人员、正中珠江会计师事务所及直接责任人员承担全部连带赔偿责任，13 名相关责任人员按过错程度承担部分连带赔偿责任。

中国证监会有关部门负责人表示，这将有利于强化对资本市场违法作恶者的惩罚和威慑。

中国社科院法学所商法室主任陈洁说，判决结果让侵害投资者权益的上市公司实控人、大股东等"首恶"付出应有代价，探索整治其"甩锅"上市公司的顽疾。

康美药业案"惩首恶"的目标还通过一系列组合拳实现。证监会有关部门负责人介绍，在广东省及各方的协调努力下，10 月 30 日，康美药业公告披露，经揭阳市

* 原文链接：https://xhpfmapi.xinhuaxmt.com/vh512/share/10389015? channel = weixin。

中级人民法院对公司控股股东关联方资产进行强制执行，已有16.41亿元支付至公司管理人账户，用于冲抵关联方占用的公司资金。通过追收原大股东、实际控制人占用资金，有利于更好地保护中小投资者的合法权益，让上市公司重新轻装上阵。

破解违法成本低难题迈出坚定步伐

在资本市场快速发展中，财务造假、内幕交易等乱象一直是监管部门打击的重点。

首单证券集体诉讼案一审判决落地，意味着破解证券违法成本低的难题迈出坚定步伐。这背后，凝聚着各方的努力和探索。

——2020年3月，2019年修订后的《证券法》施行，具有中国特色的证券集体诉讼制度启航。充分发挥投资者保护机构的作用，允许其接受50名以上投资者的委托作为特别代表人参加诉讼，探索降低中小投资者诉讼成本。

——2020年7月，国务院金融稳定发展委员会召开第三十六次会议，研究全面落实对资本市场违法犯罪行为“零容忍”工作要求。

——2020年7月，最高人民法院发布《最高人民法院关于证券纠纷代表人诉讼若干问题的规定》，中国证监会配套发布《关于做好投资者保护机构参加证券纠纷特别代表人诉讼相关工作的通知》，投保机构发布《中证中小投资者服务中心特别代表人诉讼业务规则（试行）》，为投保机构代表人诉讼制度的落地实施提供了制度保障。

——2021年7月，中共中央办公厅、国务院办公厅印发《关于依法从严打击证券违法活动的意见》，明确要求抓紧推进证券纠纷代表人诉讼制度实施。

无论是资本市场基础法律完善，还是高规格文件出台，都体现了对打击证券违法活动的坚定决心，各方合力加速形成。

从完善证券民事赔偿诉讼司法解释，到监管部门和司法部门密切互动，再到康美药业案审理过程……中国证监会、最高人民法院和地方政府不断探索落实“零容忍”要求，积极加强监管合作，共同促进首例证券集体诉讼案件一审判决平稳落地。

中国证监会有关部门负责人说，证监会对于此次法院判决表示支持，并将依法监督投资者保护机构，配合法院做好后续相关工作。

降低诉讼成本　提升投资者保护力度

完善的金融市场应让投资者合法权益得到充分保护。一旦受到侵害,投资者可以利用成熟的机制维护自身的合法权益。证券集体诉讼制度的实施有利于多数受害投资者得到公平、高效的赔偿。

“通过证券集体诉讼,能够大幅降低受损投资者的维权成本和诉讼风险,有利于解决受损投资者人数众多且分散情况下起诉难、维权贵等问题。”中国人民大学法学院教授叶林说。

陈洁认为,首例证券集体诉讼落地不仅对提升投资者保护力度有着重要意义,也是塑造良好市场生态的关键一步。

“随着注册制改革的推进,有效提升违法成本,加强对市场乱象的威慑,是改革行稳致远和市场健康发展的必然要求。”叶林说,提升投资者保护力度将有助于形成投融资良性循环。

中国证监会表示,将在全面总结首单案件经验的基础上,推动完善代表人诉讼制度机制,支持投资者保护机构进一步优化案件评估、决策、实施流程,依法推进特别代表人诉讼常态化开展。

投服中心全国首单特别代表人诉讼　一审胜诉*

央广网 2021 年 11 月 12 日报道　记者:侯杰　蔡军

据中央广播电视总台经济之声《天下财经》报道,2021 年 11 月 12 日,广东省广州市中级人民法院(以下简称广州中院)作出康美药业特别代表人诉讼一审判决,中证中小投资者服务中心(以下简称投服中心)代表原告方胜诉。52,037 名投资者共判赔约 24.59 亿元。这标志着以投资者“默示加入、明示退出”为特色的中国特

* 原文链接:http://finance.cnr.cn/jjgd/20211113/t20211113_525659779.shtml。

色集体诉讼司法实践成功落地。本次判决是中国法制史上的里程碑，也是资本市场法治建设的新标杆。

2020 年 12 月 31 日，11 名自然人请求发起康美药业虚假陈述民事赔偿普通代表人诉讼。2021 年 3 月 26 日，广州中院发布普通代表人诉讼权利登记公告。同日，投服中心公开接受投资者委托。4 月 8 日，投服中心向广州中院申请转换为特别代表人诉讼。4 月 16 日，经最高人民法院指定管辖，广州中院发布公告，同意转换特别代表人诉讼。历经庭前会议、开庭审理及多次调解会议后，广州中院于 11 月 12 日开庭宣判。

广州中院一审判决认定，本案实施日 2017 年 4 月 20 日，揭露日 2018 年 10 月 16 日。中国证券投资者保护基金有限责任公司受广州中院委托采用移动加权平均法计算损失，以“个体相对比例法”测算投资者证券市场系统风险扣除比例，损失测算后受损投资者 52,037 名，损失约 24.59 亿元。判决认定该损失由康美药业向投资者予以赔偿。

此外，判决特别明确了各被告尤其是实控人、时任董监高等应承担的责任比例。承担 100% 连带责任的有：实际控制人马某 1、许某某，董事、副总经理、董事会秘书邱某某，财务总监庄某某，职工监事、副总经理温某某，监事、独立董事马某 2 和审计机构广东正中珠江会计师事务所（以下简称正中珠江），正中珠江合伙人、签字会计师杨某某；承担 20% 连带责任（约 4.92 亿元）的有：董事马某 3、董事林某 1、董事李某 1、监事会主席罗某某、监事林某 2、副总经理李某 3、副总经理韩某某、副总经理王某；承担 10% 连带责任（约 2.46 亿元）的有兼职独立董事江某某、李某 2、张某 1；承担 5% 的连带责任的有兼职独立董事郭某某、张某 2（约 1.23 亿元）。

本案是《证券法》2019 年修订后全国首单特别代表人诉讼。投服中心认真履行公益投资者保护机构职责，积极为被代表投资者争取合法利益最大化，2021 年 7 月 22 日代表康美药业特别代表人诉讼原告向破产管理人申报债权，并被选为康美药业破产重整案 9 家债权人委员会委员之一。后续投服中心将继续发挥投保机构作用，参与债权人会议并行使表决权，切实维护特别代表人诉讼债权人合法权益。

A 股首例“集体诉讼”一审判决：康美药业被判赔偿 24.59 亿元　正中珠江负 100% 连带责任*

21 世纪经济报道 2021 年 11 月 12 日报道　记者：杨坪　陶梦婷

历时近 7 个月的审理，A 股首例证券“集体诉讼”一审判决结果正式出炉。

2021 年 11 月 12 日，21 世纪经济报道记者在广州市中级人民法院（以下简称广州中院）庭审现场了解到，康美药业证券特别代表人诉讼（也称集体诉讼）作出一审判决，相关被告承担投资者损失总金额达 24.59 亿元。

该案是 2019 年《证券法》确立中国特色证券集体诉讼制度后的首单案件，是迄今为止法院审理的赔偿金额最高的上市公司虚假陈述民事赔偿案件。

“康美药业证券特别代表人诉讼一审判决的示范意义重大，是落实中共中央办公厅、国务院办公厅《关于依法从严打击证券违法活动的意见》的有力举措，也是资本市场史上具有开创意义的标志性事件，对促进我国资本市场深化改革和健康发展，切实维护投资者合法权益具有里程碑意义。”中国证监会新闻发言人在答记者问中如此评价道。

首单证券集体诉讼案判决结果凸显“追首恶”

此次康美药业特别代表人诉讼案件涉及的被告既包括上市公司，也包括上市公司实际控制人、董监高，还包括年报审计机构及签字会计师、项目经理等。

判决结果显示，康美药业作为上市公司，承担 24.59 亿元的赔偿责任；公司实际控制人马某 1 夫妇及邱某某等 4 名原高管人员组织策划实施财务造假，属故意行为，承担 100% 的连带赔偿责任；另有 13 名高管人员按过错程度分别承担 20%、10%、5% 的连带赔偿责任。

* 原文链接：http://www.21jingji.com/article/20211112/herald/71c3cfdb2682fce33ef5a4b9d55ed6f8.html。

在业内人士看来，对马某1等幕后“黑手”的严厉惩处彰显了“追首恶”的理念。

中国证监会表示，相关各方坚决贯彻落实党中央国务院对资本市场违法犯罪行为“零容忍”的精神和要求，通过多种手段综合并举，构建了民事、行政、刑事立体化的责任追究体系，让康美药业案幕后实际操纵上市公司的控制人付出沉重代价，实现了“惩首恶”的目标，有利于强化惩恶扬善、扶优限劣的鲜明导向，不断增强市场各方的敬畏之心，共同营造良好市场生态。

同时，康美药业的审计机构广东正中珠江会计师事务所（以下简称正中珠江所），因未实施基本的审计程序，严重违反了相关法律规定，导致康美药业严重财务造假未被审计发现，被判决承担100%的连带赔偿责任。此外，作为正中珠江所合伙人以及康美药业年报审计项目的签字会计师，杨某某在执业活动中因重大过失造成正中珠江需承担赔偿责任，也被判在正中珠江所承责范围内承担连带赔偿责任。

“在相关法院判决的上市公司虚假陈述案件中，判决审计机构承担100%连带责任已有先例，如大智慧、金亚科技、五洋债、华泽钴镍虚假陈述民事赔偿案件终审均判决审计机构对上市公司赔偿责任承担100%连带责任，但要求会计师事务所合伙人承担100%连带赔偿责任还是首次。”华南一家大型律师事务所证券律师受访时指出。

北京朗诚律师事务所合伙人、律师武峰也表示，目前，从事上市公司审计业务的会计师事务所大多采取“特殊普通合伙”的形式，根据《合伙企业法》相关规定，一个合伙人或者数个合伙人在执业活动中因故意或重大过失造成合伙企业债务的，应当承担无限责任或者无限连带责任，其他合伙人以其在合伙企业中的财产份额为限承担责任，杨某某既是合伙人又是涉事审计项目的签字注册会计师，应当根据上述规定对其执业过程中因重大过失造成会计师事务所的责任承担连带责任。

不过，被中国证监会作出行政处罚的其他3名正中珠江所从业人员并未被列为连带赔偿主体。

法院判决认定，被告刘某1并非案涉审计报告的签字注册会计师，而张某3、苏某某虽然是案涉审计项目的注册会计师和审计项目经理，且均存在过错，但规定中介机构直接责任人承担赔偿责任的《最高人民法院关于审理证券市场因虚假陈述引发的民事赔偿案件的若干规定》第24条所依据的《证券法》（1999年施行）第161条已被修正，而行为发生时施行的《证券法》（2014年修正）第173条已无中介机构直接责任人承担赔偿责任的规定。

根据新法优于旧法的法律适用原则，张某3、苏某某作为正中珠江的员工，不应因其职务行为直接对投资者承担赔偿责任。

武峰指出，根据《证券法》（2014年修正）第173条，证券服务机构制作出具的审计报告有虚假记载、误导性陈述或者重大遗漏，给他人造成损失的，应当与委托人承担连带赔偿责任，但是能够证明自己没有过错的除外。

“该条虽然没有规定会计师事务所从业人员直接对外的赔偿责任，但根据《民法典》等有关规定，会计师事务所承担责任后，可以向有责任的雇员即签字会计师、审计经理等追偿。”武峰进一步补充指出。

诉讼涉及投资者5万余名

除相关被告的责任判定外，如何确定投资者获赔金额以及赔偿范围也值得关注。

根据广州中院判决，自媒体质疑康美药业财务造假的2018年10月16日为案涉虚假陈述行为的揭露日。

主要理由包括三点：自媒体质疑报道的主要内容，与中国证监会行政处罚认定的财务造假性质、类型基本相同；自媒体揭露内容引发了巨大的市场反应，康美药业股价在自媒体质疑后短期内急速下挫，与上证指数、行业指数的走势存在较大背离；揭露文章虽然仅是首发在自媒体而非官方媒体，但相关文章被多家媒体转载，直接导致康美药业的百度搜索指数和咨询指数暴增，成为舆论关注重心，满足揭露行为的广泛性要求。

因此，经法院认定，本案权利人范围为自2017年4月20日（含）起至2018年10月15日（含）期间以公开竞价方式买入，并于2018年10月15日闭市后仍持有康美药业股票，且与本案具有相同种类诉求的投资者。

2021年4月，投服中心已经向中国证券登记结算有限责任公司调取了康美案权利人名单，并于4月30日向广州中院提交。

21世纪经济报道了解到，此次康美药业证券集体诉讼涉及5万余名投资者，广州中院专门委托中国证券投资者保护基金有限责任公司出具了测算报告，后者对投资者损失进行多次反复测算,并出庭接受了原被告各方的质询。

判决显示,在计算投资者损失时,选取了医药生物(申万)指数作为比对指数,并采用了"个体相对比例法"测算投资者证券市场系统风险扣除比例,将每个投资者持股期间的指数加权平均跌幅与个股加权平均跌幅进行对比,扣除证券市场系统风险的影响。

"聘请专业机构对投资者损失进行测算是目前法院审理上市公司虚假陈述民事赔偿案件的通行做法,'个体相对比例法'充分考虑了每个投资者持股的个体差异,与其他计算方法相比,更为科学精准地核定了损失金额。"武峰表示。

根据公告,投资者可以通过微信小程序搜索"广州微法院"进入广州微法院,点选页面下方"微诉讼"栏目,选择"代表人诉讼入口",进入代表人诉讼通过平台查询是否属于适格的原告以及具体赔偿金额。

理解中国版集体诉讼第一案:重估小股东的价值*

经济观察报 2021 年 11 月 15 日报道　作者:陈运森**

2021 年 11 月 12 日,由中证中小投资者服务中心(以下简称投服中心)提起的全国首例特别代表人诉讼——康美药业证券虚假陈述责任纠纷案在一审中获胜诉判决。判决显示,康美药业相关被告承担 5.5 万名投资者损失金额达 24.59 亿元,承担连带责任的人员涉及公司实际控制人、董事、监事、高级管理人员、审计机构及签字会计师等。

本案是 2019 年《证券法》确立中国特色证券代表人诉讼制度后的首例案件,也是迄今为止法院审理的原告人数最多、赔偿金额最高的上市公司虚假陈述民事赔偿案件,对资本市场高质量发展具有重要的里程碑意义。

---

* 原文链接:http://www.eeo.com.cn/2021/1115/511410.shtml。

** 中央财经大学会计学院教授。

中小投资者保护的现状与改革

中国资本市场的一个重要特点就是以中小投资者为主。然而,中小投资者持股比例低、专业知识缺乏,导致其权益受损的情况屡屡发生。为加强中小投资者保护,我国形成了证监会行政处罚类型的处罚性监管和以问询函为代表的证券交易所一线监管的证券监管体系,以及其他如推出分类表决制、累计投票制、网络投票制度和互联网平台沟通等系列投资者保护举措。然而从实践的角度看,长期以来公共实施机制的处罚力度不够且监管覆盖范围太小。同时,由于缺乏成熟的市场参与者以及有效的个人诉讼系统,我国私人实施机制的实施效果亦不容乐观。

2020 年 3 月我国 2019 年修订的《证券法》实施,其结合我国多年资本市场改革发展的实践经验进行了大幅度修改。在加强中小投资者保护方面,2019 年《证券法》主要体现在以下三个方面:一是进一步强化信息披露要求,设立专章完善了信息披露制度,扩大了信息披露义务人的范围,突出信息披露的核心地位;二是显著提高了证券违法违规成本,对于上市公司信息披露违法,由原来最高处以 60 万元罚款提高至 1000 万元,对于发行人的控股股东、实际控制人组织、指使从事虚假陈述行为,或者隐瞒相关事项导致虚假陈述的,规定最高可处以 1000 万元罚款等;三是单设投资者保护章节,规定投资者保护机构可以作为征集人,公开请求上市公司股东委托其代为出席股东大会,并代为行使提案权、表决权等股东权利;可以作为诉讼代表人,按照“明示退出、默示加入”的原则依法为利益受损的投资者提起民事赔偿诉讼。

2019 年《证券法》对于全面深化资本市场改革、加强中小投资者保护、提升上市公司质量具有重要意义。其中对于投资者保护机构的规定,赋予了投服中心作为诉讼特别代表人的法定权力,创建了一种“中国版证券集体诉讼”的证券纠纷解决的可能机制。

此次康美药业证券虚假陈述诉讼一审胜诉,正是中国版证券集体诉讼的第一次成功实践,中国证监会就此次诉讼案的答记者问中更是称之为实现了“惩首恶”的目标。

投服中心的成立与监管型小股东职能

在本次诉讼中，作为特别代表人的投服中心发挥了关键作用。投服中心成立的背景、运作机制和目的均决定了其“半官方—半市场”的特点，因而能够有效维护投资者的权益。2013年，国务院办公厅出台《国务院办公厅关于进一步加强资本市场中小投资者合法权益保护工作的意见》，为了落实该意见，中国证监会成立了投服中心这一公益组织。投服中心通过持有上市公司100股的股票，立足股东身份和坚持市场角度对中小投资者进行保护，其目的在于“弥补行政监管、交易所一线监管及行业协会自律监管等外部监管手段的不足，从内部督促公司规范运作，从而成为现行监管体系的有益补充”。

投服中心的制度优势在于其很好地结合了公共实施机制和私人实施机制的优点：一方面，投服中心由中国证监会批准设立和直接管理，具有公共执行的威慑力。同时，投服中心与中国证监会投资者保护局、上交所和深交所均保持着良好的沟通和线索共享机制，对于行权过程中存在的重要敏感问题，投服中心也能够及时报告相关的监管机构和自律组织。另一方面，投服中心坚持“做普通股东”的原则，通过梳理公司章程等资料、梳理中小投资者反映的事项，以及梳理由监管机构和交易所移交的线索，积极关注公司存在的问题，并根据投资者保护相关的法律法规，向公司提出质询和建议。投服中心自身专业性的特点也很好地弥补了中国资本市场散户过多且法律意识和能力均薄弱的缺陷。投服中心这种具有“半公共—半私人”实施机制的特点是一种具有中国特色的监管创新，笔者将其定义为监管型小股东。

实际上，投服中心自成立以来，已通过事前持股行权机制、事中证券期货纠纷调解机制和事后证券支持诉讼机制在投资者保护上取得了一系列成果。2016年5月投服中心首次以股东身份参加柘中股份的股东大会，行使了股东的质询权、建议权和投票权。2016年7月投服中心接受投资者委托，对“匹凸匹”提起的首例证券支持诉讼获得胜诉。2018年5月，投服中心首次以股东身份对海利生物公司章程不当条款的首例股东诉讼获得胜诉。今年的6月，投服中心首次启动公开征集股东表决权，对中国宝安修改公司章程不当条款的议案进行投票，获得了中小投资者的积极响应。在这次股东大会中，中小投资者3019人，占出席会议股东人数的99%，占出席会议股东所持有效表决权股份总数的54.82%,成功推动了上市公司修改公司章程、删除不当反收购条款。此次案例也成为中国资本市场上中小股东参与公司治理的标志性事件。

投服中心在康美药业集体诉讼案中的作用

本次康美药业首单特别代表人诉讼案件中,作为监管型小股东的投服中心在案件审判的事前、事中、事后三阶段均扮演了关键角色。首先,在事前从普通代表人诉讼转为特别代表人诉讼的过程中,投服中心的介入在以下三个方面起到了关键作用:

一是扩大社会关注度。投服中心作为直属证监会管理的公益组织,借助其半官方背景,使案件在整个审理过程受到了社会各界极大的关注,提高了维权的有效性和审判的公正性,加大了对资本市场违法违规行为的威慑力。二是在提高专业性的同时大大降低了诉讼成本,为中小投资者维权之路扫清了障碍。中小投资者由于持股比例较小,维权成本往往大于维权收益,因此大多具有"搭便车"的想法,缺乏主动维权的动机意愿,最终导致集体行动困境的出现。同时,司法环境的不完善和投资者的非成熟性及非专业性使得投资者直接维权的私人实施机制容易遇到各种障碍,这也是我国资本市场上市公司一再铤而走险,敢于财务造假的重要原因。投服中心的出现很好地化解了这一困境,投服中心不以营利为目的,而是以"社会公共利益的最大化"作为自己的行动追求,可以无偿为中小投资者提供优质的司法服务,进行诉讼代理人的寻找和案件举证、审理等过程的代理,弥补其专业知识不足。三是将康美药业虚假陈述案中利益受损投资者集中起来,共同作为原告,提高了案件审理效率。本案中,除9名投资者向法院声明退出以外,其余共有55,326名投资者作为原告委托投服中心提起诉讼。以前需要法院多次审理的案件,在特别代表人诉讼案件中一次就能完成,节省了大量的人力、物力、财力,大大提高了司法效率。

其次,投服中心在案件审理过程中积极为投资者争取利益最大化,提出了具体赔偿请求,包括请求马某1夫妇赔偿投资者的差额损失及相应佣金、印花税、利息,并要求其他被告承担连带责任。在计算投资者损失时,投服中心主张采取移动加权平均法并得到了法院认可,主张由深圳价值在线信息科技股份有限公司测算损失金额和系统风险,并对康美药业在申万一级行业指数所占比重较大,扣除系统风险比例过高提出诉辩。可以看出,投服中心践行着自己“积极保护中小投资者权益”的职责,一切工作均以最大限度地维护中小投资者的利益作为出发点和落脚点。此外,投服中心还于2021年7月22日代表康美药业特别代表人诉讼原告向破产管理人申报债权,并被选为9家债权人委员会委员之一。2021年9月1日,投服中心向法院提出了财产保全申请,冻结了马某1等人名下价值24.59亿元的银行存款或查封、扣押其他等值财产,以保证其赔付能力,确保案件宣判后中小投资者可以得到足额赔偿。

集体诉讼对资本市场利益相关者的影响

在康美药业虚假陈述诉讼案中,相关被告被判决赔偿投资者损失24.59亿元,原董事长、总经理及5名直接责任人员、正中珠江会计师事务所及直接责任人员承担全部连带责任赔偿责任,13名相关责任人员按过错程度承担部分连带赔偿责任。相比于2020年5月中国证监会依照2005年《证券法》对康美药业60万元和实际控制人90万元的顶格行政处罚,此次24.59亿元的巨额民事赔偿无疑对资本市场违法作恶者起到了“惩首恶”目标。在案件的审理过程中,法院委托投保基金对投资者的损失进行测算,投资者因虚假陈述实际发生的损失 = 投资差额损失 ×(1 - 市场系统风险扣除比例)+ 投资差额损失部分的佣金和印花税 + 资金利息。其中,投资差额损失为投资者因虚假陈述行为造成的损失,是赔偿金额的主要构成部分,也是佣金和印花税以及利息的基数。扣减市场系统风险是为了剔除与虚假陈述行为无因果关系的损失部分。

本次康美药业虚假陈述诉讼案的一审判决,具有重大的示范意义。一方面是巨额的民事赔偿极大地提高了财务造假成本。2005年《证券法》对违法违规惩罚力度过小,使许多上市公司在诱惑面前选择铤而走险。而在2019年《证券法》特别代表人诉讼制度下,公司、高级管理人员、会计师事务所需要承担巨额的连带赔偿责任,出于对违法违规成本的考量,公司通过违法手段获取巨大利益的动机和行为将大大减少。另一方面,也增加了公司高级管理人员、独立董事、会计师的声誉成本。

组织策划、实施造假行为的实际控制人和公司高管承担连带赔偿责任;违反审计准则和职业道德的会计师事务所和签字会计师承担连带赔偿责任;虽未直接参与财务造假,但未勤勉尽责、存在较大过失的公司高管、独立董事同样承担部分连带赔偿责任。值得一提的是,此次判决书中签字会计师和独立董事的连带责任引起了学术界的广泛关注,首先,尽管过去会计师事务所承担100%连带赔偿责任的案例不少,但此案是签字会计师首次需承担100%连带责任,这将对注册会计师行业影响巨大;其次,独立董事江某某、李某2、张某1认定为10%连带责任,郭某某、张某2为认定为5%连带责任(需要指出的是,证监会行政处罚与集体诉讼的责任判定有差别,在2020年中国证监会处罚中,李某2、江某某罚款20万元,张某1、郭某某、张某2罚款15万元),相对于大多数上市公司独立董事津贴在8万~12万元区间的基本现实,过亿的连带赔偿责任将注定产生地震式效果,很可能改变独立董事行业的生态,如将有更多独立董事要求公司购买董监高责任险,要求获得与日益提升的责任相匹配的更高的津贴,同时也将更加勤勉尽责地参与公司治理和保护中小投资者利益。

相较普通代表人诉讼,此次投服中心发起的特别代表人诉讼可以一次性解决康美药业证券虚假陈述责任纠纷,但同时也意味着相关责任人短期内将面临巨额赔偿,可能会增加破产风险,投资者获得赔偿的不确定性也将更高。但无论如何,本次康美药业证券虚假陈述诉讼是2019年《证券法》下我国特别代表人诉讼的首次实践,开启了中国特别代表人诉讼的篇章,也大大提高了对违法违规行为的惩罚力度。康美药业集体诉讼案件,是中国投资者保护历史上的里程碑,标志着中国特色集体诉讼的初战告捷,意味着投资者保护工作迈入新时代,对提高上市公司质量以及促进我国资本市场长远发展具有重要意义。

投服中心首单特别代表人诉讼一审判决答投资者问*

2021年11月12日,广东省广州市中级人民法院(以下简称广州中院)对首单

* 摘自投服中心微信公众号,2021年11月16日发布。原文链接:https://mp.weixin.qq.com/s/RON0n64wxKt3Txqu9X7Yxw。

特别代表人诉讼(2020)粤01民初2171号案一审公开宣判,现就投资者高度关注的若干问题进行解答:

1. 投服中心在本案中代表了多少投资者?诉请金额多少?本案判决的赔偿额是多少?

依据广州中院《关于康美药业证券虚假陈述责任纠纷的普通代表人诉讼权利登记公告》,投服中心于2021年4月23日向中国证券登记结算有限责任公司调取康美药业案权利人名单,依据登记结算机构提供的数据代表55,326位投资者向广州中院予以登记,经测算涉诉投资者损失约48.66亿元。

依本判决,扣除系统风险后损失金额为正数的投资者共有52,037人,获赔总额约24.59亿元。

2. 诉请金额与判赔金额不同是什么原因?

本案广州中院委托了中国证券投资者保护基金有限责任公司(以下简称投保基金)进行损失测算,在开庭审理时双方当事人对损失核定结果进行了质询,判决采信了该损失测算意见。根据投保基金测算结果,选取医药生物(申万)指数作为比对指数,并采用"个体相对比例法"测算投资者证券市场系统风险,所以判赔金额与诉请金额有所差异。

3. 投资者如何了解到自己是否获赔,获赔多少?

依据广州中院《关于特别代表人诉讼原告应获赔偿金额查询方式的公告》,自2017年4月20日(含)起至2018年10月15日(含)期间以公开竞价买入、并于2018年10月15日闭市后仍持有康美药业股票的投资者,可通过微信小程序搜索"广州微法院"进入广州微法院,点选页面下方"微诉讼"栏目,选择"代表人诉讼"入口进入代表人诉讼平台查询是否获赔。

4. 为什么各被告之间承担责任的比例不同?

判决认定:

(1)康美药业定期报告虚假记载、重大遗漏构成虚假陈述行为且与投资者损失之间存在交易因果关系和损失因果关系,康美药业对案涉投资者承担损失赔偿责任。

(2)实际控制人马某1、许某某的行为直接导致康美药业披露的定期报告存在虚假陈述,是应当对康美药业信息披露违法行为直接负责的人员,承担100%连带责任。

(3)时任董事、副总经理、董事会秘书邱某某,时任财务总监庄某某,时任职工监事、副总经理温某某,时任监事、独立董事马某2的行为直接导致康美药业披露的定期报告存在虚假陈述,也是应当对康美药业信息披露违法行为直接负责的人员,承担100%连带责任。

(4)以下被告作为时任董事、监事或高级管理人员并未直接参与财务造假,却未勤勉尽责,存在较大过失,且均在案涉定期财务报告中签字,保证财务报告真实、准确、完整,所以是康美药业信息披露违法行为的其他直接责任人员。

马某3、林某1、李某1、罗某某、林某2、李某3、韩某某、王某均非财务工作负责人,过失相对较小,法院酌情判令承担20%连带赔偿责任。

江某某、李某2、张某1为兼职的独立董事,不参与康美药业日常经营管理,过失相对较小,法院酌情判令承担10%连带赔偿责任。

郭某某、张某2为兼职的独立董事,不参与康美药业日常经营管理,过失相对较小,且仅在《2018年半年度报告》中签字,法院酌情判令承担5%连带赔偿责任。

(5)时任总经理助理唐某、陈某1不存在虚假陈述、误导性陈述或重大遗漏,不属于案涉虚假陈述行为人,不应当对投资者损失承担赔偿责任,不对投资者损失承担赔偿责任。

(6)广东正中珠江会计师事务所(以下简称正中珠江)未实施基本的审计程序行为,严重违反《中国注册会计师审计准则》和《中国注册会计师职业道德守则》等规定,导致康美药业严重财务造假未被审计发现,影响极其恶劣,承担100%连带责任。

(7)杨某某作为正中珠江合伙人和2016年、2017年康美药业审计项目的签字注册会计师,在执业活动中重大过失。杨某某在正中珠江承责范围内承担100%连带赔偿责任。

(8)刘某1并非康美药业2016年、2017年审计项目的签字注册会计师,不是案涉虚假陈述行为人,故不应对投资者损失承担赔偿责任。张某3、苏某某作为正中珠江的员工,不应因其职务行为直接对投资者承担赔偿责任。

5. 本次判决是否为最终生效判决?

本次判决是一审判决,目前尚未生效。当事人是否上诉尚有不确定性。

6. 如投资者不服判决，投服中心是否继续代表投资者上诉？若投资者不同意投服中心是否上诉的决定怎么办？

《最高人民法院关于证券纠纷代表人诉讼若干问题的规定》（以下简称《代表人诉讼司法解释》）第27条规定：

一审判决送达后，代表人（投服中心）决定放弃上诉的，应当在上诉期间届满前通知全体原告。

原告自收到通知之日起15日内未上诉，被告在上诉期间内亦未上诉的，一审判决在全体原告与被告之间生效。

原告自收到通知之日起15日内上诉的，应当同时提交上诉状，人民法院收到上诉状后，对上诉的原告按上诉处理。被告在上诉期间内未上诉的，一审判决在未上诉的原告与被告之间生效，二审裁判的效力不及于未上诉的原告。

第28条规定：一审判决送达后，代表人决定上诉的，应当在上诉期间届满前通知全体原告。原告自收到通知之日起15日内决定放弃上诉的，应当通知一审法院。被告在上诉期间内未上诉的，一审判决在放弃上诉的原告与被告之间生效，二审裁判的效力不及于放弃上诉的原告。

7. 因康美药业现在处于破产重整阶段，投资者是否可以直接向个人申请执行？

根据《代表人诉讼司法解释》第7条，在证券纠纷代表人诉讼中，可由代表人申请执行，投资者无须自己申请。

8. 投资者最终获赔金额在后续的破产清偿中是否会受影响？何时能获得赔偿款？

本判决尚未生效，破产管辖法院揭阳市中级人民法院（以下简称揭阳中院）已将该判决金额24.59亿元列为暂缓确认债权，纳入重整计划草案。

康美药业于11月15日召开第二次债权人会议，会议将采用网络投票方式对《康美药业股份有限公司重整计划（草案）》进行表决，投票截止时间为2021年11月19日。

根据《企业破产法》第81条的规定，重整计划草案中应当包括重整计划的执行期限。在重整执行期间内，公司应当严格依照重整计划清偿债务。重整计划可能提前执行完毕，也可能因特殊原因经法院批准延长执行期限。

9. 投服中心是本特别代表人诉讼的代表人，是否会帮助受损投资者参与公司的破产重整？

投服中心已于2021年7月22日代表康美药业特别代表人诉讼全体原告，向破产管理人申报债权，并被推选为破产重整债权人委员会委员。目前，特别代表人诉讼属于未决诉讼，已判赔的24.59亿元被揭阳中院列为暂缓确认债权，投服中心后续将代投资者行使债权人相关表决权利。

10. 此前声明退出的投资者和不在适格区间的投资者该如何寻求司法救济？

根据《代表人诉讼司法解释》第34条第2款的规定，此前声明退出的投资者可另行起诉。

根据《广东省广州市中级人民法院普通代表人诉讼权利登记公告》，不在适格区间内的投资者可另行自行起诉。

11. 投服中心作为代表人都做了哪些工作？

2021年3月26日，广州中院发布普通代表人诉讼权利登记公告，同日，投服中心公开接受投资者委托。4月8日，投服中心向广州中院提交56名投资者证据材料，申请转换为特别代表人诉讼。4月16日，广州中院发布特别代表人诉讼权利登记公告，首单特别代表人诉讼成功转换。4月23日，投服中心向中国证券登记结算有限责任公司调取康美药业案权利人名单，于4月30日向广州中院予以登记。

在诉讼过程中，投服中心秉承最大限度保护投资者合法权益的原则，委托公益律师秦政、朱夏嬅作为代理律师参与了庭前会议、法庭审理及多次调解会议并参加现场旁听。

6月5日，揭阳中院裁定受理康美药业破产重整申请。7月22日投服中心代表全体原告，以代表人诉讼诉请金额向破产管理人申报债权。8月10日，投服中心经康美药业破产重整案第一次债权人会议表决被选为债权人委员会成员，并得到破产法院揭阳中院的确认，行使监督债务人财产的管理和处分、监督管理人执行职务、提议召开债权人会议等职权。后续投服中心作为债权人委员会委员和投资者的代表人将尽力维护投资者合法利益。

12. 投服中心接下来是否还会再提起第二单特别代表人诉讼？选案要考虑哪些因素？

中国证监会在2021年“5·15全国投资者保护宣传日”活动上提出，要推动投保机构代表人诉讼常态化开展,充分发挥投保利器作用。投服中心正在推进代表人诉讼常态化工作,并进行第二单特别代表诉讼案件摸排工作。

投服中心将坚持最大化保护投资者合法权益的立场,选取典型重大、社会影响恶劣、具有示范意义且被告具有一定偿付能力的案件,依法依规依程序参与特别代表人诉讼,切实履行投保机构职责。

关于案件最新进展,后续可通过中国投资者网(https://www.investor.org.cn)、投服中心官网(http://www.isc.com.cn/)查询,也可关注康美药业公司公告、广州中院相关公告情况及权威媒体报道。

首例特别代表人诉讼康美药业案投资者分布*

2021 年 11 月 12 日,中证中小投资者服务中心(以下简称投服中心)提起的康美药业特别代表人诉讼由广州市中级人民法院(以下简称广州中院)一审宣判。市场各界高度关切,聚焦于投资者参与情况及判决判赔情况。现就本案投资者相关情况做简要分析,供各方参考。

一、公开征集适格投资者情况

2021 年 3 月 26 日,广州中院发布普通代表人诉讼权利登记公告,权利人登记范围为:自 2017 年 4 月 20 日(含)起至 2018 年 10 月 15 日(含)以公开竞价方式买入,并于 2018 年 10 月 15 日闭市后仍持有康美药业股票(证券代码:600518),且与本案具有相同种类诉讼请求的投资者,但具有司法解释规定的虚假陈述与损害结果之间不存在因果关系情形的除外。

投服中心依广州中院普通代表人诉讼权利登记公告的权利人登记范围,同日在中国投资者网公开接受投资者委托。截至 2021 年 4 月 7 日,总申请人数 479 人,适格投资者 352 人,适格比例为 73.5%。

---

* 摘自投服中心微信公众号,2021 年 11 月 17 日发布。原文链接:https://mp.weixin.qq.com/s/zwT1gV_IIK_TjbmYrkoj-w。

二、判赔投资者情况

判决确认前述适格权利人范围内共55,326位投资者,广州中院委托中国证券投资者保护基金有限责任公司进行损失测算。

1. 风险扣除情况

经损失测算扣除系统风险,有3289位投资者损失结果为零或负数。最终判赔人数52,037名,总金额约24.59亿元。

2. 判赔投资者分布情况

判决认定了前述适格权利人登记范围。依判决书原告判赔明细,投资者分布如下:

个人投资者51,399名,占总赔付适格投资者约98.77%,其中50万以下的个人投资者51,231人,占总判赔人数约98.45%。

康美药业重整计划表决通过*

新华社2021年11月19日报道　记者:李雄鹰

记者从2021年11月19日结束的康美药业第二次债权人会议上获悉,康美药业股份有限公司破产重整计划(草案)经全体债权人表决通过。战略投资联合体神农氏合伙企业将参加康美药业重整经营。揭阳市中级人民法院近日将依法对重整计划方案进行审查并作出裁定。

2021年6月4日,康美药业因违规经营致资不抵债等原因进入破产重整程序。8月10日,康美药业召开第一次债权人会议,听取破产重整管理人关于公司财产状况及债权申报审查等情况的报告。11月15日,康美药业召开第二次债权人会议,再次听取公司财产状况及债权审查情况的报告和破产重整计划(草案)情况的说明,决定对出资人权益调整方案和重整计划(草案)进行投票表决。1351家出资人和2073家债权人分组参加投票表决。经人民法院批准,证券虚假陈述侵权集体诉

* 原文链接:https://xhpfmapi.xinhuaxmt.com/vh512/share/10404010?channel = weixin。

讼案特别代表人等675家债权申报人享有临时表决权参加投票。11月15日，经全体出资人投票表决，出资人权益调整方案表决获得多数（股权占比84.59%）通过。11月15日至19日，经全体债权人通过线上形式投票表决，重整计划（草案）获得多数通过，其中担保债权组获得全部通过，普通债权组获得多数（债权人占比94.54%、债权总额占比86.43%）通过。

根据重整方案，由广药集团有限公司、广州神农氏中医药发展有限责任公司、广东粤财产业投资基金合伙企业、广东恒健资产管理有限公司、揭阳市金叶发展有限公司等国有企业共同组成的神农氏合伙企业及部分社会资本，将参加康美药业的公司重整。

根据重整计划，康美药业债权人的债权经法律确认后将全部清偿。其中，50万元以下的债权部分，将全额现金清偿；超出部分将以以股抵债、信托收益权等方式予以清偿。证券虚假陈述侵权集体诉讼案确认的赔偿发生法律效力后也将按此清偿。

康美药业案判罚引发独董密集离职？业内呼吁独董制度亟待全面重塑*

新华财经2021年11月19日报道　记者：林郑宏　闫鹏

每月工资不到1万元，却要承担连带责任赔偿上亿元！2021年11月19日，有媒体认为，11月12日广州市中级人民法院（以下简称广州中院）对康美药业案的一审判决公布后，引发了一轮独立董事离职潮。新华财经梳理数据显示，独立董事密集辞职曾多次发生。从目前的数据来看，尚无法得出“康美药业一案推动了独立董事离职潮”的结论，但不可否认的是，我国独立董事制度亟待全面重塑。

* 原文链接：https://bm.cnfic.com.cn/sharing/share/articleDetail/2567126/1。

月薪不到1万元却需赔偿上亿元

根据广州中院一审判决结果，* ST 康美须向 52,037 名受损投资者赔偿约 24.59 亿元。其中 5 名曾任或在职的独立董事，需要承担连带责任，合计赔偿金额最高约 3.69 亿元。其中，江某某、李某 2、张某 1 为兼职的独立董事，不参与康美药业日常经营管理，相对过失较小，法院酌情判令其在投资者损失的 10% 范围承担连带赔偿责任（折合 2.459 亿元），郭某某、张某 2 为兼职的独立董事，过失相对较小，且仅在《2018 年半年度报告》中签字，法院酌情判令其在投资者损失的 5% 范围承担连带赔偿责任（折合 1.2295 亿元）。

这 5 位独立董事中，除江某某外，其余 4 人均为大学教授。每年在康美药业担任独立董事所获的酬劳仅 10 万元左右。却因为康美药业财务造假案件，每人被判上亿元的连带赔偿。

"虽然大学教授的薪酬待遇可观，但面对上亿的赔付金额，恐怕对教授们来说，也算是一笔天文数字了。"财经评论员郭施亮表示，本来，上市公司独立董事的职位可以称得上"躺着赚钱"的工作，过去多年时间，独立董事的工作也被称为"金饭碗"，"但是，随着国内证券市场的法律法规不断完善，特别是代表人诉讼制度的不断成熟，这也是加大了财务造假上市公司独立董事的任职风险"。

郭施亮还称，经过了此次康美药业的案件，实际上也给上市公司的独立董事们敲响警钟，不能够再抱有侥幸的心态担任上市公司的独立董事。"对上市公司独立董事来说，假如缺乏专业判断的能力与扎实的财务水平，那么长期担任独立董事的职位也许变成一项高风险的工作。特别是对担任多家上市公司独立董事的名人们来说，未来所承担的风险会更高，独立董事这一职位也不再是那么吃香了，甚至可能会引发部分独立董事的辞职。"

独董密集辞职曾多次发生

事实上，在康美药业判决结果的出炉后，确实有多名上市公司独立董事提出辞职。据新华财经不完全统计，2021 年 11 月 12 日后，与独立董事辞职相关的公告超过 20 则。

分析人士认为,从目前的数据来看,尚无法得出“康美药业一案推动了独立董事离职潮”的结论。

事实上,历史上独立董事密集离职不仅发生过,而且数量上远超当下水平。

比如,2015 年 11 月底至 12 月底的短短一个月时间内,就有超过 270 名独立董事离职。当时事件的导火线是,2015 年 11 月初教育部下发的《教育部办公厅关于开展党政领导干部在企业兼职情况专项检查的通知》,通知要求各高校遵照执行中共中央组织部“18 号文”等文件要求,高校副处级以上领导干部不得担任上市公司独立董事。

而在 2014 年,受中共中央组织部《关于进一步规范党政领导干部在企业兼职(任职)问题的意见》的影响,有超过 200 家上市公司在当年发布过独立董事离职公告。

独董制度亟待全面重塑

与其担心新一轮独立董事离职潮,不如深入思考中国独立董事制度的未来。

独立董事制度自诞生之日起,在成熟资本市场中便一直是维护“多数人利益”的重要存在——独立董事们通过投入自身的声誉,以超然于利益之上的立场表达独立见解,纠正现代公司治理中委托代理机制本身存在的问题。这就对独立董事们产生了较高的要求:以自身的高度勤勉尽责,形成对上市公司管理层内部控制的制衡,实现“用脚投票”与“用手投票”相互协同的股权制衡治权机制。

“从 1999 年开始探索,到 2001 年开始在国内上市公司推行,我们的独立董事制度在背离监督与制衡初心的道路上越走越远。”清华大学金融学院副院长田轩认为,由于缺乏独立的选拔、运行机制以及有效的激励和保护机制,我国的独立董事长期以来都处于既不“独立”也不“懂事”的尴尬境地。

田轩称,如果不能从整体上解决制度的问题,而一味聚焦于苛责和处罚,那么恐怕会陷入“无人敢为独董”的又一轮恶性循环。因此,相比于“追责”更重要的是,通过对独立董事制度权、责、利生态的全面重塑,解决中国独立董事制度的困境。

三管齐下解决制度困境

在田轩看来,重塑独董制度涉及三个方面。一是重塑独立董事的独立性。长期以来,中国上市公司的独立董事提名权,大都掌握在大股东或管理层手里,基本由企业的实际控制人或者董事长掌控。更关键的是,涉及核心利益的独立董事薪酬,是由上市公司实控人决定和发放的。

二是责任与保护并存。即使在集体诉讼制度与独立董事制度较为发达的国家,除了因失职导致公司破产等重大困境或者引发重大会计丑闻,独立董事在集体诉讼中列为被告甚至是被罚自掏腰包承担诉讼责任的情况,实践中是极少出现的。权责平衡下对于独立董事履职风险的保护,是发达国家独立董事制度得以不断完善的一个重要条件。除了法律本身为独立董事履职提供了保障,来自公司立法允许的损失补偿和强大的独立董事保险制度,也有效降低了独立董事的连带风险。

田轩认为,未来或许可以换一个思路,绕道激励的背面,从规避风险的角度为独立董事勤勉履职提供更多保障,如通过支持鼓励保险公司开发独立董事险,运用市场逻辑,在构筑独立第三方独立董事市场化评价体系的同时,促进独立董事职业的标准化和规范化,提高独立董事勤勉尽职的能力。

三是建立声誉评价体系,加大对独立董事的负向激励。可以通过建立独立董事市场负面清单和准入制度,一旦独立董事因个人原因,导致所在的公司破产或涉嫌违法违规,就将面临个人声誉的重大损失,甚至将面临终身禁入资本市场的重大处罚。相较正向的经济利益激励,根植于声誉的负向激励,或许更能调动具备专业知识的高素质人才加入独立董事的队伍。

一份判决，为何竟让上市公司独董们“亿”哄而散？*

《上海证券报》2021 年 11 月 20 日报道　记者:朱文彬

一周前,康美药业案一审宣判,天价处罚和一系列的首创,翻开了资本市场新的一页。

案件虽有了阶段性的结果,余波却还在扩散。

作为资本市场一个特殊群体——独立董事,在这场具有重要里程碑意义的判决中,迎来分水岭。

独董离职潮

根据判决,涉及康美药业案的 5 名离任或在任独立董事,被判承担连带责任,合计赔偿金额最高约 3.69 亿元。

年均薪酬仅约 10 万元,连带赔偿责任却逾亿元。几位独立董事也被人戏称为“最惨独立董事”。

一纸判决,“亿”哄而散。

2021 年 11 月 19 日晚,金花股份等 6 家 A 股公司发布公告,独立董事递交辞呈。记者梳理发现,自 11 月 12 日康美药业案一审宣判起,截至目前,至少有 26 家 A 股上市公司独立董事宣布辞职,掀起一股离职潮。

“尽管承担着数亿元的连带赔偿责任,并不意味着就一定是要付出这么多的代价,有个先后赔偿的顺序,最后落实到这几位独立董事头上具体是多少,还要看实际情况,但判决起到的影响肯定不小,起码心理层面会有些震撼。”华南一位身兼多家上市公司独立董事的大学教授告诉记者,近期,康美药业案的影响很大,围绕独立董事的权责分担、风险收益、制度设置等问题,独立董事圈内的讨论很多,自己也

---

* 原文链接:https://mp.weixin.qq.com/s/nRVWurUl9httvKbLsrlg7g,原文有删减。

需要做一些冷静的研究和思考。

被“冤枉”的独董？

独立董事需要承担天价的连带赔偿责任，是否冤枉？

关于这点，业内争论不下。

中央财经大学中国企业研究中心研究员刘姝威身兼万科、格力电器、中光学等上市公司的独立董事，11 月 18 日晚，刘姝威在朋友圈也发出长文，发表自己的看法。

刘姝威表示，万科是她第一家同意担任独立董事的上市公司。此前她谢绝过有的上市公司邀请担任独立董事，因为他们无法满足她履行独立董事职责的要求。

“独立董事要对投资者负责任，我同意担任独立董事的公司都是我充分了解、多年跟踪相关公开资料的公司。担任独立董事后，对有关资料出现疑问，我必须询问上市公司相关部门，直至完全清楚为止”，刘姝威说，我国有关法律法规已经明确规定独立董事的权利和责任。

“对于康美药业肆无忌惮的造假行为，作为独立董事无动于衷，既然没有履行法律法规赋予的权利和责任，如今受到法律的制裁，冤枉吗？接受担任独立董事的邀请，就意味着你将履行法律法规赋予的权利和义务，如果自己做不到这一点，为什么要担任独立董事呢？”刘姝威如此写道。

事实上，独立董事因不尽职尽责遭受重罚，前已有之。

2021 年 3 月 12 日，广东榕泰发布公告了一则证监局作出的处罚告知书，其中针对该公司 4 位独立董事适用 2019 年修订的《证券法》，给予 50 万元罚款。

据广东榕泰 2019 年年度公告，该 4 位独立董事年度津贴为每人 6 万元。

广东证监局在处罚告知书中表示，广东榕泰 4 位独立董事的违法之处在于：“在审计机构对广东榕泰 2019 年财务报告出具带强调事项段的保留意见后，未能对审计意见提及的明显可疑事项予以特别关注或关注但未勤勉尽责，并签字保证广东榕泰 2019 年度报告内容真实、准确、完整。”

上述两则案例的区别在于，康美药业案是由法院宣判对上市公司财务造假承担有民事责任的连带赔偿责任，而广东榕泰的案例则是监管部门根据 2020 年 3 月

1日正式生效的修订后的《证券法》而作出的行政处罚。

"花瓶"的初心

我国资本市场引入独立董事制度已有20余年。

2000年,A股市场爆出基金黑幕等诸多丑闻,市场陷入低迷。另一边,美国安然、世通丑闻爆发,萨班斯法案出台,急切寻求治理提升的A股市场选择了引入独立董事制度。

当年8月,《关于在上市公司建立独立董事制度的指导意见》(简称《独董意见》,现已废止)正式出台,在A股上市公司中确立了独立董事制度的框架和核心制度。

2014年9月,中国上市公司协会发布《上市公司独立董事履职指引》,对上市公司独立董事的义务和职权等进行了界定,成为推行独立董事制度后首个针对独立董事履职的制度性文件。

20年来,中国资本市场制度建设不断完善,生态建设不断成熟,但"独董不独""独董不懂"的"花瓶"现象,仍在一定程度受到争议,值得反思。

2021年11月19日,著名经济学家华生在《我与上证报的故事｜华生:风雨之中结友情》一文中讲述了自己与《上海证券报》密切交往的难忘经历,并回顾了自己作为万科独立董事在宝万之争中的往事,同时对我国的独立董事制度作出了独立思考。

2016年,宝万之争成为市场关注的焦点。彼时,作为万科独立董事,华生在《上海证券报》上连续独家发表了《我为什么不支持大股东意见》《华生:万科的独董丧失了独立性,还是首次展现了独立性》等重磅文章,引起了巨大反响。

华生表示,由于在整个这场争论中,监管部门对独立董事的作用保持沉默,学界分歧和争论很大,市场和社会上观点纷纭、莫衷一是,因此,宝万之争并没有在推动独立董事发挥在公司治理中的积极作用方面达成共识。

宝万之争之后,一切重归寂静。A股市场几千家上市公司中几乎听不到独立董事什么声音。独立董事制度作为上市公司公司治理中的重要一环,并没有发挥多少真正的作用。几千家上市公司及其股东们为独立董事每年支付高额的薪酬和各种费用,却没有产生应有的回报,这是非常奇怪和令人遗憾的。

"我当时在上证报的文章中曾指出,独立董事制度对中国来说是一个'舶来品’。但是我们在引进中又丢掉了其中一些精髓,如独立董事需要在董事会占多数、独立董事应当选举自己独立的负责人、定期举行无外人参与的独立董事会议、一年至少召开二次无上市公司核心高管参加的经营层会议等。结果独立董事不起什么作用,只是多少沦为上市公司大股东安排自己外部友好关系人士分享福利的渠道。这种有名无实、花费不菲而又四不像的抄袭模仿,是否还有必要?如何进行根本性的改革?这确实是证券市场需要认真面对和研究的重要问题。”华生发出思考之问。

早在宝万之争中,华生就从学术的角度分析了独立董事制度的来龙去脉、功能及其发挥作用的条件,以及外来引进的独立董事制度与国外相比发生了那些变化。他提出,对于我国上市公司治理、证券市场的发展壮大和法规改进意义重大的独立董事制度改革主要包括以下三个方面:一是改革独立董事的提名和选举程序;二是提高独立董事在董事会的比例和权限;三是建立独立董事和内幕知情人信息披露的必要保护制度。

10 多年前,针对独立董事制度的改革,中国政法大学刘纪鹏教授也曾撰文提出,独立董事制度的改革要让独立董事成为“有钱、有权、有闲、有家”的“四有”新人,提出了最理想的独立董事履职制度环境和基础。

然而,这种理想的“四有”独立董事建议在实践中并没有得到实现,甚至在某些方面可能还越走越远。

无论是“花瓶”的自我修养,还是制度的进一步完善,这都需要找到曾经出发时的初心,而不是简单地“亿”哄而散。

全国首例证券集体诉讼案中小投资者损失今起赔付*

新华网 2021 年 12 月 20 日报道　记者:李雄鹰

康美药业破产重整计划经全体债权人表决通过后,经广东省揭阳市中级人民

* 原文链接:http://www.news.cn/2021－12/20/c_1128183256.htm。

法院(以下简称揭阳中院)裁定批准,康美药业破产重整案进入了执行阶段,包括证券虚假陈述侵权集体诉讼的5.2万余名证券投资者在内的经济损失和其他债权人的债务均将从12月20日起陆续清偿。

据揭阳中院有关负责人介绍,2021年12月12日,重整投资人神农氏合伙企业及其他投资方代表,与康美药业管理人签署了投资确认书,重整投资款已全部到位。根据重整计划,损失50万元以下部分的5.2万余名证券投资者,将以现金一次性直接赔付;50万元以上部分投资者,将以现金、“债转股”、信托权益等三种方式赔偿。现金和股份将由管理人通过中国证券登记结算公司上海分公司直接发放,信托权益将直接登记至各投资者名下。

2021年11月12日,广州市中级人民法院对全国首例证券集体诉讼案作出一审判决,责令康美药业因年报等虚假陈述侵权赔偿证券投资者损失24.59亿元,判决生效后进入执行程序。据了解,康美药业重整工作预期年底前完成。公司原控制人马某1将不再持有公司股份,并将依法清偿所欠全部债务。康美药业的非主业资产将交由信托管理,新注册成立的康天公司为信托资产承接平台,正在抓紧办理相关资产的过户和交割。

投服中心首单特别代表人判决执行后答投资者问*

1. 首单特别代表人诉讼康美药业案一审判决是否已生效?

2021年11月12日,广东省广州市中级人民法院(以下简称广州中院)作出一审判决,中证中小投资者服务中心(以下简称投服中心)代表的52,037名投资者共判获赔约24.59亿元。因原告代表人投服中心、各被告和原告投资者均未提起上诉,目前一审判决已生效。

2. 原告投资者是否已收到特别代表人诉讼康美药业案的判赔款项?

12月21日,投服中心首单特别代表人诉讼判决开始执行,投资者将陆续收到

---

* 摘自投服中心公众号,2021年12月22日发布。原文链接:https://mp.weixin.qq.com/s/SdwGB_hhZceflPvYsLosCw。

判赔款项。

3. 原告投资者是否全额收到特别代表人诉讼康美药业案的判赔款项？

根据广州中院一审判决和康美药业破产重整计划，关于证券虚假陈述集体诉讼案投资者债权，50万元以下的债权部分，将全额现金清偿；超出部分将以现金、以股抵债、信托收益权等方式予以清偿。

全体投资者将共获赔现金约9.765亿元、股票约1.41亿股，信托收益权份额约7070万份。

4. 判赔款如何分配至52,037名投资者？

关于现金部分，康美药业根据广州中院判决的投资者名单及金额，将现金转至中国证券登记结算有限责任公司（以下简称中国结算），中国结算再转至各投资者开户证券公司，最终分配至投资者资金账户。

关于股份部分，将直接由中国结算过户至投资者证券账户。

关于信托收益权，据广东省揭阳市中级人民法院（以下简称揭阳中院）有关负责人介绍，将直接登记至各投资者名下。

5. 投资者受偿是否需要申请或提交材料？

投资者受偿不需要申请或提交材料。启动特别代表人诉讼后，适格原告投资者除明确向法院表示不参加该诉讼的，都将分享诉讼成果，投资者关注本人资金账户和证券账户，等待分配即可。

6. 投资者受偿是否需要支付费用？

投资者受偿不需要向法院或投服中心支付任何费用。

关于诉讼费用，康美药业案原告方未预交案件受理费，且判决明确案件受理费和保全费由应承担责任的被告共同负担。

投服中心坚持公益属性，不向投资者收取任何费用。投服中心委托的两名公益律师为上海华尊律师事务所朱夏嬅律师和上海锦天城（广州）律师事务所秦政律师，两位公益律师也不向投资者收取任何费用。除上述两名律师外，投服中心在康美药业特别代表人诉讼中未与其他任何律师或律所合作，请广大投资者知悉，注意风险防范。

7. 机构、外籍等多类型投资者是否可以受偿？

可以受偿。不论投资者属于哪种类型，只要系广州中院康美药业特别代表人诉讼判赔主体便可受偿，投资者可通过“广州微法院”微信小程序查询特别代表人诉讼原告和赔偿金额。

8. 除康美药业公司外的其他主体是否还将承担责任？

根据康美药业2021年11月13日发布的《关于投资者民事诉讼索赔进展的公告》，公司将根据判决，向马某1、许某某、邱某某、庄某某、温某某、马某2、广东正中珠江会计师事务所（特殊普通合伙）、杨某某等21名承担连带清偿责任的被告依法主张相关权利。

9. 投服中心在首单特别代表人诉讼康美药业案中为投资者做了哪些工作？

首案中，投服中心作为法定的原告代表人，积极落实投保机构法定职责。彰显公开性，网上公开征集50名以上适格投资者申请转换特别代表人诉讼；发挥专业性，力争“追首恶”，压实压紧中介机构责任，实现对证券违法行为的“零容忍”；践行人民性，在诉讼和参与破产重整过程中始终坚持被代表投资者利益最大化，主动在破产程序中为被代表投资者以诉请金额48.66亿元申报债权，坚持在破产重整计划草案中应同等对待特别代表人诉讼中小投资者和其他小额普通债权人，践行公益投保机构使命担当。

10. 投服中心如何开展代表人诉讼常态化工作？

投服中心将坚持市场化法治化原则推进代表人诉讼常态化，聚焦重大典型案件，围绕重点统筹推进各类诉讼。特别代表人诉讼应不以数量为目的，从个案试点逐步扩大到稳步推进，并注重与支持诉讼、示范判决及多元纠纷化解机制的协调。

11. 请问首单特别代表人诉讼康美药业案的过程大致是怎样的？

2020年5月，中国证监会对康美药业股份有限公司及相关责任人信息披露违法违规行为作出行政处罚决定。

12月31日，11位投资者向广州中院提交立案申请，并申请适用普通代表人诉讼审理。

2021年3月26日，广州中院发布普通代表人诉讼权利登记公告；投服中心于同日发布《投服中心接受康美药业虚假陈述民事赔偿案投资者委托的说明》。

4月8日，投服中心向广州中院提交特别代表人诉讼转换申请。

4月16日，广州中院发布特别代表人诉讼权利登记公告，标志着中国资本市场首单特别代表人诉讼正式成立。

4 月 23 日,投服中心向中国结算调取康美药业案权利人名单,于 4 月 30 日向广州中院提交。

5 月 28 日,广州中院召开康美药业证券虚假陈述责任纠纷案庭前会议。

6 月 4 日晚,康美药业公告收到揭阳中院送达的民事裁定书,法院裁定受理对康美药业的破产重整申请。

6 月 12 日,广州中院发布《特别代表人诉讼原告资格查询公告》,供投资者线上查询本案原告名单。

7 月 22 日,投服中心代表康美药业特别代表人诉讼全体原告债权人,向破产管理人申报债权。

7 月 27 日,康美药业证券虚假陈述特别代表人诉讼案在广州中院一审开庭,原告代表人投服中心委托律师出庭参与诉讼。

8 月 10 日,康美药业破产重整案第一次债权人会议在揭阳中院召开,投服中心代表全体原告债权人通过网络方式参会,被选为 9 家债权人委员会委员之一。

11 月 12 日,广州中院作出一审判决,投服中心代表的 52,037 名投资者共判获赔约 24.59 亿元。目前,判决已生效。

11 月 13 日,康美药业《关于投资者民事诉讼索赔进展的公告》中提及,将根据判决,向 21 名承担连带清偿责任的被告依法主张相关权利。

11 月 15 日,康美药业破产重整案第二次债权人会议召开,投服中心代表全体原告债权人通过网络方式参会。

11 月 19 日晚,康美药业发布公告,二债会表决通过了重整计划草案。根据重整计划,康美药业债权人的债权经确认后将全部清偿。其中,50 万元以下的债权部分,将全额现金清偿;超出部分将以股抵债、信托收益权等方式予以清偿。证券虚假陈述特别代表人诉讼案确认后的赔偿发生法律效力后也将按此清偿。

11 月 26 日晚,康美药业发布了《关于法院裁定批准公司重整计划的公告》,公司进入重整计划执行阶段。

12 月 21 日,投服中心首单特别代表人诉讼开始执行,52,037 名投资者将以现金、债转股、信托收益权等方式获偿约 24.59 亿元。

投服中心首单特别代表人判决执行后补充答投资者问*

中证中小投资者服务中心(以下简称投服中心)针对首单特别代表人判决执行后投资者关心的问题,经与康美药业破产管理人等各方沟通,补充答投资者问。

1. 因账户注销或存在其他异常情况,尚未收到判赔款项的投资者该怎么办?

第一步:请投资者通过微信小程序"广州微法院"—"微诉讼"—"代表人诉讼",输入本人姓名和身份证号并实名验证后,点击"特别代表人诉讼原告应获赔偿金额查询",选择居民身份证信息或一码通账户号码查询,查询是否获赔和具体金额。

第二步:如投资者通过第一步方式已查询到本人应获赔金额,但资金账户尚未收到款项,请联系开户证券公司查询。

第三步:如投资者账户注销或存在其他异常情况,请投资者注意查看康美药业管理人已发出的短信通知,并至全国企业破产重整案件信息网查看《关于尚未领受现金、股票的虚假陈述集体诉讼债权人提供账户与身份信息的通知》,及时按要求提交材料。

2. 账户注销或存在其他异常情况的投资者,为什么需要主动配合提供材料?

2019年《证券法》创设的特别代表人诉讼制度具有"默示加入、明示退出"的特点,投资者除明确向法院表示不参加该诉讼的,都成为案件原告,分享诉讼成果。

为推进制度落地,投服中心作为5万余名投资者的代表人参加诉讼,一审获胜诉判决。52,037名获判投资者群体数量庞大,分布在天南海北,为真正实现投资者"躺着收钱",判决生效后,投服中心与康美药业破产重整管辖法院、康美药业破产管理人、中国证券登记结算有限责任公司(以下简称中国结算)等各单位形成合力推进执行。关于现金部分,康美药业根据广州中院判决的投资者名单及金额,将现金转至中国结算,中国结算再转至各投资者开户证券公司,最终分配至投资者资金

---

* 摘自投服中心公众号,2021年12月31日发布。原文链接:https://mp.weixin.qq.com/s/PeDjk230_58rZrJUgKvLWQ。

账户。

但在各方协同助力投资者“躺着收钱”的过程中，部分投资者账户存在注销或其他异常情况，导致无法按上述方式直接分配。康美药业破产管理人已在最高人民法院建立的“全国企业破产重整案件信息网”发布了《关于尚未领受现金、股票的虚假陈述集体诉讼债权人提供账户与身份信息的通知》，告知这部分投资者及时申请获偿。相应投资者系本案原告，为维护自身合法权益，请及时配合申请。

3. 如投资者因此前未注意到，超过了《关于尚未领受现金、股票的虚假陈述集体诉讼债权人提供账户与身份信息的通知》要求的提供材料的七日时限，有什么法律后果？

已获判赔但因账户注销或异常、尚未获赔的投资者，后续仍可根据《关于尚未领受现金、股票的虚假陈述集体诉讼债权人提供账户与身份信息的通知》的要求申请受偿，但受偿时间或相对较晚。

4. 关于判赔金额 50 万元以上 300 余名投资者的信托收益权，后续如何受领？

待财产权信托设立完毕后，受托人建信信托有限责任公司会直接联系有信托权益的投资者，请投资者根据要求配合准备材料进行登记。

二、关键时点舆情监测报告

第 1 期（总第 1 期）

中证中小投资者服务中心　2021 年 2 月 11 日

调查监测部对“康美药业股份有限公司关于收到《民事裁定书》的公告”有关舆论进行监测，情况如下：

康美药业收到广州中院关于顾某某、刘某 2 某等 11 名自然人就公司证券虚假陈述责任纠纷一案的民事裁定书。根据《民事裁定书》，广州中院认为，本案符合适用普通代表人诉讼程序的情形，自 2017 年 4 月 20 日（含）至 2018 年 10 月 15 日（含）以公开竞价方式买入，并于 2018 年 10 月 15 日闭市后仍持有康美药业股票，且与本案具有相同种类诉讼请求的投资者，可以向广州中院申请登记，参加本案诉讼。

截至 14 时，共计东方财富网、《证券时报》、华数 TV、巨潮资讯、赢家 · 聊吧、央视网等 6 家媒体和网站进行报道与转载，相关文章 6 篇。通过统计，阅读点击量超过 8000 次，投资者评论 20 余条，参与讨论人数 20 余人。评论意见如下：

7 位投资者认为索赔对象应该是董事、监事、高级管理人员，特别是董事长，而不应该让公司用所有股东的资产进行赔偿。

5 位投资者认为这或许是中国股市历史上第一个集体诉讼案件的关键一步，后续可能将有更多股东索赔。

4 位投资者表示自己也想参与起诉，希望公布更清楚的申请手续和所需的申请资料。

3 位投资者认为索赔成功后,可以用获赔的资金再次购买康美的股票赚钱。

2 位投资者认为公告没有用,很少散户符合索赔条件限制的持有时间。

第 6 期（总第 6 期）

中证中小投资者服务中心　2021 年 3 月 27 日

调查监测部对“投服中心公开接受康美药业虚假陈述民事赔偿案投资者委托”有关舆论进行监测,情况如下:

2021 年 3 月 26 日,中证中小投资者服务中心有限责任公司(投服中心)通过官方微信公众号发布接受康美药业虚假陈述民事赔偿案投资者委托的说明。

2020 年 5 月 15 日,康美药业股份有限公司公告收到中国证监会《行政处罚决定书》(〔2020〕24 号)及《市场禁入决定书》(〔2020〕6 号),社会各界特别是投资者对该案关注度极高。

投服中心综合考虑案件重大、典型,社会高度关注且具有较强示范性,违法行为人已被行政处罚且具有一定偿付能力等因素,针对广东省广州市中级人民法院已于 2021 年 3 月 26 日发布普通代表人诉讼权利登记公告的〔2020〕粤 01 民初 2171 号案,投服中心公开接受投资者委托。

截至 14 时,共计东方财富网、《中国证券报》、《证券时报》、《证券日报》、新浪、腾讯、界面新闻等 20 家媒体和网站进行报道与转载,相关文章 40 余篇。通过统计,阅读点击量超过 14 万次,投资者评论 60 条,参与讨论人数 110 余人。评论意见如下:

12 位投资者认为康美药业 400 亿元负债真实存在,货币资金才 4 亿元,员工持股回购都没办法落实,诉讼即使赢了,拿什么赔偿? 库存药材吗?

9 位投资者认为这是好事,是股市的进步,特别代表人诉讼具有划时代的意义。自己在见证历史,看到了法制的光明,必须让此类虚假陈述付出代价。

8 位投资者认为公司也应该起诉马某 1 和相关高管,要求其赔偿公司损失。

7 位投资者表示支持并看好康美。认为赔偿就说明这个事情接近尾声了,易林投资和康美药业认真对待问题,广药集团 3 月全面考察康美药业就是在安排重组了。

5 位投资者认为股市的健康发展首先要完善赔偿机制。应该从公开、公正、公平的角度出发，尽量找出一个合理简单的赔付方法，因为有相当一部分适格赔付者都是中老年人，他们操作不了复杂的赔付方法，可能会受到巨大的经济损失。建议赔偿直接打到受害投资者股票账户。

4 位投资者认为应该成立一个独立机构，专门抓上市公司的漏洞。

4 位投资者询问有多少投资者有资格索赔？规定时间内都可以索赔吗？2019 年 4 月 30 日“暴雷”前买入不能索赔吗？

4 位投资者认为可能要倒赔律师费。

3 位投资者认为必须严惩保荐机构，摸清楚牵扯链条。

3 位投资者询问当时因股票大涨赚钱得到分红的投资者，是否应该把钱归还？多缴的税该怎么办？

3 位投资者认为应该把马某 1 的股票全部注销，资产没收。

3 位投资者认为应该把罚款拿出来作为赔偿，当年的监管层也应该一起惩罚。

2 位投资者询问只选 50 个人是还要抢位子吗？

2 位投资者不懂这是什么意思？

2 位投资者认为千万不能赔钱，否则亏损就更大了。

2 位投资者认为有假必打，有假必赔才能体现社会的公正法制。自己在康美药业亏损近 10 万元，散户怎样才能得到赔偿？

2 位投资者认为应该狠狠惩罚。

1 位投资者认为光是立案就能拖一年半载，开庭更是遥遥无期。

1 位投资者认为这是老生常谈，没什么意思。

1 位投资者认为 20 位个人和康美药业一起赔，计提的 10 亿元都赔不完，还有得剩，这是易林投资公司的功劳。重罚个人，轻罚公司是好事。

1 位投资者表示中国投资者网站首页就是康美这个信息，现在才刚开始接受委托。

1 位投资者认为赔偿每位投资者 5 倍的康美股票就可以了。

1 位投资者认为才刚开始卖资产卖康美医院，这只是新的开始，并不是尾声。

1 位投资者询问康美不是有很多净资产吗？

第10期（总第10期）

中证中小投资者服务中心　2021年3月31日

调查监测部对“投服中心公开接受康美药业虚假陈述民事赔偿案投资者委托”有关舆论进行监测，情况如下：

2021年3月26日，中证中小投资者服务中心有限责任公司（投服中心）通过官方微信公众号发布接受康美药业虚假陈述民事赔偿案投资者委托的说明。

2020年5月15日，康美药业股份有限公司公告收到中国证监会《行政处罚决定书》（〔2020〕24号）及《市场禁入决定书》（〔2020〕6号），社会各界特别是投资者对该案关注度极高。

投服中心综合考虑案件重大、典型，社会高度关注且具有较强示范性，违法行为人已被行政处罚且具有一定偿付能力等因素，针对广东省广州市中级人民法院已于2021年3月26日发布普通代表人诉讼权利登记公告的（2020）粤01民初2171号案，投服中心公开接受投资者委托。

截至14时，共计东方财富网、《中国证券报》、《证券时报》、《证券日报》、新浪、腾讯、界面新闻等130家媒体和网站进行报道与转载，相关文章500余篇。通过统计，阅读点击量超过104万次，投资者评论820余条，参与讨论人数9400余人。评论意见如下：

1. 约30%的投资者认为造假不应该设顶格处罚，造假的就应该让他们破产。

2. 约21%的投资者认为索赔也不影响马某1儿子已经买了跑车豪宅。

3. 约12%的投资者询问索赔成功过吗？

4. 约11%的投资者认为公司不会赔钱。

5. 约9%的投资者认为一定要营造公正的投资环境，财务作假就让其破产，总有人接手重组。应该用大股东所有财产赔付投资者。

6. 约7%的投资者认为不仅是索赔的问题，国家应该将会计报表造假上升为刑事犯罪，相关人员包括会计师事务所及审计人员以共犯论处。相关人员应该判重刑，提高犯罪的成本。

7. 约 2% 的投资者认为这只是冰山一角罢了。

8. 约 2% 的投资者认为正中珠江不能置身事外，审计机构也应该作为索赔对象连带负责。

9. 约 2% 的投资者认为康美药业应退市。

10. 约 1% 的投资者认为一定要保护中国企业。

第 11 期（总第 11 期）

中证中小投资者服务中心　2021 年 4 月 1 日

调查监测部对“投服中心公开接受康美药业虚假陈述民事赔偿案投资者委托”有关舆论进行监测，情况如下：

自 2021 年 3 月 31 日 14 时至 4 月 1 日 14 时，共计新浪、腾讯、搜狐、界面新闻等 10 家媒体和网站进行报道与转载，相关文章 10 余篇。通过统计，阅读点击量超过 11 万次，投资者评论 12 条，参与讨论人数 14 人。评论意见如下：

4 位投资者表示康美应该退市。

2 位投资者询问散户怎么加入诉讼、获得赔偿？

2 位投资者表示最后能不能拿到钱还是未知，维权赢了也没钱拿，关键是还花了律师费。

1 位投资者表示康美药业是曾经的白马，散户擦亮眼睛很重要。

1 位投资者表示公司已经计提了 10 亿元准备赔偿。为什么要用公司的钱赔偿呢？

1 位投资者表示股市有风险，投资需谨慎。股票市场早有警示，希望可以索赔。

1 位投资者表示这也没什么，大不了就退市。反正马某 1 夫妻都被抓了。

1 位投资者表示发新闻要负法律责任，赔款最后与 200 亿元相差甚远又如何解释。

1 位投资者表示要让造假者倾家荡产。

第 12 期（总第 12 期）

中证中小投资者服务中心　2021 年 4 月 2 日

调查监测部对“投服中心公开接受康美药业虚假陈述民事赔偿案投资者委托”有关舆论进行监测，情况如下：

自 4 月 1 日 14 时至 2 日 14 时，共计同花顺、蓝鲸财经、浙江新闻 3 家媒体和网站进行报道与转载，相关文章 3 篇。通过统计，阅读点击量超过 300 次，1 位投资者评论造假的是人，与上市公司无关。

第 13 期（总第 13 期）

中证中小投资者服务中心　2021 年 4 月 3 日

调查监测部对“投服中心公开接受康美药业虚假陈述民事赔偿案投资者委托”有关舆论进行监测，情况如下：

自 2021 年 4 月 2 日 14 时至 3 日 14 时，共计央视网、腾讯、新浪 3 家媒体和网站进行报道与转载，相关视频 2 段，暂无投资者评论。

第 14 期（总第 14 期）

中证中小投资者服务中心　2021 年 4 月 4 日

调查监测部对“投服中心公开接受康美药业虚假陈述民事赔偿案投资者委托”有关舆论进行监测，情况如下：

自 2021 年 4 月 3 日 14 时至 4 月 4 日 14 时，共计搜狐、财新 2 家媒体和网站进行报道与转载，相关视频1段，暂无投资者评论。

第17期（总第17期）

中证中小投资者服务中心 2021年4月7日

调查监测部对“投服中心公开接受康美药业虚假陈述民事赔偿案投资者委托”有关舆论进行监测，情况如下：

截至2021年4月7日14时，共计东方财富网、新浪、腾讯、搜狐、网易等10余家媒体和网站进行报道与转载，相关文章20余篇。通过统计，阅读点击量超过2万次，投资者评论8条，参与讨论人数10人。评论意见如下：

2位投资者认为上市公司一旦败诉，将付出巨大的代价，赔偿几十亿元都很正常。这对于上市公司来说是一种重罚。如此，上市公司继续违法违规就该掂量掂量了。

2位投资者询问特别代表人代表的集体诉讼如果胜诉了，其他只要符合条件的股民是否都能申请赔偿，而不仅限于发起集体诉讼的那50名股民？

1位投资者希望以此案件为典型。

1位投资者认为举报奖励必须上不封顶。

1位投资者表示造假100亿元的康得新退市了，但造假几百亿元的康美还没退。

1位投资者认为康美准备的10亿元根本不够赔。

1位投资者询问中证中小投资者服务中心已接受了50名投资者的委托，那现在还要不要其他投资者提交委托资料？

第18期（总第18期）

中证中小投资者服务中心　2021年4月17日

调查监测部对“首单证券纠纷特别代表人诉讼来了　涉康美药业百亿造假”有关舆论进行监测，情况如下：

2021年4月16日，中证中小投资者服务中心接受50名以上投资者委托，对康美药业启动特别代表人诉讼。广州市中级人民法院也明确适用特别代表人诉讼程序审理本案，这是我国首单证券纠纷特别代表人诉讼，是资本市场发展历史上的一个标志性事件。

截至2021年4月17日14时，共计东方财富网、新浪、腾讯、搜狐、网易等80余家媒体和网站进行报道与转载，相关文章310余篇。通过统计，阅读点击量超过35万次，投资者评论500余条，参与讨论人数940余人。评论意见如下：

1. 约27%的投资者认为中国股市需要集体诉讼制度。但不能只是赔偿，要严惩股市造假，让造假的人付出千百倍的代价，让他们赔得破产并承担刑事责任，将其踢出行业，提高犯罪成本，让股市健康发展。

2. 约27%的投资者认为会计师事务所、保荐机构等应该承担连带赔偿责任。

3. 约11%的投资者认为康美造假那么久，应该退市。

4. 约8%的投资者认为公司已经被掏空了，还亏了那么多钱，连债券都不支付了，哪有钱赔？

5. 约4%的投资者认为康美这样的公司应被严办。

6. 约4%的投资者认为自己也是受害的小股民，要怎样才能挽回自己的经济损失，难道不申诉就不行吗？申诉如果不胜诉有什么意义呢？散户非要上诉法院才能维护利益太难了，不能直接惩罚违法者并赔偿散户吗？

7. 约2%的投资者认为后面要及时跟进。

8. 约2%的投资者询问2020年买的亏了能赔吗？

9. 约2%的投资者认为新闻应说清楚谁承担罪责。

10. 约 1% 的投资者询问 50 名就叫集体了，难道康美只有 50 名投资者？

第 20 期（总第 20 期）

中证中小投资者服务中心　2021 年 4 月 19 日

调查监测部对“首单证券纠纷特别代表人诉讼来了　涉康美药业百亿造假”有关舆论进行监测，情况如下：

自 2021 年 4 月 18 日 14 时至 19 日 14 时，共计东方财富网、新浪、腾讯、搜狐、网易等 70 余家媒体和网站进行报道与转载，相关文章 200 余篇。通过统计，阅读点击量超过 15 万次，投资者评论 130 余条，参与讨论人数 300 余人。评论意见如下：

1. 约 32% 的投资者认为应严惩个人，比如财务总监。对上市公司起到警示作用。

2. 约 16% 的投资者认为康美老板马某 1 早就套现，把钱从康美转移出去了，他的子女还住着豪宅开着豪车，应该追查其私人财产赔偿投资者损失。

3. 约 10% 的投资者认为中国证监会一定要重罚康美药业的高管，让康美退市。

4. 约 4% 的投资者认为康美会退市吗？

5. 约 4% 的投资者认为不良公司应该严查、退市。

6. 约 2% 的投资者认为康美还有多少钱能赔呢？加上诉讼费，律师费，到散户手还有多少呢？不如换一种思路：救活康美，提升股价。

7. 约 1% 的投资者认为凡是康美股东没有一个想康美退市的。不退市才有复活希望！

8. 约 1% 的投资者认为出具审计报告的人也应该担责。

9. 约 1% 的投资者询问若康美退市，最大得益者是谁？

第21期（总第21期）

中证中小投资者服务中心　2021年4月20日

调查监测部对“首单证券纠纷特别代表人诉讼来了 涉康美药业百亿造假”有关舆论进行监测，情况如下：

自4月19日14时至4月20日14时，共计东方财富网、新浪、腾讯、搜狐、网易等70余家媒体和网站进行报道与转载，相关文章190余篇。通过统计，阅读点击量超过1.7万次，投资者评论30余条，参与讨论人数230余人。评论意见如下：

1. 约37%的投资者认为上市公司财务造假是证券市场的“毒瘤”，严重损害了广大投资者的合法权益，造成了恶劣的社会影响，危及市场秩序和金融稳定发展，必须从严从快从重打击。

2. 约28%的投资者认为康美这是诈骗。

3. 约12%的投资者希望康美还钱。

4. 约10%的投资者表示支持并愿意参加特别代表人诉讼，认为这是证券市场的里程碑事件，有利于资本市场的健康发展。

5. 约2%的投资者认为康美亏损严重，资不抵债。

6. 约1%的投资者认为庄家与大股东合谋。

7. 约1%的投资者询问怎么保证投资者的个人利益？

第23期（总第23期）

中证中小投资者服务中心　2021年4月22日

调查监测部对“首单证券纠纷特别代表人诉讼来了　涉康美药业百亿造假”有关舆论进行监测，情况如下：

ST 康美 2021 年 4 月 21 日晚回复上海证券交易所称，针对可能面临的投资者民事诉讼索赔，公司期末补充计提或有诉讼支出 5 亿元，公司合计计提或有诉讼支出 10 亿元。投资者赔偿金额测算是根据每股损失、预计索赔人数和人均持股数等参数计算，相关参数根据公司掌握的数据及相关案例的情况得出，相关数据可能与投资者诉讼索赔金额存在一定差异。公司投资者民事诉讼将适用特别代表人诉讼程序进行审理，相关案件将对公司经营和财务情况产生负面影响。

自 2021 年 4 月 21 日 14 时至 22 日 14 时，共计东方财富网、新浪、腾讯、搜狐、网易等 30 余家媒体和网站进行报道与转载，相关文章 70 余篇。通过统计，阅读点击量超过 2 万次，投资者评论 30 余条，参与讨论人数 40 余人。评论意见如下：

12 位投资者认为康美的意思是告诉投资者，越多投资者诉讼，公司就越亏，最后还是投资者亏损更多。这样的公司居然还没有退市。

8 位投资者认为康美公司立案后还持续造假。

6 位投资者认为康美应该赶快退市。

3 位投资者认为投资者敢索赔，那康美索性就把净资产变为负数，将现有的资产一次性发工资奖金补贴，然后任投资者索赔。

2 位投资者认为康美是认为计提 5 亿 ~ 10 亿元提少了，下周正式公布会再修改一次。

2 位投资者询问散户到哪里索赔？

1 位投资者表示作为康美药业的受害小股东，只关心是否会追缴马某 1 夫妇非法转移至其子女名下的财产。

1 位投资者认为特别代表人诉讼是国内先例，无须股民做什么，留意康美药业的公告即可。

1 投资者询问是否会由地方政府买单？

1 投资者询问这是否能算诈骗罪？

1 位投资者认为估计要计提八九十亿元才够赔。

1 位投资者认为这种公司应被股东告。

1 位投资者认为不可能赔偿 10 亿元那么多。

1 位投资者认为员工股权激励的股票还一直被冻结，无处上诉。

第 24 期（总第 24 期）

中证中小投资者服务中心　2021 年 4 月 23 日

调查监测部对“康美药业关于债权人向法院申请公司破产重整的公告”有关舆论进行监测，情况如下：

ST 康美 2021 年 4 月 22 日晚间公告，广东揭东农村商业银行股份有限公司以公司不能清偿到期债务，向法院提出破产重整。截至本公告日，公司尚未收到法院对申请人申请公司重整事项的裁定书，申请人的申请是否被法院受理，公司是否进入重整程序尚存在重大不确定性。

自 2021 年 4 月 22 日 14 时至 23 日 14 时，共计东方财富网、新浪、腾讯、搜狐、网易等 50 余家媒体和网站进行报道与转载，相关文章 100 余篇。通过统计，阅读点击量超过 7.5 万次，投资者评论 400 余条，参与讨论人数 700 余人。评论意见如下：

1. 约 22% 的投资者认为康美管理层先把净资产变成负数，申请破产重组，公司债权人的债权必然要打折，这样公司的净资产就变正了。可以看出时间很紧张，一步步地来。(1)很小的公司债权人，本地的公司债权人，本地的法院，意味着是主动要求申请的，肯定会进入破产重组程序。(2)没有出年报之前就主动减值，净资产为负，打压公司债权人的预期。(3)重组完成后，才会进行新的资产重组。(4)马某 1 肯定要付出代价，交出股权。

2. 约 22% 的投资者表示后悔卖了，看看重整的 ST 众泰、飞马、节能、恒康，都是 3 倍以上。10 倍大牛股启航，国家中医药战略储备库瑰宝大南药诞生。康美从此开始新的征途！

3. 约 18% 的投资者认为这种上市公司，应先赔偿 ST 前买入的小散的钱再破产清算。同时，要追究相关高管刑事责任。

4. 约 16% 的投资者认为法院应该去清算马某 1、许某某二人的财产，必须拿他们的财产赔偿。

5. 约 9% 的投资者认为做假必须入刑才有震慑作用。

6. 约 7% 的投资者认为康美赔偿基本没指望了。

7. 约 6% 的投资者认为康美是典型的上市诈骗公司,从上市之初就已经筹划好了,但从“暴雷”到现在,还一直有背书,误导一波又一波的股民。

第 25 期（总第 25 期）

中证中小投资者服务中心 2021 年 8 月 11 日

调查监测部对“投服中心关于参加康美药业破产重整案第一次债权人会议的公告”有关舆论进行监测,情况如下:

2021 年 8 月 10 日上午 10 时,康美药业股份有限公司破产重整案第一次债权人会议在揭阳市中级人民法院召开,管理人北京市金杜(深圳)律师事务所、债务人康美药业代表现场参会。中证中小投资者服务中心有限责任公司代表康美药业特别代表人诉讼全体原告债权人通过网络方式参会。

截至 2021 年 8 月 11 日 14 时,东方财富网、新浪、腾讯、网易等 20 余家媒体和网站进行报道与转载,相关文章 30 余篇。通过统计,阅读点击量超过 2.4 万次,投资者评论 190 余条,参与讨论人数 300 余人。评论意见如下:

1. 约 22% 的投资者感叹 435 亿元这个数字,并认为康美会因此跌停。

2. 约 14% 的投资者认为康美的公告没有什么实质性的内容,这就是个正常程序,是中性消息。一切按部就班,静候佳音。

3. 约 14% 的投资者认为 400 多亿元是意料之中,而且这里面还包括诉讼赔偿的部分,对康美来说最大的利空出尽了,接下来会涨。

4. 约 11% 的投资者认为盐湖让大家看到了希望,康美最好像盐湖一样停牌两年。

5. 约 10% 的投资者认为 435 亿元中 150 亿元左右银行贷款已经延期,剩下不到 300 亿元按照每股 10 元债转股,增加股本 30 亿股,然后净资产转正到 200 亿元左右,接下来 300 亿元的银行授信启动,存货计提冲回,暴涨阶段开始。

6. 约 5% 的投资者认为重整就是要外债多,所以要重整。

7. 约5%的投资者认为如果要摆脱困境，唯有拉高股价后，公司套现来还债。或者全部债转股，10元1股，增加43.5亿股，让债权人长期投资。或者定增100亿股，涨4倍。

8. 约3%的投资者认为康美资产300亿元，也有可能破产清算。

9. 约3%的投资者认为康美这么严重的财务造假应退市。

10. 约2%的投资者认为让马某1还钱可以解决不小的问题。

11. 约2%的投资者认为要想解决问题只有重组成功才行。

12. 约1%的投资者认为公司债权人就是为了要钱，拿到债转股还是会套现。

13. 约1%的投资者询问康美是要赔偿435亿元给公司债权人吗？

14. 约1%的投资者认为投票一星期耗时太长。

15. 约1%的投资者认为银行的钱是必须要还的，如果康美破产了，就还不了了，所以康美不会破产和退市。

16. 约1%的投资者认为存货计提能冲回，现在管理人肯定不会同意的。

第26期（总第26期）

中证中小投资者服务中心　2021年8月12日

调查监测部对“投服中心关于参加康美药业破产重整案第一次债权人会议的公告”有关舆论进行监测，情况如下：

新增新闻“司法解释落地逾一年　普通代表人和特别代表人诉讼均取得实质性进展”，截至2021年8月12日14时，该新闻被东方财富网、新浪、搜狐、网易等10余家媒体和网站进行报道与转载，相关文章20余篇。通过统计，两篇新闻总阅读点击量超过2.7万次（新增3000余次），总投资者评论210余条（新增10余条），总参与讨论人数320余人（新增10余人）。评论意见如下：

1. 约21%的投资者感叹435亿元这个数字，并认为康美会因此跌停。

2. 约14%的投资者认为400多亿元是意料之中，而且这里面还包括诉讼赔偿的部分，对康美来说最大的利空出尽了，接下来会涨。

3. 约 13% 的投资者认为康美的公告没有什么实质性的内容,这就是个正常程序,是中性消息。一切按部就班,静候佳音。

4. 约 11% 的投资者认为盐湖让大家看到了希望,康美最好像盐湖一样停牌两年。

5. 约 10% 的投资者认为 435 亿元中 150 亿元左右银行贷款已经延期,剩下不到 300 亿元按照每股 10 元债转股,增加股本 30 亿股,然后净资产转正到 200 亿元左右,接下来 300 亿元的银行授信启动,存货计提冲回,暴涨阶段开始。

6. 约 5% 的投资者认为重整就是要外债多,重整就是为了赖账,所以要重整。

7. 约 4% 的投资者认为如果要摆脱困境,唯有拉高股价后,公司套现来还债。或者全部债转股,10 元 1 股,增加 43.5 亿股,让债权人长期投资。或者定增 100 亿元,涨 4 倍。

8. 约 3% 的投资者认为康美资产 300 亿元,也有可能破产清算。

9. 约 3% 的投资者认为康美这么严重的财务造假都不退市,简直是“奇观”。

10. 约 3% 的投资者认为重整还有机会拿点钱回来,真要破产清算,散户什么都得不到,前面排队等还钱的银行和企业多着呢,所以那些想要拿回本金的散户们还是好好支持公司重整吧。(新增评论)

11. 约 2% 的投资者认为难怪资金流出,这是又提前知道消息了。

12. 约 2% 的投资者认为让马某 1 还钱可以解决不小的问题。

13. 约 2% 的投资者认为要想解决问题只有重组成功才行。

14. 约 1% 的投资者认为债权人就是为了要钱,谁跟你谈未来,拿到债转股还是会套现。

15. 约 1% 的投资者询问康美是要赔偿 435 亿元给债权人吗?

16. 约 1% 的投资者认为投票一星期耗时太长。

17. 约 1% 的投资者认为银行的钱是必须要还的,如果康美破产了,就还不了了,所以康美不会破产和退市。

18. 约 1% 的投资者认为存货计提能冲回? 这不是明显做假账吗? 现在管理人肯定不会同意的。

第27期（总第27期）

中证中小投资者服务中心　2021年8月13日

调查监测部对“投服中心关于参加康美药业破产重整案第一次债权人会议的公告”和“司法解释落地逾一年　普通代表人和特别代表人诉讼均取得实质性进展(8月12日新增新闻)”有关舆论进行监测,情况如下：

截至2021年8月13日14时,无新增媒体和网站进行报道与转载。通过统计,两篇新闻总阅读点击量超过3万次(新增2000余次),总投资者评论210余条(无新增),总参与讨论人数320余人(无新增)。评论意见如下：

1. 约21%的投资者感叹435亿元这个数字,并认为康美会因此跌停。

2. 约14%的投资者认为400多亿元是意料之中,而且这里面还包括诉讼赔偿的部分,对康美来说最大的利空出尽了,接下来会涨。

3. 约13%的投资者认为康美的公告没有什么实质性的内容,这就是个正常程序,是中性消息。一切按部就班,静候佳音。

4. 约11%的投资者认为盐湖让大家看到了希望,康美最好像盐湖一样停牌两年。

5. 约10%的投资者认为435亿元中150亿元左右银行贷款已经延期,剩下不到300亿元按照每股10元债转股,增加股本30亿股,然后净资产转正到200亿元左右,接下来300亿元的银行授信启动,存货计提冲回,暴涨阶段开始。

6. 约5%的投资者认为重整就是要外债多,重整就是为了赖账,所以要重整。

7. 约4%的投资者认为如果要摆脱困境,唯有拉高股价后,公司套现来还债。或者全部债转股,10元1股,增加43.5亿股,让债权人长期投资。或者定增100亿元,涨4倍。

8. 约3%的投资者认为康美资产300亿元,也有可能破产清算。

9. 约3%的投资者认为康美这么严重的财务造假都不退市,简直是“奇观”。

10. 约3%的投资者认为重整还有机会拿点钱回来,真要破产清算,散户什么都得不到,前面排队等还钱的银行和企业多着呢,所以那些想要拿回本金的散户们还是好好支持公司重整吧。(8 月 12 日新增评论)

11. 约 2% 的投资者认为难怪资金流出,这是又提前知道消息了。

12. 约 2% 的投资者认为让马某 1 还钱可以解决不小的问题。

13. 约 2% 的投资者认为要想解决问题只有重组成功才行。

14. 约 1% 的投资者认为债权人就是为了要钱,谁跟你谈未来,拿到债转股还是会套现。

15. 约 1% 的投资者询问康美是要赔偿 435 亿元给债权人吗?

16. 约 1% 的投资者认为投票一星期耗时太长。

17. 约 1% 的投资者认为银行的钱是必须要还的,如果康美破产了,就还不了了,所以康美不会破产和退市。

18. 约 1% 的投资者认为存货计提能冲回,现在管理人肯定不会同意的。

第 28 期（总第 28 期）

中证中小投资者服务中心　2021 年 11 月 13 日

调查监测部对“全国首例证券集体诉讼案宣判　责令康美赔偿 24.59 亿元”有关舆论进行监测,情况如下:

2021 年 11 月 12 日,广州市中级人民法院对全国首例证券集体诉讼案作出一审判决,责令康美药业股份有限公司因年报等虚假陈述侵权赔偿证券投资者损失 24.59 亿元,原董事长、总经理马某 1 及 5 名直接责任人员、正中珠江会计师事务所及直接责任人员承担全部连带赔偿责任,13 名相关责任人员按过错程度承担部分连带赔偿责任。

截至 2021 年 11 月 13 日 14 时,共计东方财富网、《证券时报》、新浪、腾讯、界面新闻等 110 家媒体和网站进行报道与转载,相关文章 470 余篇。通过统计,阅读点击量超过 101 万次,投资者评论 4000 余条,参与讨论人数 7500 余人。评论意见如下:

1. 约25%的投资者认为造假者应该承担刑事责任。

2. 约21%的投资者认为集体诉讼的成功是一个好的开始,是证券市场里程碑式的进步。希望持之以恒,继续加大对金融犯罪的打击力度。

3. 约14%的投资者认为赔偿金额相比康美消失的市值和这些年康美在股市中的造假收益来说只是“毛毛雨”,应该加倍处罚和赔偿。

4. 约11%的投资者认为会计师事务所收钱出虚假审计报告,罪有应得,应该重罚并吊销其营业资质。

5. 约7%的投资者认为要让造假成本大于造假收益,还要让造假人付出未来的时间成本,二级市场才能更好地良性发展。

6. 约6%的投资者关注赔偿是否能够落实执行。

7. 约5%的投资者认为康美应该退市。

8. 约3%的投资者认为康美应该注销。

9. 约2%的投资者认为康美会以股票抵债赔偿。

10. 约1%的投资者认为康得新的投资者看到了希望。

11. 约1%的投资者认为赔偿都被大庄家分掉了,真正的散户分不到多少赔偿。

12. 约1%的投资者认为公司没错,不应该用公司的钱赔偿,错的是做了坏事的人,他们才应该负全责。

13. 约1%的投资者询问自己亏本平仓的部分可以按成交记录获得赔偿吗?

14. 约1%的投资者相信康美重整必将顺利通过。

15. 约1%的投资者认为10月16日作为揭露日不公平,应该是10月28日。

第29期(总第29期)

中证中小投资者服务中心　2021年11月15日

调查监测部对“全国首例证券集体诉讼案宣判　责令康美赔偿24.59亿元”有关舆论进行监测,情况如下:

自2021年11月13日14时至15日10时,共计东方财富网、《证券日报》、《上海证券报》、新浪、腾讯等70余家媒体和网站进行报道与转载，相关文章170余篇。通过统计，阅读点击量超过8万次，投资者评论390余条，参与讨论人数440余人。评论意见如下：

1. 约23%的投资者认为赔偿金额对这些责任人来说只是小数字，应该加倍处罚和赔偿，让责任人倾家荡产，并且禁止其进入市场。

2. 约20%的投资者认为造假者应该承担刑事责任。

3. 约14%的投资者认为应该全国推广。

4. 约11%的投资者认为集体诉讼的成功是证券市场里程碑式的进步，为中国证监会点赞。

5. 约7%的投资者关注赔偿是否能够落实执行。

6. 约7%的投资者询问应该如何索赔，赔款是否会自动到账。

7. 约4%的投资者支持正中珠江承担连带责任，并认为广发证券为虎作伥，也应该承担责任。

8. 约3%的投资者询问散户受到的伤害谁能负责？

9. 约3%的投资者认为利空出尽，康美要涨了。

10. 约2%的投资者认为诉讼的初心不是让企业退市，而是严惩肆意妄为的大股东与管理层。

11. 约2%的投资者认为把自媒体报道的日期10月16日作为揭露日不公平。

12. 约1%的投资者认为市场中这样造假的公司很多，现在是检验有多少上市公司在“裸泳”。

13. 约1%的投资者认为康美应该退市。

14. 约1%的投资者认为关键是快审、快赔、快执行。

15. 约1%的投资者认为只要康美还能卖药，不中断现金流，就能够足额支付赔偿。

第30期（总第30期）

中证中小投资者服务中心　2021年11月17日

调查监测部对“全国首例证券集体诉讼案宣判　责令康美赔偿24.59亿元”有关舆论进行监测,情况如下:

新增新闻“康美药业原董事长马某1一审被判有期徒刑12年”广东省佛山市中级人民法院17日对康美药业原董事长、总经理马某1等12人操纵证券市场案公开宣判。马某1因操纵证券市场罪,违规披露、不披露重要信息罪以及单位行贿罪数罪并罚,被判处有期徒刑12年,并处罚金人民币120万元;康美药业原副董事长、常务副总经理许某某及其他责任人员11人,因参与相关证券犯罪被分别判处有期徒刑并处罚金。部分人大代表、政协委员、证监机构人员、新闻记者以及被告人家属等旁听了宣判。

自2021年11月15日10时至17日15时,共计东方财富网、《证券日报》、《上海证券报》、新浪、腾讯等80余家媒体和网站进行报道与转载,相关文章290余篇。通过统计,阅读点击量超过74万次,投资者评论1500余条,参与讨论人数4200余人。评论意见如下:

1. 约30%的投资者认为量刑过低。

2. 约19%的投资者认为应该把马某1儿子的豪车豪宅查封,用来赔偿投资者。

3. 约17%的投资者认为经济欺诈案件判刑是重大进步,为中国证监会点赞。

4. 约11%的投资者关注24亿元罚款是否能够落实。

5. 约7%的投资者认为善恶终有报,造假愚弄投资者的上市公司们将受严厉惩罚。

6. 约5%的投资者认为独立董事们承担索赔连带责任是理所当然,既然拿了工资就应该承担监督责任。

7. 约5%的投资者询问这是第一次判了刑法重刑吗?

8. 约2%的投资者认为康美令众多股民受到损失。

第31期（总第31期）

中证中小投资者服务中心　2021年11月21日

调查监测部对“投服中心：对康美药业特别代表人诉讼一审判决不予上诉”有关舆论进行监测，情况如下：

2021年11月12日，广东省广州市中级人民法院作出特别代表人诉讼一审判决，投服中心代表原告方胜诉，52,037名投资者共获赔约24.59亿元。根据《民事诉讼法》《最高人民法院关于证券纠纷代表人诉讼若干问题的规定》等规定，投服中心经研究决定对康美药业特别代表人诉讼一审判决不予上诉。

截至2021年11月21日14时，共计东方财富网、中证网、《证券日报》、新浪、搜狐30余家媒体和网站进行报道与转载，相关文章40余篇。通过统计，阅读点击量超过9800次，投资者评论60余条，参与讨论人数60余人。评论意见如下：

1. 约20%的投资者询问如何能拿到赔款？赔款何时才能到账？赔款金额是怎么计算的？其他时间买入为什么不能获赔？

2. 约12%的投资者认为这是证券市场的一大进步，以后看谁还敢造假。

3. 约12%的投资者认为“暴雷”后买入的人知假买假，不应该有获赔权。

4. 约9%的投资者认为有条不紊，一环扣一环，严丝合缝。不给今后的康美留下一点儿隐患。

5. 约5%的投资者认为股市有风险，入市须谨慎。发财梦不是谁都能做的。

6. 约5%的投资者认为对康美是利好。

7. 约5%的投资者认为事情尘埃落定了。

8. 约4%的投资者希望都别上诉，分钱。

9. 约4%的投资者认为康美出公告必跌停，没有例外。

10. 约4%的投资者询问公司已经破产了，还有钱赔偿吗？

11. 约4%的投资者认为不可能上诉，上诉重整就完不成了。

12. 约2%的投资者认为应该制定规则，凡是上市公司违法造成投资者损失的都由投服中心代表原告向上市公司索赔。

13. 约2%的投资者认为赔款应该直接打到受损投资者账户。

14. 约2%的投资者认为判得那么轻,公司肯定不会上诉。

15. 约2%的投资者认为赔少了,才损失的1/3。

16. 约2%的投资者认为独立董事会上诉,拿几万元工资连带那么多责任。

17. 约2%的投资者认为判得轻。

18. 约2%的投资者表示自己想上诉。

19. 约2%的投资者询问康美会不会退市。

第32期(总第32期)

中证中小投资者服务中心　2021年12月22日

调查监测部对"投服中心首单特别代表人诉讼开始执行　康美案受损投资者获赔"有关舆论进行监测,情况如下:

12月21日,中证中小投资者服务中心首单特别代表人诉讼开始执行,52,037名投资者将以现金、债转股、信托收益权等方式获偿约24.59亿元。康美药业根据广东省广州市中级人民法院判决的投资者名单及金额,将现金转至中国证券登记结算有限责任公司(以下简称中国结算),中国结算再转至各投资者开户证券公司,最终分配至投资者资金账户。全体投资者共获赔现金约9.765亿元,股票约1.41亿股,信托收益权份额约7070万份。债权金额50万元以下的投资者共51,730人,占比约99.41%。

截至2021年12月22日11时,共计东方财富网、中证网、《证券日报》、《证券时报》、新浪等70余家媒体和网站进行报道与转载,相关文章200余篇。通过统计,阅读点击量超过36万次,投资者评论640余条,参与讨论人数380余人。评论意见如下:

1. 约15%的投资者表示已经收到了赔偿款,这是炒股这么多年第一次收到赔偿款。

2. 约 15% 的投资者询问其他公司什么时候可以赔偿?

3. 约 10% 的投资者认为收到赔偿款应该知足。

4. 约 9% 的投资者认为赔偿款金额相比亏损金额偏少。

5. 约 6% 的投资者认为惩处力度还不够。

6. 约 7% 的投资者认为这样的公司应该退市,否则就是给后面的造假者做了榜样。

7. 约 7% 的投资者认为赔偿款可能会被有些投资者拿去抄底康美。

8. 约 7% 的投资者询问亏损了多少才能获赔 3.5 万元。

9. 约 6% 的投资者表示还没有收到赔偿款。

10. 约 6% 的投资者认为赔偿比什么都重要。

11. 约 5% 的投资者认为这是股市的一大进步。

12. 约 4% 的投资者表示自己是 ST 康美前两天买进的,然后就亏损了很多,难道这样就不能获赔吗?

13. 约 3% 的投资者认为卖出股票的投资者是真的获赔,没卖出股票的投资者是拿自己的钱赔偿自己。

第 33 期（总第 33 期）

中证中小投资者服务中心　2021 年 12 月 23 日

调查监测部对“投服中心首单特别代表人诉讼开始执行　康美案受损投资者获赔”有关舆论进行监测,情况如下:

12 月 21 日,中证中小投资者服务中心首单特别代表人诉讼开始执行,52,037 名投资者将以现金、债转股、信托收益权等方式获偿约 24.59 亿元。康美药业根据广东省广州市中级人民法院判决的投资者名单及金额,将现金转至中国证券登记结算有限责任公司(以下简称中国结算),中国结算再转至各投资者开户证券公司,最终分配至投资者资金账户。全体投资者共获赔现金约 9.765 亿元,股票约 1.41 亿股,信托收益权份额约 7070 万份。债权金额 50 万元以下的投资者共 51,730 人,占比约99.41%。

自2021年12月22日11时至23日14时，共计东方财富网、中证网、《证券日报》、《证券时报》、新浪等50余家媒体和网站进行报道与转载，相关文章80余篇。通过统计，阅读点击量超过3万次，投资者评论110余条，参与讨论人数300余人。评论意见如下：

1. 约55%的投资者认为康美应该退市，严惩所有责任人，让责任人承担刑事责任。

2. 约23%的投资者表示康美药业案受害投资者正陆续获得赔偿。

3. 约6%的投资者询问其他投资者什么时候可以获赔？

4. 约5%的投资者认为现在是拿散户的钱去赔康美的造假款。

5. 约3%的投资者询问为什么2019年买入康美的股票造成重大损失得不到赔付？

6. 约3%的投资者询问如何联系投服中心？

第四部分　专 家 评 论

雏形初已现，且待显峥嵘?

——评最高法、证监会和投服中心有关证券纠纷特别代表人诉讼的规则*

《证券日报》2020 年 8 月 3 日报道　作者:张巍**

七月的最后一日,《最高人民法院关于证券纠纷代表人诉讼若干问题的规定》(以下简称《代表人诉讼司法解释》)、《关于做好投资者保护机构参加证券纠纷特别代表人诉讼相关工作的通知》(以下简称中国证监会通知)和《中证中小投资者服务中心特别代表人诉讼业务规则(试行)》(以下简称《投服中心代表人诉讼规则》)相继发布。至此,2019 年修订的《证券法》第 95 条第 3 款中独具特色的中国特色证券集团诉讼已初现雏形。

建设一流的资本市场,当以建设一流的资本市场法制为先,而徒法不足以自行,若无高效的实施机制,再好的法律不过一纸空文。默示加入式证券集团诉讼是一种将反欺诈的法律条文与对欺诈者的法律处罚连接起来的途径,运行多年,应该说发挥了一定的功能。然而,其弊端——尤其是鼓励滥诉——长期以来也广受美国学界和实务界的批判。故此,如何将此喜忧参半的制度引入中国,相关部门展开了认真的研究,包括笔者在内的诸多学者也曾积极建言献策。

最终,2019 年修订的《证券法》第 95 条第 3 款确立起中国特色的证券集团诉讼制度——证券纠纷特别代表人诉讼。在笔者看来,这一制度的指导思想不仅具有创新性,也可能扬长避短,发挥促进资本市场建设的积极作用。而如何将《证券法》(2019 年修订)的原则落于实处,正是 2020 年 7 月 31 日公布的各项规则要着力解决的问题。

纵观最高人民法院、证监会和投服中心的这些新规,笔者认为有两大特征可圈

* 原文链接:http://www.zqrb.cn/toufu/toubaoxuetang/2020-08-03/A1596461003791.html。

** 新加坡管理大学法学院副院长。

可点。其一,坚持特别代表人诉讼制度的透明性与公正性。《代表人诉讼司法解释》第7条和第33条要求法院在权利登记公告中充分说明当事人及案件的相关情况,并且特别要求披露作为代表人参与诉讼的投资者保护机构的基本情况、权限,以及投资者申请退出的权利与后果。同样,中国证监会通知第3条也强调了特别代表人诉讼透明、公正的原则。

投服中心规则意在落实透明、公正,第5条要求将特别代表人诉讼的重要情况及时交由上市公司披露,第9条更是要求对特别代表人诉讼的各项重要决定直接在网络公告,第14条还规定了投资者对诉讼进展的知情权。此外,该规则第7条明确了投服中心参与案件人员的回避制度,第28条则要求建立相关档案的保管与查阅制度。

透明是公正的保障,公正是信任的基础,而只有取得市场投资者的充分信任,特别代表人诉讼制度才能被妥善应用,起到震慑证券欺诈,规范市场秩序的作用。透明性使投资者与社会公众有机会了解、评估投服中心的工作表现,促进以投服中心为代表人的中国特色证券集团诉讼摆脱美式体制的各种弊端,真正实现保护公众投资人的作用。

其二,重视诉讼决策与判决的科学性与专业性。中国证监会通知第8条允许投服中心建立专家评估机制,并特别强调对于是否参与特别代表人诉讼应由投服中心自主研究决定。同时,通知第5条要求投服中心为此配备好必要的人员、经费与技术。根据中国证监会通知的精神,《投服中心代表人诉讼规则》第四章专门对案件的选定加以规范,其中第18条设置了专家对重大案件的评估机制,要求专家结合具体情况独立发表专业性意见。

不过,对推进特别代表人诉讼的专业性,笔者认为此次最重要的规定当属《代表人诉讼司法解释》第2条第3款有关特别代表人诉讼案件管辖的规定,它实际将中国特色证券集团诉讼集中到了上海、深圳和北京的中级人民法院以及专门为审理金融案件而设立的上海金融法院。资本市场具有高度的专业性与复杂性,审理资本市场案件的法院也必须具备相应的专业理论知识与实践经验。将此类案件交给少数几个法院集中管辖,无疑能丰富相关法院的办案经验,提高办案质量与效率,也有助于提升法律适用的统一性。

当然,中国特色证券集团诉讼的完善非旦夕可成,相关规定仍待完善。譬如,在现行规则下，投服中心是否有充分的时间对介入诉讼的必要性进行专业性的评估，这一点不无疑问。又如，《投服中心代表人诉讼规则》第 16 条有关案件的选取，其各项标准之间究竟属于“并且”，还是“或者”的关系，恐怕也有待进一步明确。

无论如何，最高人民法院、中国证监会与投服中心的各项规则发布之后，中国特色证券集团诉讼的轮廓已更加清晰，期待由今后的司法实践不断改进、健全，在建设高质量资本市场的事业中展现其峥嵘本色。

证券集体诉讼制度实施，投服中心大有作为*

《上海证券报》2020 年 8 月 4 日报道　记者：祁豆豆

2020 年 7 月 31 日，《最高人民法院关于证券纠纷代表人诉讼若干问题的规定》将 2019 年《证券法》第 95 条所列的普通代表人诉讼和特别代表人诉讼制度进一步推向应用层面。北京大学法学院教授郭雳 2020 年 8 月 3 日接受《上海证券报》记者专访，就证券纠纷代表人诉讼的规定进行了解读。在郭雳看来，此举呼应了国务院金融稳定发展委员会的表态，“要加快新修订的证券法实施细则落地，对典型重大、社会影响恶劣的个案，依法及时启动‘集体诉讼’”。其中两家投资者保护机构的角色作用，相当引人注目。

在最高人民法院新闻发布会上，中国证监会首席律师焦津洪表示，中国证监会将制定发布专门通知，而中证中小投资者服务中心有限责任公司（以下简称投服中心）会成为目前中国证监会系统具体参加特别代表人诉讼的主要投保机构，其将通过专门的业务规则，就参加诉讼的基本原则、获得外部专业支持、案件选择、回避、保密、诉讼代表人和投资者在诉讼过程中的权利义务、诉讼活动重点环节规范等内容做出规定。同时，另一家投保机构——中国证券投资者保护基金有限责任公司（以下简称投保基金），在试点阶段将主要从事数据分析、损失计算、协助分配等工作，与投服中心形成互补。

* 原文链接：https://news.stcn.com/pl/202008/t20200804_2192124.html。

郭雳向记者表示，2019年《证券法》从2020年3月1日起正式施行，第95条是亮点之一。普通代表人诉讼依托该条第1款和第2款，是《民事诉讼法》第53条、第54条规定之代表人诉讼在证券领域的场景化应用。特别代表人诉讼则依据2019年《证券法》第95条第3款，以受50名以上投资者委托的投保机构作为代表人，并适用投资者“默示加入、声明退出”的特殊规则。上述两类代表人诉讼机制被称为“中国版证券集体诉讼制度”。

郭雳认为，此次最高人民法院在“特别代表人诉讼”部分，赋予投服中心在诉讼过程中的多项便利条件。例如，特别代表人诉讼案件不预交案件受理费。又如，投保机构作为代表人在诉讼中申请财产保全的，人民法院可以不要求提供担保。同普通代表人诉讼一样，特别代表人诉讼也采用当事人特别授权的模式，这给了投服中心决断行事较大的空间。另外，此次还就投保机构对投资者的义务提出要求，规定其应当采取必要措施，保障被代表的投资者持续了解案件审理的进展，回应投资者诉求；对投资者提出的意见和建议不予采纳的，应当对投资者做好解释工作。

需要注意的是，此次规定并没有将包括投服中心、投保基金在内的投保机构排除在普通代表人诉讼之外。相反，第12条明确指出，投保机构作为原告参与诉讼，或者接受投资者的委托指派工作人员或委派诉讼代理人参与案件审理活动的，法院可以指定该机构为代表人，或者在被代理的当事人中指定代表人。

郭雳直言，在两类证券代表人诉讼机制中发挥重要作用，让人们对投服中心的未来更加期待。“当然诚如中国证监会主席易会满所言，资本市场是一个复杂的生态系统，改善其生态需要多方合力，投保机构可以发挥其独特作用，却无法单兵突进包打天下。证券集体诉讼同样也只是证券期货多元纠纷解决机制中的一个类型，我们希望通过市场各方主体的共同努力，打击震慑违法行径，更好地保护投资者的合法利益。”

应最大程度降低投服中心参加代表人诉讼的成本*

《中国证券报》2020 年 8 月 4 日报道　记者:周松林

中证中小投资者服务中心(以下简称投服中心)日前发布《中证中小投资者服务中心特别代表人诉讼业务规则(试行)》(以下简称《代表人诉讼业务规则》),明确该中心参加特别代表人诉讼活动的相关规范。对此,复旦大学法学院教授、复旦大学司法与诉讼制度研究中心主任、投服中心评估专家段厚省表示,《代表人诉讼业务规则》标志着我国证券民事赔偿特别代表人诉讼的制度架构搭建完成。

段厚省介绍,《证券法》第 95 条就证券民事赔偿代表人诉讼制度做了专门规定,在第 3 款又创新性地规定了特别代表人诉讼制度,赋予投资者保护机构以特别代表人身份提起证券民事赔偿代表人诉讼的资格。但是《证券法》的规定比较笼统,需有更为具体的规则与机制与之配套,才能使这一创新制度走入实践。公布《最高人民法院关于证券代表人诉讼若干问题的规定》(以下简称《代表人诉讼若干规定》),就是对《民事诉讼法》和《证券法》相关规范要求的呼应。为履行前述立法所赋予的职责,回应最高人民法院《代表人诉讼若干规定》的要求,投服中心经过充分论证,出台了专门业务规则。

段厚省表示,证券民事赔偿诉讼所涉及的受害者往往数量众多,如果通过普通诉讼程序进行诉讼,成本巨大,耗时亦久,受害者要真正接近正义,殊为不易。即使依普通的代表人诉讼制度展开程序,法院要直接与众多原告打交道,在程序推进上也因当事人意志多样和利益复杂而倍增艰难。但是在特别代表人诉讼制度下,大量复杂而艰难的工作将由投服中心这样一种既具有证券交易知识上的专业性又具有保护中小投资者合法权益之公益性的机构承担。法院审理时的程序复杂性和受害者的诉讼成本会显著降低,诉讼效率将获得显著提高,从而扫除证券民事赔偿代表人诉讼所面临的种种障碍。

---

* 原文链接:https://www.cs.com.cn/xwzx/hg/202008/t20200804_6082444.html。

段厚省强调,投服中心是证券投资领域专门保护中小投资者合法权益的公益机构,所以有关特别代表人诉讼的所有制度和规则,都应当在维护公共利益这一目的下展开。在这样一种指导思想下,应当最大限度地降低投服中心参加诉讼所付出的成本,最大可能地减少投服中心提起诉讼所遭遇的障碍,最大可能地促进程序正义和实体正义的实现。例如,在诉讼费用上要能免则免,在案件的地域管辖上要最大可能地便利投服中心参加诉讼,在级别管辖上要最大可能地使案件在更为专业和审判能力更强的法院进行审理,在事实调查方面要最大可能地降低投服中心的证明负担和增加投服中心调查取证的能力,在程序权限上要赋予投服中心更大的决策自由。

证券纠纷代表人诉讼规则“提高效率降低成本”*

《证券时报》2020 年 8 月 4 日报道　记者:朱凯

7 月 31 日,最高人民法院发布《关于证券纠纷代表人诉讼若干问题的规定》(以下简称《代表人诉讼若干规定》),中国证监会发布《关于做好投资者保护机构参加证券纠纷特别代表人诉讼相关工作的通知》,中证中小投资者服务中心有限责任公司(以下简称投服中心)随即也发布了《中证中小投资者服务中心特别代表人诉讼业务规则(试行)》(以下简称《投服中心代表人诉讼业务规则》)。

证券时报记者注意到,前述规则在本质上都是在为《证券法》第 95 条的“代表人诉讼”提供制度供给。就此,记者采访了华东政法大学国际金融法律学院教授、投服中心评估专家郑彧。结合规则的具体内容,郑彧指出,《代表人诉讼若干规定》明确了普通代表人诉讼和特别代表人诉讼之分,对于普通代表人诉讼沿袭了传统《民事诉讼法》下进行权利登记后才能纳入原告范围的“明示加入,默示退出”方式,而对于由投服中心等投资者保护机构所参与的特别代表人诉讼则可以切换到《证券法》第 95 条第 3 款项下的“默示加入,明示退出”规则。

* 原文链接:https://news.stcn.com/news/202008/t20200803_2190189.html。

郑彧表示,《代表人诉讼若干规定》开宗明义地规定证券纠纷代表人诉讼包括了“因证券市场虚假陈述、内幕交易、操纵市场等行为”,这就平息了《证券法》第95条第1款“投资者提起虚假陈述等证券民事赔偿诉讼时”中的“等”是“等外等”还是“等内等”的理解争议,由此锁定了证券代表人纠纷的主要案由。此外,如果结合《代表人诉讼若干规定》第5条的文义解释路径(代表人诉讼适用有前置程序的案件,普通诉讼程序适用无前置程序的案件),这也就意味着自2002以来一直需要遵守的证券纠纷类诉讼的前置性程序要求被以“新法替代旧法”的方式予以废除。

同时,《代表人诉讼若干规定》对《证券法》第95条第3款采用了“限缩解释”的方法,将该款所规定的由“投资者保护机构受五十名以上投资者委托,可以作为代表人参加诉讼”限定在普通代表人诉讼程序已经启动条件下的“参与诉讼”方式,而非之前学界、业界所热议的由投资者保护机构接受50名以上投资者委托后而直接起诉的“发起式诉讼”。

接受采访时,郑彧认为,基于《证券法》第95条第3款的代表人诉讼采用的是“默示同意、明示退出”的规则,因此本次《代表人诉讼若干规定》对于特别代表人诉讼明确了“专属管辖”的原则,即由涉诉证券集中交易的证券交易所、国务院批准的其他全国性证券交易场所所在地的中级人民法院或者专门人民法院进行专门管辖,这也就有利于特别代表人诉讼案件高效、有序和快速的审理。

无论是《代表人诉讼若干规定》第7条还是《投服中心代表人诉讼业务规则》第10条第4款,都引入了诉讼法上的“诉讼契约”理论来解决原来司法实践中对于涉及证券纠纷的代表人诉讼是否应该受限于《民事诉讼法》第53条有关“代表人变更、放弃诉讼请求或者承认对方当事人的诉讼请求,进行和解,必须经被代表的当事人同意”的桎梏(当然同时赋予原告在调解、上诉决定中的退出权),这就大大提升了证券纠纷代表人诉讼的效率。

他说,在特别代表人诉讼程序中,《代表人诉讼若干规定》允许作为特别代表人的投资者保护机构可以不预交诉讼费用,同时投资者保护机构作为代表人在诉讼中申请财产保全的,人民法院可以不要求提供担保,这就大大降低了投资者保护机构作为特别代表人诉讼参与、支持公益类诉讼的成本。

此外,《代表人诉讼若干规定》第29条允许在普通代表人的诉讼裁决结果出来后,对于符合权利人范围但未参加登记的投资者另行提起的类似诉讼,人民法院可在审查具体诉讼请求后裁定适用已经生效的代表人诉讼的判决或者裁定，这就将先前已经由投服中心和上海金融法院共同推动的“示范诉讼”机制在司法解释层面给予了肯定和拔高，这将大大有利于示范诉讼制度的推广和执行。

值得注意的是，为保护原告利益，《代表人诉讼若干规定》和《投服中心代表人诉讼业务规则》多次提及对于“通知全体原告”的要求，虽然相关规则中也都明确要依托“电子信息平台”进行原告的权利申报，但现有的条款并没有很清楚地确定“是否可以利用这些电子信息平台通知全体原告”。对此，郑彧认为，尽管从诉讼便利的角度上应该承认这些电子信息平台的通知作用（否则在人数众多的代表人诉讼中，用传统的一对一的方式进行送达、通知过于耗费时间、成本），但其毕竟跟传统民事诉讼法及司法实践的送达惯例不大相同，对于此点如何理解还可拭目以待。

中国式证券集团诉讼开启投资人保护的新里程碑*

《中国证券报》2020年8月5日报道　记者：周松林

中证中小投资者服务中心（以下简称投服中心）发布《中证中小投资者服务中心特别代表人诉讼业务规则（试行）》（以下简称《投服中心业务规则》），明确了该中心参加特别代表人诉讼活动的相关规范。对此，华东政法大学国际金融法律学院副教授肖宇8月5日表示，2019年《证券法》确立了证券发行注册制改革，在放松准入门槛以便利企业融资的同时，需要一系列配套制度来加大对市场违规行为的惩罚，和对投资者的保护。在司法救济方面，2019年《证券法》第95条第3款首次确立了以投资者保护机构为代表人的诉讼制度，投保机构受到50人以上的适格投资人委托，即可作为所有符合条件的权利受到侵害的投资人代表，在法院参加诉讼，但投资者明确表示不愿意参加该诉讼的除外。“默示加入明示退出”的中国特色证券集团诉讼，可以极大地威慑市场违规者，并在普遍补偿受侵害的投资者方面起到积极的作用。7月31日，配合证券诉讼改革的一系列实施措施出台，最高人民

* 原文链接：https://www.cs.com.cn/xwzx/hg/202008/t20200805_6082834.html。

法院发布《关于证券纠纷代表人诉讼若干问题的规定》，中国证监会发布《关于做好投资者保护机构参加证券纠纷特别代表人诉讼相关工作的通知》，投服中心发布《中证中小投资者服务中心特别代表人诉讼业务规则（试行）》等有关规定，为中国特色集团诉讼提供了实施和操作的路径。

中国特色集团诉讼具有三大特点

肖宇认为，《投服中心业务规则》规定的特别代表人诉讼，即中国特色集团诉讼，制度设计参考了美国集团诉讼，又不完全相同。美国的证券集团诉讼采用"默示加入，明示退出"的方式。在美式集团诉讼中，存在的主要问题是滥诉和投资人的赔偿不足，由于采用的是律师胜诉酬金制（contingent fee），一方面，律师有动力去寻找各种机会利用首席原告发动集团诉讼，给上市公司和司法系统带来了很大的诉讼负担；另一方面，由于原告律师承担着败诉后全部费用自付的风险以及持续耗费时间的机会成本，因此也倾向于与被告和解以尽快结案拿到相应的律师费。根据美国学者的实证研究，美国证券集团诉讼的和解率达到 80% 以上，而投资者获偿金额与损失之比极低。因此，我国在借鉴时将制度进行改革，集团诉讼的推动人不再是具有企业家精神的律师，而是投资者保护的公益机构，以争取克服美国制度的缺陷。

从我国证券诉讼的现状来看，实证研究表明，超过 60% 的案件中投资者并未获得任何赔偿，即使在原告胜诉的案件中，法院判决的损害赔偿也远低于原告投资者所请求的损害赔偿额。可见，我国的投资者在权利受到损害后，诉讼意愿不强，投资者的获赔率也不高。本次证券代表人诉讼改革有望使这种局面有所改善。

肖宇认为，根据现行的制度设计，中国特色证券集团诉讼，即证券特殊代表人诉讼具有自己的特点。

一是公益性。投资者保护机构作为证券公益机构，以完善投资者赔偿救济维权手段，切实维护投资者的合法权益为其宗旨。投服中心的公益性决定了其作为特殊代表人参与诉讼，不涉及营利问题，会以投资者利益的最大化作为宗旨。另外，投保机构有合作的公益律师，都是经验丰富的证券律师，他们也会为证券诉讼提供相应的公益服务。

《投服中心业务规则》规定,投服中心除为开展特别代表人诉讼的必要支出外,不收取其他费用。特别代表人诉讼案件法院不预交案件受理费。败诉或者部分败诉的原告,由投服中心作为诉讼代表人依法向法院提出减交或免交诉讼费用等申请,法院可视原告的经济状况和案件的审理情况决定是否准许。投资者保护机构作为代表人在诉讼中申请财产保全的,人民法院可以不要求提供担保。这些规定都体现了诉讼的公益性。

二是专业性。我国的投资者保护机构,包括投服中心、中国证券投资者保护基金有限责任公司(以下简称投保基金),是专业的公益机构。以投服中心为例,自2014年成立,从中小投资者需求和救济诉求出发,倡导"全面知权、积极行权、依法维权",形成了以投资者教育为基础,事前持股行权、事中纠纷调解、事后支持诉讼的全链条"投服模式",通过在诉讼领域的探索与实践,支持诉讼和股东诉讼等取得了良好的社会效果。而投保基金通过证券先期赔付的实践也很好地保护了投资人。由这样的专业机构作为代表人开展诉讼,可以较好地实现制度目的。

三是程序的公开和受监督。投保机构作为全体受侵害投资人的代表,要行使程序权利和实体权利,如决定参加诉讼、调解、是否上诉等。在行权的过程中,程序的公开以及受监督也很重要。根据现行的规则,投保机构在代表人诉讼中,重大事项要通过公告告知投资者,并向中国证监会报告。投资者保护机构应当采取必要措施,保障被代表的投资者持续了解案件审理的进展情况,回应投资者的诉求。对投资者提出的意见和建议不予采纳的,应当对投资者做好解释工作。若与涉诉公司调解,可以通过听证会的形式听取投资者建议并进行解释,调解协议需要法院审查。

证券诉讼中调解的应用

值得注意的是,在最高人民法院《关于证券纠纷代表人诉讼若干问题的规定》用了5个条款来讨论诉讼调解,提出法院要充分发挥多元解纷机制的功能,按照自愿、合法原则,引导和鼓励当事人调解解决纠纷。肖宇认为,对调解的重视,主要是从诉讼效率和涉诉公司的赔付能力等方面的考虑。

在我国现行诉讼的赔付中,通过判决取得赔偿时投资者需要面临诉讼时间长、诉讼成本高、举证难度大等困难,且即使投资者最终获得胜诉,执行环节也容易遭遇阻力。据学者徐文鸣的统计，在约 37% 的案件中，投资者获得的判决赔偿金额小于其所请求损害赔偿的 20%，仅有约 36% 的投资者获得的判决赔偿金额大于其请求的 80%。

对于即将开启的集团诉讼，涉及的赔偿金额巨大，被告的赔偿能力很有可能不足以支撑如此庞大的债务，在这种情形下，调解结案或许是另一种可以考虑的现实选择。投保机构在调解的过程中，以投资者利益实现的最大化为宗旨，兼顾被告的赔付能力与诉讼效率，并与投资者进行沟通，通过调解结案，调解协议经过法院审查。如果投资者对于调解结果不满意的，也可以选择“二次退出”，从而充分尊重投资人的选择权。

肖宇最后表示，可以预见，中国特色证券集团诉讼将对证券市场的重大违规行为产生极大的威慑作用，有利于对投资者的保护。但是投保机构作为公益机构，其人力、物力与精力有限，市场的主要问题不能都依靠投保机构来解决，更重要的是起到引领作用，培养投资者的维权意识，引领并协助他们运用法律手段维权。特别代表人诉讼需要与具有更普遍适用性的普通代表人诉讼等制度共同发挥作用，让市场主体对行政处罚和民事赔偿充满敬畏，像达摩克利斯之剑悬在头上，从而促使其遵守市场规则。这将是资本市场的长期繁荣的基石，也是本次制度改革的深远意义。

共同见证证券特别代表人诉讼全新尝试*

证券时报网 2021 年 3 月 30 日报道　记者：朱凯

2021 年 3 月 26 日，中证中小投资者服务中心有限责任公司（以下简称投服中心）发布了“投服中心接受康美药业虚假陈述民事赔偿案投资者委托的说明”，它标志着证券特别代表人诉讼正式从法律文本走向司法实践，这是一个具有里程碑意义的时刻，一个新时代正向我们走来。

上海市方达律师事务所合伙人、投服中心公益律师胡震远认为，投服中心的这

* 原文链接：http://news.stcn.com/news/202103/t20210330_2975411.html。

次选择令人敬佩，因为康美药业案并不十分简单。中国证监会行政处罚决定书记载，康美药业实施虚假记载和重大遗漏的行为时间跨度较长，2016～2018年连续三年的年报中都存在相关问题。其间，股市随着市场变化也一直处于波动中，国内关于持续虚假陈述如何认定揭露日尚少有典型案例，可以想见，揭露日的认定及因果关系的认定必将成为本案的争议焦点。因此，我们必须为投服中心迎难而上的精神送上敬意。

投服中心的这次选择令人鼓舞，因为康美药业案被告人数众多。中国证监会行政处罚决定书记载，康美药业的董监高也都受到了处罚，而他们也被列为本案的被告。真正具有威慑力的法律实施一定是落实到个人，因为有上市公司来赔偿，最终受损失的仍然是证券投资者，而由上市公司的董监高作出赔偿才会令市场真正知道法律的威力。因此，选择这个案子来实施特别代表人诉讼，也是为捍卫《证券法》威慑力的一次重要尝试。

投服中心的这次选择令人赞赏，因为申请程序设计非常友好。投服中心发布的说明记载，投资者可以采用上网申请的方式递交委托，完成身份认证，不仅如此，投服中心还为投资者准备了全套的文件样式以供填写，并制作了操作指引便利投资者学习如何使用这一系统。此外，投服中心还根据相关司法解释的规定，明确告知投资者无须预交案件受理费。这种高效、便利、免费的委托方式充分体现了投服中心保护中小投资者的初心，必将为证券市场的健康发展注入新的活力。

投服中心康美药业特别代表人诉讼案点评：首发之功，意义重大*

段厚省**

代表人诉讼制度在具体操作层面有着相当的复杂性，涉及诉讼效率与程序保

* 摘自投服中心微信公众号，2021年4月7日发布。原文链接：https://mp.weixin.qq.com/s/CkiG7WUJHnj52cSmkiGaIA。

** 复旦大学法学院教授、投服中心评估专家。

障之间的紧张关系，涉及裁判统一与尊重当事人选择权之间的平衡问题，甚至还有可能涉及维稳问题，这些问题的存在导致我国的代表人诉讼制度长期处于虚置状态，实践中的案例极少。具体到证券市场虚假陈述民事赔偿纠纷，司法机关非常谨慎，过去所制定的司法解释也主要偏重于解决实体问题而不是程序问题，从而实践中采用代表人诉讼制度的案例不多。由于制度不够完善，实践较为少见，其中可以总结的经验也较少，学者们的研究多是从比较法的视野展开。近年来，我国加大证券市场秩序建设，2019 年《证券法》专门就证券纠纷代表人诉讼制度和特别代表人制度作了规定，尤其是特别代表人诉讼制度，实为我国民事诉讼领域的创新之举。由此，代表人诉讼制度被重新唤起并获得进一步完善。最高人民法院为此专门制定司法解释，对具体操作层面的程序问题进行了规定；中国证监会也专门发出了指导性文件，对有关机构如何作为特别代表人参加相关诉讼作出规定；中证中小投资者服务中心（以下简称投服中心）也为此专门制定了相应的操作规则。以上各层面规范为我国证券纠纷特别代表人诉讼构建了比较完善的制度框架，可以说万事俱备，只等实践了。

在此背景下，投服中心及时高效精准地选择康美药业虚假陈述民事赔偿纠纷一案展开特别代表人诉讼的实践探索，既是对前述初步建构完成的制度要求的及时回应，也是对制度之功能与效果的一种检验。换言之，我们到目前为止所建构的相关制度，将通过此一案例的探索来落地生根，也通过此一案例的探索来获得检验。如果探索成功，那么我国证券纠纷特别代表人诉讼制度就将从此走入实践，成为维护证券市场交易秩序，维护中小投资者合法权益的有力保障；如果探索中遇到困难和问题，则会反过来推动证券纠纷特别代表人诉讼在制度上的进一步完善。无论如何，作为中国证券纠纷特别代表人诉讼第一案，投服中心在康美药业虚假陈述民事赔偿纠纷一案中启动的探索与实践都具有重大意义，将在证券市场秩序维护、证券投资者权益保护以及民事诉讼程序的制度史和实践史中留下其印记。良好的开端是成功的一半，我们期望投服中心的这一探索能够顺利推进，更希望此类实践将来能够成为证券纠纷解决领域和民事诉讼领域的常态。同时，也希望投服中心在证券诉讼领域的探索，能够积累经验，推动特别代表人诉讼制度向其他领域扩展，最终使代表人诉讼制度成为民事诉讼中解决人数众多的民事纠纷的一种重要制度，助推我国建设社会主义法治国家的目标实现。

关于康美药业案中揭露日问题的探讨*

《证券日报》2021 年 4 月 20 日报道　作者：王智斌**

康美药业虚假陈述民事赔偿案已成为我国首例特别代表人诉讼案。特别代表人诉讼制度，以“默示加入，明示退出”为原则，该诉讼制度最大限度地将适格投资者纳入保护范围，其意义不言而喻。

除诉讼机制的特殊性之外，回归案件本身，笔者判断康美药业虚假陈述案中涉及的法律争议点可能会出现在交易因果关系的认定、揭露日的认定、系统风险及其他因素的认定、高管责任范围的认定等诸多方面。

这其中，揭露日的认定将影响适格投资者的范围，该问题也是康美药业投资者普遍关心的，笔者将主要探讨康美药业案的揭露日认定问题。

一、认定揭露日的法律依据及相关规则

《最高人民法院关于审理证券市场因虚假陈述引发的民事赔偿案件的若干规定》(以下简称《虚假陈述民事赔偿若干规定》)第 20 条规定：“虚假陈述揭露日，是指虚假陈述在全国范围发行或者播放的报刊、电台、电视台等媒体上，首次被公开揭露之日。”

《全国法院民商事审判工作会议纪要》(以下简称《九民纪要》)第 84 条进一步明确了揭露日、更正日的认定规则。该条规定：“虚假陈述的揭露和更正，是指虚假陈述被市场所知悉、了解，其精确程度并不以‘镜像规则’为必要，不要求达到全面、完整、准确的程度。原则上，只要交易市场对监管部门立案调查、权威媒体刊载的揭露文章等信息存在着明显的反应，对一方主张市场已经知悉虚假陈述的抗辩，人民法院依法予以支持。”

由此可见，揭露日的认定，应符合以下条件：

1. 揭露内容和效果方面，不苛求揭露文章对虚假陈述相关事实作出精准揭露，

---

* 原文链接：http://www.zqrb.cn/toufu/weiquananli/2021－04－20/A1618902514358.html。

** 上海明伦律师事务所律师。

只要股价对揭露文章、公告有明显反映，达到警示性效果即可；

2. 揭露主体方面，要求“刊载”主体为权威媒体，这其中的“刊载”既包括“刊发”也包括“转载”；

3. 揭露时间方面，要求是首次揭露。

二、康美药业案中的揭露日

1. 相关事实的梳理

经笔者梳理，与康美药业案揭露日认定有关的事实如下：

(1)2018 年 10 月 16 日有自媒体发布文章，质疑康美药业“存贷双高”等财务数据异常情况，引发康美药业股价“断崖式”下跌，短短 8 个交易日内康美药业股价跌幅超过 40%；2018 年 10 月 16 日当日及其后几个交易日，康美药业财务“疑云”及股价“闪崩”等问题被多家权威媒体报道、转载。

(2)2018 年 12 月 29 日，康美药业发布临时公告(临 2018－116)称，在 2018 年 12 月 28 日，公司收到了中国证监会的《调查通知书》(编号：粤证调查通字 180199 号)：“因你公司涉嫌信息披露违法违规，根据《中华人民共和国证券法》的有关规定，我会决定对你公司立案调查，请予以配合。”发布该公告后的第一个交易日，康美药业股价跌停。4 个交易日内股价跌幅超过 20%。

(3)2019 年 4 月 30 日，康美药业发布包含虚假财务数据的 2018 年年度报告，同日，审计机构对其 2018 年年报财务数据发表持“保留意见”的审计意见。2019 年 4 月 30 日后，康美药业股价再次出现“断崖式”下跌。

2. 关于本案揭露日的分析

2018 年 10 月 16 日、12 月 29 日相关的揭露文章、公告均对股价形成了直接的影响，达到了揭露和警示的效果；同时，亦均有权威媒体转载或刊发揭露文章或公告，揭露主体方面已均满足要求；但是，从时间点的角度考察，2018 年 10 月 16 日是所有时间点中最早的时间点，该日符合“首次”的标准。

2019 年 4 月 30 日较为特殊，该日康美药业发布了包含虚假财务数据的 2018 年年度报告，但是，同日审计机构发布的持“保留意见”的审计说明，因此，康美药业在 2019 年 4 月 30 日当日实施了一项新的虚假陈述行为，该项虚假陈述于当日被同步揭露，实施和揭露归于同一天。根据《虚假陈述民事赔偿若干规定》第 18 条，并不存在单独受到 2018 年虚假年报诱导的适格投资者，因此，2019 年 4 月 30 日是不是

2018 年虚假年报的揭露日,在本次诉讼案中并不具有实际意义。

综上所述,笔者认为,2018 年 10 月 16 日应为康美药业案正确的揭露日。

积极推进证券市场制度优势向治理效能的转化

——写在中国证券纠纷特别代表人诉讼第一案启动之际*

陈　洁**

党的十九届四中全会提出要把我国的制度优势更好地转化为治理效能。《证券法》立足中国国情,借鉴域外经验,建构了由投保机构主导的证券集体诉讼制度,这既是我国资本市场投资者保护制度的中国特色,更是具有创新意义的证券民事赔偿的制度优势。此次中证中小投资者服务中心(以下简称投服中心)以颇具市场影响的"康美药业虚假陈述民事赔偿案"(以下简称"康美药业案")为契机,迅速启动证券纠纷特别代表人诉讼,标志着中国版的证券集团诉讼扬帆起航,也昭示着我国以特别代表人诉讼制度为特色的证券民事赔偿诉讼新时代的到来。此案的有序推进,不仅仅是投服中心在拓展证券投资者维权领域勇于创新,积极探索的典型范例,更是我国证券监管机构与司法部门大力推动证券市场制度优势转化为治理效能的具有里程碑意义的重大实践。它对引领我国投资者保护制度的创新发展,促进我国证券市场的长远健康发展并向全球资本市场输出中国投资者保护的制度经验都具有重要而深远的影响。

其一,积极实现从法条到实践。制度的生命力在于实施。由法条到实践是实现制度优势向治理效能转化的第一步。证券民事救济曾是我国证券投资者保护的制度短板,2019 年《证券法》在参考英美证券集团诉讼"明示退出""默示加入"原则的基础上,为克服域外集团诉讼由律师主导而普遍存在的滥诉弊端,创造性地以投保机构为抓手,通过公益维权组织来发动对于证券违法行为的诉讼,实乃我国证券

* 摘自投服中心微信公众号,2021 年 4 月 20 日发布。原文链接:https://mp. weixin. qq. com/s/RPtFlHWUwwqhBRmP12rvvw。

** 中国社科院法学所商法室主任、研究员,博士研究生导师。

民事赔偿诉讼的创新之举。此次“康美药业案”特别代表人诉讼的启动就是将我国《证券法》的制度创新从文本落实到实践,以积极回应并充分实现我国《证券法》对投资者保护的立法智慧与制度探索。

其二,大力推动实践完善法治。尽管从《证券法》到最高人民法院司法解释、证监会指导性文件已经系统确立了我国证券纠纷集体诉讼制度的整体性运作框架和具体运行规范,投服中心也就此制定了专门性的操作规则,但制度设计的应然效果与制度实施的实然效果之间仍然需要实践加以检验和完善。此次康美药业案特别代表人诉讼从普通代表人诉讼的启动、特别代表人诉讼合格原告的委托征集、法院发布有关特别代表人诉讼权利登记的公告等,这一系列的庭前程序安排以及实体问题的解决,不仅体现了投服中心以及司法部门积极推动顶层设计和实践探索的良性互动,同时也是对我国证券纠纷特别代表人诉讼制度设计以及实施功效的全面检验。而只有经过不断的实践检验,及时总结、提炼并将成熟的经验和做法上升为制度的完善,才能最终形成我国证券市场更为系统完备、科学规范、运行有效的制度规范。

其三,切实推进法治优势向治理效能的转化。从一定意义上说,制度优势转化为治理效能是一个知行合一的过程,需要作为制度各方主体的全体参与、密切配合。此次“康美药业案”特别代表人诉讼的顺利启动,在主体层面,是证券市场参与者以及监管部门、司法部门以保护投资者合法权益、降低投资者维权成本为核心,努力实现我国证券纠纷解决机制专业化、高效化的结果;在制度层面,则是我国司法制度、资本市场运行特点以及证券民事诉讼实践等诸多因素共同合力的结果。“康美药业案”特别代表人诉讼进程的高效启动表明,只有充分发挥证券市场机制的系统效益,增强各种社会组织在规范证券市场秩序方面的角色功能,尤其是审判机关、监管部门以及行业组织等各方力量之间协同有效的制度安排,才能尽快实现我国证券市场积极保护投资者权益的市场态势,切实把我国历经实践检验符合市场需求的制度优势更好地转化为我国资本市场的治理效能。

我国首单证券集体诉讼案判决　传递鲜明信号*

新华社2021年11月12日报道　记者:刘慧

2021年11月12日,广州市中级人民法院对全国首例证券集体诉讼案作出一审判决。该案件判决示范意义重大,是资本市场史上标志性事件,对促进资本市场改革发展、切实维护投资者合法权益具有重要意义。

透过对康美药业的判决结果,“惩首恶”的导向鲜明,大幅提升资本市场违法犯罪成本,又一次向市场各方传递出清晰有力的“零容忍”信号。

巨额赔偿让“首恶”付出应有代价

中国证监会信息显示,康美药业2016年至2018年连续3年有预谋、有组织、系统性实施财务造假约300亿元,涉案金额巨大,持续时间长,性质特别严重,社会影响恶劣,严重损害了投资者的合法权益,严重破坏资本市场健康生态。

此次广州市中级人民法院作出一审判决,责令康美药业因年报等虚假陈述侵权赔偿证券投资者损失24.59亿元,原董事长、总经理马某1及5名直接责任人员、正中珠江会计师事务所及直接责任人员承担全部连带赔偿责任,13名相关责任人员按过错程度承担部分连带赔偿责任。

中国证监会有关部门负责人表示,这将有利于强化对资本市场违法作恶者的惩罚和威慑。

中国社科院法学所商法室主任陈洁说,判决结果让侵害投资者权益的上市公司实控人、大股东等“首恶”付出应有代价,探索整治其“甩锅”上市公司的顽疾。

康美药业案“惩首恶”的目标还通过一系列组合拳实现。证监会有关部门负责人介绍,在广东省及各方的协调努力下,10月30日,康美药业公告披露,经揭阳市

---

* 原文链接:http://m. news. cn/2021 - 11/12/c_1128059713. htm。

中级人民法院对公司控股股东关联方资产进行强制执行,已有16.41亿元支付至公司管理人账户,用于冲抵关联方占用的公司资金。通过追收原大股东、实际控制人占用资金,有利于更好地保护中小投资者的合法权益,让上市公司重新轻装上阵。

破解违法成本低难题迈出坚定步伐

在资本市场快速发展中,财务造假、内幕交易等乱象一直是监管部门打击的重点。

首单证券集体诉讼案一审判决落地,意味着破解证券违法成本低的难题迈出坚定步伐。这背后,凝聚着各方的努力和探索。

——2020年3月,2019年修订的《证券法》施行,具有中国特色的证券集体诉讼制度启航。充分发挥投资者保护机构的作用,允许其接受50名以上投资者的委托作为特别代表人参加诉讼,探索降低中小投资者诉讼成本。

——2020年7月,国务院金融稳定发展委员会召开第三十六次会议,研究全面落实对资本市场违法犯罪行为“零容忍”工作要求。

——2020年7月,最高人民法院发布《关于证券纠纷代表人诉讼若干问题的规定》,证监会配套发布《关于做好投资者保护机构参加证券纠纷特别代表人诉讼相关工作的通知》,投保机构发布《中证中小投资者服务中心特别代表人诉讼业务规则(试行)》,为投保机构代表人诉讼制度的落地实施提供了制度保障。

——2021年7月,中共中央办公厅、国务院办公厅印发《关于依法从严打击证券违法活动的意见》,明确要求抓紧推进证券纠纷代表人诉讼制度实施。

无论是资本市场基础法律完善,还是高规格文件出台,都体现了打击证券违法活动的坚定决心,各方合力加速形成。

从完善证券民事赔偿诉讼司法解释,到监管部门和司法部门密切互动,再到康美药业案审理过程……中国证监会、最高人民法院和地方政府不断探索落实“零容忍”要求,积极加强监管合作,共同促进首例证券集体诉讼案件一审判决平稳落地。

中国证监会有关部门负责人说,中国证监会对于此次法院判决表示支持,并将依法监督投资者保护机构,配合法院做好后续相关工作。

降低诉讼成本　提升投资者保护力度

完善的金融市场应让投资者合法权益得到充分保护。一旦受到侵害,投资者可以利用成熟的机制维护自身的合法权益。证券集体诉讼制度的实施有利于多数受害投资者得到公平、高效的赔偿。

“通过证券集体诉讼,能够大幅降低受损投资者的维权成本和诉讼风险,有利于解决受损投资者人数众多且分散情况下起诉难、维权贵等问题。”中国人民大学法学院教授叶林说。

陈洁认为,首例证券集体诉讼落地不仅对提升投资者保护力度有着重要意义,也是塑造良好市场生态的关键一步。

“随着注册制改革的推进,有效提升违法成本,加强对市场乱象的威慑,是改革行稳致远和市场健康发展的必然要求。”叶林说,提升投资者保护力度将有助于形成投融资良性循环。

中国证监会表示,将在全面总结首单案件经验的基础上,推动完善代表人诉讼制度机制,支持投资者保护机构进一步优化案件评估、决策、实施流程,依法推进特别代表人诉讼常态化开展。

全国首例证券集体诉讼案一审判决
对资本市场造假行为“零容忍”“惩首恶”*

《中国证券报》· 中证网 2021 年 11 月 13 日报道　记者:昝秀丽

广州市中级人民法院(以下简称广州中院)11 月 12 日对全国首例证券集体诉讼案作出一审判决。

接受中国证券报记者采访的专家认为,此次法院依法作出判决,示范意义重

* 原文链接:https://www.cs.com.cn/xwzx/hg/202111/t20211113_6219866.html。

大，是贯彻落实党中央和国务院关于对资本市场违法犯罪行为“零容忍”的精神和要求，构建民事、行政、刑事立体化责任追究机制的标志性案件，对促进我国资本市场深化改革和健康发展，切实维护投资者合法权益具有里程碑意义。在体现对资本市场造假行为“零容忍”“惩首恶”原则的同时，极大降低了投资者维权成本。

法律义务和责任配置更趋合理

此次广州中院作出一审判决，责令康美药业因年报等虚假陈述侵权赔偿证券投资者损失24.59亿元，原董事长、总经理马某1及5名直接责任人员、正中珠江会计师事务所及直接责任人员承担全部连带赔偿责任，13名相关责任人员按过错程度承担部分连带赔偿责任。

中国证监会信息显示，康美药业2016年至2018年连续3年有预谋、有组织、系统性实施财务造假约300亿元，涉案金额巨大，持续时间长，性质特别严重，社会影响恶劣，严重损害了投资者的合法权益，严重破坏资本市场健康生态。

北京大学法学院教授郭雳表示，康美药业一审判决的作出，标志着中国特色证券特别代表人诉讼有了首单实例。相关当事人被判处承担民事赔偿责任，使针对证券造假者刑事、行政、民事的全方位追责体系进一步完善，投资者获得了更加便捷有效的救济渠道，而我国的民事诉讼机制和实践也得到了丰富。

“公司及财务造假的始作俑者被一审判决责令赔偿投资者巨额损失，显著地提高了证券违法违规的成本，体现了对资本市场造假行为‘零容忍’‘惩首恶’的原则。会计师事务所及直接责任人员与年报造假关系密切，被要求承担连带赔偿责任，警示中介服务机构必须要增强内控，提高工作质量。其他相关责任人员按过错程度承担部分连带赔偿责任，显示出法律义务和责任配置更趋合理。”郭雳说。

中国社科院法学所商法室主任陈洁认为，该案件一审的顺利审结，标志着我国以特别代表人诉讼制度为特色的证券民事赔偿诉讼新时代的到来。“它对引领我国投资者保护制度的创新发展，促进我国证券市场的长远健康发展并向全球资本市场输出中国投资者保护的制度经验都具有重要而深远的影响。”陈洁说。

依法从严打击证券违法活动

专家指出,此次法院依法作出一审判决,体现了有关方面在落实中共中央办公厅、国务院办公厅《关于依法从严打击证券违法活动的意见》时的积极态度和重要作用。

2020年3月施行的《证券法》,创立了中国特色的证券集体诉讼制度,明确充分发挥投资者保护机构的作用,允许其接受50名以上投资者的委托作为特别代表人参加诉讼,降低中小投资者诉讼成本。

最高人民法院2020年7月发布关于证券纠纷代表人诉讼若干问题的规定,证监会配套发布《关于做好投资者保护机构参加证券纠纷特别代表人诉讼相关工作的通知》,投保机构发布《中证中小投资者服务中心特别代表人诉讼业务规则(试行)》,为投保机构代表人诉讼制度的落地实施提供了制度保障。

中共中央办公厅、国务院办公厅2021年7月印发《关于依法从严打击证券违法活动的意见》,明确要求抓紧推进证券纠纷代表人诉讼制度实施。

“此次法院依法作出一审判决,示范意义重大,是落实新《证券法》和中共中央办公厅、国务院办公厅《关于依法从严打击证券违法活动的意见》的有力举措,也是资本市场史上具有开创意义的标志性案件,对促进我国资本市场深化改革和健康发展,切实维护投资者合法权益具有里程碑意义。”中国证监会有关部门负责人11月12日对康美药业特别代表人诉讼案作出判决答记者问时指出,中国证监会对此表示支持,并将依法监督投资者保护机构,配合人民法院做好后续相关工作。

郭雳分析,证券纠纷特别代表人诉讼制度的实施及未来的常态化,一方面将有效地惩戒阻却违法造假者,另一方面可以提升中小投资者的保护水平。判决结果有助于督促上市公司及其高管守法经营、依法披露,不断提高公司质量。同时,促使中介服务机构履职尽责,切实发挥资本市场“看门人”的作用。

“该诉讼结果不仅仅是投服中心在拓展证券投资者维权领域勇于创新,积极探索的典型范例,更是我国证券监管机构与司法部门大力推动证券市场制度优势转化为治理效能的具有里程碑意义的重大实践,同时也是对我国证券纠纷特别代表人诉讼制度设计以及实施功效的全面检验。”陈洁表示。

极大降低投资者维权成本

专家认为，证券集体诉讼制度的实施有利于多数受害投资者得到公平、高效的赔偿。

“中国特色的集体诉讼制度，规定投资者保护机构可以作为诉讼代表人，按照‘明示退出’‘默示加入’的诉讼原则，依法为受害投资者提起民事损害赔偿诉讼。在该集体诉讼机制下，一旦胜诉，法院作出的判决裁定对参加登记的投资者均发生效力，这无疑将有效利用司法资源，极大降低投资者的维权成本。”陈洁分析。

陈洁表示，“与此同时，我国的集体诉讼制度以投资者保护机构为抓手，通过维权组织来发动对于证券违法行为的诉讼，同域外由律师主导的集团诉讼相比较，具有突出的优势。一方面，投资者保护机构公益性足以有效避免集团诉讼普遍存在的滥诉问题，同时，投资者保护机构可以更好地协调其与其他执法资源之间的关系，尤其有利于和政府监管、市场约束等执法机制的协同发展，既弥补现有的执法机制之不足，也避免执法资源的浪费。”

“特别代表人诉讼是中国特色证券集体诉讼制度中的一个亮点。其创造性地引入了受损投资者‘明示退出’‘默示加入’的机制，便利了他们参加诉讼，同时充分发挥了投服中心等投资者保护机构的专业作用，突出了维权诉讼的公益色彩。一审判决的作出使我国司法系统在处理群体性诉讼方面又前进了一大步。”郭雳表示。

上市公司虚假陈述的董监高法律责任剖析*

王　蕊**

我国首单特别代表人诉讼案件落下帷幕。2021 年 11 月 12 日，广州市中级人

* 摘自投服中心微信公众号，2021 年 11 月 19 日发布。原文链接：https://mp. weixin. qq. com/s/0t9cMeKnfslXRtvRWKCW6w。

** 青岛大学法学院教师，上海市锦天城律师事务所律师。

民法院作出一审判决，除康美药业承担虚假陈述所造成的投资者 24.58928544 亿元损失赔偿责任外，康美药业 19 名董事、监事、高级管理人员，还有年报审计机构及签字会计师等承担全部或部分连带赔偿责任。这被视为中国资本市场史上具有开创意义的标志性案件，是迄今为止法院审理的原告人数最多（5 万余名）、赔偿金额最高的上市公司虚假陈述民事赔偿案件。早在 2020 年 5 月 13 日，中国证监会对康美药业信息披露违法违规行为出具了〔2020〕24 号《中国证监会行政处罚决定书》（康美药业股份有限公司，马某 1、许某某等 22 名责任人员），依法追究了康美药业及其实际控制人、董监高的行政责任。康美药业董监高承担的行政及民事法律责任具体情况如表 1 所示：

表 1　康美药业董监高承担的行政及民事法律责任具体情况

<table>
<tr><th>序号</th><th>当事人</th><th>职务</th><th>行政责任</th><th>民事责任</th></tr>
<tr><td>1</td><td>康美药业股份有限公司</td><td></td><td>责令改正，给予警告，并处以 60 万元的罚款</td><td>被告康美药业股份有限公司于判决生效之日起 15 日内，向原告顾某某、黄某 1 等 52,037 名投资者赔偿投资损失 2,458,928,544 元。原告所获赔偿金额的计算方法为投资差额损失与相应的佣金、印花税、利息损失之和。其中投资差额损失 =（买入均价 - 卖出均价或基准价）x 持股数量 ×（1 - 证券市场风险因素的影响比例），买入均价采用第一笔有效买入后的移动加权平均法计算，多个账户应合并计算，证券市场风险因素采用个股涨跌幅与生物医药（申万）指数涨跌幅进行同步对比的方法扣除。佣金损失 = 投资差额损失 ×0.03%。印花税损失 = 投资差额损失 ×0.1%。利息损失 =（投资差额损失 + 佣金损失 + 印花税损失）×0.35% ×第一笔有效买入日至最后一笔卖出日或者基准日的实际天数 365 天</td></tr>
<tr><td>2</td><td>马某 1</td><td>董事长、总经理、实际控制人</td><td rowspan="2">给予警告，并分别处以 90 万元的罚款，其中作为直接负责的主管人员罚款 30 万元，作为实际控制人罚款 60 万元
被界定为：直接负责的主管人员。
被界定的依据：最主要的决策者、实施者，其行为直接导致康美药业相关信息披露违法行为的发生</td><td rowspan="2">对判决确定的被告康美药业股份有限公司债务承担连带清偿责任；
被界定为：直接负责的主管人员
被界定的依据：马某 1、许某某、邱某某直接组织、策划、领导并实施了涉案违法行为，是最主要的决策者、实施者，其行为直接导致康美药业相关信息披露违法行为的发生，情节特别严重</td></tr>
<tr><td>3</td><td>许某某</td><td>副董事长、副总经理、实际控制人</td></tr>
</table>

续表

<table>
<tr><th>序号</th><th>当事人</th><th>职务</th><th>行政责任</th><th>民事责任</th></tr>
<tr><td>4</td><td>邱某某</td><td>董事、副总经理、董事会秘书</td><td>给予警告,并处以30万元的罚款
被界定为:直接负责的主管人员
被界定的依据:主管公司信息披露事务,对公司定期报告的真实性、完整性、准确性承担主要责任,并年度报告上签字;根据马某1的授意安排,组织相关人员将上市公司资金转移至控股股东及其关联方,组织策划公司相关人员实施,并亲自参与实施财务造假行为,直接导致康美药业披露的定期报告存在虚假陈述</td><td></td></tr>
<tr><td>5</td><td>庄某某</td><td>财务总监</td><td rowspan="3">给予警告,并分别处以25万元的罚款
被界定为:其他直接责任人员
被界定的依据:作为财务负责人员,在《2016年年度报告》《2017年年度报告》《2018年半年度报告》和《2018年年度报告》上签字和声明,承诺保证相关文件真实、准确、完整,应当对康美药业披露的定期报告存在虚假陈述承担法律责任</td><td rowspan="3">对判决第一项确定的被告康美药业股份有限公司债务承担连带清偿责任;
被界定为:直接负责的主管人员
被界定的依据:涉案信息披露违法行为的发生与其职责、具体实施行为直接相关,其行为与康美药业信息披露违法行为的发生具有紧密联系,情节较为严重</td></tr>
<tr><td>6</td><td>温某某</td><td>职工监事、总经理助理、副总经理</td></tr>
<tr><td>7</td><td>马某2</td><td>监事、财务部总监助理</td></tr>
</table>

续表

<table>
<tr><th>序号</th><th>当事人</th><th>职务</th><th>行政责任</th><th>民事责任</th></tr>
<tr><td>8</td><td>马某3</td><td>董事</td><td rowspan="7">给予警告，并分别处以20万元的罚款
被界定为：其他直接责任人员
被界定的依据：在《2016年年度报告》《2017年年度报告》《2018年半年度报告》和《2018年年度报告》审议中投赞成票或签字，保证财务报告真实、准确、完整</td><td rowspan="3">在判决第一项确定的被告康美药业股份有限公司债务的20%范围内承担连带清偿责任；
被界定为：未尽勤勉义务，其他直接责任人员
被界定的依据：作为董事、监事或高级管理人员并未直接参与财务造假，却未勤勉尽责，存在较大过失，且均在案涉定期财务报告中签字，保证财务报告真实、准确、完整。非财务工作负责人，过失相对较小</td></tr>
<tr><td>9</td><td>林某1</td><td>董事</td></tr>
<tr><td>10</td><td>李某1</td><td>董事</td></tr>
<tr><td>11</td><td>江某某</td><td>独立董事</td><td rowspan="2">在判决第一项确定的被告康美药业股份有限公司债务的10%范围内承担连带清偿责任；
被界定为：未尽勤勉义务，其他直接责任人员
被界定的依据：为兼职的独立董事，不参与康美药业日常经营管理，过失相对较小</td></tr>
<tr><td>12</td><td>李某2</td><td>独立董事、监事</td></tr>
<tr><td>13</td><td>罗某某</td><td>监事会主席</td><td rowspan="5">在判决第一项确定的被告康美药业股份有限公司债务的20%范围内承担连带清偿责任；
被界定为：未尽勤勉义务，其他直接责任人员
被界定的依据：作为董事、监事或高级管理人员并未直接参与财务造假，却未勤勉尽责，存在较大过失，且均在案涉定期财务报告中签字，保证财务报告真实、准确、完整。非财务工作负责人，过失相对较小</td></tr>
<tr><td>14</td><td>林某2</td><td>副总经理</td></tr>
<tr><td>15</td><td>李某3</td><td>副总经理</td><td rowspan="6">给予警告，并分别处以15万元的罚款
被界定为：其他直接责任人员
被界定的依据：在《2016年年度报告》《2017年年度报告》《2018年半年度报告》和《2018年年度报告》审议中投赞成票或签字，保证财务报告真实、准确、完整</td></tr>
<tr><td>16</td><td>韩某某</td><td>副总经理</td></tr>
<tr><td>17</td><td>王某</td><td>总经理助理、副总经理</td></tr>
<tr><td>18</td><td>张某1</td><td>独立董事</td><td>在判决第一项确定的被告康美药业股份有限公司债务的10%范围内承担连带清偿责任；
被界定为：未尽勤勉义务，其他直接责任人员
被界定的依据：为兼职的独立董事，不参与康美药业日常经营管理，过失相对较小</td></tr>
<tr><td>19</td><td>郭某某</td><td>独立董事</td><td rowspan="2">在判决第一项确定的被告康美药业股份有限公司债务的5%范围内承担连带清偿责任；
被界定为：未尽勤勉义务，其他直接责任人员
被界定的依据：为兼职的独立董事，过失相对较小，且仅在《2018年半年度报告》中签字</td></tr>
<tr><td>20</td><td>张某2</td><td>独立董事</td></tr>
</table>

续表

<table>
<tr><th>序号</th><th>当事人</th><th>职务</th><th>行政责任</th><th>民事责任</th></tr>
<tr><td>21</td><td>唐某</td><td>总经理助理</td><td rowspan="2">给予警告,并分别处以10万元的罚款
被界定为:其他直接责任人员
被界定的依据:未以董事、监事、高级管理人员的身份签名确认《2016年年度报告》《2017年年度报告》《2018年半年度报告》内容的真实、准确、完整,但签署了《2018年年报》</td><td rowspan="2">不承担责任
未以董事、监事、高级管理人员的身份签名确认《2016年年度报告》《2017年年度报告》《2018年半年度报告》内容的真实、准确、完整,不存在虚假记载、误导性陈述或重大遗漏,不属于案涉虚假陈述行为人,不应当对投资者损失承担赔偿责任</td></tr>
<tr><td>22</td><td>陈某1</td><td>总经理助理</td></tr>
</table>

注:1. 行政处罚适用的2005年《证券法》中的法律依据:

第六十八条　上市公司董事、高级管理人员应当对公司定期报告签署书面确认意见。

上市公司监事会应当对董事会编制的公司定期报告进行审核并提出书面审核意见。

上市公司董事、监事、高级管理人员应当保证上市公司所披露的信息真实、准确、完整。

第一百九十三条　发行人、上市公司或者其他信息披露义务人未按照规定披露信息,或者所披露的信息有虚假记载、误导性陈述或者重大遗漏的,责令改正,给予警告,并处以三十万元以上六十万元以下的罚款。对直接负责的主管人员和其他直接责任人员给予警告,并处以三万元以上三十万元以下的罚款。

发行人、上市公司或者其他信息披露义务人未按照规定报送有关报告,或者报送的报告有虚假记载、误导性陈述或者重大遗漏的,责令改正,给予警告,并处以三十万元以上六十万元以下的罚款。对直接负责的主管人员和其他直接责任人员给予警告,并处以三万元以上三十万元以下的罚款。

发行人、上市公司或者其他信息披露义务人的控股股东、实际控制人指使从事前两款违法行为的,依照前两款的规定处罚。

2. 民事赔偿适用的2014年《证券法》的法律依据:

第六十三条　发行人、上市公司依法披露的信息,必须真实、准确、完整,不得有虚假记载、误导性陈述或者重大遗漏。

第六十九条　发行人、上市公司公告的招股说明书、公司债券募集办法、财务会计报告、上市报告文件、年度报告、中期报告、临时报告以及其他信息披露资料,有虚假记载、误导性陈述或者重大遗漏,致使投资者在证券交易中遭受损失的,发行人、上市公司应当承担赔偿责任;发行人、上市公司的董事、监事、高级管理人员和其他直接责任人员以及保荐人、承销的证券公司,应当与发行人、上市公司承担连带赔偿责任,但是能够证明自己没有过错的除外;发行人、上市公司的控股股东、实际控制人有过错的,应当与发行人、上市公司承担连带赔偿责任。

第一百七十三条　证券服务机构为证券的发行、上市、交易等证券业务活动制作、出具审计报告、资产评估报告、财务顾问报告、资信评级报告或者法律意见书等文件,应当勤勉尽责,对所依据的文件资料内容的真实性、准确性、完整性进行核查和验证。其制作、出具的文件有虚假记载、误导性陈述或者重大遗漏,给他人造成损失的,应当与发行人、上市公司承担连带赔偿责任,但是能够证明自己没有过错的除外。

综上,本案行政处罚决定及判决发生在2019年修订的《证券法》生效后,但判决依据分别适用了2005年《证券法》及2014年《证券法》,因此行政责任罚款金额偏低,但民事赔偿金额创纪录。康美药业虚假陈述期任职董事、监事和高级管理人员全部承担了行政责任,除两名管理人员外,其他董事、监事和高级管理人员都承担了民事法律责任。但董事、监事和高级管理人员个人行政责任的行为性质界定及承担层级与民事责任的承担并没有一一对应：

行政责任中董事、监事、高级管理人员行为性质的界定分两个层次：直接负责的主管人员（3人），其他直接责任人员（18人），行为性质的界定直接影响罚款金额的确定。

民事责任中董事、监事、高级管理人员行为性质的界定为：直接负责的主管人员（6人），其他直接责任人员（13人），另有2人不承担民事责任。

行政责任中董事、监事、高级管理人员罚款金额分为6个层级：罚款90万元（2人）、30万元（1人）、25万元（3人）、20万元（7人）、15万元（6人）、10万元（2人），合计21人。具体罚款金额的确定是根据个人在整个事件当中的地位、性质、作用、影响等因素综合判断。

民事责任赔偿金额界定分为4级：对康美药业24.6亿元负债承担连带赔偿责任（6人，直接负责的主管人员）、承担20%的连带赔偿责任（8人）、承担10%连带赔偿责任（3名独立董事）、承担5%连带赔偿责任（2名独立董事），另有2人不承担赔偿责任。

显然，民事赔偿判决对于直接负责的主管人员界定范围更宽，民事赔偿责任更重，而行政责任惩处的人员范围更大。如果按照《证券法》（2019年修订）行政法律责任规定，行政责任惩处力度显著增强：同等情况下，对直接负责的主管人员和其他直接责任人员给予警告，并处以50万元以上500万元以下的罚款。发行人的控股股东、实际控制人组织、指使从事上述违法行为，或者隐瞒相关事项导致发生上述情形的，处以100万元以上1000万元以下的罚款；对直接负责的主管人员和其他直接责任人员，处以50万元以上500万元以下的罚款。

本案判决宣告后，在社会上引起了强烈反响，尤其是对于上市公司董监高履职风险的关注度持续增长。就本案民事判决及行政处罚所体现的审理思路及行为性质等界定方式，笔者认为，作为上市公司董监高为防范信息披露风险应特别关注以下事宜：

一、上市公司信息披露董监高承担行政责任及民事责任的构成要件

在行政处罚决定书中，监管部门首先列举违法事实，其次结合工作岗位、职能、作用等界定行为性质及是否构成承担责任的主体，最后根据违法行为的事实、性

质、情节与社会危害程度做出具体的处罚决定。过程中并没有探讨行为人是否具有主观过错,更没有将责任认定与主观过错相联系。这是因为追究行政责任的目的是行政机关维护法律秩序,建立公平正义的社会环境,惩处违法行为。《证券法》(2019 年修订)第 181 条、第 182 条、第 197 条等在确定不实信息披露的行政法律责任中也仅是依据违法事实实施行政处罚。因此,涉及信息披露的行政责任构成要件可以理解为:行为违法且是适格主体。

在民事判决中,法院认为争议的焦点问题在于:(1)案涉虚假陈述行为的认定;(2)原告投资损失与案涉虚假陈述行为之间有无因果关系;(3)各被告赔偿责任的认定。

民事责任存在的意义在于维护私权利主体的权益,更侧重于经济利益的平衡,因此更在意行为与损害结果之间的因果关系,只有造成了损失,才涉及赔偿责任。《证券法》(2019 年修订)第 85 条在确定信息披露的民事赔偿责任中,明确信息披露资料存在虚假记载、误导性陈述或者重大遗漏,致使投资者在证券交易中遭受损失的,信息披露义务人应当承担赔偿责任。但同时对于直接责任人员明确免责条件,即能够证明自己没有过错的除外。因此,依据《证券法》,涉及信息披露的民事责任构成要件可以理解为:行为违法、违法行为与投资者损失存在因果关系。对于直接责任人员还要考虑是否存在主观过错。

康美药业案中有两名高管只在 2018 年年报中签名确认年报的真实、准确、完整(事实上内容也涉及虚假陈述,只是与投资者的损失没有因果关系),但没有签署披露日前的、有虚假陈述内容的 2016 年、2017 年年报及 2018 年半年报。正是因为两者的差异,他们只被追究了行政责任,而没有被追究民事责任。

二、上市公司虚假陈述董监高承担行政及民事法律责任的关键点

康美药业案中,在确定行政处罚及民事赔偿时逐一论述了董事、监事、高级管理人员履职中的行为违法性以及其在虚假陈述中的作用、责任,进而确定其是否为直接负责的主管人员(直接责任人员)或其他直接责任人员。

行政处罚决定书中载明:康美药业董事长马某 1 及副董事长许某某除依据身份实施违法行为外,同时作为实际控制人存在指使信息披露违法行为,因此被界定为直接负责的主管人员。根据实控人的授意参与造假的董事、监事、高级管理人员有的被界定为直接负责的主管人员,有的被界定为其他直接责任人员。没有参与造假的董事、监事、高级管理人员则因虚假陈述被界定为其他直接责任人员。依据2005年《证券法》法律责任方面的相关规定，除实控人及控股股东外，对于虚假陈述个人行政责任的追究前提是被界定为直接负责的主管人员及其他直接责任人员。

民事判决书在赔偿责任部分的论述中指出：马某1、许某某作为康美药业董事长、总经理和实际控制人，组织安排相关人员将上市公司资金转移到其控制的关联方，且未在定期报告里披露相关情况；此外，马某1、许某某明知康美药业《2016年年度报告》《2017年年度报告》《2018年半年度报告》披露数据存在虚假，仍然作为董事签字并承诺保证相关文件真实、准确、完整。马某1、许某某的行为直接导致康美药业披露的定期报告存在虚假陈述，是应当对康美药业信息披露违法行为直接负责的人员。另外，其他参与造假并做虚假陈述的董事、监事、高级管理人员都被认定为直接负责的人员，承担全部债务的连带赔偿责任。未直接参与财务造假，但未勤勉尽责，存在较大过失的董事、监事、高级管理人员则被认定为其他直接责任人员。依据2014年《证券法》信息披露的相关规定，在虚假陈述中，发行人的控股股东、实际控制人、董事、监事、高级管理人员和其他直接责任人员应当与发行人承担连带赔偿责任，但是能够证明自己没有过错的除外。

目前，除刑法领域外，直接负责的主管人员及其他直接责任人员没有明确的界定，本案行政处罚及民事判决中的认定也存在一定差异，集中体现在参与了证券交易违法行为的人的身份认定。民事判决将虚假陈述方中所有参与交易违法行为的人，无论是决策者还是执行者都被界定为直接负责的主管人员，而行政处罚中参与交易违法行为的人有的被认定为直接负责的主管人员，有的只被认定为其他直接责任人员。

2019年2月20日，《最高人民法院、最高人民检察院、公安部、司法部、生态环境部关于办理环境污染刑事案件有关问题座谈会纪要》第1条第3款规定，单位犯罪中的“直接负责的主管人员”，一般是指对单位犯罪起决定、批准、组织、策划、指挥、授意、纵容等作用的主管人员，包括单位实际控制人、主要负责人或者授权的分管负责人、高级管理人员等。从该座谈会纪要看，直接负责的主管人员可以理解为是对公司证券违法行为起到决定性或支配性作用的人员，通常包括单位的法定代表人、主要负责人、实际控制人、高级管理人员等。因此，在虚假陈述中直接负责的主管人员及其他责任人员的认定有待于进一步明确。

三、上市公司虚假陈述董监高承担法律责任的抗辩事由

民事判决书中载明，除参与交易违法行为的董事、监事、高级管理人员外，其他董事、监事、高级管理人员在答辩意见中一致认为其自身没有过错。有的认为其对案涉违法行为不知情、未参与，不存在过错；有的认为其主观上不存在故意或过失从事信息披露违法行为的任何动机，客观上无介入涉案信息披露违法事宜的可能，已尽力避免案涉定期报告存在虚假记载或重大遗漏的情形，防止因信息披露不实导致康美药业股东及中小投资者的损失；还有的认为，自己对案涉虚假陈述行为不存在主观过错，也从未主动参与实施任何虚假陈述行为。独立董事们认为自己在履职期间认真审阅公司报告，依据个人专业独立形成并明确表达意见，虽然客观上未能识别和发现康美药业案涉年度报告中存在虚假，但已尽到勤勉尽责义务和对上市公司投资者权利合理关注的审慎注意义务，被中国证监会行政处罚并不等于具有证券虚假陈述民事侵权责任的过错。对康美药业各类违法行为事前、事后均不知情，更未从中获益。

如前所述，在上市公司虚假陈述中，董事、监事、高级管理人员唯一免责的事由是不存在过错，但是需要其自己证明不存在过错。也就是说，如果出现了信息披露的违法行为，无须投资者举证，可以推定其存在过错，依法追究其承担相应的民事责任。但如果其有充分证据证明其不存在故意或过失，已勤勉尽责，则可以免除赔偿责任。

虽然康美药业的大部分董监高都声称自己没有过错，并以不知情、没参与、专业限制等理由进行解释，但显然没有被法院采纳，被视为没有提供无过错的证据，只能承担相应的赔偿责任。

那么董监高如何证明在虚假陈述中没有过错？除证明其没有参与违法交易行为及造假外，在不知情的情况下，还要证明自己已勤勉尽责。

根据 2018 年《公司法》第 147 条第 1 款之规定："董事、监事、高级管理人员应当遵守法律、行政法规和公司章程，对公司负有忠实义务和勤勉义务。"《证券法》(2019 年修订)第 82 条规定："发行人的董事、高级管理人员应当对证券发行文件和定期报告签署书面确认意见。发行人的监事会应当对董事会编制的证券发行文件和定期报告进行审核并提出书面审核意见。监事应当签署书面确认意见。发行人的董事、监事和高级管理人员应当保证发行人及时、公平地披露信息，所披露的信

息真实、准确、完整。董事、监事和高级管理人员无法保证证券发行文件和定期报告内容的真实性、准确性、完整性或者有异议的,应当在书面确认意见中发表意见并陈述理由,发行人应当披露。发行人不予披露的,董事、监事和高级管理人员可以直接申请披露。”这一规定切断了董事、监事、高级管理人员以“不知情、有异议”等理由不积极履行职责而申辩、逃避处罚的情况。

为规避法律风险,越来越多的董事、监事、高级管理人员开始使用异议声明制度。但在监管实践中,出现许多在审议定期报告、财务报告中签字表示同意,又在信息披露后发表对披露信息无法保证真实性的情况,监管部门对该等情况均进行了否定。

2021 年 5 月 1 日实施的《上市公司信息披露管理办法》结合监管实践对异议声明制度做了更明确的要求,并制定了明确的罚则。根据《上市公司信息披露管理办法》第 58 条:“上市公司董事、监事在董事会或者监事会审议、审核定期报告时投赞成票,又在定期报告披露时表示无法保证定期报告内容的真实性、准确性、完整性或者有异议的,中国证监会可以对相关人员给予警告并处国务院规定限额以下罚款;情节严重的,可以对有关责任人员采取证券市场禁入的措施。”即董事、监事、高级管理人员保证信息披露内容真实性、准确性、完整性的责任并不因异议声明而当然免除。若存在异议,应当在董事会或者监事会审议、审核定期报告时投反对票或者弃权票。

勤勉尽责还意味着董事、监事、高级管理人员应对所参与的决策、信息披露等事项履行特别注意义务。《公司法》及《证券法》对董事、监事、高级管理人员的职责及信息披露方面的责权利都有明确规定,且是基于董监高在公司治理中的定位确定。因此,并没有考虑董监高的学历背景、专业技能、擅长领域等方面的差异对责任追究方面的影响。此外,就知情权而言,虽然独立董事与非独立董事有一定差异,显然非独立董事占优势,但并不能因此免除独立董事的责任。实践中,已要求董事会、监事会成员包括独立董事每年应有一定的时间参与公司调研,与相关人士充分沟通,并处理相关事宜。此外,董事会下设各种委员会也需要深度参与公司决策、审计、风险评估、规范治理等事宜,促使董事会成员深度了解公司,掌握相关信息。

综上,上市公司董事、监事、高级管理人员勤勉尽职的界定标准会直接影响其在上市公司虚假陈述中是否存在过错,进而影响是否要承担法律责任。

四、上市公司董监高信息披露风险意识

随着2019年修订版《证券法》的通过、股票发行注册制的实施、《刑法修正案(十一)》的实施、民事赔偿机制的健全完善,资本市场参与主体的风险不断在加大。身为董事、监事、高级管理人员,其法律责任风险会更加突出。康美药业行政处罚案中,连同独立董事在内的虚假陈述期间任职的所有董事、监事及高级管理人员都受到了行政处罚;民事赔偿案中,只有两名与投资者损失无关的高管没有被判令承担连带赔偿责任。合计24.6亿的民事赔偿,即便是5%的连带赔偿责任,也是董事、监事、高级管理人员个人及家庭不能承受之重。

上市公司董事、监事、高级管理人员在履行职责时需要更强的法律意识、责任意识及规范意识。需要加强独立性及提升自我保护能力,严格依法、依监管机构的要求履行相关职责,重视信息披露,促进上市公司的规范运行。同时,为了降低、减少风险,需要大力发展董事、监事、高级管理人员履职的责任保险,使风险相对可控。

首案显峥嵘

——评康美药业证券特别代表人诉讼一审判决*

陈秋秋**

2021年11月12日,随着广州市中级人民法院对康美药业证券虚假陈述责任纠纷案作出一审判决,我国资本市场和证券司法发展史上第一单特别代表人诉讼以投资者保护机构投服中心代表52,037名投资者原告胜诉而落槌。这是2019年《证券法》专设章节"投资者保护"中第95条第3款关于特别代表人诉讼制度的第一个司法实践案例,是2020年7月以来由最高人民法院司法解释《最高人民法院关

* 摘自投服中心微信公众号,2021年11月19日发布。原文链接:https://mp.weixin.qq.com/s/0PIK-5TWwwHdCPHJU7UGZQ。

** 华东政法大学商学院副教授。

于证券纠纷代表人诉讼若干问题的规定》、中国证监会指导性文件《关于做好投资者保护机构参加证券纠纷特别代表人诉讼相关工作的通知》以及中证中小投资者服务中心(以下简称投服中心)《中证中小投资者服务中心特别代表人诉讼业务规则(试行)》所构建的我国证券纠纷集体诉讼制度运作框架与实施功效的第一次全面检验,也是多方扎实推进2021年7月中共中央办公厅、国务院办公厅《关于依法从严打击证券违法活动的意见》所强调的“健全民事赔偿制度”“抓紧推进证券纠纷代表人诉讼制度实施”“依法严厉查处大案要案”“全面提升证券违法大案要案查处质量和效率”的一项强有力举措。

在本案中,作为践行投资者保护理念的公益性专业机构,投服中心及时回应了市场关切,依法接受投资者委托,作为特别代表人积极参加并审慎履行代表人诉讼职责,为广泛投资者原告争取了最大权益。投保机构作为代表人参与诉讼,相较以投资者为代表人的普通代表人诉讼,创造性地引入受损投资者明示退出、默示加入的机制,最大限度上扩大了投资者保护范围并便利其及时知情与适时参与,由此更好地发挥了对违法行为的惩戒与震慑效应。这既是我国资本市场投资者保护制度的中国特色,更凸显了具有创新意义的证券民事赔偿的制度优势。

投服中心在这项全新的公益维权诉讼中全程践行了依法参加诉讼、专业履行职责并最大化投资者原告合法利益的制度理念。其作为特别代表人参加诉讼以投资者原告发起普通代表人诉讼为必要前提之一,以接受法定人数的投资者原告委托为必要前提之二,以最高人民法院指定管辖、适用特别代表人诉讼程序审理为必要前提之三;通过投保机构在人员、技术领域的专业性充分发挥其参加诉讼履行职责的机制优势,包括经证券登记结算机构确认后快速地为广泛权利人代行诉权,利用信息平台与网络公告等机制及时、全面地周知诉讼相关进程和提示投资人权利行使,根据诉讼进程及时申请财产保全方案而主张免除保全申请所需的财物担保,预判集体诉讼判决后的执行推进。

康美案一审判决所涉责任主体范围之广和民事赔偿金额之高均前所未有,凸显出证券特别代表人诉讼在实现投资者保护和违法者惩戒领域巨大的制度保障功能和市场威慑效应。与上市公司虚假陈述赔偿责任承担100%连带赔偿责任的相关主体中,包括公司高管兼实际控制人两人(其中一人为主管会计工作的负责人),负责公司信息披露和财务编报工作的高管四人,以及为公司在案涉期间的年报、半年报提供审计服务的会计师事务所及其签字合伙人一人。其中,对两名高级管理人员兼实控人的重罚体现了集体诉讼“惩首恶”的重要制度目标,对另四名分别负责信息披露与财务并直接导致公司定期报告虚假陈述的高管裁决全额连带责任,则突显了监管与司法所反复强调的对财务造假“零容忍”和大幅加重财务造假打击力度的鲜明立场。对于审计机构,法院审理认为,案涉会计师事务所严重违反了独立性要求和职业道德守则,未实施基本必要的审计程序,导致上市公司严重财务造假未被审计发现,影响极其恶劣,裁定事务所与上市公司承担连带赔偿责任,在审计执业中存在重大过失的签字合伙人则依据《合伙企业法》及高院相关司法解释对事务所承责范围内承担连带赔偿责任。

上述各主体全额连带赔偿责任的裁决,与2019年《证券法》尤其注册制以信息披露为核心、践行“真实、准确、完整、及时、公平”披露原则一脉相承,与《公司法》《会计法》建立健全规范的会计基础工作及内部牵制制度的一贯主张一脉相承,也与当前证券监管与司法领域要求证券服务机构归位尽责、恪尽职守的治理理念一脉相承。从规范财务审计秩序的视角,正如《国务院办公厅关于进一步规范财务审计秩序　促进注册会计师行业健康发展的意见》所明确,注册会计师行业在维护资本市场和社会公共利益、提升会计信息质量和经济效率方面发挥重要作用,对存在的会计师事务所“看门人”职责履行不到位、串通舞弊、丧失独立性等违反职业规范和道德规范的重大问题,严肃查处和坚决纠正,坚决“零容忍”并全行业警示。

我国证券市场首单特别代表人诉讼顺利施行并一审胜诉,传递了惩恶扬善、扶优限劣的治理导向,充分发挥了投服中心等投保机构的专业作用,凸显其维权诉讼的公益色彩,弥补了长期以来证券民事赔偿救济乏力的基础制度“短板”。证券纠纷特别代表人诉讼制度的成功实践及未来的常态化,为注册制改革逐步全面推行进程中,前端准入放宽的制度设计与后端监管执法效率及质量提升有益匹配,相得益彰,不仅助力短期内“依法从严打击证券违法活动的执法司法体制和协调配合机制初步建立”,更对促进我国资本市场深化改革和健康发展、切实维护投资者合法权益具有里程碑式意义。

康美药业特别代表人诉讼案对完善我国独立董事制度的启示*

朱振武**

2021年11月12日,广州市中级人民法院作出康美药业特别代表人诉讼一审判决,52,037名投资者共判赔约24.59亿元,中证中小投资者服务中心代表原告方胜诉,其中兼职独立董事江某某、李某2、张某1承担10%连带赔偿责任(约2.46亿元),兼职独立董事郭某某、张某2承担5%连带赔偿责任(约1.23亿元)。可以看出,本次一审判决继续遵循了适度性标准,一方面,认定相关独立董事未勤勉尽责,存在较大过失,属于康美药业信息披露违法行为的其他直接责任人员,应当承担与其过错程度相适应的民事赔偿责任;另一方面,充分考量了相关责任人员作为兼职的独立董事不参与康美药业日常经营管理的因素,在连带责任的承担比例上与其他具体负责日常经营管理的高管进行了区分。康美药业案是中国证券市场里程碑式案件,独立董事被判承担连带赔偿责任数额也创下了历史之最,社会反响强烈,再次引发了对完善中国的独立董事制度的思考与讨论。

独立董事因治理结构而生,为制衡权利而来。中国的独立董事制度设立的初衷更多是为了维护股东特别是中小股东的利益,但是自该制度诞生以来,独立董事未能发挥职能反而沦为公司治理花瓶的相关案例不胜枚举。尤其在康美药业案件中,财务作假持续时间之长,涉及会计科目众多,金额巨大的情况下,独立董事完全没有发现端倪!纵观全案,启示颇多,篇幅所限,略聊一二。

启示一:建议进一步完善独立董事立法工作

《公司法》《证券法》《上市公司治理准则》等证券法律、法规、规章及行业自律

* 摘自投服中心微信公众号,2021年11月19日发布。原文链接:https://mp.weixin.qq.com/s/GgSDGcdYyUsO78vrobIGcg。

** 北京市天元律师事务所合伙人、律师。

规范共同构成我国目前独立董事的法律制度规范。2005 年《公司法》第 123 条明确规定“上市公司设独立董事，具体办法由国务院规定”，中国的公司制度正式引入独立董事监督机制。2018 年《公司法》第 122 条作了相同规定。遗憾的是，国务院关于独立董事专门立法至今未出台。现行公司法、证券法等虽然对公司董事的勤勉义务进行了规定，但均为原则性规定，一些规范性文件中虽然有部分细化标准，但法律效力层级不够。康美药业案一审采取了参考专职董事责任适度追究兼职独立董事责任的原则进行判决，也反映出独立董事专门立法方面的缺失。笔者认为，独立董事立法工作应该积极推进，以确定独立董事履职和管理的法定标准，完善独立董事责任追究机制。

启示二：建议进行制度改革以提高独立董事的独立性和专业性

康美案件充分体现出独立董事制度在我国施行中存在的两大现实痼疾：独立性不够、专业性不强。

我国独立董事提名制度设计就存在先天缺陷。我国上市公司独立董事相当比例的任职是基于人情推荐产生，任职后虽然形式上保持独立性，但形似而神不似，很多大股东希望独董扮演“自己人”“花瓶”角色，无条件支持自己。另外，独立董事的津贴决定权也是掌握在大股东或实际控制人手中，起不到代表中小股东监督上市公司、大股东和管理层的作用，影响了独立董事作用的发挥。

独立董事在专业性方面的缺陷更加显见。我国多数独立董事为专家、学者，职业多为教授、律师、会计师等，这些人虽具有较高的行业、财务、法律理论水平，但对公司实际经营严重不熟悉，更无企业管理实践经验，只擅长“纸上谈兵”，在复杂的财务作假面前只能“吃亏上当受骗”。

笔者认为，中证中小投资者保护中心作为中小投资者的权益保护机构，可以在独立董事的产生程序、经济利益上面发挥更多的作用，确保独立董事人格、经济利益、产生程序、行权等方面独立，不受大股东和公司管理层的限制。放开学历、职称等方面的任职要求，吸纳具有实践经验的人士担任独立董事。

启示三:建议推行独立董事的职业责任强制保险制度

资料显示,康美药业 5 位独立董事中有四位是大学教授,一位会计师事务所副主任,领取的 2016 年、2017 年、2018 年津贴为 7 万 ~ 10.08 万元,且大部分年度是 7 万元。这与一审判决所需承担连带赔偿责任额 1.23 亿元、2.46 亿元相比,津贴与赔偿责任极不匹配,凸显了独立董事极大的职业风险,引发社会高度关注。虽警示作用明显,但也造成独立董事界人心惶惶,甚至有人提出将来是否还有人愿意担任独立董事的质疑。

《关于在上市公司建立独立董事制度的指导意见》明确规定,“上市公司可以建立必要的独立董事责任保险制度,以降低独立董事正常履行职责可能引致的风险”,但是此项规定并不是一项强制性的规定,我国并无对独立董事的责任搭配相应的强制保险制度。因此,为给予独立董事安全感,使他们能够坚定的履行独立董事职责,保持充分独立性,我们需要逐步完善独立董事责任保险制度。由公司单独或和独立董事共同出资购买责任险,对被保险独立董事在履行职务过程中因过失行为而被追究个人责任时,由保险公司负责赔偿该独立董事应当承担的民事赔偿责任。笔者建议,独立董事责任保险费用应由上市公司和独董本人共同分担,并由上市公司承担主要部分为宜。这样,一方面可以促进独立董事积极履责,另一方面可以增强其责任感,实现权利与义务的对等。

第五部分　专 题 研 究

为积极落实新《证券法》赋予的职责，投服中心凝聚各方智慧，于2021年4月发布第5期课题研究申报公告，深入研究投资者保护领域的热点、难点问题。经评选，《上市公司破产清偿中的投资者保护问题研究》承接方为清华大学法学院汤欣课题组，《代表人诉讼实践若干问题研究》承接方为华东政法大学肖宇课题组。①

一、《上市公司破产清偿中的投资者保护问题研究》课题摘要

2019年《证券法》第95条第3款下的特别代表人诉讼一旦启动，被告上市公司将可能因高昂的索赔额和其他债务而陷入"资不抵债"的破产状态，从而被法院裁定进入破产重整程序，进而导致特别代表人诉讼程序与破产重整程序的平行交织。破产程序开始以后，原先在特别代表人诉讼中的原告投资者转化为上市公司破产重整程序中待决债权的债权人，国家设立的投资者保护机构如中证中小投资者服务中心（以下简称投服中心）如何在重整程序中对其利益提供持续性保护，成为亟待解决的实践问题。报告着眼于破产重整程序与特别代表人诉讼的交织，以投服中心为视角、以破产重整程序为主轴，区分破产重整程序开始前、进程中及终止后的三个阶段，聚焦于实践中凸显的十个关键要点进行专题研究。

二、《特别代表人诉讼实践若干问题研究》课题摘要

证券纠纷特别代表人诉讼制度是《证券法》修订的重要亮点之一，是保护投资者合法权益的重要措施。最高人民法院司法解释、中国证监会相关规定和投服中心业务规则等文件的出台，为制度的构建和实施提供了具体路径。康美药业案作为制度落地的重要里程碑，为制度的实践与应用带来了丰富经验。但这一新的诉

① 课题成果发表于《投资者》第18辑，供各界参考。

讼模式在理论与实践中仍存在诸多问题有待解决。为推动证券纠纷特别代表人诉讼制度的完善和落地,着力营造良好的证券市场生态环境,本文在结合我国司法实践与理论研究成果的基础上,为该制度的构建与完善提供如下建议。

第一,应细化特别代表人诉讼案件的选取标准,着重考虑案件是否具有重大性和典型性的特征,兼顾案件胜诉概率与被告偿付能力;第二,通过设置合理的选取标准确定“五十人”的比例与结构,建立有效的激励机制从而鼓励投资者积极参与诉讼;第三,投保机构参与调解时应主动或通过法院充分了解投资者意愿,同时衡量调解适用的合理性以兼顾审理效率;第四,可以采用公告方式通知当事人;第五,应在上诉阶段给予投资者选择退出的权利;第六,应探索合理的损失赔偿计算方法,同时建立健全法院、证券登记结算机构、券商与投资者之间赔偿金分配的衔接机制;第七,特别代表人诉讼中的律师激励不应被轻视,可以考虑通过从投资者赔偿金中抽取部分金额建立专项律师补贴基金、制定合理的浮动补助标准的方式构建律师激励机制;第八,在公司对外承担赔偿责任后怠于向相关责任主体追偿时,投保机构可以提起股东代位诉讼,以充分保护公司和投资者的合法权利。此外,当特别代表人诉讼与破产程序存在交叉时,一方面,应明确投资者在破产程序中需参与的环节,注重发挥投保机构在交叉程序中应对代理人身份转变、获赔金额确定、调解或和解的程序选择以及其他主体责任追究等方面的作用,同时应完善法院和管理人的相关职能;另一方面,在破产重整阶段,应通过程序性设计尽最大可能保障投资者利益。

第六部分　案例研讨

投服中心郭文英：构建良好的投资者保护生态最终形成五位一体“大投保”格局*

央广网2022年3月16日报道　记者：岳玥

近日，在中国上市公司协会和央广网联合打造的全新融媒体栏目、《中上协会客厅》做客时，中证中小投资者服务中心（以下简称投服中心）党委书记、董事长郭文英表示，对于投资者保护，监管、市场主体、媒体、投资者自身等各个方面，都要切实履行自己的职责，形成一个人人保护投资者的市场氛围和环境，构建良好的投资者保护生态，最终形成法律保护、监管保护、市场保护、自律保护和自我保护五位一体的大格局。

郭文英认为，一个成熟的资本市场，必须是投资者合法权益得到有效保护的市场，中国特色的资本市场，也要走中国特色的投资者保护之路。

投服中心承担三大功能

2019年修订的《证券法》，增设了“投资者保护”专章。首次明确了投资者保护机构法律地位，创设投资者适当性管理、证券代表人诉讼、强制调解、先行赔付、股东权利代为征集等一系列新的法律规则，为投资者提供更完善的保护机制和更便捷的维权途径，为资本市场长期稳定健康发展奠定坚实法制基础。

“《证券法》专章对投资者合法权益保护作出法律规定，为广大中小投资者提供了更好的法律保障，奠定了投资者保护的法律基础制度。”郭文英介绍，投服中心作为投资者保护专门机构，主要承担持股行权、纠纷调解和维权诉讼功能。

郭文英表示，在持股行权方面，投服中心通过持有上市公司股票，做最小的、最积极的股东，从市场的角度、用法律的手段，引领示范中小投资者依法积极行权。

---

* 原文链接：http://www.cnr.cn/ziben/yw/20220316/t20220316_525766932.shtml。

据介绍,投服中心持有沪深北上市公司股票,代表中小投资者示范行使股东权利。截至2021年年底,投服中心共计持有4634家上市公司股票,累计行使包括表决权、诉讼权、临时股东大会召集权在内的股东权利3990次。

利欧股份以高估值收购微信公众号被迫取消一事,是投服中心积极行权的典型案例。

2018年9月,“利欧股份拟以23.4亿元收购微信公众号苏州梦嘉”消息传来,引发市场广泛关注和质疑。投服中心对“脱实向虚”的跨界并购引发的经营不确定性深感忧虑,对并购标的资产估值合理性、持续盈利能力提出怀疑,公开呼吁中小股东积极行权,最终促使上市公司取消该次收购,利欧股份广大中小股东的利益得到了保护。

而在纠纷调解方面,投服中心坚持和发展资本市场特色“枫桥经验”,扎实推进“申请便捷、程序简化、专业权威、效力保证”的证券期货纠纷化解工作。2020年1月,为更好落实纠纷多元化解机制要求,成立了专司资本市场纠纷调解的子公司。

相关数据显示,截至2021年年底,投服中心共受理纠纷14,438件,成功10,193件,投资者获赔金额29.32亿元。接受22家法院44起案件损失测算委托,完成测算2.92万人次,测算损失金额42.12亿元。

纠纷调解方面,投服中心成功调解天图投资、硅谷天堂、陆基金等多起人数众多、金额较大、难度较高、影响较广的涉众型纠纷。5个案例入选2018年最高人民法院、中国证监会联合发布的证券期货纠纷多元化解十大典型案例。

在维权诉讼方面,截至2021年年底,投服中心提起支持诉讼46件,支持诉讼总金额约1.22亿元,投资者获赔5989万元。提起股东直接诉讼1件“海利生物案”;提起股东代位诉讼1件“大智慧案”;申请发起特别代表人诉讼1件“康美药业案”。

2021年11月12日,投服中心代表52,037名投资者判决获赔24.59亿元,全国首单特别代表人诉讼康美药业案胜诉,推动中国特色重要基础性制度创新成功落地,“追首恶”效应初步彰显,这是资本市场法治史上的一大标志性事件。

“特别代表人诉讼制度的实施,对净化资本市场生态、打击资本市场违法违规起到了极大的震慑作用。”郭文英如是总结。

多方共建“大投保”格局

“中国有2亿多的投资者，背后涉及千千万万个家庭，保护好这些投资者，就是保护了广大的人民群众的根本利益。”郭文英表示，一个成熟的资本市场，必须是投资者合法权益得到有效保护的市场，中国特色的资本市场，也要走中国特色的投资者保护之路。

郭文英指出，投资者保护工作涉及面广，离不开系统内外、社会各方的共同努力和协调配合。只有各方凝心聚力，加强协作，才能共同营造成熟理性、健康有序的资本市场环境。

鉴于此，郭文英认为，首先必须坚持党的领导，践行资本市场监管的人民性，坚持从讲政治的高度谋划投保工作，把保护投资者合法权益作为工作的出发点和落脚点，把《证券法》赋予投服中心的相关投资者保护职责落到实处。

第二要坚持“大投保”的理念，坚持构建“大投保”格局。

郭文英解释，监管、市场主体、媒体、投资者等各个方面，都要履行自己的职责，形成一个人人保护投资者的市场氛围和市场环境，构建良好的投资者保护生态，最终形成法律保护、监管保护、市场保护、自律保护和自我保护的大格局。

“投服中心是大格局中的一个专门性的投资者保护机构。我们的职责是做好行权、调解、维权和投资者权益知识教育方面的工作，为‘大投保’格局贡献自己的力量。”郭文英表示。

同时，必须坚持“零容忍”“追首恶”，通过特别代表人诉讼，贯彻“追首恶”原则，提高对证券违法犯罪行为的震慑力，彰显对证券违法犯罪行为“零容忍”决心，积极促进资本市场良好生态建设。

郭文英强调，对于侵害投资者合法权益的行为，要形成“零容忍”氛围，让违法者赔得倾家荡产，让他牢底坐穿，形成一种震慑，让坏人不敢做坏事。

而且，必须坚持深入开展投资者教育，持续普及投资者权益知识、提高投资者金融素养，帮助投资者树立“长期投资、价值投资、理性投资”理念，引导投资者“全面知权、积极行权、依法维权”。

投资者保护法律追责体系尚不完善

“投资者保护工作是一项庞大、复杂的系统工程。近年来,党中央国务院和证监会做了大量的工作,应该说投资保护已经进入了良好的发展轨道。”郭文英表示,发展过程中,不可避免地存在一些困难。

发展中的难题表现在如下几个方面。

其一,中小投资者关注股价而不太关注自身权利,关注收益而不积极行使股东权利,参与公司治理、行使股东权利的积极性、主动性还有待提升。

其二,除虚假陈述外,内幕交易、操纵市场等违法行为法律责任追究体系还不够完善,案例实践还不够丰富,有待进一步推动各方达成共识,尽早出台投资者保护专门条例。

“关于投资者保护法律制度的供给尚不充分,《证券法》虽然对投资者保护有了相应的规定,但具体怎么实施、怎么落实,还是要在实践中落到实处,落到具体的规则条文上。”郭文英表示,资本市场的违法行为当中,关于虚假陈述方面的案例比较多,也有新的司法解释出台,但是关于内幕交易和操纵市场的两类侵犯投资者合法权益的行为,还没有相应的司法解释,需要通过实际案例实践来推动相关的立法工作。

其三,投资者自我保护的能力不强,投资者教育还需要持续深化。

投资者保护是系统工程

投资者保护工作是一项系统工程,需要各方密切配合、共同发力、久久为功。进一步优化包括法律保护、监管保护、自律保护、市场保护、自我保护等“五位一体”的大投保格局,是建设一个“规范、透明、开放、有活力、有韧性的资本市场”的必然要求,更是提升投资者保护有效性的重要举措。

郭文英指出,第一,要构建一个全过程、全方位、全覆盖的投资者保护体系,要有一个大的投资者保护格局,形成打击违法违规、保护投资者合法权益的良好生态。这是大的前提。

第二,推动上市公司的规范经营和持续发展。高质量的上市公司是投资者保护的源头活水。上市公司作为我国企业的优秀代表,是国民经济的中坚力量,没有好的上市公司,就不可能有好的资本市场。提升上市公司质量是切实保护投资者权益的根本路径。上市公司要恪守合规底线,规范公司治理,提高信息披露质量,强化投资者关系管理,在实现自身高质量发展的同时,坚持尊重投资者、敬畏投资者、回报投资者,让投资者分享发展成果。

"投资者投资好的上市公司,就会和上市公司共成长。所以说好的上市公司,是对投资者最好的保护,所以我们现在重点在做提高上市公司质量的工作。"郭文英表示。

第三,中介机构要进一步归位尽责,充分发挥资本市场"看门人"作用。市场机构要加强内控管理,完善业务执业标准和激励约束机制,把好"入门关",净化市场生态。

第四,投资者要进一步提升自我保护意识和自我保护能力。在投服中心开展的持股行权、维权诉讼、纠纷调解等业务实践中,部分投资者在相关法律规范、股东权利义务、金融投资素养知识等方面储备不足,缺乏风险识别能力,从而只能被动地选择随波逐流、追涨杀跌。要深入持续地开展投资者教育工作,帮助投资者提升阅读使用上市公司信息披露文件的能力,树立理性投资、价值投资、长期投资理念。

郭文英强调,加强投资者保护,是注册制改革的基础。下一步,投服中心要结合注册制下投资者保护的新形势、新要求,不断丰富投教内容和形式,增强投资者股东权利意识,坚持发挥持股行权示范引领作用,推动投保机构代表人诉讼常态化开展,完善证券期货纠纷多元化解机制,切实维护中小投资者合法权益。

投服中心董事长郭文英《中上协会客厅》采访

问:2019 年修订的《证券法》在关于投资者保护机构保护投资者合法权益的规定,主要体现在三个方面,即投资者保护机构持股行权的制度、纠纷调解制度和集体诉讼制度。作为投资者保护机构,在上述三个方面,中证中小投资者服务中心(以下简称投服中心)在实际工作中落实情况是怎样的?

答:在持股行权制度落实方面,投服中心全面持有沪深北市场股票,代表中小投资者示范行使股东权利。截至2021年年底,投服中心共计持有4634家上市公司股票,累计行使包括表决权、诉讼权、临时股东大会召集权在内的股东权利3990次。在纠纷调解制度落实方面,投服中心扎实推进"申请便捷、程序简化、专业权威、效力保证"的证券期货纠纷化解工作。截至2021年年底,投服中心共登记纠纷20,797件,受理14,438件,成功10,193件,投资者获赔金额29.32亿元。接受22家法院44起案件损失测算委托,完成测算2.92万人次,测算损失金额42.12亿元。在维权诉讼制度落实方面,2019年《证券法》涉及投服中心的诉讼角色包含特别代表人诉讼、证券支持诉讼和股东诉讼三类。截至2021年年底,投服中心申请发起特别代表人诉讼1件,提起支持诉讼46件,提起股东直接诉讼1件,提起股东代位诉讼1件。

问:有哪些突出的成功案例?

答:持股行权方面,2021年6月投服中心提起首单股东权利公开征集案例,对中国宝安修改公司章程事项征集股东投票权,议案获表决通过,该案激发中小股东权利意识,推动上市公司规范公司治理。纠纷调解方面,投服中心成功调解天图投资、硅谷天堂、陆基金等多起人数众多、金额较大、难度较高、影响较广的涉众型纠纷。5个案例入选2018年最高人民法院、中国证监会联合发布的证券期货纠纷多元化解十大典型案例。维权诉讼方面,2021年11月12日,全国首单特别代表人诉讼康美药业案胜诉,投服中心代表52,037名投资者判决获赔24.59亿元,中国特色重要基础性制度创新成功落地,这是资本市场法治史上的一大标志性事件。康美药业案入选"新时代推动法治进程2021年度十大案件""2021年度人民法院十大案件"等。2018年提起、2021年胜诉的全国首单操纵市场民事赔偿支持诉讼恒康医疗案,该案是全国操纵市场民事赔偿案件中第一单投资者胜诉的案件。贯彻落实2019年《证券法》股东代位诉讼制度,2021年提起全国首单投保机构股东代位诉讼大智慧案。

问:总结出了哪些经验?

答:持股行权方面,投服中心倡导"积极股东主义",代表广大中小投资者针对上市公司资产重组、公司治理缺位、违规担保、资金占用等开展日常行权;针对公司章程不完善、通过"技术手段"规避现金分红义务、董事长辞职长期未改选、重组承诺不履行、重组承诺期满后业绩断层等事项开展专项行权,示范行使股东权利。纠纷调解方面，投服中心逐步建成了地域范围、来源渠道、纠纷类型全面覆盖的纠纷调解网络；推进诉调对接机制实践，推动“示范判决＋损失核定＋纠纷调解”机制落地；创新、推广小额速调机制，稳步开展纠纷在线调解，完成“总对总”证券期货纠纷在线调解平台建设并投入使用。维权诉讼方面，发挥公益性、彰显公开性、践行人民性，坚持市场化法治化原则，推动投保机构代表人诉讼常态化开展；诉讼中始终坚持“追首恶”理念，提高大股东、实际控制人等个人责任人的违法成本，让真正作恶的人付出代价，避免误伤上市公司现有股东，“追首恶”理念已被最高人民法院《关于审理证券市场虚假陈述侵权民事赔偿案件的若干规定》采纳。

问：遭遇到哪些困扰？还有哪些困难？

答：持股行权方面，日常行权线索收集分析渠道不够完善，不利于拓展分析的思路，影响分析质量。长期以来，中小投资者较少积极主动地参与公司治理，不注重行使股东权利，投资者权利意识有待进一步提升；纠纷调解方面，纠纷调解能力建设还不能完全满足投资者纠纷化解需要，示范引领作用发挥还不够充分，宣传推广工作还有待进一步加强；维权诉讼方面，有待在审判机关和监管机构的指导配合下，合作研究探讨内幕交易、操纵市场等违法行为民事责任承担，丰富个案实践，推动各方达成法律共识，最终推动内幕交易、操纵市场民事责任相关司法解释的出台。

康美药业赔偿开始执行，投资人陆续收到赔款*

看看新闻 2021 年 12 月 24 日报道　记者：马婕、陆骏

本周，康美药业特别代表人诉讼开始执行，超过 52,000 名投资者将以现金、债转股等方式共获偿 24.59 亿元。从周一开始，投资者已经陆续收到赔偿款到账。在不到 8 个月的时间里，被称作中国版证券集体诉讼的国内首单特别代表人诉讼成功结案，低成本造假的时代成为历史。该案民事判决书承载了 52,037 位个人和机构

* 原文链接：https://www.kankanews.com/a/2021-12-24/0039988049.shtml?searchType=search。

投资者的希望。股民刘女士就是其中的一位。2017 年起,她一路购买康美药业股票,持有成本维持在 20 元以上。直到 2019 年,康美药业 300 亿财务造假浮出水面,她不得不认栽,以 3.15 元的地板价清仓,投资损失 18 万元。

2021 年 4 月,康美药业案诉讼进入程序,刘女士作为符合条件的投资人被纳入原告。8 个月后,她收到了赔款 18 万元的损失,剔除大盘涨跌带来的影响因素,共认定损失近 7 万元。康美药业投资人刘女士说:"肯定是天上掉馅饼的感觉,因为有很多这种造假诉讼的案例,即便你告赢了,后面你能拿到钱也是长路漫漫。"和刘女士一样,很多受害者,都在本周陆陆续续收到了赔款。据测算,此次全部投资者将获赔现金超过 9.7 亿元,股票 1.41 亿股,以及信托收益权份额超 7000 万份。

康美药业案的判决和执行,正式宣告了虚假陈述、欺诈发行违法成本过低的时代一去不复返。中证中小投资者服务中心副总经理刘磊表示,康美药业取得了较好的法律效果和社会效果,是落实 2019 年《证券法》的开创性举措,是我国资本市场历史上具有划时代意义的里程碑事件。在康美药业案告一段落后,中证中小投资者服务中心已经着手在上海开展一项新的试点。刘磊说:"我们在上海已经试点开展股东代位诉讼,就是我们替上市公司向违法的大股东、实控人、董监高去追偿,把最后的钱归入上市公司,依法维护上市公司和投资者的合法权益。"

中国上市公司协会:引导独立董事切实履行诚信勤勉义务*

《中国证券报》· 中证网 2021 年 12 月 23 日报道　记者:昝秀丽

中国上市公司协会 12 月 23 日消息,协会 2021 年 12 月 17 日组织召开"上市公司独立董事法律责任及风险防范"主题沙龙。协会表示,下一步将严格贯彻落实《国务院关于进一步提高上市公司质量的意见》相关要求,充分发挥自律管理作用,开展培训、交流研讨、调查研究等工作,引导独立董事切实履行诚信勤勉义务,推动

* 原文链接:https://www.cs.com.cn/xwzx/hg/202112/t20211223_6230074.html。

形成各方归位尽责、市场约束有效的制度环境和良好生态。

广东证监局公司检查处副处长区咏莹介绍了监管新形势以及 2019 年《证券法》实施以来相关行政处罚案件。中证中小投资者服务中心副总经理刘磊对首单特别代表人诉讼康美药业证券纠纷案相关背景、具体裁判依据和内容进行了详细讲解。安永大中华区审计服务主管合伙人王鹏程分享了独立董事履职范围、风险、原则和要点,独立董事与审计机构、公司高管的有效沟通以及独立调查等内容,并对独立董事如何有效履职及财务、内控审核问题提出了建议。方达律师事务所合伙人傅钟琦结合实践案例,围绕独立董事的法定义务、不履职或履职不当的法律责任和如何有效控制履职风险进行了分析解读。

协会表示,一直高度重视独立董事履职相关工作,先后开展了一系列工作引导独立董事充分履职,切实维护上市公司及中小投资者利益,如发布《上市公司独立董事履职指引》,在康美药业案之后及时召开闭门研讨会,推进独立董事人才信息库开发建设等。

共有 2600 余名来自近 1000 家上市公司的独立董事、董事和其他高管通过视频方式参加会议。来自广东证监局、中证中小投资者服务中心、安永会计师事务所和方达律师事务所的专家就独立董事相关行政处罚和司法实践案例、法律责任、履职风险等进行分享,中国上市公司协会党委委员、副会长孙念瑞出席会议并致辞。

切实履行投保机构法定职能，助力完善上市公司规范治理

——投服中心刘磊副总经理在中国上市公司协会“上市公司独立董事法律责任及风险防范”主题沙龙上的讲话

尊敬的各位嘉宾:

大家好!

非常高兴参加中上协“上市公司独立董事法律责任及风险防范”主题沙龙。今天围绕投服中心开展诉讼业务的工作情况,和与会各方交流投保机构如何切实履行法定职能,助力完善上市公司规范治理,并提出思考建议。

一、2019 年《证券法》赋予了投保机构独特的诉讼职能

(一)基本情况

中证中小投资者服务中心(以下简称投服中心)是中国证监会批准设立的公益机构,于 2014 年 12 月 5 日在上海注册成立,为公司制法人单位,注册资本 30 亿元人民币。股东单位为上海证券交易所、深圳证券交易所、上海期货交易所、中国金融期货交易所和中国证券登记结算有限责任公司。

2019 年《证券法》第 90 条明确了投保机构的含义,即依照法律、行政法规以及国务院证券监督管理机构的规定设立的投资者保护机构。

(二)2019 年《证券法》涉及投服中心的诉讼角色

2019 年《证券法》增设了投资者保护专章,赋予投保机构参加特别代表人诉讼和提起证券支持诉讼职能,取消了投保机构提起股东代位诉讼持股比例和期限的限制。法律制度的生命力在于实施,投服中心切实履职,相关制度均已从法条走向现实。

1. 特别代表人诉讼

2019 年《证券法》第 95 条规定:"投资者提起虚假陈述等证券民事赔偿诉讼时,诉讼标的是同一种类,且当事人一方人数众多的,可以依法推选代表人进行诉讼。

对按照前款规定提起的诉讼,可能存在有相同诉讼请求的其他众多投资者的,人民法院可以发出公告,说明该诉讼请求的案件情况,通知投资者在一定期间向人民法院登记。人民法院作出的判决、裁定,对参加登记的投资者发生效力。

投资者保护机构受 50 名以上投资者委托,可以作为代表人参加诉讼,并为经证券登记结算机构确认的权利人依照前款规定向人民法院登记,但投资者明确表示不愿意参加该诉讼的除外。"

该规定的突出特点体现为:一是建立了"默示加入、明示退出"的诉讼机制,在投保机构为经证券登记结算机构确认的权利人向法院登记时,投资者明确表示不愿意参加该诉讼的除外,未明确表示退出诉讼的投资者受该代表人诉讼约束;二是充分发挥投保机构作用,突破了学理上关于"代表人必须同时是案件当事人"的传统认识,允许其接受 50 名以上投资者的委托作为代表人参加诉讼,确定了投保机构可以基于当事人委托而成为代表人的法律地位。

2021 年 11 月 12 日,投服中心收到广州市中级人民法院康美药业特别代表人

诉讼一审胜诉判决，52，037 名投资者共判赔约 24.59 亿元，标志着以投资者“默示加入、明示退出”为特色的中国特色集体诉讼司法实践成功落地。目前，原告代表人投服中心、原告投资者、康美药业公司及其他被告均对一审判决不予上诉，判决已生效。11 月 26 日晚，康美药业发布了《关于法院裁定批准公司重整计划的公告》，公司进入重整计划执行阶段。

2. 证券支持诉讼

《民事诉讼法》(2021 年修正)第 15 条规定：机关、社会团体、企事业单位对损害国家、集体或者个人民事权益的行为，可以支持受损害的单位或者个人向人民法院起诉。

2019 年《证券法》第 94 条第 2 款规定，投资者保护机构对损害投资者利益的行为，可以依法支持投资者向人民法院提起诉讼。

证券支持诉讼是指投服中心选择特定案件(一般都是涉及中小投资者众多、矛盾比较突出、社会影响较大的典型证券侵权纠纷)，接受中小投资者的申请、委托，由投服中心作为支持机构，委派诉讼代理人，支持权益受损的中小投资者依法诉讼维权。

2019 年《证券法》第 94 条第 2 款规定了证券支持诉讼。目前，投服中心已提起支持诉讼 46 件，诉求金额约 1.22 亿元。投服中心正推进支持诉讼转型，探索建立证券公益确权诉讼机制。

3. 股东代位诉讼

2019 年《证券法》第 94 条第 3 款规定：“发行人的董事、监事、高级管理人员执行公司职务时违反法律、行政法规或者公司章程的规定给公司造成损失，投资者保护机构持有该公司股份的，可以为公司的利益以自己的名义向人民法院提起诉讼，持股比例和持股期限不受《中华人民共和国公司法》规定的限制。”

2019 年《证券法》第 94 条第 3 款规定了投保机构行使股东权利启动股东代位诉讼时，不受《公司法》有关持股比例和持股期限的限制，有助于投保机构发起股东代位诉讼，规范公司治理。此前，《公司法》第 151 条规定发起股东代位诉讼的主体应是连续 180 天以上单独或者合计持有公司 1% 以上股份的股东。

投服中心正推进“大智慧”个案实践，以股东代位诉讼形式，代上市公司向其他违法主体追索上市公司因虚假陈述赔偿投资者的款项，以贯彻落实“追首恶”理念。

（三）特别代表人诉讼制度背景与意义

1. 落实国务院金融委关于对资本市场违法行为零容忍的精神，加大惩治力度，助力提高上市公司质量。

资本市场中绝大多数的经营主体遵纪守法，力图改善经营情况，有效回报股东。2019 年《证券法》确立了证券发行注册制改革，在放松准入门槛以便利企业融资的同时，需要一系列配套制度来加大对极个别市场违规行为的惩戒和对广大投资者的保护。民事责任制度不仅具有赔偿投资者损失的功能，还具有震慑违法犯罪的作用，而集体诉讼制度不仅能够为权利受损的投资者提供便利的维权渠道，并且其"聚沙成塔，集腋成裘"的赔偿数额更可以起到震慑违法的作用。

2. 降低维权成本，破解证券诉讼的集体行动困境。

我国证券市场绝大多数参与者是中小投资者，反映到证券民事赔偿诉讼中，一方面存在赔偿金额小、案件数量多的现状，也即所谓的"小额多诉"，占用大量的司法资源；另一方面众多投资者由于专业知识欠缺、维权成本高、诉讼周期长等原因，不知或不愿提起诉讼，导致诉讼维权比例低，大多数投资者成为"沉默的受害人"。

依据证券代表人诉讼制度，投保机构将作为诉讼代表人，除适格权利人请求明示退出外，将全体适格权利人向法院登记，法院生效的判决将对登记的权利人均发生法律效力，避免以往案件重复审理，节约司法资源，实现适格投资者"应赔尽赔"。通过这种严格的民事追责方式，将对违法上市公司尤其是直接责任人个人产生有效震慑，为投资者开辟了一条低成本、高效率的维权之路。

二、首单特别代表人诉讼康美药业案中各主体法律责任的确定

（一）投保机构切实履行法定职能

康美药业连续 3 年财务造假且金额巨大，上市公司作为虚拟人格，其违法行为的实施者最终还是个人，投服中心本着"追首恶"的原则和压严压实中介责任机构的目标，依据法律规定将康美药业的实际控制人列为第一被告，并将康美药业的董监高、出具涉事审计报告的审计机构及签字注册会计师作为共同被告，要求各被告承担连带责任。如何确定各被告的责任承担方式成为重大争议焦点。

（二）审判机关厘清各主体法律责任

根据《证券法》（2014 年修正）第 69 条规定，发行人、上市公司公告的信息披露资料，有虚假记载、误导性陈述或者重大遗漏，致使投资者在证券交易中遭受损失的，发行人、上市公司应当承担赔偿责任；发行人、上市公司的董事、监事、高级管理人员和其他直接责任人员以及保荐人、承销的证券公司，应当与发行人、上市公司承担连带赔偿责任，但是能够证明自己没有过错的除外。

一审判决充分吸取了原告、被告的辩论意见，既严厉惩罚了“首恶”和审计机构，也区分了董事、监事、高级管理人员在造假行为中的作用力，根据赔偿与过错程度相适应的原则，明确了各被告尤其是实控人，时任董事、监事、高级管理人员等应承担的责任比例，主要责任人、会计师事务所及合伙人等承担100%连带赔偿；其他负有责任的董事、监事、高级管理人员和独立董事分别承担20%、10%、5%的连带赔偿。

（三）市场各主体反应强烈

本次判决是中国法制史上的里程碑，也是资本市场法治建设的新标杆。加强投资者保护，是注册制改革的基础。注册制改革以信息披露为核心，要求发行人以投资者需求为导向，真实准确完整地披露信息。除把好入口关外，更加注重事中监管和事后查处，既要督促市场主体归位尽责，又要保障投资者依法行权维权。特别代表人诉讼首案的判决，体现了落实国务院金融委关于对资本市场违法行为“零容忍”的精神，助力提高上市公司质量，有利于降低投资者维权成本。

一审判决后，社会舆情反映强烈，新华网、四大证券报等多家媒体进行报道，“中国普法”“中国检察官”等公众号进行转载，专家、学者、律师等纷纷点评。投资者认为集体诉讼是证券市场里程碑式的进步，让权益受损的投资者看到了希望，应全面推广。市场普遍认可判决对夯实注册会计师“看门人”责任和归位独立董事责任起到的正面作用。与此同时，市场对赔偿是否能够执行到位及董监高是否会实际承担责任提出怀疑，对独立董事和审计机构判赔结果反响巨大。社会各界激烈讨论中介机构、独立董事责任承担的要求与边界，甚至出现了上市公司独立董事集中辞职的现象，仅11月16日至18日3天，便有54家上市公司发布独立董事辞职的相关公告。

投服中心注意到，管辖法院基于上市公司的董事、监事、高级管理人员未尽勤勉义务的签字行为，区分其过错大小、是否参与日常经营等因素，酌定在损失总额的一定比例范围内承担连带赔偿责任，是对《证券法》规定的连带赔偿责任的创新和突破，比例担责相比法律规定明确和以往司法实践通行的全部连带责任，已有了相对减轻和精细化的调整。未来司法实践也必将围绕责任承担问题进一步讨论。

三、下一步工作思路

(一)稳步推进代表人诉讼常态化,协同完善特别代表人诉讼与其他公益维权制度机制

2021年“5·15全国投资者保护宣传日”活动上,中国证监会首次提出,要推动投保机构代表人诉讼常态化开展,充分发挥投保利器作用。代表人诉讼常态化也已被列为中国证监会2021年度工作重点之一。投服中心已内部印发《中证中小投资者服务中心代表人诉讼常态化工作方案(试行)》。投服中心将坚持市场化法治化原则,注重最大化保护投资者合法权益,推动制度机制创新。

第一,聚焦重大典型案件。建立案件评估体系,聚焦证监会通报的重大案件,注重行政执法与民事赔偿的衔接,发挥示范引领作用,综合考虑阶段性监管重点、违法行为严重性、受损投资者数量和金额、社会舆情关注度、拟诉责任人的资产状况和负债状况、是否存在更优化替代救济途径等因素选案。

第二,分门别类统筹推进各类诉讼。目前,我国证券期货纠纷的化解机制非常多元,不仅包括单独诉讼、共同诉讼、支持诉讼、示范判决、代表人诉讼等司法审判机制,也包括当事人和解、行业调解、专业调解、先行赔付等非诉纠纷解决机制。特别代表人诉讼应当不以数量为目的,从个案试点逐步扩大到稳步推进,并注重与支持诉讼、示范判决及多元解纷机制的协调。公益诉讼、“支持诉讼+示范判决”等还有更大拓展空间,亟待实践推广和破题。

(二)切实发挥股东代位诉讼对提高上市公司质量的重要作用

投服中心近期提起了全国首单投保机构股东代位诉讼“大智慧”案。投服中心落实完善证券民事诉讼和赔偿制度工作中,坚持贯彻“追首恶”理念,注重压实个人民事赔偿责任,追求最终让违法行为个人承担责任,减少对上市公司伤害及对投资者二次伤害。但当下司法实践中,虚假陈述民事诉讼赔偿往往由上市公司支付,实控人及董监高等相关违法责任人几乎不承担民事责任。投服中心向各派出机构征集股东代位诉讼案件线索,同时查询13,613份公开裁判文书,发现案件线索36条。经精心研究,选择美丽生态、大智慧作为试点,代上市公司向其他违法主体追索上市公司因虚假陈述赔偿投资者的款项。

美丽生态案原本由投服中心支持投资者起诉该公司与原董事长,被告与投资

者当庭调解，但赔偿款由上市公司支付。投服中心于3月底致函该公司，要求其对原董事长追偿，该公司已于7月5日起诉原董事长，实现了投服中心督促上市公司向其他违法责任主体追偿的初衷。

大智慧2020年年度报告披露公司已因虚假陈述赔偿2861位投资者约3.2亿元。除其中1个案件外，其余案件均未判决违法责任人个人承担民事责任。4月起，投服中心两次问询大智慧，因公司怠于向相关责任人追偿，投服中心依法向上海市浦东新区人民法院申请立案，该院协调上海金融法院后请投服中心向上海金融法院起诉，上海金融法院予以受理。

投服中心在保护投资者的同时也通过股东代位诉讼的方式保护上市公司，未来将督促存在同类情况的上市公司主动追偿。

各位领导、各位嘉宾，投服中心开展工作取得的点滴成就离不开各方的指导支持。投服中心未来将推动代表人诉讼常态化、规范化开展，探索以支持诉讼为基础的证券公益确权诉讼机制，切实发挥股东代位诉讼对提高上市公司质量的重要作用。预祝今天的会议圆满成功！谢谢大家！

特别代表人诉讼与中小投资者保护

——首单特别代表人诉讼判决后投服中心对外投保宣传

大家好！非常高兴参与本次授课。今天介绍的主题是：特别代表人诉讼与中小投资者保护。本次介绍的内容主要分为4个部分：（1）投服中心基本情况及在2019年《证券法》中的诉讼角色；（2）特别代表人诉讼制度的主要内容；（3）特别代表人诉讼首案情况；（4）特别代表人诉讼中的法律问题及思考建议。

一、投服中心基本情况及在2019年《证券法》中的诉讼角色

（一）基本情况

中证中小投资者服务中心（以下简称投服中心）是中国证监会批准设立的公益机构，于2014年12月5日在上海注册成立，为公司制法人单位，注册资本30亿元

人民币。股东单位为上海证券交易所、深圳证券交易所、上海期货交易所、中国金融期货交易所和中国证券登记结算有限责任公司。

2019 年《证券法》第 90 条明确了投保机构的含义,依照法律、行政法规以及国务院证券监督管理机构的规定设立的投资者保护机构。

(二)2019 年《证券法》涉及投服中心的诉讼角色

2019 年《证券法》增设了投资者保护专章,赋予投保机构参加特别代表人诉讼和提起证券支持诉讼职能,取消了投保机构提起股东代位诉讼持股比例和期限的限制。法律制度的生命力在于实施,投服中心认真履职,相关制度均已从法条走向现实。

1. 证券支持诉讼

《民事诉讼法》(2021 年修正)第 15 条规定,机关、社会团体、企事业单位对损害国家、集体或者个人民事权益的行为,可以支持受损害的单位或者个人向人民法院起诉。

2019 年《证券法》第 94 条第 2 款规定,投资者保护机构对损害投资者利益的行为,可以依法支持投资者向人民法院提起诉讼。

证券支持诉讼是指投服中心选择特定案件(一般都是涉及中小投资者众多、矛盾比较突出、社会影响较大的典型证券侵权纠纷),接受中小投资者的申请、委托,由投服中心作为支持机构,委派诉讼代理人,支持权益受损的中小投资者依法诉讼维权。

2. 特别代表人诉讼

2019 年《证券法》第 95 条规定:"投资者提起虚假陈述等证券民事赔偿诉讼时,诉讼标的是同一种类,且当事人一方人数众多的,可以依法推选代表人进行诉讼。

对按照前款规定提起的诉讼,可能存在有相同诉讼请求的其他众多投资者的,人民法院可以发出公告,说明该诉讼请求的案件情况,通知投资者在一定期间向人民法院登记。人民法院作出的判决、裁定,对参加登记的投资者发生效力。

投资者保护机构受 50 名以上投资者委托,可以作为代表人参加诉讼,并为经证券登记结算机构确认的权利人依照前款规定向人民法院登记,但投资者明确表示不愿意参加该诉讼的除外。"

该规定的突出特点体现为:一是建立了"默示加入,明示退出"的诉讼机制,在投保机构为经证券登记结算机构确认的权利人向法院登记时,投资者明确表示不愿意参加该诉讼的除外，未明确表示退出诉讼的投资者受该代表人诉讼约束。二是充分发挥投保机构作用，突破了学理上关于“代表人必须同时是案件当事人”的传统认识，允许其接受50名以上投资者的委托作为代表人参加诉讼，确定了投保机构可以基于当事人委托而成为代表人的法律地位。

3. 股东代位诉讼

2019年《证券法》第94条第3款规定：“发行人的董事、监事、高级管理人员执行公司职务时违反法律、行政法规或者公司章程的规定给公司造成损失，投资者保护机构持有该公司股份的，可以为公司的利益以自己的名义向人民法院提起诉讼，持股比例和持股期限不受《公司法》规定的限制。”

2019年《证券法》第94条第3款规定了投保机构行使股东权利启动股东代位诉讼时，不受《公司法》有关持股比例和持股期限的限制，有助于投保机构发起股东代位诉讼，规范公司治理。此前，《公司法》第151条规定发起股东代位诉讼的主体应是连续180天以上单独或者合计持有公司1%以上股份的股东。

二、特别代表人诉讼制度的主要内容

（一）配套规则

2020年7月31日，最高人民法院发布了《最高人民法院关于证券纠纷代表人诉讼若干问题的规定》（法释〔2020〕5号，以下简称《代表人诉讼若干规定》）。同日，中国证监会亦发布了《关于做好投资者保护机构参加证券纠纷特别代表人诉讼相关工作的通知》（证监发〔2020〕67号，以下简称中国证监会《代表人诉讼工作通知》）。投服中心也于同日公开发布了《中证中小投资者服务中心特别代表人诉讼业务规则（试行）》（以下简称《投服中心代表人诉讼业务规则》）。

最高人民法院以“司法解释”的形式、证券监督管理机关以“专项通知”的形式让《证券法》第95条规定的“证券纠纷代表人诉讼制度”在司法实践中有据可依，《投服中心代表人诉讼业务规则》就落实《证券法》第95条第3款规定的特别代表人诉讼制度提出了相对详细的业务操作规范。上述三项规则，形成了与《证券法》相配套的“司法解释＋监管规定＋投保机构业务规则”的规范体系。

另外，为规范证券诉讼案件评估工作，投服中心从交易所与其他自律组织、科研院校、证券经营机构、审计评估机构、法律服务机构等专家中遴选组成证券诉讼案件评估专家委员会，制定了《中证中小投资者服务中心证券诉讼案件评估工作管理办法(试行)》。

(二)主要内容

1. 确定投服中心参与特别代表人诉讼案件的范围和标准

《代表人诉讼若干规定》第5条规定:“符合以下条件的,人民法院应当适用普通代表人诉讼程序进行审理:(一)原告一方人数十人以上,起诉符合民事诉讼法第一百一十九条[①]规定和共同诉讼条件;(二)起诉书中确定二至五名拟任代表人且符合本规定第十二条规定的代表人条件;(三)原告提交有关行政处罚决定、刑事裁判文书、被告自认材料、证券交易所和国务院批准的其他全国性证券交易场所等给予的纪律处分或者采取的自律管理措施等证明证券侵权事实的初步证据。”

中国证监会《代表人诉讼工作通知》第4条规定:“对于典型重大、社会影响恶劣的证券民事案件,投资者保护机构依法及时启动特别代表人诉讼。投资者保护机构应当按照相关司法解释的规定参加诉讼,可以先行在被告具有一定偿付能力、已被有关机关作出行政处罚或者刑事裁判等案件上进行试点诉讼,积累经验,主动探索引领证券纠纷代表人诉讼。”

投服中心将依据中国证监会《代表人诉讼工作通知》确定的上述范围和标准,遵循案件预研、评估、决策并向证监会报告程序,自主决策选取试点案件,充分发挥投保机构对代表人诉讼案件的示范引领作用。

投服中心在《投服中心代表人诉讼业务规则》中明确,对法院根据《民事诉讼法》(2017年修正)第54条第1款、《证券法》(2019年修订)第95条第2款的规定发布登记公告,且符合下列情形的案件,投服中心可以参加特别代表人诉讼:(1)有关机关作出行政处罚或刑事裁判等;(2)案件典型重大、社会影响恶劣、具有示范意义;(3)被告具有一定偿付能力;(4)投服中心认为必要的其他情形。其一,试行阶段,在此类侵害大规模投资者合法权益的案件中,有关机关作出行政处罚或刑事裁判等,能为民事诉讼提供较为确实充分的案件事实依据和证据材料,便于投保机构协助投资者维权及法院审理。其二,投保机构选取案件典型重大、社会影响恶劣、具有示范意义且被告具有一定偿付能力等案件进行试点诉讼,积累经验,主动探索

---

① 《中华人民共和国民事诉讼法》(2017年修正)第119条对应《中华人民共和国民事诉讼法》(2021年修正)第122条。

引领证券纠纷代表人诉讼。

2. 特别代表人诉讼案件实行集中管辖

根据《代表人诉讼若干规定》，特别代表人诉讼案件，由涉诉证券集中交易的证券交易所、国务院批准的其他全国性证券交易场所所在地的中级人民法院或者专门人民法院管辖。

投资者保护机构作为代表人参加特别代表人诉讼，需要征集的当事人范围更为广泛，纠纷处理的集约化诉求更高，将这类案件集中在证券交易所、国务院批准的其他全国性证券交易场所所在地集中审理，方便收集和调取证据资料，减少干扰，降低投资者的维权成本，同时也便于积累审判经验，统一审判标准，提高审判质量。

3. 明确了对代表人的特别授权权限

代表人基于众多投资者的一次性授权，可以代表投资者利益集中行使权利，节约以往征集当事人意见的时间，实现推动诉讼进程、提升诉讼效率的目的。

按照我国民事诉讼法及以往相关司法解释的规定，诉讼代表人放弃本方的诉讼请求、承认对方的诉讼请求、撤诉以及和解，必须获得当事人的同意或授权。这意味着，每到一个重要的程序节点，代表人都要向法院递交众多投资者出具的授权委托书，法院也要逐一审查这些委托书，这在一定程度上阻碍诉讼的顺利推进。此次司法解释明确规定，在普通代表人诉讼和特别代表人诉讼中，代表人的权限范围均为特别授权，即代表人可以直接代表原告变更、放弃诉讼请求或者承认对方当事人的诉讼请求，与被告达成调解协议，提起或放弃上诉等。

投服中心作为诉讼代表人的权限范围，既直接影响诉讼中投服中心和投资者等各方的权利义务，也决定了投服中心如何在法院主导下高效开展诉讼活动。法院发布的特别代表人诉讼权利登记公告内容即包括对投保机构的特别授权，投资者默示参加权利登记即视为赋予代表人特别授权，投服中心以公告形式取得了事先默示特别授权，不同意的可向人民法院声明退出。这是特别代表人诉讼除“默示加入，明示退出”外的另一个重要特点，也契合民事诉讼理论界公认的“诉讼契约理论”，将当事人合意适当地置于民事诉讼流程和规范中。

同时，为充分保障投资者合法权利，在特别代表人诉讼权利登记阶段，不愿意赋予投服中心上述权限的投资者可向人民法院声明退出。换言之，在特别代表人诉讼中，投服中心作为诉讼代表人，无须在涉及投资者实体权利处分的各程序中逐一征求每个投资者的具体意见。

当然,投资者的诉讼权利和程序利益也将在各阶段得到合理保障:其一,在确定诉讼标的、提出诉讼请求时,投资者可以就诉讼标的、诉讼请求向投服中心提出意见建议,投服中心将通过网站等路径,充分了解被代表投资者的意见,做好沟通协调、解释说明等工作;其二,诉讼代表人变更或者放弃诉讼请求、承认对方当事人的诉讼请求、决定撤诉的,应当向法院提交书面申请,并以发布公告等形式通知全体原告,由法院裁定是否准许;其三,关于上诉权,代表人放弃上诉的,不影响个别投资者的上诉权,代表人决定上诉的,不影响个别投资者放弃上诉的权利。

4. 规定了投资者可退出特别代表人诉讼的阶段

《投服中心代表人诉讼业务规则》依据《代表人诉讼若干规定》,基于现有民事实践,在一审判决前,赋予投资者"两次退出"的选择权,实现了诉讼效率与保护投资者合法权益的平衡。"两次退出"机制具体体现为:其一是在权利登记阶段。不同意参加诉讼或进行特别授权等的投资者,应依法向法院提交退出申请。其二是在诉讼中的调解阶段。经听证程序后,投资者对代表人达成的调解方案仍不认同的,可依法向法院提交退出申请。"两次退出"机制既是对投资者实体权利的有效保护,也是对《证券法》第 95 条第 3 款"但投资者明确表示不愿意参加该诉讼的除外"表述在实践中的细化完善。

5. 关于上诉权的特殊规定

上诉权是一项重要的民事权利,如何规范意义重大。根据《代表人诉讼若干规定》和《〈关于证券纠纷代表人诉讼若干问题的规定〉的理解与适用》,在起草过程中,经反复研究,《代表人诉讼若干规定》选择了保护个别当事人的上诉权。

第 27 条规定,代表人决定放弃上诉的,应当在上诉期间届满前通知全体原告;原告自收到通知之日起 15 日内未上诉,被告在上诉期间内亦未上诉的,一审判决在全体原告与被告之间生效;原告自收到通知之日起 15 日内上诉的,对上诉的原告按上诉处理;被告在上诉期间内未上诉的,一审判决在未上诉的原告与被告之间生效,二审裁判的效力不及于未上诉的原告。

第 28 条规定,代表人决定上诉的,应当在上诉期间届满前通知全体原告;原告自收到通知之日起 15 日内决定放弃上诉的,应当通知一审法院;被告在上诉期间内未上诉的,一审判决在放弃上诉的原告与被告之间生效,二审裁判的效力不及于放弃上诉的原告。

在适用中应注意的问题包括：

第一，二审程序中代表人的确定。在代表人决定放弃上诉，个别投资者提起上诉的情况下，再要求原代表人继续担任二审代表人有违处分权原则；此外，在被告上诉的情形下，如果原代表人同时作为二审阶段上诉投资者和不上诉投资者的代表人，则其诉讼主张必然是分裂和矛盾的。因此，在部分投资者自行提起上诉的情况下，如果符合代表人诉讼的条件，应当依据相关规定重新确定代表人。

第二，上诉费用的交纳。根据《最高人民法院关于适用〈中华人民共和国民事诉讼法〉的解释》第194条的规定，在起诉时人数尚未确定的代表人诉讼案件不预交案件受理费，结案后按照诉讼标的额由败诉方交纳。该规定不适用于上诉程序，投资者提起上诉应当按照标的额交纳上诉费。

以首案康美药业为例，如投资者同意投服中心意见，持续关注后续案件进展公告即可，无须采取任何行动。投服中心不上诉，并不影响个别投资者提起上诉的权利。如投资者决定自行上诉，应在收到本公告通知15日内，向广州市中级人民法院提交上诉状。投服中心将不再代表上诉投资者。根据相关法律规定，投资者提起上诉应当向法院交纳上诉费。

此前康美药业案中，基于投服中心不上诉，可能的情形及法律后果如表1所示：

表1　法律后果分析

序号	原告投资者	被告	法律后果
1	全体原告投资者未上诉	全体被告不上诉	一审判决在全体原告与被告之间生效
2	部分原告投资者上诉的，应向广州中院提交上诉状；部分投资者未上诉	全体被告不上诉	(1)自行上诉的原告参与二审，投服中心不参与二审，也不再是这些投资者的代表人。 (2)一审判决在未上诉的原告与被告之间生效，二审裁判的效力不及于未上诉的原告
3	全体原告投资者未上诉	全部或部分被告上诉	投服中心作为代表人参与二审应诉，一审判决未生效
4	部分原告投资者上诉的，应向广州中院提交上诉状；部分投资者未上诉	全部或部分被告上诉	(1)投服中心作为未上诉投资者的代表人参与二审应诉，一审判决未生效。 (2)自行上诉的原告在二审中主张自己的上诉请求，投服中心不再是这部分投资者的代表人

三、特别代表人诉讼首案：康美药业

（一）重大意义

在中国证监会党委的正确领导和统筹部署下，投服中心作为具体执行机构，申请发起全国首例特别代表人诉讼康美药业案并胜诉，5 万余名投资者获赔约 24.59 亿元，成为我国资本市场历史上具有划时代意义的里程碑事件。本案被评为"司法审判服务保障全面建成小康社会"全国典型案例、"新时代推动法治进程 2021 年度十大案件"、"2021 年度人民法院十大案件"及"2021 年度全国法院十大商事案件"。

首案中，投服中心作为法定的原告代表人，积极落实投保机构法定职责。彰显公开性，网上公开征集 50 名以上适格投资者申请转换特别代表人诉讼；发挥专业性，力争"追首恶"，压实压紧中介机构责任，实现对证券违法行为的"零容忍"；践行人民性，在诉讼和参与破产重整过程中始终坚持被代表投资者利益最大化，坚持在破产重整计划草案中应同等对待特别代表人诉讼中小投资者和其他小额普通债权人，践行公益投保机构使命担当。

自 2021 年 4 月 16 日特别代表人诉讼成功转换以来，仅不到 8 个月时间，在司法机关、投保机构等各方努力下，首单特别代表人诉讼成功结案并偿付，极大提高了人民群众的"获得感"。相较域外集团诉讼动辄数年的漫长过程，在无先例可循且与上市公司破产重整程序交叉的复杂情况下，2019 年《证券法》创设的特别代表人诉讼首次实践可谓高效。没有投资者对市场的信任和信心，就没有资本市场的健康发展和兴旺发达。康美药业案的判决和执行，宣告了虚假陈述、欺诈发行违法成本过低的时代一去不复返。

（二）重要时点

2020 年 5 月，中国证监会对康美药业股份有限公司及相关责任人信息披露违法违规行为作出行政处罚决定。

2021 年 3 月 26 日，广州市中级人民法院（以下简称广州中院）发布普通代表人诉讼权利登记公告；投服中心于同日发布《投服中心接受康美药业虚假陈述民事赔偿案投资者委托的说明》。

4 月 8 日，投服中心向广州中院提交特别代表人诉讼转换申请。

4 月 16 日，广州中院发布特别代表人诉讼权利登记公告，标志着中国资本市场首单特别代表人诉讼正式成立。

4 月 23 日，投服中心向中国证券登记结算有限责任公司调取康美药业案权利人名单，于 4 月 30 日向广州中院提交。

5 月 28 日，广州中院召开康美药业证券虚假陈述责任纠纷案庭前会议。

6 月 4 日晚，康美药业公告收到广东省揭阳市中级人民法院（以下简称揭阳中院）送达的民事裁定书，法院裁定受理对公司的破产重整申请。

6 月 11 日，揭阳中院发布公告，康美药业公司的债权人应当于 2021 年 7 月 25 日前申报债权，公司第一次债权人会议定于 8 月 10 日召开。

6 月 12 日，广州中院发布《特别代表人诉讼原告资格查询公告》，供投资者线上查询本案原告名单。

7 月 22 日，投服中心代表康美药业特别代表人诉讼全体原告债权人，向破产管理人申报债权。

7 月 27 日，康美药业证券虚假陈述特别代表人诉讼案在广州中院一审开庭，原告代表人投服中心委托律师朱夏嬅、秦政出庭参与诉讼。

8 月 10 日，康美药业破产重整案第一次债权人会议在揭阳中院召开，投服中心代表全体原告债权人通过网络方式参会，被选为 9 家债权人委员会委员之一。

11 月 12 日，广州中院作出一审判决，投服中心代表的 52，037 名投资者共判获赔约 24.59 亿元。目前，判决已生效。

11 月 13 日，康美药业《关于投资者民事诉讼索赔进展的公告》中提及，将根据判决，向 21 名承担连带清偿责任的被告依法主张相关权利。

11 月 15 日，康美药业破产重整案第二次债权人会议召开，投服中心代表全体原告债权人通过网络方式参会。

11 月 19 日晚，康美药业发布公告，第二次债权人会议表决通过了重整计划草案。根据重整计划，康美药业债权人的债权经确认后将全部清偿。其中，50 万元以下的债权部分，将全额现金清偿；超出部分将以股抵债、信托收益权等方式予以清偿。证券虚假陈述集体诉讼案确认后的赔偿发生法律效力后也将按此清偿。

11 月 26 日，揭阳中院裁定批准破产重整计划。

12 月 21 日，康美药业特别代表人诉讼开始执行。

12 月 31 日，康美药业公告重整计划执行完毕。

（三）被告承担的行政及民事法律责任（见表2）

表2　被告承担的行政和民事责任情况

<table>
<tr><th>当事人</th><th>职务</th><th>行政责任</th><th>民事责任</th></tr>
<tr><td>康美药业</td><td>—</td><td>责令改正，给予警告，并处以60万元的罚款</td><td>向52，037名原告投资者赔偿损失约24.59亿元</td></tr>
<tr><td>马某1</td><td>董事长、总经理、实际控制人</td><td rowspan="2">给予警告，并分别处以90万元的罚款，其中作为直接负责的主管人员罚款30万元，作为实际控制人罚款60万元；
被界定为：直接负责的主管人员</td><td rowspan="7">对被告康美药业债务承担连带清偿责任</td></tr>
<tr><td>许某某</td><td>副董事长、副总经理、实际控制人</td></tr>
<tr><td>邱某某</td><td>董事、副总经理、董事会秘书</td><td>给予警告，并处以30万元的罚款；
被界定为：直接负责的主管人员</td></tr>
<tr><td>庄某某</td><td>财务总监</td><td rowspan="3">给予警告，并分别处以25万元的罚款；
被界定为：其他直接责任人员</td></tr>
<tr><td>温某某</td><td>职工监事、总经理助理、副总经理</td></tr>
<tr><td>马某2</td><td>监事、财务部总监助理</td></tr>
<tr><td>正中珠江</td><td>审计服务机构</td><td>责令改正，没收业务收入1425万元，并处以4275万元罚款</td></tr>
<tr><td>杨某某</td><td>正中珠江合伙人、签字注册会计师</td><td>给予警告，并处以10万元的罚款</td><td>在正中珠江承责范围内承担连带赔偿责任</td></tr>
<tr><td>马某3</td><td rowspan="3">董事</td><td rowspan="5">给予警告，并分别处以20万元的罚款；
被界定为：其他直接责任人员。</td><td rowspan="8">对被告康美药业债务的20%范围内承担连带清偿责任</td></tr>
<tr><td>林某1</td></tr>
<tr><td>李某1</td></tr>
<tr><td>罗某某</td><td>监事会主席</td></tr>
<tr><td>林某2</td><td rowspan="3">副总经理</td></tr>
<tr><td>李某3</td><td rowspan="3">给予警告，并分别处以15万元的罚款；
被界定为：其他直接责任人员</td></tr>
<tr><td>韩某某</td></tr>
<tr><td>王某</td><td>总经理助理、副总经理</td></tr>
</table>

续表

<table>
<tr><th>当事人</th><th>职务</th><th>行政责任</th><th>民事责任</th></tr>
<tr><td>江某某</td><td rowspan="5">独立董事</td><td>给予警告,并分别处以 20 万元的罚款;
被界定为:其他直接责任人员</td><td rowspan="3">为兼职的独立董事,不参与康美药业日常经营管理,过失相对较小。
对被告康美药业债务的 10% 范围内承担连带清偿责任</td></tr>
<tr><td>张某 1</td><td>给予警告,并分别处以 15 万元的罚款;
被界定为:其他直接责任人员</td></tr>
<tr><td>李某 2</td><td>给予警告,并分别处以 20 万元的罚款;
被界定为:其他直接责任人员</td></tr>
<tr><td>郭某某</td><td rowspan="2">给予警告,并分别处以 15 万元的罚款;
被界定为:其他直接责任人员</td><td rowspan="2">为兼职的独立董事,过失相对较小,且仅在《2018 年半年度报告》中签字。
对被告康美药业债务的 5% 范围内承担连带清偿责任</td></tr>
<tr><td>张某 2</td></tr>
</table>

有被告提到获益与赔偿要公平,也有被告将投资者的损失金额称为天价索赔。原告方认为,财产侵权案件的赔偿原则是填平原则,与获益多少无关;投资者索赔金额与本案财务造假金额相比,只是一个零头,本案许多投资者同样面临倾家荡产、身患重疾、家庭破裂的困境。所以,公平正义的天平应该像守法的投资者适当倾斜。

(四)争议点

1. 揭露日认定支持原告诉请

2018 年 10 月 15 日晚,微信公众号“初善投资”发布标题为“康美药业究竟有没有谎言”的文章,文章通过对公司 2010 年至 2018 年财务报表的分析,认为存在股债融资形成的存贷双高、经营现金流量净额远低于净利润、应收账款和存货高企、中药材贸易毛利率高等问题,推论包括货币资金的真实性存在部分可疑、呈现造假很明显的特征等。

(1)媒体报道为首次披露且内容具有相关性。虚假陈述违法行为被首次揭露,本案2018年10月16日媒体报道日时点早于立案调查日2018年12月29日。

(2)媒体报道警示强度大,股价跌幅(揭露日至基准日)远高于立案调查日后(10月16日股价当天下跌5.97%,后连续3天跌停)。

(3)媒体报道造成了全国性影响。(经查,百度搜索指数、百度资讯指数、各类媒体转载指数在2018年10月16日媒体报道日后远高于此前,呈爆炸性增长。仅以百度资讯指数为例,2018年10月16日前几日公司所涉指数由之前几天1000多,增长到4620,在17、18日分别达到了8014和10,792。)

2. 原告投资者损失金额认定

广州中院向中国证券登记结算有限责任公司深圳分公司调取了数据,委托中国证券投资者保护基金有限责任公司测算,经法庭质证后予以采信,以移动加权平均法计算损失,以个体相对比例法测算证券市场系统风险扣除比例。除去损失金额在扣除系统风险后为0或负数的3289名投资者后,共有52,037名投资者损失约24.59亿元。

四、特别代表人诉讼中的法律问题及思考建议

(一)首案对民事诉讼法实践的重点突破

投服中心通过首单特别代表人诉讼实践,在各方的指导支持下,形成了一些争议法律问题的解决思路,希望在未来推动代表人诉讼常态化过程中予以固化。

1. 起诉时不预交诉讼费,结案时免交诉讼费

考虑到投保机构公益属性和特别代表人诉讼“默示加入,明示退出”的特点,最高人民法院的《代表人诉讼若干规定》明确,特别代表人诉讼案件不预交案件受理费。投保机构作为代表人在诉讼中申请财产保全的,法院可不要求提供担保。首案中,广州中院实践了上述规定,康美药业案原告方未预交案件受理费,投服中心提出金额为24.59亿元的财产保全申请时未提供担保,且判决明确案件受理费和保全费由应承担责任的被告共同负担。

2. 以公告方式通知5万余名原告投资者

监管机构、审判机关及市场各方此前关于该问题存在不同意见。有观点认为,特别代表人诉讼中的通知,应指通知到每名投资者。理由为,美国集团诉讼的通知需满足通知有效性标准,如通过适当努力可获得投资者的姓名和地址,则必须邮寄送达每一位投资者。

但上述观点或未考虑不同国家基础法律制度的差异。根据美国《特拉华州普通公司法》第222条，美国上市公司召开股东大会的通知应以书面形式(written notice)提前发至股东。如以邮寄(mailed)形式发送，当该书面通知交付美国邮政，采用邮资预付的方式发至公司记录的各股东地址时，视为送达。故而集团诉讼的通知也参照公司法相关规则以个别通知为原则。但我国上市公司股东大会的通知方式则是公司在指定信息披露媒体发布公告，即视为对全体股东的通知。基于法律制度差异，我国特别代表人诉讼的通知也应结合公司法基本原理予以考虑。

首案中，广州中院和投服中心均以公告方式通知全体投资者，实现了投资者权益保护和诉讼程序高效的平衡。

3. 公开征集受损投资者，接受50名以上投资者委托向法院申请转换时，尽可能依法简化证据材料要求

投服中心公开公平接受委托，依规成功申请转换。首单案件实践中，投服中心在公开接受委托阶段实现了与投资者的良性互动。2021年3月26日，投服中心在中国投资者网发布了《投服中心接受康美药业虚假陈述民事赔偿案投资者委托的说明》。为鼓励、便利投资者申请，投服中心主动采取投资者邮寄材料快递到付方式，消减投资者费用负担。投资者积极参与，3月26日开放申请系统后仅3个工作日便已收到50人以上申请。3月26日至4月7日接受投资者委托期间，投资者总申请人数479人，适格投资者352人，适格比例73.5%。适格投资者中，年龄最小的21岁，年龄最大的81岁；所在地域涉及27个省、自治区、直辖市。

以"投资者申请时身份识别+中心出具关于腾讯云人脸核身说明"的形式，代替了身份证明公证文件，降低了投资者申请成本；投服中心以电子文件形式向法院提交权利人名单，极大提高了效率。

（二）仍需研究探索和各方协同推进解决的问题

1. 坚持重大典型作为选案条件

特别代表人诉讼会对涉案上市公司及其中小股东产生巨大影响，甚至对当地经济、税收、就业等产生较大冲击，可能进一步引发社会风险。此外，投资者通过和解、调解、仲裁等非诉方式解决证券纠纷途径已进一步丰富，特别代表人诉讼只是其中一种途径。特别代表人诉讼常态化开展选案应坚持重大性、典型性、示范性等原则。

2. 建议修订明确投保机构代表集体诉讼投资者参与破产重整程序的法律依据

特别代表人诉讼与破产重整程序交叉并行时，投服中心根据法定授权成为特别代表人诉讼原告投资者的代表人。但破产程序独立于民事诉讼程序，依据特别法《企业破产法》的规定，上市公司进入破产重整程序后，并无“代表人”概念，仅有债权人委托代理人相关规定。首案中，虽通过法院认可、特事特办的方式让投服中心代表投资者参与上市公司破产重整程序，但相关法律制度仍有必要完善。

这是一个富有中国特色的集体诉讼法律问题，域外集团诉讼案件以和解方式结案比例较高，进入实质诉讼程序案件较少，更谈不上与破产重整程序的交叉，缺乏可借鉴性。建议最高人民法院修订《代表人诉讼若干规定》，增加投保机构作为集体诉讼法定的代表人参与破产重整程序的相关权限。如短期内难以完成修订，可考虑采取特别代表人诉讼启动时“法院公告 + 投服中心公告”的形式授权。

3. 建议明确投保机构在特别代表人诉讼程序中的独特地位，在庭审中增设代表人席位，增加投保机构作为代表人可委托的代理人人数

特别代表人诉讼本身便是对民事诉讼法律制度的一项重大突破，无先例可循，在具体实践中各方应以创新开放的眼光看待，更需有所突破。如在特别代表人诉讼中，除设原被告席位外，应增设诉讼代表人席位。再如，投保机构在特别代表人诉讼中代表的全体投资者达数万之巨，诉讼事务极为繁杂，应突破《民事诉讼法》关于诉讼代理人至多 2 人的限制。

4. 推动建立投资者保护专项补偿基金

《国务院办公厅关于进一步加强资本市场中小投资者合法权益保护工作的意见》(国办发〔2013〕110 号)提出，要扩大证券投资者保护基金使用范围和来源。但上述制度尚未落地。特别代表人诉讼通常涉及数万名投资者，上市公司及相关责任主体将面临巨额赔付请求。建议进一步完善《证券投资者保护基金管理办法》相关内容，拓宽基金使用范围，切实保障受害投资者获得补偿与救济；若上述工作短期内难以实现，应研究设立投资者保护专项补偿基金，专用于特别代表人诉讼中投资者的补偿与救济。

5. 建议协同完善特别代表人诉讼与其他公益维权机制

目前，我国证券期货纠纷的化解机制非常多元，不仅包括单独诉讼、共同诉讼、支持诉讼、示范判决、代表人诉讼等司法审判机制，也包括当事人和解、行业调解、

专业调解、先行赔付等非诉纠纷解决机制。特别代表人诉讼不影响其他纠纷解决方式积极发挥作用。从完善公益维权和投资者民事赔偿救济机制来看,“支持诉讼+示范判决”、公益诉讼等还有更大的拓展空间,亟待从实践中推广和破题。

谢谢大家!

第七部分　案 件 评 价

2021年度人民法院十大案件*

（节选）

2022年1月5日，由人民法院报编辑部评选出的2021年度人民法院十大案件发布。本次评选的包括刑事、民事在内的十个案件均为《人民法院报》2021年所报道的具有重大影响力、社会广泛关注、审判结果具有重大意义或者对公序良俗有重要示范引领作用的案件。

评选出的十大案件包括：阻挠住宅加装电梯施工案，超市拿鸡蛋被拦猝死案，“云南绿孔雀”公益诉讼案，全国首例个人破产重整案，人脸识别纠纷第一案，全国首例证券虚假陈述责任纠纷集体诉讼案，全国首例高空抛物罪案，赖某某受贿、贪污、重婚案，仇某某侵害英雄烈士名誉、荣誉案以及“香兰素”技术秘密侵权案。

应人民法院报邀请，中国政法大学教授肖建华、中国政法大学教授林灿铃、北京航空航天大学法学院教授龙卫球、中国人民大学法学院教授徐阳光、中国社会科学院大学法学院副教授祁建建为上述2021年度十大案件作了精彩点评。

……

全国首例证券虚假陈述责任纠纷集体诉讼案。康美药业因在年报和半年报中存在虚假记载和重大遗漏，被中国证监会给予行政处罚。2021年2月18日，中国证监会又对负责康美药业财务审计的正中珠江会计所和相关责任人员进行了行政处罚。4月8日，中证中小投资者服务中心有限责任公司受部分证券投资者的特别授权，向广州市中级人民法院（以下简称广州中院）申请作为代表人参加诉讼。

11月12日，广州中院作出判决，责令康美药业股份有限公司赔偿证券投资者损失24.59亿元。

---

* 摘自最高人民法院微信公众号，2022年1月6日发布。原文链接：https://mp.weixin.qq.com/s/RGyktc_kPywAfr-TBtMjGg。

（专家点评，中国人民大学法学院教授徐阳光）我国2019年修订的《证券法》新设专章规定了投资者保护制度，并作出了一系列的制度安排。一是充分发挥投资者保护机构的作用，允许其接受50名以上投资者的委托作为代表人参加诉讼；二是允许投资者保护机构按照证券登记结算机构确认的权利人，向人民法院登记诉讼主体；三是建立了“默示加入，明示退出”的诉讼机制，为投资者维护自身合法权益提供方便的制度安排。

广州中院在该案审理中，准确适用证券法中的新规则，准许中证中小投资者服务中心有限责任公司作为投资者保护机构，受部分证券投资者的特别授权作为代表人参加诉讼；准许投资者按照“默示加入、明示退出”的原则参与此次特别代表人诉讼；在法律责任承担方面责令康美药业股份有限公司赔偿证券投资者损失24.59亿元，对其他责任人员的责任，则按照过错程度区分为全部连带责任和部分连带责任。广州中院准确适用法律规则，依法公开公平公正地推进审理程序，合理划分主体责任，确保中国特色的证券市场集体诉讼司法实践成功落地，对促进我国资本市场深化改革和健康发展、切实维护投资者合法权益具有深远意义，是中国法治史上的里程碑，也是资本市场法治建设的新标杆。该案引发的独立董事责任承担问题的热议，必将推动我国独立董事制度的改革与完善。此外，康美药业虚假陈述责任纠纷集体诉讼程序与康美药业破产重整程序同步推进，也为今后类似案件的处理提供了范例。（来源：人民法院报，编辑：李高凯、郭致杰、董星雨）

首部特别节目播出！
十大案件中哪个令你印象深刻？*
（节选）

2021年，适逢中国共产党的百年诞辰，站在两个一百年的历史交汇点，在习近平法治思想的指引下，全国各级法院在这一年用一个个鲜活的司法案例奋力谱写中

* 摘自最高人民法院微信公众号，2022年1月24日发布。原文链接：https://mp.weixin.qq.com/s/9V4AMYvVQ4I-Qcj50aaf-A。

国法治进程的新篇章。

2022年1月22日上午，由最高人民法院与中央广播电视总台共同主办的“新时代推动法治进程2021年度十大案件”评选结果揭晓，并在央视新闻频道播出首部“新时代推动法治进程2021年度十大案件”特别节目。

……

中国证券集体诉讼第一案。2018年10月16日，一篇揭露康美药业货币资金造假的文章出现在网上，康美药业股票当天盘中触及跌停，之后连续3天跌停，市值腰斩，数万名股民血本无归、欲哭无泪。

证监会立案调查显示：康美药业2016年年报虚增货币资金225.8亿元；2017年年报虚增货币资金299.4亿元；2018年半年报虚增货币资金361.9亿元。这是A股市场史无前例的最大规模财务造假，造假数额之大、手段之恶，震惊市场。

上市公司财务造假是证券市场的一颗“毒瘤”，严重伤害广大股民的合法权益，危及市场秩序和金融稳定发展。此前，对于此类行为的行政处罚只能处以几十万元的顶格罚款，如此恶劣的造假，违法成本却极低。

但公正不会一直缺席，这一次被割的不再是“韭菜”，财务造假者自己终于躺在了“砧板”之上。

2020年3月1日，我国2019年修订的《证券法》开始实施，明确引入了中国特色的集体诉讼制度，对典型重大、社会影响恶劣的个案将依法启动集体诉讼。集体诉讼降低了维权成本，提高了违法成本，这起上市公司最大规模造假案也因此成为中国证券集体诉讼首案，涉案投资者人数超过5万人，绝大多数为中小股民。如果胜诉，5.2万名原告将创下我国司法领域获赔人数之最，5.2万名原告的诉讼，将如何开庭审理呢？

中国政法大学法与经济研究院院长李曙光谈道：《证券法》本次修订增加了一个特别重要的条款，就是要实行中国特色的代表人诉讼制度，那么只要特别代表人诉讼一发起，它就是覆盖所有中小投资者的(见图1)。

图 1　中国政法大学法与经济研究院院长李曙光采访画面

广州市中级人民法院金融审判庭庭长陈舒舒谈道:因为我们的集体诉讼是以“默示加入,明示退出”的方式来进行的,投资者只要知道有集体诉讼在进行,一不花钱,二不花时间,三也不需要本人亲身参与整个开庭宣判的过程(见图 2)。

图 2　广州市中级人民法院金融审判庭庭长陈舒舒采访画面

2021 年 11 月 12 日,随着广州市中级人民法院的法槌敲响,历时近 3 年的康美药业财务造假案当庭宣判,康美药业等相关被告承担投资者损失总金额约 24.59 亿元,赔偿金额之高创下了国内 A 股市场同类案件之最。(来源:央视新闻客户端,总

台央视记者：吴闯、杨阳、熊冰、奚丹霓、国鹏、石云松、武兵、张岗、张赛、陈昱、叶奂、王丹，编辑：段茜茜）

2021 年全国法院十大商事案件*（节选）

2022 年 1 月 29 日，由最高人民法院民二庭评选的 2021 年度全国法院十大商事案件推出。此次入选的十个商事案件，均为 2021 年度全国各级人民法院已判决生效的具有重大社会影响和标志性意义的案件。

这十个案件分别为：487 名自然人投资者诉五洋建设集团股份有限公司等证券虚假陈述责任纠纷案；顾某某、刘某 2 等 11 名投资者诉康美药业股份有限公司证券虚假陈述责任纠纷特别代表人诉讼案；梁某某个人破产重整案；海航集团有限公司等 321 家公司实质合并重整案；北大方正集团有限公司等五家公司实质合并重整案；招商银行股份有限公司与光大资本投资有限公司其他合同纠纷案；吕某诉彭某、彭某林、王某英、重庆渝嘉建筑安装工程有限公司、重庆旺聚贸易有限公司、重庆品尊投资咨询有限公司、重庆首成房地产开发有限公司及一审第三人重庆竣尊房地产开发有限公司损害公司利益纠纷案；成都九正科技实业有限公司与璧合科技股份有限公司、天津和合科技有限公司买卖合同纠纷案；河南省中原小额贷款有限公司、雏鹰农牧集团股份有限公司与河南新郑农村商业银行股份有限公司、郑州正通联合会计师事务所、西藏吉腾实业有限公司、河南泰元投资担保有限公司损害公司债权人利益责任案；中国平安财产保险股份有限公司大庆支公司与七台河市天宇选煤有限责任公司财产损失保险合同纠纷案。

这十个案件展示了过去一年中，人民法院在商事审判中坚持以习近平新时代中国特色社会主义思想为指导，深入学习贯彻习近平法治思想，坚持服务大局、司法为民、公正司法，准确理解和适用《中华人民共和国民法典》等法律法规，定分止

* 摘自最高人民法院微信公众号，2022 年 1 月 29 日发布。原文链接：https://mp. weixin. qq. com/s/c_xQtGiqsSOsmbzuWn9SZQ。

争,惩戒威慑违法行为,保护债权人、投资人和企业的合法利益,优化营商环境等诸多领域所付出的努力,以及在充分发挥商事审判职能,为经济社会高质量发展提供高水平司法服务和保障方面作出的积极贡献。

……

作出虚假陈述行为的上市公司及其董事、监事、高级管理人员和有重大过错的审计机构及其合伙人,应当按照其过错类型、在虚假陈述行为中所起的作用大小等,承担相应的赔偿责任。

——顾某某等11名投资者诉康美药业股份有限公司证券虚假陈述责任纠纷特别代表人诉讼案

案情简介:2020年12月31日,顾某某等11名原告,就康美药业股份有限公司(以下简称康美药业)证券虚假陈述责任纠纷提起普通代表人诉讼,要求康美药业、马某1、许某某等22名被告赔偿其投资损失。2021年3月30日,原告申请追加广东正中珠江会计师事务所(特殊普通合伙)(以下简称正中珠江会计)等五名当事人为本案被告,请求判令其与前述22名被告承担连带赔偿责任。2021年4月8日,中证中小投资者服务中心有限责任公司(以下简称投服中心)受56名投资者的特别授权,申请作为代表人参加诉讼。经最高人民法院指定管辖,广东省广州市中级人民法院(以下简称广州中院)适用特别代表人诉讼程序审理该案。广州中院查明,康美药业披露的财报中存在虚增营业收入、货币资金等情况,正中珠江会计出具的审计报告存在虚假记载。经专业机构评估,扣除系统风险后投资者实际损失为24.59亿元。广州中院认为,康美药业进行虚假陈述,造成了投资者投资损失,应承担赔偿责任。马某1、许某某等组织策划财务造假,正中珠江会计及相关审计人员违反执业准则,均应对投资者损失承担全部连带赔偿责任。康美药业部分董事、监事、高级管理人员虽未直接参与造假,但签字确认财务报告真实性,应根据过失大小分别在投资者损失的20%、10%及5%范围内承担连带赔偿责任。2021年11月12日,广州中院作出相应判决。宣判后当事人均未上诉,判决已发生法律效力。

专家点评(李曙光　中国政法大学教授、博士研究生导师):《中华人民共和国证券法》(2014年修正)第69条及《中华人民共和国证券法》(2019年修订)第85条均规定了上市公司虚假陈述行为致使投资者在证券交易中遭受损失的,上市公司应当承担赔偿责任,不能证明自己没有过错的上市公司的董事、监事、高级管理人员应当与发行人、上市公司承担连带赔偿责任。但这并不意味着，所有有过错的信息披露义务人对投资者的全部损失均必须承担100%的连带赔偿责任。基于权责一致、罚过相当的原则，信息披露义务人应当按照其过错类型、在虚假陈述行为中所起的作用大小，承担相应的赔偿责任。这其中，实际控制人与接受其指派直接参与虚假陈述行为的董事、监事、高级管理人员之间存在意思联络，属于意思关联共同的主观共同侵权，应当对投资者的全部损失承担连带赔偿责任；其他未尽勤勉义务的董事、监事、高级管理人员，则只应当根据其过错程度，承担部分赔偿责任。

本案是首例采用特别代表人诉讼方式进行的证券虚假陈述责任纠纷案件，标志着以投资者“默示加入、明示退出”为特色的中国特色集体诉讼司法实践成功落地，对促进我国资本市场深化改革和健康发展、切实维护投资者合法权益具有深远意义，也是资本市场法治建设的新标杆，得到了媒体和投资者的普遍好评。（编辑：李璇、段茜茜）

今天，国新办新闻发布会“点名”这些案例*
（节选）

国务院新闻办公室于2021年9月23日下午3时举行“司法审判服务保障全面建成小康社会”新闻发布会，最高人民法院分管日常工作的副院长、一级大法官贺荣，副院长、二级大法官姜伟，副院长、二级大法官贺小荣，审判委员会副部级专职委员、二级大法官刘贵祥出席发布会介绍司法审判服务保障全面建成小康社会有关情况，并答记者问。

……

对资本市场违法违规行为“零容忍”，康美药业集体诉讼案：广州市中级人民法院2022年开庭审理了首例投服中心代表5.5万名投资者对康美药业提起的特别代

* 摘自最高人民法院微信公众号，2021年9月23日发布。原文链接：https://mp.weixin.qq.com/s/Xc18D_lrg7Twd3uwvowCBA。

表人诉讼,拉开了我国证券集体诉讼的序幕。(来源:人民法院新闻传媒总社,文字:李璇,编辑:李璇)

喜报! 2021 年度全国金融五一劳动奖和全国金融先锋号来袭!*（节选）

经党中央批准,近日中国金融工会全国委员会发布表彰决定,对 79 家单位授予全国金融五一劳动奖状、492 名同志授予全国金融五一劳动奖章、115 个集体授予全国金融先锋号,褒奖他们在聚焦服务实体经济、防范金融风险、深化金融改革重点任务中作出的突出贡献。

2021 年全国金融五一劳动奖状名单(79 个)

……

中国证券监督管理委员会(1)

中证中小投资者服务中心有限责任公司维权事务部

……

此次表彰面向基层,面向一线职工,并首次面向金融系统各类机构(单位)。受到表彰的先进个人,他们辛勤奋斗在银行、证券、保险业的本职岗位上,爱岗敬业、勤勉奉献、攻坚克难,努力为加强和改善金融服务贡献聪明才智。

受到表彰的优秀集体和个人是广大金融职工学习的标杆和榜样,必将带动广大金融职工努力创造无愧于时代的新业绩,在推动金融业高质量发展中充分发挥导向和引领作用。(编辑:曹文星、张倩、白雨婷,编审:付晶晶、申琪)

---

* 摘自金融工运微信公众号,2021 年 12 月 15 日发布。原文链接:https://mp. weixin. qq. com/s/LIkNxHT_UmPYIst5AhnjvQ。

中华全国总工会关于表彰2022年全国五一劳动奖和全国工人先锋号的决定*（节选）

2021年是党和国家历史上具有里程碑意义的一年，以习近平同志为核心的党中央团结带领全党全国各族人民，隆重庆祝中国共产党成立一百周年，如期打赢脱贫攻坚战，如期全面建成小康社会、实现第一个百年奋斗目标，开启全面建设社会主义现代化国家、向第二个百年奋斗目标进军新征程。在这一年里，全国广大职工紧密团结在以习近平同志为核心的党中央周围，充分发挥工人阶级主力军作用，积极投身疫情防控和经济社会发展各项工作，推动“十四五”规划实现良好开局，为我国发展取得新的重大成就作出了突出贡献，涌现出一大批先进集体和先进个人。为进一步增强新时代工人阶级的自豪感和使命感，营造劳动光荣的社会风尚和精益求精的敬业风气，中华全国总工会决定，授予北京奥林匹克公园管理委员会等200个单位全国五一劳动奖状，授予邹平等966名职工全国五一劳动奖章，授予北京市西城区疾病预防控制中心疫情防控应急队等956个集体全国工人先锋号。

希望受表彰的先进集体和先进个人珍惜荣誉、再接再厉，顽强拼搏、再创佳绩，用干劲、闯劲、钻劲鼓舞更多的人，激励广大劳动群众提高技术技能水平，焕发创新创造活力，奋进新征程，建功新时代，书写劳动创造幸福、技能成就梦想的新篇章。

2022年将召开中国共产党第二十次全国代表大会。中华全国总工会号召全国广大职工，更加紧密地团结在以习近平同志为核心的党中央周围，坚持以习近平新时代中国特色社会主义思想为指导，深入学习贯彻习近平总书记致首届大国工匠创新交流大会的贺信精神，深刻领悟“两个确立”的决定性意义，增强“四个意识”、坚定“四个自信”、做到“两个维护”，坚定不移听党话、矢志不渝跟党走，大力弘扬劳模精神、劳动精神、工匠精神，勤学苦练、深入钻研，勇于创新、敢为人先，为推动高

* 摘自全国总工会微信公众号，2022年4月28日发布。原文链接：https://mp.weixin.qq.com/s/S0zI93XSXNn3XzDz9SW0zA。

质量发展、实施制造强国战略、全面建设社会主义现代化国家贡献智慧和力量，以实际行动迎接党的二十大胜利召开。（来源：全总新闻中心，编校：马晨琦、张秋晨，编审：陈文娟、曹尧）

图1和图2分别为中华全国总工会、中国金融工会全国委员会向中证中小投资者服务中心有限责任公司维权事务部颁发的证书及中证中小投资者服务中心维权事务部集体合影。

图1　中证中小投资者服务中心维权事务部“工人先锋号”证书

图2　中证中小投资者服务中心维权事务部合影

附　　录

一、案件大事记

首单特别代表人诉讼康美药业案大事记

1. 2018 年 10 月 15 日晚开始，网上陆续出现文章，质疑康美药业货币资金真实性，指出可能存在财务造假等问题。

2. 2018 年 12 月 28 日，康美药业收到中国证券监督管理委员会（以下简称中国证监会）《调查通知书》（编号：粤证调查通字 180199 号）：因公司涉嫌信息披露违法违规，被立案调查。

3. 2020 年 5 月 14 日，康美药业公告《中国证监会行政处罚决定书》和《中国证监会市场禁入决定书》。

4. 2020 年 12 月 31 日，广州市中级人民法院（以下简称广州中院）受理了顾某某、刘某 2 等 11 名投资者申请提起的普通代表人诉讼。

5. 2021 年 3 月 26 日，广州中院发布《普通代表人诉讼权利登记公告》，同日，投服中心发布《接受康美药业虚假陈述民事赔偿案投资者委托的说明》。

6. 2021 年 4 月 8 日，投服中心接受 56 名权利人特别授权，向广州中院提交转换特别代表人诉讼的申请。

7. 2021 年 4 月 16 日，广州中院发布《特别代表人诉讼权利登记公告》。

8. 2021 年 4 月 30 日，投服中心向广州中院提交从中国证券登记结算有限责任公司调取的权利人名单。

9. 2021 年 6 月 18 日，广州中院组织线上视频调解。

10. 2021 年 7 月 22 日，投服中心向康美药业破产管理人申报债权。

11. 2021 年 7 月 27 日,广州中院开庭审理。

12. 2021 年 8 月 10 日,投服中心参加康美药业第一次债权人会议。

13. 2021 年 9 月 1 日,揭阳市中级人民法院(以下简称揭阳中院)出具决定书,投服中心成为康美药业破产重整债权人委员会成员。

14. 2021 年 9 月 28 日,广州中院组织线下调解。

15. 2021 年 11 月 12 日,广州中院开庭宣判一审判决。

16. 2021 年 11 月 15 日,康美药业召开第二次债权人会议。

17. 2021 年 11 月 19 日,投服中心发布对一审判决不予上诉的公告。

18. 2021 年 11 月 19 日,康美药业破产重整计划(草案)经全体债权人表决通过。

19. 2021 年 11 月 23 日,康美药业发布对一审判决不予上诉的公告。

20. 2021 年 11 月 26 日,揭阳中院裁定批准康美药业破产重整计划。

21. 2021 年 12 月 21 日,特别代表人诉讼开始执行偿付。

22. 2021 年 12 月 24 日,破产管理人发布《关于尚未领受现金、股票的虚假陈述集体诉讼债权人提供账户与身份信息的通知》。

23. 2021 年 12 月 31 日,康美药业公告重整计划执行完毕。

24. 2022 年 1 月 5 日,海通证券 6 名投资者代表因康美药业特别代表人诉讼获赔向投服中心赠送 6 面锦旗,称赞投服中心"热情服务,心系股民""专业服务,勤政为民"等。海通证券共 2100 余名投资者合计获赔 3800 余万,其中获赔金额最高的为 1 名机构投资者 600 余万,6 名投资者代表全体海通证券投资者向投服中心表达感谢。

25. 2021 年 9 月 23 日,康美药业案作为首例特别代表人诉讼,被列入国务院新闻办公室举行的"司法审判服务保障全面建成小康社会"新闻发布会中典型案例。

26. 2021 年 12 月 15 日,因承办首单特别代表人诉讼康美药业案,投服中心维权事务部被授予"全国金融五一劳动奖状"。

27. 2022 年 1 月 5 日,由《人民法院报》编辑部评选出的 2021 年度人民法院十大案件发布,康美药业案作为"全国首例证券虚假陈述责任纠纷集体诉讼案"入选。

28. 2022 年 1 月 22 日,由最高人民法院与中央广播电视总台共同主办的"新时代推动法治进程 2021 年度十大案件"评选,康美药业案入选。

29. 2022 年 1 月 29 日,最高人民法院民二庭评选的 2021 年度全国法院十大商事案件,康美药业案入选。

30. 2022 年 4 月 28 日,因承办首单特别代表人诉讼康美药业案,投服中心维权事务部被授予“全国工人先锋号”称号。

二、视频资料

本案相关报道视频请至相关网址或者中国投资者网—权益维护—维权服务栏目下观看：

1. 涉案300亿！首单证券纠纷特别代表人诉讼瞄准康美药业：什么是特别代表人诉讼？（东方卫视2021年4月19日报道）：https://www.kankanews.com/a/2021-04-19/0019730190.shtml。

2. 康美药业3年造假约300亿，首单证券纠纷特别代表人诉讼正式启动（东方卫视2021年4月19日报道）：https://www.kankanews.com/a/2021-04-19/0019730561.shtml。

3. 首例证券特别代表人诉讼启动，康美药业要被"算总账"？（东方卫视2021年4月19日报道）：https://www.kankanews.com/a/2021-04-19/0019730832.shtml。

4. 财经探真：康美财务造假案始末（央视财经频道2021年11月18日报道）：https://tv.cctv.com/2021/11/18/VIDEml1uqd4DriSBRFXCBUTr211118.shtml。

5. 我国首例特别代表人诉讼案一审判决：康美药业连续财务造假约300亿 被判赔付24.59亿元（上海广播电视台新闻综合频道2021年11月17日报道）：http://www.kankannews.com/a/2021-11-17/0019946849.shtml。

6. 独董辞职潮各方都要加速思考（央视财经频道2021年11月23日报道）：https://tv.cctv.com/2021/11/23/VIDEq61sQobnzKTXL97ZkNZ7211123.shtml。

7. 全国首例证券集体诉讼案康美药业案中小投资者损失陆续赔付（央视新闻频道2021年12月21日报道）：https://content-static.cctvnews.cctv.com/snow-book/video.html?item_id=2259006039693331878&toc_style_id=video_

default&share_to = wechat&track_id = 01a2af0c - 2ae2 - 4eb2 - b627 - db9d22dd2564。

8. 关注康美药业案执行赔偿(“央视新闻频道”2021 年 12 月 23 日报道):https://content-static. cctvnews. cctv. com/snow-book/video. html? item _ id = 16001565607503879607&t = 1640218838097&toc_style_id = video_default&share_to = wechat&track_id = 33d05981 - 92ea - 4c06 - adca-fa73c9c7db5c。

9. 康美药业赔偿开始执行 投资人陆续收到赔款(上海广播电视台新闻综合频道 2021 年 12 月 24 日报道):https://www. kankanews. com/a/2021 - 12 - 24/0039988049. shtml。

10.《中上协会客厅》第二期:315 聚焦“投资者保护”构建“大投保”格局:https://mp. weixin. qq. com/s/hTidR9eIAwgaL4gE2PqXKw。

11. 特别代表人诉讼快问快答短视频(请至中国投资者网—权益维护—维权服务栏目下观看)。

12. 上交所投服中心普法讲堂授课《特别代表人诉讼与中小投资者保护》(授课人苟晨露)(请至中国投资者网—权益维护—维权服务栏目下观看)。

13. 深交所投服中心普法云讲堂授课《特别代表人诉讼与中小投资者保护》(授课人夏雯雯)(请至中国投资者网—权益维护—维权服务栏目下观看)。

14. 第四届《股东来了》决赛(芒果 TV):https://m. mgtv. com/b/370146/14650833. html? f = m _ wx&dc = 7A4ABFC5 - 88B8 - 4A11 - AC4E - 6E81B347CBFA。

三、法律、司法解释及配套规则

(一)《证券法》节选

第六章　投资者保护

第八十八条　证券公司向投资者销售证券、提供服务时,应当按照规定充分了解投资者的基本情况、财产状况、金融资产状况、投资知识和经验、专业能力等相关信息;如实说明证券、服务的重要内容,充分揭示投资风险;销售、提供与投资者上述状况相匹配的证券、服务。

投资者在购买证券或者接受服务时,应当按照证券公司明示的要求提供前款所列真实信息。拒绝提供或者未按照要求提供信息的,证券公司应当告知其后果,并按照规定拒绝向其销售证券、提供服务。

证券公司违反第一款规定导致投资者损失的,应当承担相应的赔偿责任。

第八十九条　根据财产状况、金融资产状况、投资知识和经验、专业能力等因素,投资者可以分为普通投资者和专业投资者。专业投资者的标准由国务院证券监督管理机构规定。

普通投资者与证券公司发生纠纷的,证券公司应当证明其行为符合法律、行政法规以及国务院证券监督管理机构的规定,不存在误导、欺诈等情形。证券公司不能证明的,应当承担相应的赔偿责任。

第九十条　上市公司董事会、独立董事、持有百分之一以上有表决权股份的股东或者依照法律、行政法规或者国务院证券监督管理机构的规定设立的投资者保护机构(以下简称投资者保护机构),可以作为征集人,自行或者委托证券公司、证券服务机构,公开请求上市公司股东委托其代为出席股东大会,并代为行使提案权、表决权等股东权利。

依照前款规定征集股东权利的,征集人应当披露征集文件,上市公司应当予以配合。

禁止以有偿或者变相有偿的方式公开征集股东权利。

公开征集股东权利违反法律、行政法规或者国务院证券监督管理机构有关规定,导致上市公司或者其股东遭受损失的,应当依法承担赔偿责任。

第九十一条 上市公司应当在章程中明确分配现金股利的具体安排和决策程序,依法保障股东的资产收益权。

上市公司当年税后利润,在弥补亏损及提取法定公积金后有盈余的,应当按照公司章程的规定分配现金股利。

第九十二条 公开发行公司债券的,应当设立债券持有人会议,并应当在募集说明书中说明债券持有人会议的召集程序、会议规则和其他重要事项。

公开发行公司债券的,发行人应当为债券持有人聘请债券受托管理人,并订立债券受托管理协议。受托管理人应当由本次发行的承销机构或者其他经国务院证券监督管理机构认可的机构担任,债券持有人会议可以决议变更债券受托管理人。债券受托管理人应当勤勉尽责,公正履行受托管理职责,不得损害债券持有人利益。

债券发行人未能按期兑付债券本息的,债券受托管理人可以接受全部或者部分债券持有人的委托,以自己名义代表债券持有人提起、参加民事诉讼或者清算程序。

第九十三条 发行人因欺诈发行、虚假陈述或者其他重大违法行为给投资者造成损失的,发行人的控股股东、实际控制人、相关的证券公司可以委托投资者保护机构,就赔偿事宜与受到损失的投资者达成协议,予以先行赔付。先行赔付后,可以依法向发行人以及其他连带责任人追偿。

第九十四条 投资者与发行人、证券公司等发生纠纷的,双方可以向投资者保护机构申请调解。普通投资者与证券公司发生证券业务纠纷,普通投资者提出调解请求的,证券公司不得拒绝。

投资者保护机构对损害投资者利益的行为,可以依法支持投资者向人民法院提起诉讼。

发行人的董事、监事、高级管理人员执行公司职务时违反法律、行政法规或者公司章程的规定给公司造成损失，发行人的控股股东、实际控制人等侵犯公司合法权益给公司造成损失，投资者保护机构持有该公司股份的，可以为公司的利益以自己的名义向人民法院提起诉讼，持股比例和持股期限不受《中华人民共和国公司法》规定的限制。

第九十五条 投资者提起虚假陈述等证券民事赔偿诉讼时，诉讼标的是同一种类，且当事人一方人数众多的，可以依法推选代表人进行诉讼。

对按照前款规定提起的诉讼，可能存在有相同诉讼请求的其他众多投资者的，人民法院可以发出公告，说明该诉讼请求的案件情况，通知投资者在一定期间向人民法院登记。人民法院作出的判决、裁定，对参加登记的投资者发生效力。

投资者保护机构受五十名以上投资者委托，可以作为代表人参加诉讼，并为经证券登记结算机构确认的权利人依照前款规定向人民法院登记，但投资者明确表示不愿意参加该诉讼的除外。

（二）《民事诉讼法》节选

第五章　诉讼参加人

第一节　当　事　人

第五十一条 公民、法人和其他组织可以作为民事诉讼的当事人。

法人由其法定代表人进行诉讼。其他组织由其主要负责人进行诉讼。

第五十二条 当事人有权委托代理人，提出回避申请，收集、提供证据，进行辩论，请求调解，提起上诉，申请执行。

当事人可以查阅本案有关材料，并可以复制本案有关材料和法律文书。查阅、复制本案有关材料的范围和办法由最高人民法院规定。

当事人必须依法行使诉讼权利，遵守诉讼秩序，履行发生法律效力的判决书、裁定书和调解书。

第五十三条 双方当事人可以自行和解。

第五十四条 原告可以放弃或者变更诉讼请求。被告可以承认或者反驳诉讼请求,有权提起反诉。

第五十五条 当事人一方或者双方为二人以上,其诉讼标的是共同的,或者诉讼标的是同一种类、人民法院认为可以合并审理并经当事人同意的,为共同诉讼。

共同诉讼的一方当事人对诉讼标的有共同权利义务的,其中一人的诉讼行为经其他共同诉讼人承认,对其他共同诉讼人发生效力;对诉讼标的没有共同权利义务的,其中一人的诉讼行为对其他共同诉讼人不发生效力。

第五十六条 当事人一方人数众多的共同诉讼,可以由当事人推选代表人进行诉讼。代表人的诉讼行为对其所代表的当事人发生效力,但代表人变更、放弃诉讼请求或者承认对方当事人的诉讼请求,进行和解,必须经被代表的当事人同意。

第五十七条 诉讼标的是同一种类、当事人一方人数众多在起诉时人数尚未确定的,人民法院可以发出公告,说明案件情况和诉讼请求,通知权利人在一定期间向人民法院登记。

向人民法院登记的权利人可以推选代表人进行诉讼;推选不出代表人的,人民法院可以与参加登记的权利人商定代表人。

代表人的诉讼行为对其所代表的当事人发生效力,但代表人变更、放弃诉讼请求或者承认对方当事人的诉讼请求,进行和解,必须经被代表的当事人同意。

人民法院作出的判决、裁定,对参加登记的全体权利人发生效力。未参加登记的权利人在诉讼时效期间提起诉讼的,适用该判决、裁定。

第五十八条 对污染环境、侵害众多消费者合法权益等损害社会公共利益的行为,法律规定的机关和有关组织可以向人民法院提起诉讼。

人民检察院在履行职责中发现破坏生态环境和资源保护、食品药品安全领域侵害众多消费者合法权益等损害社会公共利益的行为,在没有前款规定的机关和组织或者前款规定的机关和组织不提起诉讼的情况下,可以向人民法院提起诉讼。前款规定的机关或者组织提起诉讼的,人民检察院可以支持起诉。

第五十九条 对当事人双方的诉讼标的,第三人认为有独立请求权的,有权提起诉讼。

对当事人双方的诉讼标的,第三人虽然没有独立请求权,但案件处理结果同他有法律上的利害关系的,可以申请参加诉讼,或者由人民法院通知他参加诉讼。人民法院判决承担民事责任的第三人,有当事人的诉讼权利义务。

前两款规定的第三人,因不能归责于本人的事由未参加诉讼,但有证据证明发生法律效力的判决、裁定、调解书的部分或者全部内容错误,损害其民事权益的,可以自知道或者应当知道其民事权益受到损害之日起六个月内,向作出该判决、裁定、调解书的人民法院提起诉讼。人民法院经审理,诉讼请求成立的,应当改变或者撤销原判决、裁定、调解书;诉讼请求不成立的,驳回诉讼请求。

(三)《最高人民法院关于审理证券市场因虚假陈述引发的民事赔偿案件的若干规定》

法释〔2003〕2号

为正确审理证券市场因虚假陈述引发的民事赔偿案件,规范证券市场民事行为,保护投资人合法权益,根据《中华人民共和国民法通则》、《中华人民共和国证券法》、《中华人民共和国公司法》以及《中华人民共和国民事诉讼法》等法律、法规的规定,结合证券市场实际情况和审判实践,制定本规定。

一、一般规定

第一条 本规定所称证券市场因虚假陈述引发的民事赔偿案件(以下简称虚假陈述证券民事赔偿案件),是指证券市场投资人以信息披露义务人违反法律规定,进行虚假陈述并致使其遭受损失为由,而向人民法院提起诉讼的民事赔偿案件。

第二条 本规定所称投资人,是指在证券市场上从事证券认购和交易的自然人、法人或者其他组织。

本规定所称证券市场,是指发行人向社会公开募集股份的发行市场,通过证券交易所报价系统进行证券交易的市场,证券公司代办股份转让市场以及国家批准设立的其他证券市场。

第三条 因下列交易发生的民事诉讼,不适用本规定:

(一)在国家批准设立的证券市场以外进行的交易;

(二)在国家批准设立的证券市场上通过协议转让方式进行的交易。

第四条 人民法院审理虚假陈述证券民事赔偿案件,应当着重调解,鼓励当事人和解。

第五条 投资人对虚假陈述行为人提起民事赔偿的诉讼时效期间,适用民法通则第一百三十五条的规定,根据下列不同情况分别起算:

(一)中国证券监督管理委员会或其派出机构公布对虚假陈述行为人作出处罚决定之日;

(二)中华人民共和国财政部、其他行政机关以及有权作出行政处罚的机构公布对虚假陈述行为人作出处罚决定之日;

(三)虚假陈述行为人未受行政处罚,但已被人民法院认定有罪的,作出刑事判决生效之日。

因同一虚假陈述行为,对不同虚假陈述行为人作出两个以上行政处罚;或者既有行政处罚,又有刑事处罚的,以最先作出的行政处罚决定公告之日或者作出的刑事判决生效之日,为诉讼时效起算之日。

二、受理与管辖

第六条 投资人以自己受到虚假陈述侵害为由,依据有关机关的行政处罚决定或者人民法院的刑事裁判文书,对虚假陈述行为人提起的民事赔偿诉讼,符合民事诉讼法第一百零八条规定的,人民法院应当受理。

投资人提起虚假陈述证券民事赔偿诉讼,除提交行政处罚决定或者公告,或者人民法院的刑事裁判文书以外,还须提交以下证据:

(一)自然人、法人或者其他组织的身份证明文件,不能提供原件的,应当提交经公证证明的复印件;

(二)进行交易的凭证等投资损失证据材料。

第七条 虚假陈述证券民事赔偿案件的被告,应当是虚假陈述行为人,包括:

(一)发起人、控股股东等实际控制人;

（二）发行人或者上市公司；

（三）证券承销商；

（四）证券上市推荐人；

（五）会计师事务所、律师事务所、资产评估机构等专业中介服务机构；

（六）上述（二）、（三）、（四）项所涉单位中负有责任的董事、监事和经理等高级管理人员以及（五）项中直接责任人；

（七）其他作出虚假陈述的机构或者自然人。

第八条 虚假陈述证券民事赔偿案件，由省、直辖市、自治区人民政府所在的市、计划单列市和经济特区中级人民法院管辖。

第九条 投资人对多个被告提起证券民事赔偿诉讼的，按下列原则确定管辖：

（一）由发行人或者上市公司所在地有管辖权的中级人民法院管辖。但有本规定第十条第二款规定的情形除外。

（二）对发行人或者上市公司以外的虚假陈述行为人提起的诉讼，由被告所在地有管辖权的中级人民法院管辖。

（三）仅以自然人为被告提起的诉讼，由被告所在地有管辖权的中级人民法院管辖。

第十条 人民法院受理以发行人或者上市公司以外的虚假陈述行为人为被告提起的诉讼后，经当事人申请或者征得所有原告同意后，可以追加发行人或者上市公司为共同被告。人民法院追加后，应当将案件移送发行人或者上市公司所在地有管辖权的中级人民法院管辖。

当事人不申请或者原告不同意追加，人民法院认为确有必要追加的，应当通知发行人或者上市公司作为共同被告参加诉讼，但不得移送案件。

第十一条 人民法院受理虚假陈述证券民事赔偿案件后，受行政处罚当事人对行政处罚不服申请行政复议或者提起行政诉讼的，可以裁定中止审理。

人民法院受理虚假陈述证券民事赔偿案件后，有关行政处罚被撤销的，应当裁定终结诉讼。

三、诉讼方式

第十二条 本规定所涉证券民事赔偿案件的原告可以选择单独诉讼或者共同

诉讼方式提起诉讼。

第十三条 多个原告因同一虚假陈述事实对相同被告提起的诉讼，既有单独诉讼也有共同诉讼的，人民法院可以通知提起单独诉讼的原告参加共同诉讼。

多个原告因同一虚假陈述事实对相同被告同时提起两个以上共同诉讼的，人民法院可以将其合并为一个共同诉讼。

第十四条 共同诉讼的原告人数应当在开庭审理前确定。原告人数众多的可以推选二至五名诉讼代表人，每名诉讼代表人可以委托一至二名诉讼代理人。

第十五条 诉讼代表人应当经过其所代表的原告特别授权，代表原告参加开庭审理，变更或者放弃诉讼请求、与被告进行和解或者达成调解协议。

第十六条 人民法院判决被告对人数众多的原告承担民事赔偿责任时，可以在判决主文中对赔偿总额作出判决，并将每个原告的姓名、应获得赔偿金额等列表附于民事判决书后。

四、虚假陈述的认定

第十七条 证券市场虚假陈述，是指信息披露义务人违反证券法律规定，在证券发行或者交易过程中，对重大事件作出违背事实真相的虚假记载、误导性陈述，或者在披露信息时发生重大遗漏、不正当披露信息的行为。

对于重大事件，应当结合证券法第五十九条、第六十条、第六十一条、第六十二条、第七十二条及相关规定的内容认定。

虚假记载，是指信息披露义务人在披露信息时，将不存在的事实在信息披露文件中予以记载的行为。

误导性陈述，是指虚假陈述行为人在信息披露文件中或者通过媒体，作出使投资人对其投资行为发生错误判断并产生重大影响的陈述。

重大遗漏，是指信息披露义务人在信息披露文件中，未将应当记载的事项完全或者部分予以记载。

不正当披露，是指信息披露义务人未在适当期限内或者未以法定方式公开披露应当披露的信息。

第十八条 投资人具有以下情形的，人民法院应当认定虚假陈述与损害结果之间存在因果关系：

(一)投资人所投资的是与虚假陈述直接关联的证券;

(二)投资人在虚假陈述实施日及以后,至揭露日或者更正日之前买入该证券;

(三)投资人在虚假陈述揭露日或者更正日及以后,因卖出该证券发生亏损,或者因持续持有该证券而产生亏损。

第十九条 被告举证证明原告具有以下情形的,人民法院应当认定虚假陈述与损害结果之间不存在因果关系:

(一)在虚假陈述揭露日或者更正日之前已经卖出证券;

(二)在虚假陈述揭露日或者更正日及以后进行的投资;

(三)明知虚假陈述存在而进行的投资;

(四)损失或者部分损失是由证券市场系统风险等其他因素所导致;

(五)属于恶意投资、操纵证券价格的。

第二十条 本规定所指的虚假陈述实施日,是指作出虚假陈述或者发生虚假陈述之日。

虚假陈述揭露日,是指虚假陈述在全国范围发行或者播放的报刊、电台、电视台等媒体上,首次被公开揭露之日。

虚假陈述更正日,是指虚假陈述行为人在中国证券监督管理委员会指定披露证券市场信息的媒体上,自行公告更正虚假陈述并按规定履行停牌手续之日。

五、归责与免责事由

第二十一条 发起人、发行人或者上市公司对其虚假陈述给投资人造成的损失承担民事赔偿责任。

发行人、上市公司负有责任的董事、监事和经理等高级管理人员对前款的损失承担连带赔偿责任。但有证据证明无过错的,应予免责。

第二十二条 实际控制人操纵发行人或者上市公司违反证券法律规定,以发行人或者上市公司名义虚假陈述并给投资人造成损失的,可以由发行人或者上市公司承担赔偿责任。发行人或者上市公司承担赔偿责任后,可以向实际控制人追偿。

实际控制人违反证券法第四条、第五条以及第一百八十八条规定虚假陈述,给投资人造成损失的,由实际控制人承担赔偿责任。

第二十三条 证券承销商、证券上市推荐人对虚假陈述给投资人造成的损失承担赔偿责任。但有证据证明无过错的,应予免责。

负有责任的董事、监事和经理等高级管理人员对证券承销商、证券上市推荐人承担的赔偿责任负连带责任。其免责事由同前款规定。

第二十四条 专业中介服务机构及其直接责任人违反证券法第一百六十一条和第二百零二条的规定虚假陈述,给投资人造成损失的,就其负有责任的部分承担赔偿责任。但有证据证明无过错的,应予免责。

第二十五条 本规定第七条第(七)项规定的其他作出虚假陈述行为的机构或者自然人,违反证券法第五条、第七十二条、第一百八十八条和第一百八十九条规定,给投资人造成损失的,应当承担赔偿责任。

六、共同侵权责任

第二十六条 发起人对发行人信息披露提供担保的,发起人与发行人对投资人的损失承担连带责任。

第二十七条 证券承销商、证券上市推荐人或者专业中介服务机构,知道或者应当知道发行人或者上市公司虚假陈述,而不予纠正或者不出具保留意见的,构成共同侵权,对投资人的损失承担连带责任。

第二十八条 发行人、上市公司、证券承销商、证券上市推荐人负有责任的董事、监事和经理等高级管理人员有下列情形之一的,应当认定为共同虚假陈述,分别与发行人、上市公司、证券承销商、证券上市推荐人对投资人的损失承担连带责任:

(一)参与虚假陈述的;

(二)知道或者应当知道虚假陈述而未明确表示反对的;

(三)其他应当负有责任的情形。

七、损 失 认 定

第二十九条 虚假陈述行为人在证券发行市场虚假陈述,导致投资人损失的,投资人有权要求虚假陈述行为人按本规定第三十条赔偿损失;导致证券被停止发行的,投资人有权要求返还和赔偿所缴股款及银行同期活期存款利率的利息。

第三十条 虚假陈述行为人在证券交易市场承担民事赔偿责任的范围,以投资人因虚假陈述而实际发生的损失为限。投资人实际损失包括:

(一)投资差额损失;

(二)投资差额损失部分的佣金和印花税。

前款所涉资金利息,自买入至卖出证券日或者基准日,按银行同期活期存款利率计算。

第三十一条 投资人在基准日及以前卖出证券的,其投资差额损失,以买入证券平均价格与实际卖出证券平均价格之差,乘以投资人所持证券数量计算。

第三十二条 投资人在基准日之后卖出或者仍持有证券的,其投资差额损失,以买入证券平均价格与虚假陈述揭露日或者更正日起至基准日期间,每个交易日收盘价的平均价格之差,乘以投资人所持证券数量计算。

第三十三条 投资差额损失计算的基准日,是指虚假陈述揭露或者更正后,为将投资人应获赔偿限定在虚假陈述所造成的损失范围内,确定损失计算的合理期间而规定的截止日期。基准日分别按下列情况确定:

(一)揭露日或者更正日起,至被虚假陈述影响的证券累计成交量达到其可流通部分100%之日。但通过大宗交易协议转让的证券成交量不予计算。

(二)按前项规定在开庭审理前尚不能确定的,则以揭露日或者更正日后第30个交易日为基准日。

(三)已经退出证券交易市场的,以摘牌日前一交易日为基准日。

(四)已经停止证券交易的,可以停牌日前一交易日为基准日;恢复交易的,可以本条第(一)项规定确定基准日。

第三十四条 投资人持股期间基于股东身份取得的收益,包括红利、红股、公积金转增所得的股份以及投资人持股期间出资购买的配股、增发股和转配股,不得冲抵虚假陈述行为人的赔偿金额。

第三十五条 已经除权的证券,计算投资差额损失时,证券价格和证券数量应当复权计算。

八、附　　则

第三十六条 本规定自2003年2月1日起施行。

第三十七条　本院 2002 年 1 月 15 日发布的《关于受理证券市场因虚假陈述引发的民事侵权纠纷案件有关问题的通知》中与本规定不一致的，以本规定为准。

（四）《最高人民法院关于审理证券市场虚假陈述侵权民事赔偿案件的若干规定》

法释〔2022〕2 号

为正确审理证券市场虚假陈述侵权民事赔偿案件，规范证券发行和交易行为，保护投资者合法权益，维护公开、公平、公正的证券市场秩序，根据《中华人民共和国民法典》《中华人民共和国证券法》《中华人民共和国公司法》《中华人民共和国民事诉讼法》等法律规定，结合审判实践，制定本规定。

一、一 般 规 定

第一条　信息披露义务人在证券交易场所发行、交易证券过程中实施虚假陈述引发的侵权民事赔偿案件，适用本规定。

按照国务院规定设立的区域性股权市场中发生的虚假陈述侵权民事赔偿案件，可以参照适用本规定。

第二条　原告提起证券虚假陈述侵权民事赔偿诉讼，符合民事诉讼法第一百二十二条规定，并提交以下证据或者证明材料的，人民法院应当受理：

（一）证明原告身份的相关文件；

（二）信息披露义务人实施虚假陈述的相关证据；

（三）原告因虚假陈述进行交易的凭证及投资损失等相关证据。

人民法院不得仅以虚假陈述未经监管部门行政处罚或者人民法院生效刑事判决的认定为由裁定不予受理。

第三条　证券虚假陈述侵权民事赔偿案件，由发行人住所地的省、自治区、直辖市人民政府所在的市、计划单列市和经济特区中级人民法院或者专门人民法院管辖。《最高人民法院关于证券纠纷代表人诉讼若干问题的规定》等对管辖另有规定的，从其规定。

省、自治区、直辖市高级人民法院可以根据本辖区的实际情况，确定管辖第一审证券虚假陈述侵权民事赔偿案件的其他中级人民法院，报最高人民法院备案。

二、虚假陈述的认定

第四条 信息披露义务人违反法律、行政法规、监管部门制定的规章和规范性文件关于信息披露的规定，在披露的信息中存在虚假记载、误导性陈述或者重大遗漏的，人民法院应当认定为虚假陈述。

虚假记载，是指信息披露义务人披露的信息中对相关财务数据进行重大不实记载，或者对其他重要信息作出与真实情况不符的描述。

误导性陈述，是指信息披露义务人披露的信息隐瞒了与之相关的部分重要事实，或者未及时披露相关更正、确认信息，致使已经披露的信息因不完整、不准确而具有误导性。

重大遗漏，是指信息披露义务人违反关于信息披露的规定，对重大事件或者重要事项等应当披露的信息未予披露。

第五条 证券法第八十五条规定的"未按照规定披露信息"，是指信息披露义务人未按照规定的期限、方式等要求及时、公平披露信息。

信息披露义务人"未按照规定披露信息"构成虚假陈述的，依照本规定承担民事责任；构成内幕交易的，依照证券法第五十三条的规定承担民事责任；构成公司法第一百五十二条规定的损害股东利益行为的，依照该法承担民事责任。

第六条 原告以信息披露文件中的盈利预测、发展规划等预测性信息与实际经营情况存在重大差异为由主张发行人实施虚假陈述的，人民法院不予支持，但有下列情形之一的除外：

（一）信息披露文件未对影响该预测实现的重要因素进行充分风险提示的；

（二）预测性信息所依据的基本假设、选用的会计政策等编制基础明显不合理的；

（三）预测性信息所依据的前提发生重大变化时，未及时履行更正义务的。

前款所称的重大差异，可以参照监管部门和证券交易场所的有关规定认定。

第七条 虚假陈述实施日，是指信息披露义务人作出虚假陈述或者发生虚假陈述之日。

信息披露义务人在证券交易场所的网站或者符合监管部门规定条件的媒体上公告发布具有虚假陈述内容的信息披露文件,以披露日为实施日;通过召开业绩说明会、接受新闻媒体采访等方式实施虚假陈述的,以该虚假陈述的内容在具有全国性影响的媒体上首次公布之日为实施日。信息披露文件或者相关报导内容在交易日收市后发布的,以其后的第一个交易日为实施日。

因未及时披露相关更正、确认信息构成误导性陈述,或者未及时披露重大事件或者重要事项等构成重大遗漏的,以应当披露相关信息期限届满后的第一个交易日为实施日。

第八条 虚假陈述揭露日,是指虚假陈述在具有全国性影响的报刊、电台、电视台或监管部门网站、交易场所网站、主要门户网站、行业知名的自媒体等媒体上,首次被公开揭露并为证券市场知悉之日。

人民法院应当根据公开交易市场对相关信息的反应等证据,判断投资者是否知悉了虚假陈述。

除当事人有相反证据足以反驳外,下列日期应当认定为揭露日:

(一)监管部门以涉嫌信息披露违法为由对信息披露义务人立案调查的信息公开之日;

(二)证券交易场所等自律管理组织因虚假陈述对信息披露义务人等责任主体采取自律管理措施的信息公布之日。

信息披露义务人实施的虚假陈述呈连续状态的,以首次被公开揭露并为证券市场知悉之日为揭露日。信息披露义务人实施多个相互独立的虚假陈述的,人民法院应当分别认定其揭露日。

第九条 虚假陈述更正日,是指信息披露义务人在证券交易场所网站或者符合监管部门规定条件的媒体上,自行更正虚假陈述之日。

三、重大性及交易因果关系

第十条 有下列情形之一的,人民法院应当认定虚假陈述的内容具有重大性:

(一)虚假陈述的内容属于证券法第八十条第二款、第八十一条第二款规定的重大事件;

（二）虚假陈述的内容属于监管部门制定的规章和规范性文件中要求披露的重大事件或者重要事项；

（三）虚假陈述的实施、揭露或者更正导致相关证券的交易价格或者交易量产生明显的变化。

前款第一项、第二项所列情形，被告提交证据足以证明虚假陈述并未导致相关证券交易价格或者交易量明显变化的，人民法院应当认定虚假陈述的内容不具有重大性。

被告能够证明虚假陈述不具有重大性，并以此抗辩不应当承担民事责任的，人民法院应当予以支持。

第十一条 原告能够证明下列情形的，人民法院应当认定原告的投资决定与虚假陈述之间的交易因果关系成立：

（一）信息披露义务人实施了虚假陈述；

（二）原告交易的是与虚假陈述直接关联的证券；

（三）原告在虚假陈述实施日之后、揭露日或更正日之前实施了相应的交易行为，即在诱多型虚假陈述中买入了相关证券，或者在诱空型虚假陈述中卖出了相关证券。

第十二条 被告能够证明下列情形之一的，人民法院应当认定交易因果关系不成立：

（一）原告的交易行为发生在虚假陈述实施前，或者是在揭露或更正之后；

（二）原告在交易时知道或者应当知道存在虚假陈述，或者虚假陈述已经被证券市场广泛知悉；

（三）原告的交易行为是受到虚假陈述实施后发生的上市公司的收购、重大资产重组等其他重大事件的影响；

（四）原告的交易行为构成内幕交易、操纵证券市场等证券违法行为的；

（五）原告的交易行为与虚假陈述不具有交易因果关系的其他情形。

四、过错认定

第十三条 证券法第八十五条、第一百六十三条所称的过错，包括以下两种情形：

（一）行为人故意制作、出具存在虚假陈述的信息披露文件，或者明知信息披露文件存在虚假陈述而不予指明、予以发布；

（二）行为人严重违反注意义务，对信息披露文件中虚假陈述的形成或者发布存在过失。

第十四条　发行人的董事、监事、高级管理人员和其他直接责任人员主张对虚假陈述没有过错的，人民法院应当根据其工作岗位和职责、在信息披露资料的形成和发布等活动中所起的作用、取得和了解相关信息的渠道、为核验相关信息所采取的措施等实际情况进行审查认定。

前款所列人员不能提供勤勉尽责的相应证据，仅以其不从事日常经营管理、无相关职业背景和专业知识、相信发行人或者管理层提供的资料、相信证券服务机构出具的专业意见等理由主张其没有过错的，人民法院不予支持。

第十五条　发行人的董事、监事、高级管理人员依照证券法第八十二条第四款的规定，以书面方式发表附具体理由的意见并依法披露的，人民法院可以认定其主观上没有过错，但在审议、审核信息披露文件时投赞成票的除外。

第十六条　独立董事能够证明下列情形之一的，人民法院应当认定其没有过错：

（一）在签署相关信息披露文件之前，对不属于自身专业领域的相关具体问题，借助会计、法律等专门职业的帮助仍然未能发现问题的；

（二）在揭露日或更正日之前，发现虚假陈述后及时向发行人提出异议并监督整改或者向证券交易场所、监管部门书面报告的；

（三）在独立意见中对虚假陈述事项发表保留意见、反对意见或者无法表示意见并说明具体理由的，但在审议、审核相关文件时投赞成票的除外；

（四）因发行人拒绝、阻碍其履行职责，导致无法对相关信息披露文件是否存在虚假陈述作出判断，并及时向证券交易场所、监管部门书面报告的；

（五）能够证明勤勉尽责的其他情形。

独立董事提交证据证明其在履职期间能够按照法律、监管部门制定的规章和规范性文件以及公司章程的要求履行职责的，或者在虚假陈述被揭露后及时督促发行人整改且效果较为明显的，人民法院可以结合案件事实综合判断其过错情况。

外部监事和职工监事，参照适用前两款规定。

第十七条 保荐机构、承销机构等机构及其直接责任人员提交的尽职调查工作底稿、尽职调查报告、内部审核意见等证据能够证明下列情形的，人民法院应当认定其没有过错：

（一）已经按照法律、行政法规、监管部门制定的规章和规范性文件、相关行业执业规范的要求，对信息披露文件中的相关内容进行了审慎尽职调查；

（二）对信息披露文件中没有证券服务机构专业意见支持的重要内容，经过审慎尽职调查和独立判断，有合理理由相信该部分内容与真实情况相符；

（三）对信息披露文件中证券服务机构出具专业意见的重要内容，经过审慎核查和必要的调查、复核，有合理理由排除了职业怀疑并形成合理信赖。

在全国中小企业股份转让系统从事挂牌和定向发行推荐业务的证券公司，适用前款规定。

第十八条 会计师事务所、律师事务所、资信评级机构、资产评估机构、财务顾问等证券服务机构制作、出具的文件存在虚假陈述的，人民法院应当按照法律、行政法规、监管部门制定的规章和规范性文件，参考行业执业规范规定的工作范围和程序要求等内容，结合其核查、验证工作底稿等相关证据，认定其是否存在过错。

证券服务机构的责任限于其工作范围和专业领域。证券服务机构依赖保荐机构或者其他证券服务机构的基础工作或者专业意见致使其出具的专业意见存在虚假陈述，能够证明其对所依赖的基础工作或者专业意见经过审慎核查和必要的调查、复核，排除了职业怀疑并形成合理信赖的，人民法院应当认定其没有过错。

第十九条 会计师事务所能够证明下列情形之一的，人民法院应当认定其没有过错：

（一）按照执业准则、规则确定的工作程序和核查手段并保持必要的职业谨慎，仍未发现被审计的会计资料存在错误的；

（二）审计业务必须依赖的金融机构、发行人的供应商、客户等相关单位提供不实证明文件，会计师事务所保持了必要的职业谨慎仍未发现的；

（三）已对发行人的舞弊迹象提出警告并在审计业务报告中发表了审慎审计意见的；

（四）能够证明没有过错的其他情形。

五、责任主体

第二十条　发行人的控股股东、实际控制人组织、指使发行人实施虚假陈述，致使原告在证券交易中遭受损失的，原告起诉请求直接判令该控股股东、实际控制人依照本规定赔偿损失的，人民法院应当予以支持。

控股股东、实际控制人组织、指使发行人实施虚假陈述，发行人在承担赔偿责任后要求该控股股东、实际控制人赔偿实际支付的赔偿款、合理的律师费、诉讼费用等损失的，人民法院应当予以支持。

第二十一条　公司重大资产重组的交易对方所提供的信息不符合真实、准确、完整的要求，导致公司披露的相关信息存在虚假陈述，原告起诉请求判令该交易对方与发行人等责任主体赔偿由此导致的损失的，人民法院应当予以支持。

第二十二条　有证据证明发行人的供应商、客户，以及为发行人提供服务的金融机构等明知发行人实施财务造假活动，仍然为其提供相关交易合同、发票、存款证明等予以配合，或者故意隐瞒重要事实致使发行人的信息披露文件存在虚假陈述，原告起诉请求判令其与发行人等责任主体赔偿由此导致的损失的，人民法院应当予以支持。

第二十三条　承担连带责任的当事人之间的责任分担与追偿，按照民法典第一百七十八条的规定处理，但本规定第二十条第二款规定的情形除外。

保荐机构、承销机构等责任主体以存在约定为由，请求发行人或者其控股股东、实际控制人补偿其因虚假陈述所承担的赔偿责任的，人民法院不予支持。

六、损失认定

第二十四条　发行人在证券发行市场虚假陈述，导致原告损失的，原告有权请求按照本规定第二十五条的规定赔偿损失。

第二十五条　信息披露义务人在证券交易市场承担民事赔偿责任的范围，以原告因虚假陈述而实际发生的损失为限。原告实际损失包括投资差额损失、投资差额损失部分的佣金和印花税。

第二十六条　投资差额损失计算的基准日，是指在虚假陈述揭露或更正后，为将原告应获赔偿限定在虚假陈述所造成的损失范围内，确定损失计算的合理期间而规定的截止日期。

在采用集中竞价的交易市场中，自揭露日或更正日起，被虚假陈述影响的证券集中交易累计成交量达到可流通部分100%之日为基准日。

自揭露日或更正日起，集中交易累计换手率在10个交易日内达到可流通部分100%的，以第10个交易日为基准日；在30个交易日内未达到可流通部分100%的，以第30个交易日为基准日。

虚假陈述揭露日或更正日起至基准日期间每个交易日收盘价的平均价格，为损失计算的基准价格。

无法依前款规定确定基准价格的，人民法院可以根据有专门知识的人的专业意见，参考对相关行业进行投资时的通常估值方法，确定基准价格。

第二十七条 在采用集中竞价的交易市场中，原告因虚假陈述买入相关股票所造成的投资差额损失，按照下列方法计算：

（一）原告在实施日之后、揭露日或更正日之前买入，在揭露日或更正日之后、基准日之前卖出的股票，按买入股票的平均价格与卖出股票的平均价格之间的差额，乘以已卖出的股票数量；

（二）原告在实施日之后、揭露日或更正日之前买入，基准日之前未卖出的股票，按买入股票的平均价格与基准价格之间的差额，乘以未卖出的股票数量。

第二十八条 在采用集中竞价的交易市场中，原告因虚假陈述卖出相关股票所造成的投资差额损失，按照下列方法计算：

（一）原告在实施日之后、揭露日或更正日之前卖出，在揭露日或更正日之后、基准日之前买回的股票，按买回股票的平均价格与卖出股票的平均价格之间的差额，乘以买回的股票数量；

（二）原告在实施日之后、揭露日或更正日之前卖出，基准日之前未买回的股票，按基准价格与卖出股票的平均价格之间的差额，乘以未买回的股票数量。

第二十九条 计算投资差额损失时，已经除权的证券，证券价格和证券数量应当复权计算。

第三十条 证券公司、基金管理公司、保险公司、信托公司、商业银行等市场参与主体依法设立的证券投资产品，在确定因虚假陈述导致的损失时，每个产品应当单独计算。

投资者及依法设立的证券投资产品开立多个证券账户进行投资的,应当将各证券账户合并,所有交易按照成交时间排序,以确定其实际交易及损失情况。

第三十一条 人民法院应当查明虚假陈述与原告损失之间的因果关系,以及导致原告损失的其他原因等案件基本事实,确定赔偿责任范围。

被告能够举证证明原告的损失部分或者全部是由他人操纵市场、证券市场的风险、证券市场对特定事件的过度反应、上市公司内外部经营环境等其他因素所导致的,对其关于相应减轻或者免除责任的抗辩,人民法院应当予以支持。

七、诉讼时效

第三十二条 当事人主张以揭露日或更正日起算诉讼时效的,人民法院应当予以支持。揭露日与更正日不一致的,以在先的为准。

对于虚假陈述责任人中的一人发生诉讼时效中断效力的事由,应当认定对其他连带责任人也发生诉讼时效中断的效力。

第三十三条 在诉讼时效期间内,部分投资者向人民法院提起人数不确定的普通代表人诉讼的,人民法院应当认定该起诉行为对所有具有同类诉讼请求的权利人发生时效中断的效果。

在普通代表人诉讼中,未向人民法院登记权利的投资者,其诉讼时效自权利登记期间届满后重新开始计算。向人民法院登记权利后申请撤回权利登记的投资者,其诉讼时效自撤回权利登记之次日重新开始计算。

投资者保护机构依照证券法第九十五条第三款的规定作为代表人参加诉讼后,投资者声明退出诉讼的,其诉讼时效自声明退出之次日起重新开始计算。

八、附 则

第三十四条 本规定所称证券交易场所,是指证券交易所、国务院批准的其他全国性证券交易场所。

本规定所称监管部门,是指国务院证券监督管理机构、国务院授权的部门及有关主管部门。

本规定所称发行人,包括证券的发行人、上市公司或者挂牌公司。

本规定所称实施日之后、揭露日或更正日之后、基准日之前,包括该日;所称揭露日或更正日之前,不包括该日。

第三十五条 本规定自2022年1月22日起施行。《最高人民法院关于受理证券市场因虚假陈述引发的民事侵权纠纷案件有关问题的通知》《最高人民法院关于审理证券市场因虚假陈述引发的民事赔偿案件的若干规定》同时废止。《最高人民法院关于审理涉及会计师事务所在审计业务活动中民事侵权赔偿案件的若干规定》与本规定不一致的,以本规定为准。

本规定施行后尚未终审的案件,适用本规定。本规定施行前已经终审,当事人申请再审或者按照审判监督程序决定再审的案件,不适用本规定。

(五)《最高人民法院 中国证券监督管理委员会关于适用〈最高人民法院关于审理证券市场虚假陈述侵权民事赔偿案件的若干规定〉有关问题的通知》

法〔2022〕23号

各省、自治区、直辖市高级人民法院,新疆维吾尔自治区高级人民法院生产建设兵团分院;中国证券监督管理委员会各派出机构、各交易所、各下属单位、各协会:

《最高人民法院关于审理证券市场虚假陈述侵权民事赔偿案件的若干规定》(以下简称《若干规定》)已于2021年12月30日由最高人民法院审判委员会第1860次会议通过。为更好地发挥人民法院和监管部门的协同作用,依法保护投资者合法权益,维护公开、公平、公正的资本市场秩序,促进资本市场健康发展,现就《若干规定》实施中的有关问题通知如下:

一、人民法院受理证券市场虚假陈述侵权民事赔偿案件后,应当在十个工作日内将案件基本情况向发行人、上市或者挂牌公司所在辖区的中国证券监督管理委员会(以下简称中国证监会)派出机构通报,相关派出机构接到通报后应当及时向中国证监会报告。

二、当事人对自己的主张,应当提供证据加以证明。为了查明事实,人民法院可以依法向中国证监会有关部门或者派出机构调查收集有关证据。

人民法院和中国证监会有关部门或者派出机构在调查收集证据时要加强协调配合，以有利于监管部门履行监管职责与人民法院查明民事案件事实为原则。在充分沟通的基础上，人民法院依照《中华人民共和国民事诉讼法》及相关司法解释等规定调查收集证据，中国证监会有关部门或者派出机构依法依规予以协助配合。

人民法院调查收集的证据，应当按照法定程序当庭出示并由各方当事人质证。但是涉及国家秘密、工作秘密、商业秘密和个人隐私或者法律规定其他应当保密的证据，不得公开质证。

三、人民法院经审查，认为中国证监会有关部门或者派出机构对涉诉虚假陈述的立案调查不影响民事案件审理的，应当继续审理。

四、案件审理过程中，人民法院可以就诉争虚假陈述行为违反信息披露义务规定情况、对证券交易价格的影响、损失计算等专业问题征求中国证监会或者相关派出机构、证券交易场所、证券业自律管理组织、投资者保护机构等单位的意见。征求意见的时间，不计入案件审理期限。

五、取消前置程序后，人民法院要根据辖区内的实际情况，在法律规定的范围内积极开展专家咨询和专业人士担任人民陪审员的探索，中国证监会派出机构和有关部门要做好相关专家、专业人士担任人民陪审员的推荐等配合工作，完善证券案件审理体制机制，不断提升案件审理的专业化水平。

六、在协调沟通过程中，相关人员要严格遵守保密纪律和工作纪律，不得泄露国家秘密、工作秘密、商业秘密和个人隐私，不得对民事诉讼案件的审理和行政案件的调查施加不正当影响。

七、地方各级人民法院、中国证监会各派出机构和相关单位要积极组织学习培训，拓宽培训形式，尽快准确掌握《若干规定》的内容与精神，切实提高案件审理和监管执法水平。对于适用中存在的问题，请按隶属关系及时层报最高人民法院和中国证监会。

最高人民法院　中国证券监督管理委员会

2022 年 1 月 21 日

（六）《最高人民法院关于证券纠纷代表人诉讼若干问题的规定》

法释〔2020〕5号

为进一步完善证券集体诉讼制度，便利投资者提起和参加诉讼，降低投资者维权成本，保护投资者合法权益，有效惩治资本市场违法违规行为，维护资本市场健康稳定发展，根据《中华人民共和国民事诉讼法》《中华人民共和国证券法》等法律的规定，结合证券市场实际和审判实践，制定本规定。

一、一般规定

第一条 本规定所指证券纠纷代表人诉讼包括因证券市场虚假陈述、内幕交易、操纵市场等行为引发的普通代表人诉讼和特别代表人诉讼。

普通代表人诉讼是依据民事诉讼法第五十三条、第五十四条、证券法第九十五条第一款、第二款规定提起的诉讼；特别代表人诉讼是依据证券法第九十五条第三款规定提起的诉讼。

第二条 证券纠纷代表人诉讼案件，由省、自治区、直辖市人民政府所在的市、计划单列市和经济特区中级人民法院或者专门人民法院管辖。

对多个被告提起的诉讼，由发行人住所地有管辖权的中级人民法院或者专门人民法院管辖；对发行人以外的主体提起的诉讼，由被告住所地有管辖权的中级人民法院或者专门人民法院管辖。

特别代表人诉讼案件，由涉诉证券集中交易的证券交易所、国务院批准的其他全国性证券交易场所所在地的中级人民法院或者专门人民法院管辖。

第三条 人民法院应当充分发挥多元解纷机制的功能，按照自愿、合法原则，引导和鼓励当事人通过行政调解、行业调解、专业调解等非诉讼方式解决证券纠纷。

当事人选择通过诉讼方式解决纠纷的，人民法院应当及时立案。案件审理过程中应当着重调解。

第四条 人民法院审理证券纠纷代表人诉讼案件，应当依托信息化技术手段开展立案登记、诉讼文书送达、公告和通知、权利登记、执行款项发放等工作，便利当事人行使诉讼权利、履行诉讼义务，提高审判执行的公正性、高效性和透明度。

二、普通代表人诉讼

第五条 符合以下条件的，人民法院应当适用普通代表人诉讼程序进行审理：

（一）原告一方人数十人以上，起诉符合民事诉讼法第一百一十九条规定和共同诉讼条件；

（二）起诉书中确定二至五名拟任代表人且符合本规定第十二条规定的代表人条件；

（三）原告提交有关行政处罚决定、刑事裁判文书、被告自认材料、证券交易所和国务院批准的其他全国性证券交易场所等给予的纪律处分或者采取的自律管理措施等证明证券侵权事实的初步证据。

不符合前款规定的，人民法院应当适用非代表人诉讼程序进行审理。

第六条 对起诉时当事人人数尚未确定的代表人诉讼，在发出权利登记公告前，人民法院可以通过阅卷、调查、询问和听证等方式对被诉证券侵权行为的性质、侵权事实等进行审查，并在受理后三十日内以裁定的方式确定具有相同诉讼请求的权利人范围。

当事人对权利人范围有异议的，可以自裁定送达之日起十日内向上一级人民法院申请复议，上一级人民法院应当在十五日内作出复议裁定。

第七条 人民法院应当在权利人范围确定后五日内发出权利登记公告，通知相关权利人在指定期间登记。权利登记公告应当包括以下内容：

（一）案件情况和诉讼请求；

（二）被告的基本情况；

（三）权利人范围及登记期间；

（四）起诉书中确定的拟任代表人人选姓名或者名称、联系方式等基本信息；

（五）自愿担任代表人的权利人，向人民法院提交书面申请和相关材料的期限；

（六）人民法院认为必要的其他事项。

公告应当以醒目的方式提示，代表人的诉讼权限包括代表原告参加开庭审理，变更、放弃诉讼请求或者承认对方当事人的诉讼请求，与被告达成调解协议，提起或者放弃上诉，申请执行，委托诉讼代理人等，参加登记视为对代表人进行特别授权。

公告期间为三十日。

第八条 权利人应在公告确定的登记期间向人民法院登记。未按期登记的，可在一审开庭前向人民法院申请补充登记，补充登记前已经完成的诉讼程序对其发生效力。

权利登记可以依托电子信息平台进行。权利人进行登记时，应当按照权利登记公告要求填写诉讼请求金额、收款方式、电子送达地址等事项，并提供身份证明文件、交易记录及投资损失等证据材料。

第九条 人民法院在登记期间届满后十日内对登记的权利人进行审核。不符合权利人范围的投资者，人民法院不确认其原告资格。

第十条 权利登记公告前已就同一证券违法事实提起诉讼且符合权利人范围的投资者，申请撤诉并加入代表人诉讼的，人民法院应当予以准许。

投资者申请撤诉并加入代表人诉讼的，列为代表人诉讼的原告，已经收取的诉讼费予以退还；不申请撤诉的，人民法院不准许其加入代表人诉讼，原诉讼继续进行。

第十一条 人民法院应当将审核通过的权利人列入代表人诉讼原告名单，并通知全体原告。

第十二条 代表人应当符合以下条件：

（一）自愿担任代表人；

（二）拥有相当比例的利益诉求份额；

（三）本人或者其委托诉讼代理人具备一定的诉讼能力和专业经验；

（四）能忠实、勤勉地履行维护全体原告利益的职责。

依照法律、行政法规或者国务院证券监督管理机构的规定设立的投资者保护机构作为原告参与诉讼，或者接受投资者的委托指派工作人员或委派诉讼代理人参与案件审理活动的，人民法院可以指定该机构为代表人，或者在被代理的当事人中指定代表人。

申请担任代表人的原告存在与被告有关联关系等可能影响其履行职责情形的,人民法院对其申请不予准许。

第十三条 在起诉时当事人人数确定的代表人诉讼,应当在起诉前确定获得特别授权的代表人,并在起诉书中就代表人的推选情况作出专项说明。

在起诉时当事人人数尚未确定的代表人诉讼,应当在起诉书中就拟任代表人人选及条件作出说明。在登记期间向人民法院登记的权利人对拟任代表人人选均没有提出异议,并且登记的权利人无人申请担任代表人的,人民法院可以认定由该二至五名人选作为代表人。

第十四条 在登记期间向人民法院登记的权利人对拟任代表人的人选提出异议,或者申请担任代表人的,人民法院应当自原告范围审核完毕后十日内在自愿担任代表人的原告中组织推选。

代表人的推选实行一人一票,每位代表人的得票数应当不少于参与投票人数的50%。代表人人数为二至五名,按得票数排名确定,通过投票产生二名以上代表人的,为推选成功。首次推选不出的,人民法院应当即时组织原告在得票数前五名的候选人中进行二次推选。

第十五条 依据前条规定推选不出代表人的,由人民法院指定。

人民法院指定代表人的,应当将投票情况、诉讼能力、利益诉求份额等作为考量因素,并征得被指定代表人的同意。

第十六条 代表人确定后,人民法院应当进行公告。

原告可以自公告之日起十日内向人民法院申请撤回权利登记,并可以另行起诉。

第十七条 代表人因丧失诉讼行为能力或者其他事由影响案件审理或者可能损害原告利益的,人民法院依原告申请,可以决定撤销代表人资格。代表人不足二人时,人民法院应当补充指定代表人。

第十八条 代表人与被告达成调解协议草案的,应当向人民法院提交制作调解书的申请书及调解协议草案。申请书应当包括以下内容:

(一)原告的诉讼请求、案件事实以及审理进展等基本情况;

(二)代表人和委托诉讼代理人参加诉讼活动的情况;

(三)调解协议草案对原告的有利因素和不利影响;

（四）对诉讼费以及合理的公告费、通知费、律师费等费用的分摊及理由；

（五）需要特别说明的其他事项。

第十九条 人民法院经初步审查，认为调解协议草案不存在违反法律、行政法规的强制性规定、违背公序良俗以及损害他人合法权益等情形的，应当自收到申请书后十日内向全体原告发出通知。通知应当包括以下内容：

（一）调解协议草案；

（二）代表人请求人民法院制作调解书的申请书；

（三）对调解协议草案发表意见的权利以及方式、程序和期限；

（四）原告有异议时，召开听证会的时间、地点及报名方式；

（五）人民法院认为需要通知的其他事项。

第二十条 对调解协议草案有异议的原告，有权出席听证会或者以书面方式向人民法院提交异议的具体内容及理由。异议人未出席听证会的，人民法院应当在听证会上公开其异议的内容及理由，代表人及其委托诉讼代理人、被告应当进行解释。

代表人和被告可以根据听证会的情况，对调解协议草案进行修改。人民法院应当将修改后的调解协议草案通知所有原告，并对修改的内容作出重点提示。人民法院可以根据案件的具体情况，决定是否再次召开听证会。

第二十一条 人民法院应当综合考虑当事人赞成和反对意见、本案所涉法律和事实情况、调解协议草案的合法性、适当性和可行性等因素，决定是否制作调解书。

人民法院准备制作调解书的，应当通知提出异议的原告，告知其可以在收到通知后十日内向人民法院提交退出调解的申请。未在上述期间内提交退出申请的原告，视为接受。

申请退出的期间届满后，人民法院应当在十日内制作调解书。调解书经代表人和被告签收后，对被代表的原告发生效力。人民法院对申请退出原告的诉讼继续审理，并依法作出相应判决。

第二十二条 代表人变更或者放弃诉讼请求、承认对方当事人诉讼请求、决定撤诉的，应当向人民法院提交书面申请，并通知全体原告。人民法院收到申请后，应当根据原告所提异议情况，依法裁定是否准许。

对于代表人依据前款规定提交的书面申请,原告自收到通知之日起十日内未提出异议的,人民法院可以裁定准许。

第二十三条 除代表人诉讼案件外,人民法院还受理其他基于同一证券违法事实发生的非代表人诉讼案件的,原则上代表人诉讼案件先行审理,非代表人诉讼案件中止审理。但非代表人诉讼案件具有典型性且先行审理有利于及时解决纠纷的除外。

第二十四条 人民法院可以依当事人的申请,委托双方认可或者随机抽取的专业机构对投资损失数额、证券侵权行为以外其他风险因素导致的损失扣除比例等进行核定。当事人虽未申请但案件审理确有需要的,人民法院可以通过随机抽取的方式委托专业机构对有关事项进行核定。

对专业机构的核定意见,人民法院应当组织双方当事人质证。

第二十五条 代表人请求败诉的被告赔偿合理的公告费、通知费、律师费等费用的,人民法院应当予以支持。

第二十六条 判决被告承担民事赔偿责任的,可以在判决主文中确定赔偿总额和损害赔偿计算方法,并将每个原告的姓名、应获赔偿金额等以列表方式作为民事判决书的附件。

当事人对计算方法、赔偿金额等有异议的,可以向人民法院申请复核。确有错误的,人民法院裁定补正。

第二十七条 一审判决送达后,代表人决定放弃上诉的,应当在上诉期间届满前通知全体原告。

原告自收到通知之日起十五日内未上诉,被告在上诉期间内亦未上诉的,一审判决在全体原告与被告之间生效。

原告自收到通知之日起十五日内上诉的,应当同时提交上诉状,人民法院收到上诉状后,对上诉的原告按上诉处理。被告在上诉期间内未上诉的,一审判决在未上诉的原告与被告之间生效,二审裁判的效力不及于未上诉的原告。

第二十八条 一审判决送达后,代表人决定上诉的,应当在上诉期间届满前通知全体原告。

原告自收到通知之日起十五日内决定放弃上诉的,应当通知一审法院。被告在上诉期间内未上诉的,一审判决在放弃上诉的原告与被告之间生效,二审裁判的效力不及于放弃上诉的原告。

第二十九条 符合权利人范围但未参加登记的投资者提起诉讼,且主张的事实和理由与代表人诉讼生效判决、裁定所认定的案件基本事实和法律适用相同的,人民法院审查具体诉讼请求后,裁定适用已经生效的判决、裁定。适用已经生效裁判的裁定中应当明确被告赔偿的金额,裁定一经作出立即生效。

代表人诉讼调解结案的,人民法院对后续涉及同一证券违法事实的案件可以引导当事人先行调解。

第三十条 履行或者执行生效法律文书所得财产,人民法院在进行分配时,可以通知证券登记结算机构等协助执行义务人依法协助执行。

人民法院应当编制分配方案并通知全体原告,分配方案应当包括原告范围、债权总额、扣除项目及金额、分配的基准及方法、分配金额的受领期间等内容。

第三十一条 原告对分配方案有异议的,可以依据民事诉讼法第二百二十五条的规定提出执行异议。

三、特别代表人诉讼

第三十二条 人民法院已经根据民事诉讼法第五十四条第一款、证券法第九十五条第二款的规定发布权利登记公告的,投资者保护机构在公告期间受五十名以上权利人的特别授权,可以作为代表人参加诉讼。先受理的人民法院不具有特别代表人诉讼管辖权的,应当将案件及时移送有管辖权的人民法院。

不同意加入特别代表人诉讼的权利人可以提交退出声明,原诉讼继续进行。

第三十三条 权利人范围确定后,人民法院应当发出权利登记公告。权利登记公告除本规定第七条的内容外,还应当包括投资者保护机构基本情况、对投资者保护机构的特别授权、投资者声明退出的权利及期间、未声明退出的法律后果等。

第三十四条 投资者明确表示不愿意参加诉讼的,应当在公告期间届满后十五日内向人民法院声明退出。未声明退出的,视为同意参加该代表人诉讼。

对于声明退出的投资者,人民法院不再将其登记为特别代表人诉讼的原告,该投资者可以另行起诉。

第三十五条 投资者保护机构依据公告确定的权利人范围向证券登记结算机构调取的权利人名单,人民法院应当予以登记,列入代表人诉讼原告名单,并通知全体原告。

第三十六条　诉讼过程中由于声明退出等原因导致明示授权投资者的数量不足五十名的,不影响投资者保护机构的代表人资格。

第三十七条　针对同一代表人诉讼,原则上应当由一个投资者保护机构作为代表人参加诉讼。两个以上的投资者保护机构分别受五十名以上投资者委托,且均决定作为代表人参加诉讼的,应当协商处理;协商不成的,由人民法院指定其中一个作为代表人参加诉讼。

第三十八条　投资者保护机构应当采取必要措施,保障被代表的投资者持续了解案件审理的进展情况,回应投资者的诉求。对投资者提出的意见和建议不予采纳的,应当对投资者做好解释工作。

第三十九条　特别代表人诉讼案件不预交案件受理费。败诉或者部分败诉的原告申请减交或者免交诉讼费的,人民法院应当依照《诉讼费用交纳办法》的规定,视原告的经济状况和案件的审理情况决定是否准许。

第四十条　投资者保护机构作为代表人在诉讼中申请财产保全的,人民法院可以不要求提供担保。

第四十一条　人民法院审理特别代表人诉讼案件,本部分没有规定的,适用普通代表人诉讼中关于起诉时当事人人数尚未确定的代表人诉讼的相关规定。

四、附　　则

第四十二条　本规定自 2020 年 7 月 31 日起施行。

(七)《中国证券监督管理委员会关于做好投资者保护机构参加证券纠纷特别代表人诉讼相关工作的通知》

证监发〔2020〕67 号

中国证监会各派出机构,各交易所,各下属单位,各协会,会内各部门:

为了落实《证券法》第九十五条第三款相关规定,规范证监会系统相关单位参加证券纠纷特别代表人诉讼(以下简称特别代表人诉讼)相关活动,明确各方职责,根据《民事诉讼法》《证券法》《最高人民法院关于证券纠纷代表人诉讼若干问题的规定》等有关规定,现将有关事项通知如下:

一、特别代表人诉讼是指按照《证券法》第九十五条第三款规定,投资者保护机构受五十名以上投资者委托,作为代表人参加的证券民事诉讼。

二、本通知所称投资者保护机构是指中证中小投资者服务中心有限责任公司、中国证券投资者保护基金有限责任公司。

三、投资者保护机构参加特别代表人诉讼,应当坚持必要、透明、公正的原则,切实保护投资者合法权益。

四、对于典型重大、社会影响恶劣的证券民事案件,投资者保护机构依法及时启动特别代表人诉讼。

投资者保护机构应当按照相关司法解释的规定参加诉讼,可以先行在被告具有一定偿付能力、已被有关机关作出行政处罚或者刑事裁判等案件上进行试点诉讼,积累经验,主动探索引领证券纠纷代表人诉讼。

五、投资者保护机构应当建立健全参加特别代表人诉讼的工作机制,明确内部职责分工,配备必要的人员、经费及信息技术设施等保障。

六、投资者保护机构应当制定参加特别代表人诉讼的管理制度,对内部决策程序、实施步骤、通知公告方式、与诉讼参与人之间的权利义务关系、费用管理、工作人员行为规范以及诉讼活动中可能涉及的重要事项等作出规定,严格按照制度执行。

七、投资者保护机构正式参加诉讼前,可以按照有关规定向中国证券登记结算有限责任公司(以下简称中国结算)查询投资者范围、持股情况、亏损情况等相关信息,并依法做好保密工作。

八、投资者保护机构可以建立专家评估机制,根据国家经济金融形势、资本市场改革发展、具体案件情况、社会舆情、投资者需求以及相关部门提议等,按照内部决策程序,自主研究决定是否参加相关案件进行特别代表人诉讼。

投资者保护机构根据实际情况,决定不参加相关案件,可以运用其他方式,积极维护投资者的合法权益。

九、投资者保护机构参加特别代表人诉讼的,应当按照诉讼规则参与各项具体诉讼活动,依法履行代表人职责。

投资者保护机构应当根据案件事实,公正、合理地确定诉讼标的、提出诉讼请求。在确定诉讼标的、提出诉讼请求时,应当充分听取被代表投资者的意见,做好沟通协调、解释说明等工作。

十、中国结算是《证券法》规定的确认权利人的证券登记结算机构。

中国结算应当按照人民法院出具的载有确定的权利登记范围的法律文书,根据证券登记结算系统里的登记记载,确认相关权利人持有证券的事实。

中国结算提供的确认情况,为证券登记结算系统记载的一个或若干交易日日终的证券持有人名单。

十一、中国结算、证券交易所、投资者保护机构等可以根据自身职能,按照司法协助程序积极配合人民法院在特别代表人诉讼过程中的相关工作,在证据核查、损失计算及赔偿金分配等方面提供支持配合。

十二、证监会对投资者保护机构参加特别代表人诉讼工作进行监督,各相关派出机构和会管单位等依法提供支持和服务保障。

投资者保护机构应当及时将参加特别代表人诉讼相关重要情况向中国证监会报告,案件结案后进行专项报告。

十三、投资者保护机构、中国结算、证券交易所等单位之间应当加强沟通合作,可以通过签订备忘录或业务协议等方式完善协作机制。

十四、参加特别代表人诉讼活动的证监会系统各相关单位及其工作人员,应当勤勉尽责,严格遵守法律法规及工作纪律,遵守相关回避规定,保守工作秘密,不得谋取私利,不得接受不当请托及从事其他损害投资者合法权益的行为,切实维护投资者合法权益。

有关单位及其工作人员徇私舞弊、严重失职造成投资者损失的,依法依规追究责任;涉嫌犯罪的,依法追究刑事责任。

十五、证监会系统各相关单位在参加特别代表人诉讼过程中,应当加强与人民法院沟通协调,积极总结经验,及时向证监会反馈意见与建议,不断推动完善特别代表人诉讼制度,保护投资者的合法权益。

十六、本通知自印发之日起施行。

中国证监会

2020 年 7 月 31 日

（八）《中证中小投资者服务中心特别代表人诉讼业务规则（试行）》

第一章 总 则

第一条 为规范中证中小投资者服务中心有限责任公司（以下简称投服中心）参加特别代表人诉讼活动，保护投资者合法权益，依据《中华人民共和国证券法》（以下简称《证券法》）、《中华人民共和国民事诉讼法》（以下简称《民事诉讼法》）、《最高人民法院关于证券纠纷代表人诉讼若干问题的规定》（法释〔2020〕5 号，以下简称《若干规定》）、《关于做好投资者保护机构参加证券纠纷特别代表人诉讼相关工作的通知》（证监发〔2020〕67 号）等有关规定，制定本规则。

第二条 本规则所称投服中心特别代表人诉讼，是指依据《证券法》第九十五条第三款和《若干规定》第三十七条规定，投服中心受五十名以上投资者委托，作为代表人参加的证券民事诉讼。

第三条 特别代表人诉讼的案件选定、投资者特别授权获取、代为登记、参与诉讼活动等，适用本规则。

第四条 投服中心参加特别代表人诉讼，应遵循必要、透明、公正、效率的原则，切实保护投资者合法权益。

第五条 投服中心参加特别代表人诉讼，应当及时将决定参加诉讼、调解、决定是否上诉等重要情况向中国证监会报告，案件结案后进行专项报告。

投服中心及时将决定参加诉讼、接受调解、决定是否上诉等重要情况告知涉诉公司，由公司依法披露信息。

第六条 投服中心建立重大案件评估专家委员会和公益律师团，相关职责、人员组成和工作程序等事项，由投服中心另行规定。

第七条 投服中心参与案件的工作人员、评估专家及公益律师有下列情形之一的，应自行回避；未自行回避的，投服中心有权决定其回避：

（一）本人或其近亲属系案件对方当事人或其控股股东、实际控制人、董事、监事、高级管理人员；

（二）本人或其近亲属、本人所在工作单位近两年内为案件对方当事人提供财务、法律、咨询等服务；

（三）投服中心认定的其他可能存在利害关系或者本人认为可能影响其忠实勤勉履职的其他情形。

前款所称近亲属的范围，依据相关民事法律规定确定。

第八条 知悉特别代表人诉讼未公开信息的单位和个人，负有保密义务，不得泄露或利用该信息，执行内幕信息知情人登记管理及保密制度。

第九条 对于特别代表人诉讼的接受委托、变更或者放弃诉讼请求、承认对方当事人诉讼请求、调解、审理裁判、上诉及必要的其他事项，投服中心依托信息化技术手段或者公开平台通知、公告投资者，保障被代表的投资者持续了解案件审理的进展情况。

本规则所涉公告的指定发布平台为：（一）中国投资者网（http://www.investor.org.cn）；（二）投服中心官方网站（http://www.isc.com.cn/）；（三）投服中心认为适当的其他媒体平台。

第二章 诉讼代表人

第十条 投服中心作为诉讼代表人，在特别代表人诉讼中，行使下列权利：

（一）决定参加诉讼和确定诉讼请求；

（二）公开征集或以其他方式获得适格投资者授权；

（三）委托诉讼代理人；

（四）代表原告参加开庭审理，代为变更、放弃诉讼请求或者承认对方当事人的诉讼请求，与被告达成调解协议，提起或者放弃上诉，申请执行，委托诉讼代理人等特别代表人诉讼权利；

（五）为履行职责应享有的其他权利。

第十一条 投服中心作为诉讼代表人，在特别代表人诉讼中，履行下列义务：

（一）依据本规则发布通知、公告；

（二）聘用、监督评估专家；

（三）聘用、监督公益律师；

(四)建立并执行信息知情人的保密管理制度;

(五)为履行职责应承担的其他义务。

第十二条 诉讼代表人可委派投服中心工作人员、委托公益律师担任诉讼代理人。

第三章 投 资 者

第十三条 法院发布特别代表人诉讼权利登记公告后,未声明退出的投资者,视为同意遵守本规则。

投服中心参加特别代表人诉讼,应事先取得五十名以上投资者的特别授权,相关投资者权利义务另行约定。

第十四条 投资者依据法律、行政法规、司法解释及本规则规定享有下列权利:

(一)依据通知、公告了解诉讼案件情况和进度;

(二)退出诉讼;

(三)应享有的其他权利。

第十五条 投资者依据法律、行政法规、司法解释及本规则规定履行下列义务:

(一)自愿承担诉讼风险;

(二)依据公告要求的时限和方式申请退出诉讼;

(三)依法依规承担案件诉讼费用以及诉讼代表人为履行职责支出的必要、合理费用;

(四)应履行的其他义务。

第四章 案 件 选 定

第十六条 对法院根据《民事诉讼法》第五十四条第一款、《证券法》第九十五条第二款的规定发布登记公告,且符合下列情形的案件,投服中心可以参加特别代表人诉讼:

(一)有关机关作出行政处罚或刑事裁判等;

(二)案件典型重大、社会影响恶劣、具有示范意义;

（三）被告具有一定偿付能力；

（四）投服中心认为必要的其他情形。

第十七条 投服中心对符合第十六条情形的案件进行预研。预研报告包括以下内容：

（一）公司基本信息及经营情况；

（二）违法事实及被处罚内容；

（三）适格原告投资者范围等法律争点；

（四）需考虑的其他因素。

第十八条 预研认为有必要参加的，可启动重大案件评估机制。

评估专家应充分讨论预研报告内容，结合国家经济金融形势、资本市场改革发展、具体案件情况、社会舆情等，独立发表意见。

第十九条 投服中心结合重大案件评估会意见，决定是否参加特别代表人诉讼。

第五章 诉讼活动

第二十条 投服中心拟启动特别代表人诉讼，可以公开征集或其他方式接受五十名以上适格投资者特别授权，参加特别代表人诉讼。

公开征集时不足五十名投资者申请并委托的，投服中心公告终止特别代表人诉讼。

第二十一条 法院发出权利登记公告后，诉讼代表人依据公告确定的权利人范围向证券登记结算机构调取的权利人名单，向法院代为登记。

不同意参加诉讼的投资者，应依法向法院声明退出。

第二十二条 诉讼代表人按照民事诉讼相关规则，代为收发诉讼文书、提供证据、参加开庭审理等。

诉讼代表人可视情况向法院申请财产保全。

代表人的诉讼行为对其所代表的当事人发生效力。

第二十三条 诉讼代表人变更或者放弃诉讼请求、承认对方当事人诉讼请求、决定撤诉的，应当向法院提交书面申请，并以公告等形式通知全体原告，由法院裁定是否准许。

第二十四条 诉讼代表人收到裁判文书后，应予以公告。

第二十五条 诉讼代表人收到一审裁判文书后，应将是否上诉的决定，在上诉期限届满前以公告等形式通知全体原告。

代表人放弃上诉，原告自收到诉讼代表人放弃上诉通知之日起十五日内决定上诉的，应自行向法院提交上诉状。代表人决定上诉，原告自收到诉讼代表人决定上诉通知之日起十五日内，决定放弃上诉的，应自行通知一审法院。

第二十六条 对方当事人拒不履行生效裁判的，诉讼代表人可向法院申请强制执行，并发布公告。

第二十七条 投服中心作为诉讼代表人与被告达成调解协议草案的，向法院提交制作调解书的申请书及调解协议草案。

经法院通知全体原告后，诉讼代表人及其委托诉讼代理人依据法院要求参加听证会，解释回应异议原告提出的内容和理由。

不同意调解方案的投资者，应依法向法院提交退出调解的申请。

第六章 附 则

第二十八条 投服中心建立特别代表人诉讼案件档案管理制度，规范保管、保密和查阅等事项。

第二十九条 投资者应向法院交纳的诉讼费用，投服中心作为诉讼代表人将依法向法院提出减交或免交等申请。投服中心除为开展特别代表人诉讼的必要支出外，不收取其他费用。

费用收取相关规则由投服中心另行制定。

第三十条 本规则由投服中心负责解释。

第三十一条 本规则自发布之日起实施。

（九）《关于〈中证中小投资者服务中心特别代表人诉讼业务规则（试行）〉的起草说明》

为落实《中华人民共和国证券法》（以下简称《证券法》）第九十五条第三款关于投资者保护机构（以下简称投保机构）参加特别代表人诉讼的规定，规范中证中小投资者服务中心有限责任公司（以下简称投服中心）参加特别代表人诉讼活动，依据《证券法》《中华人民共和国民事诉讼法》（以下简称《民事诉讼法》）、《最高人民法院关于证券纠纷代表人诉讼若干问题的规定》（法释〔2020〕5 号，以下简称《若干规定》）、《关于做好投资者保护机构参加证券纠纷特别代表人诉讼相关工作的通知》（证监发〔2020〕67 号，以下简称证监会《通知》）等有关规定，投服中心研究起草了《中证中小投资者服务中心特别代表人诉讼业务规则（试行）》（以下简称《业务规则》）。近期，投服中心已向中国证监会相关部门及派出机构、法院、投服中心公益律师、行权专家委员及知名专家学者等广泛征求意见。除个别意见投服中心考虑实际情况未能采纳外，其余均予以采纳。

一、起草背景

为高效、公平赔偿受害投资者特别是中小投资者损失，维护投资者合法权益，震慑资本市场违法违规行为，借鉴域外集体诉讼经验，《证券法》第九十五条第三款规定了特别代表人诉讼制度。该规定的突出特点体现为：一是充分发挥投保机构作用，突破了学理上关于“代表人必须同时是案件当事人”的传统认识，允许其接受 50 名以上投资者的委托作为代表人参加诉讼，确定了投保机构可以基于当事人委托而成为代表人的法律地位。二是建立了“默示加入、明示退出”的诉讼机制，在投保机构为经证券登记结算机构确认的权利人向法院登记时，投资者明确表示不愿意参加该诉讼的除外，未明确表示退出诉讼的投资者受该代表人诉讼约束。

投服中心作为证监会设立的投保机构，自成立以来开展了支持诉讼、持股行权、纠纷调解、投资者教育等业务，示范引领中小投资者维权。为尽快落地《证券法》规定的特别代表人诉讼制度，投服中心本着“规则先行，规范推进”的原则，研究制定了《业务规则》。

二、制度定位

《证券法》第九十五条第三款规定的特别代表人诉讼是相对新型的诉讼制度，将形成与《证券法》相配套的“司法解释 + 监管规定 + 投保机构业务规则”的规范体系。

作为投保机构内部制度的《业务规则》，主要立足于规范管理相关主体参加特别代表人诉讼的具体行为，使投服中心参加特别代表人诉讼有章可循、合规推进，更好地服务投资者。因此，《业务规则》明确了参加诉讼的投保机构和投资者的权利义务，对特别代表人诉讼案件选定、投资者特别授权获取、代为登记及参与诉讼活动等进行了规定，也涉及了回避、保密、费用、档案管理制度等。

三、主要内容

《业务规则》共六章 31 条。第一章总则规定了制定依据、适用范围、业务开展原则、专业机制及回避、保密制度，特别规定了投服中心发布通知、公告的阶段及法律后果。第二章和第三章围绕诉讼代表人和投资者两个主体，明晰了其参加特别代表人诉讼的权利和义务。第四章和第五章依据特别代表人诉讼业务开展的具体流程，对投服中心选定案件及参加诉讼的各环节活动进行了规范。第六章附则对档案管理、费用管理等其他事项进行了规定。核心内容体现为：

一是明晰了投服中心参加特别代表人诉讼的程序。投服中心参加特别代表人诉讼，实施过程包括内部决策和具体实施两个阶段，《业务规则》依据《证券法》第九十五条、《若干规定》第三十二条等相关法律规定，对具体实施步骤进行了逐一细化，具有可操作性。其一，就内部决策流程而言，投服中心将遵循案件预研、评估、决策并向证监会报告程序。在实际操作中，投服中心也将充分与各方沟通，及时向监管机构通报。其二，就具体诉讼活动的开展而言，投服中心主要围绕以下程序开展工作：案件启动；代为登记；代为参加各项诉讼活动；就判决或裁定、上诉和执行情况等重大诉讼事项予以通知、公告；参加调解等。

二是明确了投服中心参加特别代表人诉讼的公益属性原则。投服中心作为《证券法》第九十条规定的投保机构，具有公益属性。特别代表人诉讼中，关于法院依法向原告收取的诉讼费用，投服中心将依据《若干规定》，作为诉讼代表人向法院依法申请减交或免交等，并向法院主张败诉的被告赔偿诉讼过程中发生的公告费用、通知费用、律师费用等合理费用。借鉴域外投保机构有关费用的相关规定，除为开展特别代表人诉讼的必要支出外，明确投服中心不收取其他费用。

三是规定了投服中心参与特别代表人诉讼案件的范围和标准。合理确定投服中心参与案件范围是该项制度具体运行中的一项难点，考虑到实践中案件多种多样，投服中心不可能参与到每一起证券侵权案件中。投服中心将依据证监会《通知》确定的范围和标准，自主决策选取试点案件，充分发挥投保机构对代表人诉讼案件的示范引领作用。

对法院根据《民事诉讼法》第五十四条第一款、《证券法》第九十五条第二款的规定发布登记公告，且符合下列情形的案件，投服中心可以参加特别代表人诉讼：（一）有关机关作出行政处罚或刑事裁判等；（二）案件典型重大、社会影响恶劣、具有示范意义；（三）被告具有一定偿付能力；（四）投服中心认为必要的其他情形。其一，试行阶段，在此类侵害大规模投资者合法权益的案件中，有关机关作出行政处罚或刑事裁判等，能为民事诉讼提供较为确实充分的案件事实依据和证据材料，便于投保机构协助投资者维权及法院审理。其二，投保机构选取案件典型重大、社会影响恶劣、具有示范意义且被告具有一定偿付能力等案件进行试点诉讼，积累经验，主动探索引领证券纠纷代表人诉讼。

四是明确了投服中心作为诉讼代表人的权限。投服中心作为诉讼代表人的权限范围，既直接影响诉讼中投服中心和投资者等各方的权利义务，也决定了投服中心如何在法院主导下高效开展诉讼活动。《业务规则》明确，投服中心作为诉讼代表人的权限包括：代表原告参加开庭审理，代为变更、放弃诉讼请求或承认对方当事人的诉讼请求，与被告达成调解协议，提起或放弃上诉，申请执行，委托诉讼代理人等各项诉讼权利。法院发布的特别代表人诉讼权利登记公告内容即包括对投保机构的特别授权，投资者默示参加权利登记即视为赋予代表人特别授权，投服中心以公告形式取得了事先默示特别授权，不同意的可向人民法院声明退出。这是特别代表人诉讼除“默示加入，明示退出”外的另一个重要特点，也契合民事诉讼理论界公认的“诉讼契约理论”，将当事人合意适当地置于民事诉讼流程和规范中。

同时，为充分保障投资者合法权利，在特别代表人诉讼权利登记阶段，不愿意赋予投服中心上述权限的投资者可向人民法院声明退出。换言之，在特别代表人诉讼中，投服中心作为诉讼代表人，无需在涉及投资者实体权利处分的各程序中逐一征求每个投资者的具体意见。当然,投资者的诉讼权利和程序利益也将在各阶段得到合理保障:其一,在确定诉讼标的、提出诉讼请求时,投资者可以就诉讼标的、诉讼请求向投服中心提出意见建议,投服中心将通过网站等路径,充分了解被代表投资者的意见,做好沟通协调、解释说明等工作。其二,诉讼代表人变更或者放弃诉讼请求、承认对方当事人的诉讼请求、决定撤诉的,应当向法院提交书面申请,并以发布公告等形式通知全体原告,由法院裁定是否准许。其三,关于上诉权,代表人放弃上诉的,不影响个别投资者的上诉权;代表人决定上诉的,不影响个别投资者放弃上诉的权利。

五是明确了诉讼代表人如何履行通知义务。《业务规则》明确,对于特别代表人诉讼的接受委托、变更或放弃诉讼请求、承认对方当事人诉讼请求、调解、审理裁判、上诉及必要的其他事项,投服中心将依托信息化技术手段或者公开平台通知、公告投资者。在投保机构参加的特别代表人诉讼中,基于"声明退出"原则,获知海量涉案投资者的精确送达地址,并在每个重大诉讼事项阶段逐一通知和送达,在实操层面是不现实、不经济和低效率的。这是通知义务在特别代表人诉讼中的独特表现,也是特别代表人诉讼制度的第三大突出特点。

六是规定了投资者可退出特别代表人诉讼的阶段。《业务规则》依据《若干规定》,基于现有民事实践,在一审判决前,赋予投资者"两次退出"的选择权,实现了诉讼效率与保护投资者合法权益的平衡。"两次退出"机制具体体现为:其一是在权利登记阶段。不同意参加诉讼或进行特别授权等的投资者,应依法向法院提交退出申请。其二是在诉讼中的调解阶段。经听证程序后,投资者对代表人达成的调解方案仍不认同的,可依法向法院提交退出申请。"两次退出"机制既是对投资者实体权利的有效保护,也是对《证券法》第九十五条第三款"但投资者明确表示不愿意参加该诉讼的除外"表述在实践中的细化完善。

七是强化决策科学性及监督管理。一方面,《业务规则》建立案件评估制度和专家委员会机制,借助外部司法实务和理论专家力量,以专业判断完善决策过程,相关职责、人员组成和工作程序等事项,由投服中心另行规定。另一方面,《业务规则》规定参与诉讼的投服中心工作人员、评估专家及公益律师,均应遵守回避制度。同时,知悉特别代表人诉讼未公开信息的单位和个人,负有保密义务,执行内幕信息知情人登记管理制度。上述管理机制,是投服中心作为法定的诉讼代表人的自我约束,也是投服中心遵循正当程序积极履职,尽量消减对涉诉公司股价波动不当影响的具体体现。

(十)《中证中小投资者服务中心证券诉讼案件评估工作管理办法(试行)》

第一章 总 则

第一条 为规范中证中小投资者服务中心有限责任公司(以下简称中心)证券诉讼案件评估工作,依据《中华人民共和国证券法》(以下简称《证券法》)、《中华人民共和国公司法》(以下简称《公司法》)、《中华人民共和国民事诉讼法》(以下简称《民事诉讼法》)、《最高人民法院关于证券纠纷代表人诉讼若干问题的规定》(法释〔2020〕5 号)、中国证监会《关于做好投资者保护机构参加证券纠纷特别代表人诉讼相关工作的通知》(证监发〔2020〕67 号)、《中证中小投资者服务中心特别代表人诉讼业务规则(试行)》、《中证中小投资者服务中心证券支持诉讼业务规则》等有关规定,制定本办法。

第二条 本办法所称证券诉讼案件,是指重大疑难复杂的证券纠纷代表人诉讼、证券支持诉讼、股东代位诉讼和股东直接诉讼等案件。

证券纠纷代表人诉讼,是指投资者保护机构依据《民事诉讼法》第五十三条、第五十四条、《证券法》第九十五条第一款、第二款规定参与的普通代表人诉讼,以及依据《证券法》第九十五条第三款规定参加的特别代表人诉讼。

证券支持诉讼,是指依据《民事诉讼法》第十五条、《证券法》第九十四条第二款规定,投资者保护机构依法支持投资者向人民法院提起的诉讼。

股东代位诉讼,是指依据《公司法》第一百五十一条、《证券法》第九十四条第三款规定,投资者保护机构为公司的利益以自己的名义向人民法院提起的诉讼。

股东直接诉讼,是指依据《公司法》第一百五十二条规定,投资者保护机构以自身股东利益受损为由向违反法律、行政法规或者公司章程规定的董事、高级管理人员提起的诉讼。

第三条 中心证券诉讼案件评估专家委员会(以下简称评委会)通过证券诉讼案件评估会(以下简称评估会)履行职责。

第四条 中心案件预研会议审议本办法第二条规定的证券诉讼案件后认为必要的,经中心集体决策程序通过后召开评估会。

评估会根据有关法律、行政法规、司法解释、中国证监会及本办法规定对前款规定的证券诉讼案件提出评估意见并进行投票表决。

第五条 中心负责对评委会事务的日常管理以及对专家委员的考核和监督。

第二章 评委会组成

第六条 评委会专家委员从交易所与其他自律组织、科研院校、证券经营机构、审计评估机构、法律服务机构等专家中遴选并相应分成若干组别。

第七条 中心可以根据需要对评委会专家委员人数和人员构成进行调整。

第八条 专家委员候选人由中心邀请、所在单位推荐、面向市场公开征集或其他适当的方式产生。

第九条 专家委员应具备以下条件:

(一)遵纪守法,具有良好的职业道德,热心中小投资者保护公益事业;

(二)熟悉证券法律法规及证券监管规定;

(三)在法律、会计、金融等领域具有较高专业水平;

(四)具有丰富的证券诉讼理论或实践经验;

(五)无重大违法违规以及严重不良诚信记录;

(六)不存在法律法规明确禁止兼职的情形;

(七)其他应具备的条件。

第十条 专家委员候选人应提交以下申请材料:

(一)候选人申请表;

(二)执业资质证明或职称证明材料;

(三)近三年执业或专业领域履职材料;

(四)中心认为必要的其他材料。

第十一条 中心将综合考量候选人的单位推荐情况、专业能力、工作经验、行业背景等因素,并按各组别择优确认拟聘专家委员名单,经中心集体决策程序审核通过后予以正式聘任。专家委员名单在中国投资者网(www. investor. org. cn)公示。

第十二条 专家委员每届任期两年,可以连任,但连续任期最长不超过两届。

第十三条 专家委员有下列情形之一的,中心应予以解聘:

(一)违反法律法规或严重违反中心相关工作纪律;

(二)无正当理由累计三次未履职;

(三)违反保密承诺;

(四)申请辞任;

(五)其他不适合担任专家委员的情形。

专家委员的解聘不受任期是否届满的限制。专家委员解聘后,中心应及时选聘新的专家委员。

第三章 专家委员

第十四条 评委会专家委员应履行以下职责:

(一)听取关于证券诉讼案件的预研情况汇报;

(二)讨论案件存在的重大疑难问题;

(三)根据有关法律、行政法规、司法解释、中国证监会及本办法的规定,结合国家经济形势、资本市场改革发展、具体案件情况、社会舆情等因素,就案件是否具有可诉性等问题提出评估意见;

(四)其他应履行的职责。

第十五条 专家委员出席评估会,依本办法履行职责,独立发表评估意见。

第十六条 专家委员享有以下权利:

(一)对证券诉讼案件评估工作和问题提出意见和建议;

(二)申请辞任专家委员;

(三)其他应享有的权利。

第十七条 专家委员应当遵守下列规定:

(一)中心相关业务规则及工作纪律;

(二)按要求出席评估会,并在评估工作中勤勉尽职;

(三)保守履职过程中获悉的秘密;

（四）不得泄露评估会讨论内容、表决情况以及其他有关情况；

（五）不得利用评委会专家委员身份或者在履行职责上所得到的内幕信息及其他非公开信息，为本人或者他人直接或者间接谋取利益；

（六）其他应当遵守的规定。

第十八条 专家委员有下列情形之一的，应自行回避，未自行回避的，中心有权决定其回避：

（一）本人或其近亲属系案件对方当事人或其控股股东、实际控制人、董事、监事、高级管理人员；

（二）本人或其近亲属、本人所在工作单位近两年内为案件对方当事人提供财务、法律、咨询等服务；

（三）本人认为可能影响其忠实勤勉履职的其他情形；

（四）中心认定可能存在利害关系的其他情形。

前款所称近亲属的范围，依据相关民事法律规定确定。

第四章　案件评估会

第十九条 单一案件原则上只召开一次评估会，中心认为必要的除外。

第二十条 参加评估会的专家委员人数不少于5人且为单数，由中心结合不同类型的诉讼特点、前期预研情况发现的案件重大疑难问题、相关专家候选人的专业背景及经验等因素，从相关组别评委会专家中随机抽取，且每一相关组别至少抽取1人参加评估会。

第二十一条 被抽取的专家委员经确认存在回避情形或无法出席评估会的，按前款规定另行抽取其他专家委员。

第二十二条 参会专家委员应当签署保密承诺书、不涉及回避情形承诺书，并填写内幕信息知情人登记表。

第二十三条 证券诉讼案件主办人员应汇报案件预研情况，并答复专家委员的提问。

第二十四条 专家委员评估时应重点考虑以下因素：

（一）案件典型性、示范性；

（二）原被告范围；

(三)案件事实与法律争点;

(四)胜诉可能性;

(五)赔付能力;

(六)其他需要考虑的情形。

第二十五条 对于证券纠纷代表人诉讼案件,除考虑前述第二十四条各因素外,还应考虑以下因素:

(一)市场风险与社会风险;

(二)市场反应及中小投资者的意见和建议;

(三)提高上市公司质量;

(四)对资本市场改革发展的促进作用。

第二十六条 专家委员应依据法律、行政法规、司法解释、中国证监会和本办法的规定,结合自身的专业知识,独立、客观、公正地对案件进行全面评估,提出评估意见。

第二十七条 评估会最终对证券诉讼案件是否具有可诉性进行表决。表决采取无记名投票方式。表决票设同意票、反对票和弃权票。

经出席会议的专家委员三分之二以上同意的,可认为案件具有可诉性。

第二十八条 评估会后应制作证券诉讼案件评估会议记录及会议纪要。

第二十九条 中心参考评估结果,自主研究决定启动案件诉讼工作。

第五章 评委会工作监督管理

第三十条 中心于专家委员任期到期前对专家委员的履职情况进行考核,并根据考核结果确定是否续聘。

第三十一条 评委会专家委员存在违反本办法第十三条、第十七条规定的违纪行为,或者存在对所参加评估会应当回避而未提出回避等其他违反评委会工作纪律的行为的,中心应当根据情节轻重对有关专家委员分别予以提醒、解聘等处理。

第三十二条 专家委员因违反中心相关规定被解聘的,中心将在中国投资者网予以公告。必要时中心向专家委员所在单位予以通报。

第三十三条 专家委员履职补贴依据专家委员的等级划分,包括知名专家、专家和一般人员，具体数额依据《中证中小投资者服务中心费用报销管理办法》确定。

前款规定所称知名专家，是指在某一相关研究或工作领域专业技术能力强、业内知名的个人，一般指司局级或相应职务以上（含）的人员，具备正高级职称的人员，机构高级管理人员等。

前款规定所称专家，是指在相关工作领域具有一定专门技能、知识和丰富经验的个人，一般指处级或相应职务的人员，具备副高级职称的人员，机构中层管理人员等。

前款规定所称一般人员，是指除上述两类人员以外的人员。

第六章　附　　则

第三十四条　本办法由中心解释。

第三十五条　本办法自公布之日起施行。